国家哲学社会科学成果文库
NATIONAL ACHIEVEMENTS LIBRARY OF PHILOSOPHY AND SOCIAL SCIENCES

中国南方石窟窟前建筑的
考古学研究

雷玉华 等 著

四川大学出版社

图书在版编目（CIP）数据

中国南方石窟窟前建筑的考古学研究 / 雷玉华，黄能迁著. -- 成都：四川大学出版社，2025.5. -- ISBN 978-7-5690-7782-7

Ⅰ．K879.294

中国国家版本馆CIP数据核字第20259XX063号

| 书　　　名：中国南方石窟窟前建筑的考古学研究
Zhongguo Nanfang Shiku Kuqian Jianzhu de Kaoguxue Yanjiu
著　　　者：雷玉华　黄能迁

出 版 人：侯宏虹
总 策 划：张宏辉
选题策划：杨　果　梁　平
责任编辑：杨　果　梁　平
责任校对：毛张琳
装帧设计：裴菊红
责任印制：李金兰

出版发行：四川大学出版社有限责任公司
　　　　　地址：成都市一环路南一段24号（610065）
　　　　　电话：（028）85408311（发行部）、85400276（总编室）
　　　　　电子邮箱：scupress@vip.163.com
　　　　　网址：https://press.scu.edu.cn
印前制作：四川胜翔数码印务设计有限公司
印刷装订：四川盛图彩色印刷有限公司

成品尺寸：170mm×240mm
印　　张：30.5
字　　数：474千字

版　　次：2025年5月 第1版
印　　次：2025年5月 第1次印刷
定　　价：188.00元

本社图书如有印装质量问题，请联系发行部调换

版权所有 ◆ 侵权必究

扫码获取数字资源

四川大学出版社
微信公众号

《国家哲学社会科学成果文库》
出版说明

　　为充分发挥哲学社会科学优秀成果和优秀人才的示范引领作用，促进我国哲学社会科学繁荣发展，自2010年始设立《国家哲学社会科学成果文库》。入选成果经同行专家严格评审，反映新时代中国特色社会主义理论和实践创新，代表当前相关学科领域前沿水平。按照"统一标识、统一风格、统一版式、统一标准"的总体要求组织出版。

全国哲学社会科学工作办公室
2025年3月

课题组成员

著　　　者　雷玉华　黄能迁

课题负责人　雷玉华

主 研 人 员　雷玉华　牛英彬　黄能迁　何　达

参 研 成 员　未小妹　布　吉　郭力源　王金华

　　　　　　　　周大庆　王剑平　王建华　范元元

　　　　　　　　张宏楠　侯文嫣

前　言

中国拥有世界上分布最广、数量最多且延续时间最长的石窟体系，其中南方石窟尤其是以摩崖造像为突出特征的川渝地区的石窟高度集中，具有不可估量的学术与社会价值。

石窟自印度经中亚传入我国，在不同区域和时代呈现出多样面貌，在中国形成了完整的石窟发展序列。作为佛教寺院的独特类型，石窟承载着中华文明与其他古代文明交流互鉴、中国各民族交融的厚重历史，是研究中国古代对外文化交流及诸多相关领域的关键实证，是佛教中国化、地方化最好的诠释。

中国南方石窟数量众多，与北方石窟在自然环境、内容形式上差异显著，其中南方地区包罗万象的禅宗石窟和摩崖造像更是中华文化一体多元、和谐共生的突出代表。中国南方石窟95%以上集中于川渝地区，川渝石窟广泛分布于除攀枝花市以外的四川20个市（州）以及重庆的部分区域，其重要性不言而喻。

石窟不仅是珍贵的文化遗产，也是重要的文化和旅游资源。国家高度重视石窟保护利用工作，各相关部门积极响应，出台了一系列政策措施，以期推动石窟文化遗产的保护利用。川渝石窟寺国家遗址公园、四川乡村石窟文化公园（景点、微景观）建设与乡村振兴融合已初见成效。

在长期的文物保护利用工作中，我们发现南方石窟的保护利用面临极大挑战，其中最大的问题是石窟点多、面广、分散，易受自然侵害，且缺乏有效的保护方法和历史保护工程档案，致使其保护利用面临诸多困境，尤其是保护设施中的窟檐建设等问题长期制约着具体保护利用项目的推进落实。

在此背景下，我们结合2007—2011年全国第三次文物普查、2016年川渝石窟寺专项调查、2021年全国石窟寺专项调查等工作取得的基础资料，开展了中国南方石窟窟前建筑的考古学研究，旨在运用考古学方法，深入调查中国南方石窟和摩崖造像历代保护性设施（窟前建筑）情况，重建窟前建筑的历史档案，为南方众多中小型石窟和摩崖造像的保护利用提供学术支持，为石窟保护工程设计提供具有现实意义的考古证据，以期有效解决南方中小型石窟和摩崖造像保护利用中的实际问题。

在研究过程中，我们查阅了大量文献，了解石窟及摩崖造像的开凿历史、位置特征和历史保护工程状况，并与老文物工作者深入交流，在此基础上，对川渝地区以及南京、杭州、剑川、桂林等具有代表性的区域展开了全面细致的田野调查。调查结果揭示了中国南方石窟在窟（龛）防水设计、崖壁施工遗迹以及外接龛檐与结构防水兼用等方面的真实情况，其与以往认知存在显著差异。

希望本研究成果能够为中国南方石窟的保护利用带来新的思路和方法，推动中国南方石窟保护利用事业迈上新台阶，使石窟遗产所蕴含的中华文化精神得以长久传承和弘扬。

著　者

凡　例

1.凡正文中仅列举文献名称者，注释中仅标注出作者、出版社、出版时间等信息；凡文中有引用文字或转述其作品内容、观点者，均标注原文献作者、出版社、出版时间、页码等信息。

2.文中引用《大正新修大藏经》均为台北新文丰出版公司影印本，不再注明刊行时间信息。

3.文中"左右"均以窟（龛）中主尊造像之左右为准。引文中"/"表示原碑刻题记中的提行；"……"表示有省略或有多字风化不清；"□"表示有字残损不可识；"（？）"表示识读文字不确定，括弧中文字系推测或据其他资料补出。表示距离单位用"米"，龛像尺寸大小用"厘米"。

目 录

绪 论 /001

第一章　中国南方石窟：概况与研究综述
　　第一节　中国南方石窟的数量、分布规律和年代与分期　/015
　　第二节　中国南方石窟的特征　/025
　　第三节　研究综述　/045

第二章　四川北部地区石窟窟前建筑（一）
　　第一节　广元千佛崖　/072
　　第二节　广元皇泽寺　/128

第三章　四川北部地区石窟窟前建筑（二）
　　第一节　巴中南龛石窟　/146
　　第二节　巴中北龛石窟　/155
　　第三节　巴中西龛石窟　/159
　　第四节　巴中水宁寺石窟　/175
　　第五节　川北散见小型摩崖造像点　/182

第四章　四川中西部及南部地区石窟窟前建筑

第一节　成都大邑药师岩　/192

第二节　资阳半月山大佛　/210

第三节　阿坝甲扎尔甲石窟　/224

第四节　乐山大佛　/230

第五节　川西、川南散见小型摩崖造像点　/239

第五章　四川东部地区石窟窟前建筑

第一节　安岳圆觉洞　/247

第二节　安岳卧佛院　/271

第三节　安岳地区其他石窟　/307

第六章　重庆石窟窟前建筑

第一节　大足北山石窟　/321

第二节　大足宝顶山石窟　/342

第三节　大足石篆山、石门山、南山石窟　/360

第四节　近年考古发掘的重庆石窟窟前建筑遗址　/379

第七章　中国南方其他地区石窟窟前建筑

第一节　浙江石窟　/403

第二节　云南石窟　/422

第八章　结论与建议

第一节　中国南方石窟窟前建筑的渊源　/432

第二节　窟前建筑与石窟保护　/442

第三节 对几个点位保护设施设计的建议 /458

主要参考文献 /469

后 记 /471

CONTENTS

INTRODUCTION / 001

CHAPTER 1   SOUTHERN CHINESE GROTTOES: OVERVIEW AND RESEARCH REVIEW
  1.1   Quantity, Spatial Distribution, and Chronology of Southern Chinese Grottoes / 015
  1.2   Characteristics of Southern Chinese Grottoes / 025
  1.3   Research Review / 045

CHAPTER 2   ARCHITECTURAL FACADES OF THE GROTTOES IN NORTHERN SICHUAN(Ⅰ)
  2.1   Qianfo Cliff in Guangyuan / 072
  2.2   Huangze Temple in Guangyuan / 128

CHAPTER 3   ARCHITECTURAL FACADES OF THE GROTTOES IN NORTHERN SICHUAN(Ⅱ)
  3.1   Southern Niche Grottoes in Bazhong / 146
  3.2   Northern Niche Grottoes in Bazhong / 155
  3.3   Western Niche Grottoes in Bazhong / 159
  3.4   Shuining Temple Grottoes in Bazhong / 175
  3.5   Scattered Small Cliff-Statue Sites in Northern Sichuan / 182

CHAPTER 4　ARCHITECTURAL FACADES OF THE GROTTOES IN MIDWESTERN AND SOUTHERN SICHUAN

4.1　Yaoshi Rock in Dayi, Chengdu / 192

4.2　Banyueshan Giant Buddha in Ziyang / 210

4.3　Jiazhaerjia Grotto in Aba / 224

4.4　Leshan Giant Buddha / 230

4.5　Scattered Small Cliff-Statue Sites in Western and Southern Sichuan / 239

CHAPTER 5　ARCHITECTURAL FACADES OF THE GROTTOES IN EASTERN SICHUAN

5.1　Yuanjue Cave in Anyue / 247

5.2　Wofo Temple in Anyue / 271

5.3　Other Grottoes in Anyue / 307

CHAPTER 6　ARCHITECTURAL FACADES OF THE GROTTOES IN CHONGQING

6.1　Beishan Grottoes in Dazu / 321

6.2　Baodingshan Grottoes in Dazu / 342

6.3　Shizhuanshan, Shimenshan and Nanshan Grottoes in Dazu / 360

6.4　Remains of the Architectural Facades of the Grottoes in Chongqing from Recent Archaeological Excavations / 379

CHAPTER 7　ARCHITECTURAL FACADES OF THE GROTTOES IN OTHER REGIONS OF SOUTHERN CHINA

7.1　The Grottoes in Zhejiang /403

7.2　The Grottoes in Yunnan /422

CHAPTER 8　CONCLUSIONS AND SUGGESTIONS

8.1　Origins of the Architectural Facades of Southern Chinese Grottoes / 432

8.2　Protection of the Architectural Facades of Grottoes and Grottoes / 442

8.3　Suggestions for the Protective Facilities Design at Several Sites / 458

MAIN REFERENCES / 469

POSTSCRIPT / 471

绪 论

石窟又称石窟寺，可以理解为佛教寺院的一种类型，是中华文明同其他古代文明交流互鉴的历史见证，也是我们研究中国古代对外文化交流及其与之相关的民族、民俗、政治、经济、文化、艺术等一系列问题的重要实证资料。中国有世界上分布最广、数量最多、延续时间最长的石窟，且自成体系，其丰富的内涵是中华灿烂文明的集中体现。学术界已共同认识到研究中国文化、中国历史就不能不关注中国佛教，而石窟和摩崖造像是佛教发展历史过程中十分重要的物化形式。同时，遍布山野的石窟和摩崖造像是多元一体中华民族的智慧结晶，是我国重要的文化遗产之一，是保护和传承中华优秀传统文化的重要资源，更是铸牢中华民族共同体意识的重要物证。

一

佛教石窟产生于印度，作为寺庙的一种形式随佛教经中亚传入我国新疆，又从新疆向东进入中原，再从中原进入我国南方地区，沿途经历了地理与民族各不相同的区域，在区域、时代上均呈现出了不同的面貌，形成了体系完整的中国石窟发展序列。根据石窟的区域特征，北京大学的宿白先生将我国石窟分为新疆地区、中原北方地区、南方地区、西藏地区四大区域[1]。根据2011年完成的第三次全国文物普查登记，全国有24422处石窟及石刻。2021年全国石窟寺专

---

[1] 宿白：《中国石窟寺研究》，文物出版社，1996，第18—19页。

项调查核定全国有石窟（含摩崖造像）5986处，其中新发现635处；除去第三次文物普查之后消失了的点位，四川上报2134处（核定2133处），重庆716处；南方其余较多的省份依次是浙江（87处）、云南（44处）、安徽（36处）、江苏（22处）。四川的数量居全国之最，川渝两地合计2850处，几乎占全国总数的一半。至此，2021年完成的全国石窟寺专项调查基本摸清了家底：中国南方石窟95%以上集中在川渝地区，且与北方石窟在自然环境与内容形式上都不相同。

窟前建筑，即石窟前面的建筑物或构筑物。随石窟形制的变化，窟前建筑的空间和功能也随之变化。中国新疆地区和中原北方地区早期石窟往往以不同功能的一群洞窟组成一座石窟，窟前建筑是寺院空间的扩展，同时部分建筑也对洞窟内造像有保护作用。中国南方石窟则衍变为以摩崖造像龛和摩崖图画雕刻形式为主，窟前建筑的主要功能就是对摩崖造像龛和摩崖雕刻图像的保护，有些保护设施在保护造像的同时也成为寺院建筑的组成部分。

川渝地区在专项调查统计中去掉了造像无存的空窟（龛），因此，历史上曾经开凿的实际数量远远超过此数。四川除攀枝花市外，全省20个市（州）都有分布。川渝地区是中国晚期石窟和摩崖造像最集中的区域，这些石窟和摩崖造像有极高的学术价值和社会价值，对考察和重构中国西南地区乃至整个南方的区域历史、社会文化史、艺术史、中华各民族交往交流交融史有着举足轻重的作用。

二

石窟是重要的文化和旅游资源，是中外文明交融互鉴的重要成果，是多民族不断融合、共同创造的物质文明，是铸牢中华民族共同体意识的重要物证。习近平总书记非常重视石窟的保护利用工作，先后视察了敦煌石窟、云冈石窟、麦积山石窟，并指示做好石窟的保护利用工作。2020年国家印发了《国务院办公厅关于加强石窟寺保护利用工作的指导意见》，并首次开展了全国石窟寺专项调查。为深入贯彻习近平总书记关于加强石窟寺保护利用工作的重要指示精神，落实《国务院办公厅关于加强石窟寺保护利用工作的指导意见》，各地相继出台了石窟保护利用措施，而落实这些保护利用措施的前提是摸清家底，找准办法。四川和重庆在专项调查之后多次组织专家进行了加强石窟保护利用的专题调研，形成了调研报告。四川发布了《四川省加强石窟寺保护利用工作实施方案》《四川省加强石窟寺联合保护工作方案》，开启了"乡村石窟文化公园（景点、微景观）"建设工程，川渝两地联合完成了"川渝石窟寺国家遗址公园"规划。中国南方石窟保护利用工程、规划及各类项目正以前所未有的规模和速度开展。

石窟数量占中国南方石窟总数95%以上的川渝地区，其石窟的保护利用具有示范作用。而以川渝地区石窟为代表的中国南方石窟绝大多数因为点多、面广、分散，普遍容易受到风雨侵蚀和潮湿环境下植物、微生物生长的侵害，大多数都没有保护窟（龛）檐，而且目前没有形成可供推广应用的、有效的、可行的保护方法，这影响了中国南方数量巨大的石窟和摩崖造像的合理利用。

三

中国南方石窟的分布空间在秦岭—淮河以南、青藏高原以东的大范围地区。从第三次全国文物普查和2021年的全国石窟寺专项调查结果看，南方石窟主要集中分布在川渝地区，其次是浙江、云南、安徽、江苏、广西等省（区），湖北、江西等省亦有少量晚期摩崖造像。数量最多的四川省除川西高原比较稀少外，四川盆地边缘及周围都有分布，从行政区划上看，覆盖了除攀枝花市以外的20个市（州）。其中巴中、南充、成都、资阳等区域内均超过200处，达州、眉山、乐山等9市（州）均超过100处。重庆主要集中在大足、合川、潼南等与四川紧邻的区域，其中大足区及其周围点位最多，峡江地区偶有分布。

除川渝地区之外，中国南方地区较集中的古代石窟和摩崖造像仅有浙江杭州和新昌、云南剑川、江苏南京、广西桂林等不多的点位。

从空间分布上看，中国南方石窟中川渝地区的石窟和摩崖造像开凿很有规律：早期主要沿金牛道、米仓道等蜀地与中原古代交通要道营造；入川以后，以沿嘉陵江流域河道传播为主。从盛唐时期开始，嘉陵江、岷江、沱江流域全面开花，窟（龛）遍布乡野，或开凿于山间河谷的红砂岩山体上，或散布于乡野的田间地头。从造像特征上看，川北地区石窟和摩崖造像与中原北方地区同期造像相似度极高；川西以成都为中心的地区则产生了大量新题材，并辐射到其他区域；川东、川南和重庆区域摩崖造像地方特色明显，随着时间推移融入了儒、道内容及民间信仰题材，形成了有地方特色的摩崖造像。

中国南方除川渝地区之外其他省（区）相对较有规模且开凿较早的石窟和摩崖造像则主要集中在区域政治、文化中心旁。以江苏南京栖霞山石窟及浙江新昌千佛岩的南朝石窟、新昌大佛的开凿最早，其次有广西桂林的唐代摩崖造像，云南大理剑川唐宋石窟及摩崖造像，浙江杭州城周的五代、宋、元时期摩崖造像等。

关于中国南方石窟的著录与研究开始很早。唐宋以来，多有摩崖题刻、各类碑刻文献记述，明清时期金石文献、地方志等著录增多。19世纪末，一些外国人进入川渝地区，留下了川渝石窟和摩崖造像最早的照片。目前所见乐山大佛最早的照片是1898年英国人立德夫人所摄（见图0-1-1），其他各石窟点保存下来的早期照片有1902年、1908年、1914年等不同时期的，分别由日本人、德国人、法国人等拍摄。川渝石窟由此渐渐进入了现代人们的视野。20世纪三四十年代，一些中国学者在考察四川其他古迹时，顺便拍摄了四川广元、绵阳等地石窟和摩崖造像的照片，川渝石窟和摩崖造像引起了国内学者的注意。1945年，以杨家骆先生为代表的中国学者发现了重庆大足石刻，开始对其进行初步记录和研究，公布了简单的资料，开启了大足石刻的现代意义上的学术研究。

图0-1-1 〔英〕立德夫人1898年拍摄的乐山大佛（原乐山市文物局彭学义先生提供）

在中国南方石窟中，江苏南京栖霞山石窟及浙江绍兴新昌大佛自南朝梁开凿以来就有文献记录。20世纪30年代，日本人常盘大定、关野贞对杭州飞来峰、石屋洞、烟霞洞，普陀山潮音洞等进行了调查[1]。云南石钟山（剑川）石窟、桂林石刻在抗日战争期间已有学者关注。1939年李霖灿先生踏查石钟山，是当代学人对这处石窟所作的第一次学术考察，开启了他对南诏、大理佛教文物的关注与研究历程[2]。但是石钟山石窟位置偏僻、交通不便，20世纪40年代以前鲜为人知。抗日战争期间，罗香林对桂林城周的摩崖造像进行了调查，并写

---

[1] 浙江省文物考古研究所、浙江大学文化遗产研究院编，崔彪、陈晶鑫编著：《浙江石窟造像调查报告》下册，浙江古籍出版社，2024，第280页。
[2] 李霖灿：《剑川石窟和大理国梵像卷》，《大陆杂志》1960年第21卷第一、二合期，第34—39页；李霖灿：《剑川石宝山石刻考察记》，《中国名画研究》，台北艺文印书馆，1971，第126页。

成《唐代桂林摩崖佛像考》[1]。

新中国成立后，川渝地区的广元千佛崖、皇泽寺、乐山大佛、大足宝顶山石窟等大量佛教石窟和摩崖造像被公布为第一批全国重点文物保护单位，国家还成立了文物管理所负责保护管理这些石窟和摩崖造像。一些地方文物工作者开始调查、记录，并刊布基础资料。20世纪80年代开始，学界开展了多次考古调查，刊布了大量考古调查简报及以《大足石刻铭文录》《巴中石窟内容总录》《广元石窟内容总录·千佛崖卷》《绵阳龛窟——四川绵阳古代造像调查研究报告集》《夹江千佛岩——四川夹江千佛岩古代摩崖造像考古调查报告》等为代表的基础资料，并对造像题材、区域特征进行了研究，川渝石窟和摩崖造像概貌逐渐清晰。以2018年大足石刻研究院黎方银研究员主编的11卷19册大足石刻系列考古报告《大足石刻全集》出版、2021年四川大学白彬教授主持的国家社科基金重大项目"西南唐宋石窟寺遗存的调查与综合研究"结项为标志，川渝石窟的调查研究进入了新篇章。

对于南京栖霞山石窟、云南石钟山石窟、桂林石刻、杭州飞来峰等石窟和摩崖造像，研究人员在新中国成立后都陆续开展了调查研究与资料刊布[2]。新中国成立以后，宋伯胤先生开启了石钟山石窟调查，先以简报形式刊布，后又以专书发行[3]，被认为是石钟山石窟研究的第一座里程碑，使人们第一次全面了解

---

1 罗香林：《唐代桂林摩崖佛像考》，《唐代文化史研究》，上海文艺出版社，1992，第73—126页。
2 例如，新中国成立后，20世纪五六十年代，宋伯胤先生首先调查了云南剑川石钟山石窟，云南省博物馆做了巍山垅圩图山古城遗址的考古调查（参见云南省文物管理委员会：《南诏大理文物》，文物出版社，1992，第1页）；还发表和出版了李霖灿：《剑川石窟和大理国梵像卷》（《大陆杂志》1960年第21卷第一、二合期，第34—39页）、《剑川石宝山石刻考察记》（《中国名画研究》，台北艺文印书馆，1971，第151—177页），宋伯胤：《记剑川石窟》（《文物参考资料》1957年第4期，第46—55页）、《剑川石窟》（文物出版社，1958），黄如英：《石钟山石窟》（《文物》1981年第8期，第80—84页），刘长久：《云南剑川石钟山石窟内容总录》（《敦煌研究》1995年第1期，第95—110页），浙江省文物考古研究所编：《西湖石窟》（浙江人民出版社，1986），黄征主编：《南京栖霞山石窟艺术与敦煌学》（中国美术学院出版社，2002）等。
3 宋伯胤：《记剑川石窟》，《文物参考资料》1957年第4期，第46—55页；宋伯胤编著：《剑川石窟》，文物出版社，1958。

了南诏、大理国时期佛教石窟的基本情况。之后，云南省剑川县文化体育局的《南天瑰宝——剑川石钟山石窟》，以彩色图版形式介绍了石钟山石窟的16个窟（龛）[1]。刘长久《云南剑川石钟山石窟内容总录》是对石钟山石窟造像、题记内容等基础资料的记录和注释[2]，较此前的调查记录更为全面和详细。一些学者还展开了专题研究，如黄如英《石钟山石窟》[3]、《南诏大理时期的北方天王石刻》[4]等，揭示了南诏、大理国佛教文物中所蕴含的中华各民族之间交往交流交融的丰富信息，是从思想上共尊华夏的物证。1999年，北京大学考古学系、云南大学历史系等对其进行了考古调查，并对造像题材、年代与分期、造像渊源等方面做了具有说服力的论证[5]；首次从实物上确认了云南石窟与川渝石窟有关联，是中国石窟链条上的一环。朱安女《剑川石窟文献研究》探讨了白族的佛教文化、本土崇拜、民族意识觉醒等问题[6]。罗世平《云南剑川石钟山石窟》应用考古学的传统记录方法、新的三维数据测绘和三维建模等方法来观察、记录石钟山石窟，重新以全方位、综合观察的方式记录了石钟山石窟[7]。

2021年6月完成的全国石窟寺专项调查摸清了家底，特别是对此前极少有学者关注的川南石窟和摩崖造像的调查，完善了川渝石窟和摩崖造像的基础资料，进一步增进了研究者对川渝石窟的了解。2021年全国石窟寺专项调查完成之后出版的《浙江石窟造像调查报告》[8]是目前为止中国南方石窟区域资料刊布

---

1 云南省剑川县文化体育局编：《南天瑰宝——剑川石钟山石窟》，云南美术出版社，1998。
2 刘长久：《云南剑川石钟山石窟内容总录》，《敦煌研究》1995年第1期，第95—110页。
3 黄如英：《石钟山石窟》，《文物》1981年第8期，第80—84页。
4 黄如英：《南诏大理时期的北方天王石刻》，见云南省博物馆编《云南省博物馆建馆三十周年纪念文集（1951—1981）》，1981，第158—164页。
5 北京大学考古学系、云南大学历史系：《剑川石窟——1999年考古调查简报》，《文物》2000年第7期，第71—83页。
6 朱安女：《剑川石窟文献研究》，九州出版社，2020。
7 罗世平主编：《云南剑川石钟山石窟》，三晋出版社，2020。
8 浙江省文物考古研究所、浙江大学文化遗产研究院编：《浙江石窟造像调查报告》，浙江古籍出版社，2024。

最系统的报告。吴建刚《湖北石窟寺》一书，首次系统公布了湖北石窟基本情况[1]。但这些成果都集中于传统的基础资料调查与梳理，侧重于造像的内容题材、性质、历史背景、艺术风格等研究范围，几乎没有关于保护设施及其外部环境变化的研究。

四

实际上，从新中国成立开始，各地都开启了石窟和摩崖造像的保护工作，特别是20世纪80年代以来，保护工程项目越来越多。川渝地区保护工程的数量和规模在2008年汶川特大地震灾后重建中再一次增加。古代保护性设施的修建均是围绕石窟与摩崖造像作为宗教礼拜场所及其他社会公共活动场所这一重要前提开展，建成后的使用与石窟和摩崖造像的功能不可分割。现代的石窟与摩崖造像保护则重点围绕以艺术观赏、文化教育、旅游参观为目的的公共活动空间来展开。但由于从来没有进行过专门的石窟保护设施考古调查，没有人梳理过中国南方石窟和摩崖造像外部环境与保护性设施的变化，也没有一份历史保护设施工程档案，致使从20世纪90年代开始，中国南方石窟分布最集中、数量最大的川渝地区在开展石窟和摩崖造像保护设施的外形设计时，常常因为没有考古工作作为依据而产生诸多争议，很多重要且亟待修建的保护性设施项目不能立项。近年来，石窟保护项目施工前要求进行考古调查，新增保护设施建设要有科学依据，并要求有规范的文物保护工程档案。但实际情况并不理想，考古工作者仍然以窟（龛）内造像的历史、艺术价值研究和评价为主，很少关注到历史工程遗迹，更没有把前代保护设施与石窟和摩崖造像作为一个整体进行研究与评价。同时，不少工程都不同程度地对古代保护设施遗迹造成了破坏，而破坏掉的遗迹并没有得到仔细观察、真实记录。

1　吴建刚编：《湖北石窟寺》，科学出版社，2023。

新中国成立之初，一些石窟和摩崖造像就开始了最基础的保护工程建设，川渝石窟保护工程的成功代表就是大足北山保护性廊道建设工程。20世纪80年代以来，川渝两地均有目的地开展了系列防护檐（廊）建设、危岩加固、水害治理、环境整治等工程项目，一些点位还做了防风化试验，使保护利用工作取得了明显成效。以重庆大足宝顶山大佛湾系列保护工程为代表的川渝石窟保护项目引起了世人关注，取得了较好成效；其中2015年完成的千手观音保护工程被称为"石窟保护一号工程"。此外，云南建立了典型石窟本体和环境监测体系，为石窟保护工作由被动的抢救性保护向主动的预防性保护转变奠定了坚实基础。江苏组织实施了摩崖造像测绘与现状勘察，对造像的保护现状进行评估，分析病害出现原因，并开展保护工程前期实验研究，还以孔望山摩崖造像为例对摩崖造像进行三维精细数字化扫描，形成数字化保护成果和数字化信息档案。安徽编制了齐云山石刻群保护规划，包括朗灵院石刻、紫霄崖石刻、真仙洞府、圆通岩、八仙洞、忠烈岩石刻、栖真岩石刻、碧霞灵应宫、紫霄崖财神殿等9个点位；实施了齐云山石刻本体保护、安防工程等10个项目；出版了《齐云山摩崖石刻保护》[1]；加强了枞阳浮山摩崖石刻保护前期勘察研究，实施会圣岩危岩体加固，主要石窟得到有效维护。江西致力于探索石窟数字化保护利用途径，2022年通天岩石窟数字化信息采集及预防性保护方案编制完成，很快完成通天岩石窟数字化信息采集；罗田岩石窟相关工作正在推进中。广东全面排除了31处石窟的重大险情，推进了一批重要石窟文物保护工程，如龙龛岩摩崖石刻古道场遗址（含护廊）修缮、防护及安防工程，解决周边环境问题，加强本体保护；开展雪岩寺与石乳泉抢修工程，修缮瓦屋面和屋面木结构，处理墙体开裂，修复红砂岩柱及整治周围环境，编制南山摩崖石刻保护工程方案等。贵州在2021年完成专项调查基础上，深入开展赤水两会水石窟、赤水石

---

[1] 汪涛主编：《齐云山摩崖石刻保护》，西泠印社出版社，2016。

鹅嘴摩崖造像、习水望仙台石窟保护性研究，摸清了石窟及摩崖造像的基本情况，对石窟的名称、位置、地理坐标、龛窟数量、年代、有无壁画（彩）绘等资料信息进行了详细的数据提取[1]。

但这些保护工程实施前都没有开展过考古工作。石窟保护利用中的文物保护工作与考古工作各自为政，基本没有配合研究。至今，大多数文物部门登记在册的石窟和摩崖造像除少数点位有近年来的工程档案外，绝大多数点位都没有过去的保护工程档案，有档案的工程也基本上只是对经费、工程量等的记录，主要围绕财务审计和工程质量做记录，几乎没有工程前后窟（龛）遗迹现象及环境的改变、改变依据等档案信息，不少工程实施之前没有进行过考古调查。

目前中国南方石窟保护利用虽然取得了一定成效，少数项目如重庆合川涞滩二佛寺保护工程实施前进行了全面系统的考古发掘与研究，厘清了二佛寺大佛及周围造像的雕造顺序及环境的变化。但大多数石窟和摩崖造像保护工程面临不少问题，尤其是中小石窟的价值阐释和有效利用，其中川渝石窟窟檐建设相关问题的争论，长期以来制约了石窟的保护利用。亟待修建的保护性窟檐不能及时完成，影响了石窟保护利用成效。我们这次用考古学的方法，以川渝地区为重点，调查研究中国南方石窟和摩崖造像历代保护性设施情况，重建它们的历史档案，希望能够为南方众多的中小型石窟和摩崖造像的保护利用提供学术支持，为中小型石窟保护工程设计提供科学依据，解决南方中小型石窟保护中的实际问题。

五

中国南方石窟窟前建筑的考古学研究正是基于上述背景及目的而进行的基

1　南方石窟保护工程项目信息来源于2024年8月中国国家文物局主办，甘肃省文物局、酒泉市人民政府承办的"石窟寺保护国际论坛"——"中国石窟寺保护成就展"（2024年8月，敦煌）。

础研究。我们希望该成果对南方地区散落于山间河谷、田间地头的中小型石窟和摩崖造像点位的保护利用起到重要参考价值。

田野调查前，我们查阅了相关文献，了解了各类石窟及摩崖造像的开凿历史、选址特征、历史保护工程状况；同时，尽可能找到20世纪下半叶以来各地的老文物工作者，向他们了解那些没有档案的文物工程情况。我们首先对数量最多的四川、重庆两地石窟和摩崖造像进行了分区调查，完成了川北、川西、川南、川东地区及重庆地区石窟和摩崖造像保护性设施的现场调查，并调查、访问了当地老文物工作者。同时，结合2020年9月至2021年6月全国石窟寺专项调查，对极少开展石窟保护工程的川南片区摩崖造像保护性设施状况进行了调查。之前川南地区无论是石窟和摩崖造像的造像题材与价值研究，还是石窟文物保护工程几乎是空白，不少人此前甚至不知道这一区域有大量摩崖造像分布。可以说这次调查从区域上填补了空白，其保护性设施的调查对中国南方大量散见小龛小像的保护利用有重要参考价值。对四川、重庆之外其他地区的调查，主要集中在南京、杭州、剑川、桂林等石窟开凿较早、相对集中且有一定影响的区域。这些地区的石窟以摩崖造像龛为主，其开凿年代、类型、环境等与川渝石窟相似，同属中国南方石窟。倚壁修建廊道式保护檐、阁是其主要保护方式，亦有采用自然溶洞雕刻造像，无须保护设施者。经过调查，我们发现中国南方目前争论最多的历史保护性设施状况与过去的认识有很大的不同，主要结论如下：

（一）窟（龛）的防水设计

此前学术界广泛认为，石窟传到中国南方后，变成了以摩崖造像为主的形式，南方潮湿多雨，摩崖造像的保护性设施一般都应该有窟（龛）檐或楼阁，以防雨水。基于此认识，长期以来川渝两地在修建保护性窟（龛）檐上费了不少功夫。20世纪八九十年代，一些石窟和摩崖造像点修建了水泥仿石质窟（龛）檐，起到了较好的保护作用，但因为没有学术依据，而且增加了崖顶负荷，被学者们否定，一些地方后期进行了拆除（如成都邛崃磐陀寺）；另一些石窟和摩崖造像点则在讨论窟（龛）檐形式的过程中几十年过去了，至今没有结果（如四川巴中南龛），使本应当受到保护的摩崖造像长期暴露于风雨之中。针对这些情况，我们用考古学的方法进行了田野调查。调查结果与学界过去的共识最大的不同如下：

南方石窟中有大量窟（龛）开凿时原本并没有设计窟（龛）檐。以川渝两地窟（龛）数量最多的地点广元千佛崖为例，调查发现，千佛崖除了第86、512、726号等大型石窟早期有窟前建筑或龛檐外，绝大部分窟（龛）在设计与建造之初都没有修建窟（龛）檐，历史上也没有补修过窟（龛）檐，而是从窟（龛）的结构设计上解决防水问题。防水措施主要为：一是将窟（龛）口部设计成前低后高的形式，起到窟（龛）檐遮风避雨的作用。二是设计为双层口，在外层口上方底部留一道棱，或一道沟槽（当地工匠称为反水槽），拦住从崖壁上方下来的地表水，使其不能进入窟（龛）口内；同时，内外层顶部交接处也经常有一道棱，使外层窟（龛）的顶部形成屋檐一样的结构。三是内室比外室小且高，内外室整体向外、向下倾斜，在底部设计出一个高台或几级台阶，使雨水无法从底部溅起进入窟（龛）内室；内、外室地面向下、向外倾斜，不会形成积水。绝大多数造像完全不受雨水、山顶地表水的影响。目前暴露于风雨之中的龛像，主要是年久失修导致外部立面风化残损，使原有的保护功能丧失。

一些摩崖造像点将整个崖壁顶部修整成"檐"状（如四川广元观音岩），或者利用岩穴做檐（如四川资中西岩），或利用自然倾斜的山洞（如四川阿坝甲扎尔甲石窟、杭州烟霞洞石窟、桂林还珠洞等）解决水害问题，无须另建窟（龛）檐。

（二）崖壁上的施工遗迹

造像崖面上现存的榫孔许多并不是如此前认识的那样系窟（龛）檐遗迹。以窟（龛）数量最多的广元千佛崖为例，崖面上有很多圆形、方形榫孔，还有类似牛鼻孔的圆形穿孔，我们曾经以为是搭建窟（龛）檐的榫孔遗迹。经过观察，这些孔洞绝大多数不是窟（龛）檐遗迹，其用途可以分为以下几类：一是开凿窟（龛）和后期装彩、修补等施工搭架用的榫孔。广元千佛崖崖面上的圆形、方形榫孔很多，还有牛鼻形孔，主要分布在外立面上，很多窟（龛）两侧中部、中部偏下、下部都有这样的孔。这类牛鼻形孔在乐山大佛、自贡荣县大佛身上也有，显然是为了方便施工作业而开凿。广元千佛崖的小龛各类孔洞则多在两侧偏下部、接近底部的外立面崖壁上，稍大的龛在两侧崖面中部、偏下部、底部的位置均有。从位置上看，这部分孔恰好位于开凿时需要有施工平台或脚手架的地方，而不是修建保护性窟（龛）檐的位置，因此，这部分榫孔应该是搭建施工平台或施工用脚手架时使用。类似情况在千佛崖以外的川渝地区摩崖造像龛旁也比较常见。二是搭建栈道的榫孔。从广元千佛崖三维扫描的外立面图上可以看到很多孔洞，它们有的似乎比较集中，如果仔细观察，会发现这些圆孔断断续续可以连接成排，并且可以串起崖壁上所有的大洞窟。这证明它们是修建上崖壁的栈道时留下的孔，分属不同时代。这些栈道上方往往有牛鼻形孔，除在开凿时利用它们上下或施工外，开凿完成后还可以供行人抓握，保障崖壁上行走的安全，这也解释了为什么崖壁上的主要窟（龛）均有明显分层的现象。巴中南龛崖面上仍然可以看到造像龛明显分为三层。三是修建保护设施留下的榫孔。20世纪80年代，广元千佛崖在通道可及的较大窟（龛）内造像前均安装了防护的铁栏杆和门，在靠近窟（龛）口部的侧壁、底部、顶部留下了孔洞。比如，大云洞内就安置过不同时期的防护栏，所以留下了更多的孔洞。现在的防护栏与汶川特大地震前不同。20世纪80年代以来，大云洞中类似的防护设施至少改变过三次，留下了不同时期的痕迹。

（三）外接龛檐与结构防水兼用

南方石窟开凿最密集、数量最多的四川北部广元千佛崖、巴中南龛等地，窟（龛）檐遗迹极少，从目前所见遗迹或历史资料、照片来看，广元千佛崖现存9500个窟（龛）中可以确定有过窟前建筑或窟檐的只有大云洞（第512号）、大佛窟（第726号）、阿弥陀窟（第86号）。巴中南龛等各处摩崖造像龛开凿之初大多没有设计木构龛檐。现存大量龛檐遗迹也多为后期修建遗留，现存木构檐、廊等保护设施则主要是清代、民国至现代所建，不排除其外形沿袭此前历史保护建筑的可能。

以上结论，能够在一定程度上弥补中国南方石窟保护性设施工程档案的缺环，弥补石窟及摩崖造像保护工程设计中价值评估上的缺失，为正在进行的中小型石窟和摩崖造像的保护利用提供可靠的工程设计依据。同时，我们在工作过程中依据调查结果，已经给部分地方管理部门提交了相关保护建议（如广元千佛崖，巴中南龛、西龛，乐山大佛，资阳半月山大佛等），希望我们的研究能够发挥现实作用。

第一章
中国南方石窟：概况与研究综述

中国佛教考古专业方向的创建者北京大学宿白教授在《中国石窟寺研究》一书中，将中国石窟分为新疆地区、中原北方地区、南方地区和西藏地区几个大的区域[1]。从他的分区中，我们看到了佛教石窟在不同地理区域、民族分布区域内的开凿情况，更看到了各个区域中不同的窟像特征，同时也看到了石窟从产生地印度经中亚沿丝绸之路传播，进入我国新疆地区、河西地区后的发展和变化痕迹：石窟传播的过程也是佛教在中国从西向东发展演变，渐渐世俗化、中国化的历程。同时还可以看到，中国南方石窟主要集中在川渝地区，在某种意义上讲，研究南方地区的石窟，就是研究川渝地区的石窟。川渝石窟和摩崖造像的地位可见一斑。

第一节　中国南方石窟的数量、分布规律和年代与分期

中国南方石窟主要分布在四川、重庆两省（市），其次在浙江、云南、安徽、江苏、广西等省（区）。其主要有三种形式：一为洞窟，二为摩崖龛像，三为没有窟（龛）外形的摩崖线刻或连环画式浮雕图像。洞窟有经人工规划开凿和利用自然岩洞两种类型。南方石窟中最著名的川渝石窟是指分布在四川和

---

[1] 宿白：《中国石窟寺研究》，文物出版社，1996，第17—19页。

重庆境内的石窟和摩崖造像，因历史上川渝同属四川管辖，故早期学者统称之为四川石窟。此区域是南方石窟最多、最重要的地区，资源非常丰富。

一、中国南方石窟的数量

中国南方石窟和摩崖造像总数超过中原北方地区，其中最集中的川渝石窟及摩崖造像数量惊人，但各个时期调查公布的数据并不一致。例如，2011年完成的第三次全国文物普查公布的数据为：不可移动文物中有24422处石窟寺及石刻；而2021年全国石窟寺专项调查后核定有石窟（含摩崖造像）共计5986处，新发现635处；其中四川2134处（核定2133处），重庆716处。川渝两地合计2850处，几乎占全国总数的一半。2处世界文化遗产（乐山大佛与大足石刻）、39处全国重点文物保护单位是川渝两地最重要的文化遗产之一。而川渝各区、各地市（州）的数量前后变化也非常大，例如，巴中市在2000年时有记录的摩崖造像地点有50余处，在2007年开始的第三次全国文物普查中又发现了20多处，2021年全国石窟寺专项调查之后仍然有新发现[1]，正在进行的全国第四次文物普查亦不断有新发现，至今尚不敢保证完全没有遗漏；成都市蒲江县在2004年前有记录的唐代龛像地点在18处以上；安岳县文物局管辖下的文物点有72处，其中绝大多数与石刻造像有关；重庆大足区的各级文物保护点有75处，绝大多数是石窟和摩崖石刻造像。相较于2011年完成的第三次全国文物普查、2021年全国石窟寺专项调查，目前各地公布的数量均有很大变化，无一与原来数据相同。其中仅安岳县在2021年全国石窟寺专项调查中就新发现了200多处。

川渝地区是中国晚期石窟和摩崖造像最集中的区域，它们到底有多少？统计时间不同，具体数量就会有所变化，但总量巨大、分布广泛是确定的。它们对于考察与重构西南区域宗教史、地方史，对理解中外文化交流与文明互鉴、

1　2023年4月，巴中市文物局文物科工作人员见告，全国石窟寺专项调查结束后又有20多处新发现。

中华各民族之间的交融，对研究佛教中国化及完成中国化后的呈现状态都有着举足轻重的作用，其学术价值和社会价值不言而喻。占全国半壁江山的川渝石窟在中国石窟中占有重要地位，是南方石窟的重要代表，然而除了世界文化遗产乐山大佛、大足石刻外，绝大多数没有开发利用，因此，川渝中小型石窟的保护利用具有示范作用。

考古调查资料显示，南方石窟最集中的川渝地区各地石窟始凿时间、造像特征均有差别，可以分为特征相对明显的几个区域：以成都为中心的川西地区，以广元、巴中为中心的川北地区，以安岳为中心的川东地区，重庆大足等主要区域，川南乐山、宜宾、泸州等市域内亦有开凿。巴中和广元地处川北，是川渝北部门户，也是川渝石窟最早、最重要的分布区。这里联系着川渝与中原北方地区，佛教石窟经过川北的巴中和广元传到全川，甚至传到云南，并在川渝与云南等地得到继续发展。而川西的成都是四川的文化中心、佛学中心，是入蜀高僧和文人的主要目的地，在佛教经典传播、佛教艺术发展历史上有着重要的地位。川东、重庆地区以安岳—大足为中心的宋代禅净密等多种元素合一的佛教造像独步全国，是目前仅存的，既有与唐代长安密教一脉相承的元素，又兼具明显地方特征、成规模的禅宗造像群。川南除乐山及其周围地区外，宜宾、泸州等地则以大量明清时期摩崖造像最具特色，佛教造像除保留了南宋大足石刻的一些内容题材和特征外，其形象受到了藏传佛教造像的影响，同时融入了大量民俗造像，工匠亦可能保存了大足、安岳区域宋代以来的传统。

二、中国南方石窟的分布规律

中国南方石窟最集中的川渝地区，其佛、道教石窟和摩崖造像与印度及丝绸之路上的所有石窟一样，主要分布在山间河谷中及古道旁。其中岷江、嘉陵江、沱江三江流域分布着川渝地区除重庆以东区域的几乎所有石窟和摩崖造像，含道教摩崖造像。三者中，嘉陵江干流水系及其两大支流渠江、涪江水系于合川汇合后经重庆流入长江，其流域面积最大，因此嘉陵江流域内石窟和摩崖造像分布最广，数量最多；其次是沱江流域、岷江流域。

嘉陵江流域从东到西，东部渠江水系沿线的巴中、通江、仪陇、营山、广安，中部嘉陵江干流水系沿线的广元、阆中、剑阁、旺苍、苍溪、南部，西部涪江水系沿线的江油、梓潼、绵阳、三台、中江、安岳、遂宁、潼南，及嘉陵江与两大支流汇合处的合川等地，均有大量石窟和摩崖造像分布，一些县区几乎村村有摩崖造像点。这一流域地理上或行政区划上主要属于川北、川中、川东。沱江流域主要分布在成都的龙泉、简阳，资阳乐至、安岳，自贡荣县，泸州叙永，眉山仁寿，内江市中区、资中，重庆潼南、大足等区域，地理位置及行政区划上主要属于四川东部及重庆地区，远及川南。岷江流域的都江堰、邛崃、大邑、蒲江、青神、丹棱、夹江、乐山、井研、茂县等地也有摩崖造像，地理和行政区划上主要属于川西，少量及于川南。重庆地区长江上游支流沱江、岷江流域，重庆以下的长江流域也有摩崖造像。其中，不同重庆以下长江流域主要分布在涪陵、万州等地，地理和行政区划上属于渝东地区。

川渝全境的佛、道教石窟和摩崖造像虽然有较多共性，但区域特色突出。川北可以分为广元、巴中两个小区域，分别对应北方入川的两条重要古道及邻近区域，均属于嘉陵江流域。其中广元位于入川主道金牛道上，又与石窟从西域传播到中原的重要通道河西走廊最近，是川渝地区最早开始开凿石窟和摩崖造像的区域，有川渝地区最早的石窟，与北方关系密切；巴中位于古代米仓道所经区域，向东又与重庆及通往长江下游的道路相连，唐代摩崖造像最多，最大的特色是佛帐形龛特别发达。巴中、广元集中了嘉陵江流域的大半窟（龛），是嘉陵江流域石窟和摩崖造像的代表。川西区，是指沿金牛古道至成都的绵阳地区及其以南、以成都为中心的四川西部区域，属于岷江流域及嘉陵江支流涪江流域范围，是历史上川渝地区的政治、经济、文化中心，当然也是佛教艺术中心，是历代入川弘法僧人及艺术家的主要目的地，是川渝其他区域佛教造像艺术的主要渊源，造像题材最为丰富。川中及川东、重庆区域，是指四川盆地以东的四川中、东部及重庆，大部分属于沱江流域，少部分属于嘉陵江流域，其辐射范围可达川南的泸州、宜宾地区，区域内除了有与川西地区一样的大量唐代摩崖造像，还有中国最集中的融合了儒释道三教内容及佛教诸宗的禅宗造像[1]，其来源与以成都为中心的川西地区密不可分。川南除乐山地区摩崖造像与川西地区内容大多一致外，泸州、宜宾地区明清时期保存了部分四川中、东部及重庆地区宋代造像的特点，是极少被学者关注的区域，此区域大多与古代的民族区域交错，其区域内经川渝地区传入的中原系统的佛教造像有重要意义。

云南石钟山石窟沿袭四川石窟的特点，位于四川经云南通向南亚的古道旁（古代南诏及大理国的政治中心大理与南诏国的起源地巍山古城之间），其旁的剑川古城、沙溪古镇等保留了古道的许多遗迹。

选择南京、杭州、桂林开凿石窟，主要是因为它们都曾是地方的政治、经济、文化中心。南京、杭州在古代曾作为都城。南京栖霞山石窟最早开凿于南朝的齐国，与皇室器重的僧人明僧绍有关；杭州城周围的烟霞洞、慈云岭则开凿于五代吴越国都杭州时期。这两处石窟的开凿均与其是政治中心，且与上层统治阶层有关，并都选择了当时都城周边的山崖。杭州飞来峰则留有元人占领南宋都城后在城边陆续开凿的密教题材的摩崖造像龛群，与之前汉传系统的烟霞洞、慈云岭造像显示出了较大的差别。桂林是地方的政治文化中心，城内及城周边岩石、岩洞很多，有雕刻各类碑刻题记的传统，但佛教摩崖造像并不是其主要雕刻，因从中原来此做官、游览的文人往往要留下题刻，自唐代开始，在这些题刻的地方便逐渐出现了摩崖造像。

1　雷玉华、李春华：《大足宝顶山石刻造像性质初探》，《敦煌学辑刊》2022年第1期，第105—115页。

因此，中国南方石窟的选址有两大特征：一是在古代交通要道沿线；二是在区域政治、经济、文化中心，而这类中心本身也依据古道形成。

三、中国南方石窟的年代与分期

根据南方石窟和摩崖造像的窟（龛）特征、造像题材，结合纪年材料，我们发现：中国南方石窟各点位始凿年代因位置不同而各不相同，主要与所处地理位置的交通、地方历史背景有关；地方政治中心区域的石窟始凿年代比较明确。

（一）中国南方石窟的年代

中国南方石窟分布最集中的四川、重庆可视为一个区域，其现存石窟和摩崖造像时间序列完整，大致可以分为七个时期[1]；南方其他地区石窟较分散，开凿时代不连续。

第一期，6世纪前半叶，对应历史朝代为南北朝时期；

第二期，6世纪下半叶至7世纪初，对应历史朝代为北周、隋代至初唐时期；

第三期，7世纪中期至8世纪中期，对应历史朝代为盛唐时期，开始于唐高宗时期，主要集中于唐代武周、开元两个时期，下限是天宝年间的安史之乱时期；

第四期，8世纪后半叶至9世纪中期，对应历史朝代为唐代天宝年间安史之乱时期及之后的中唐时期；

第五期，9世纪下半叶至10世纪中期，对应历史朝代为唐末至五代、北宋初期；

---

[1] 本书分期部分重点参考了以下资料：雷玉华：《四川石窟分区与分期初论》，见四川大学博物馆、四川大学考古学系、成都文物考古研究所编《南方民族考古》第十辑，科学出版社，2014，第193—219页；蒋晓春、雷玉华、聂和平：《嘉陵江流域石窟寺分期研究》，见朱岩石主编《考古学集刊》第22集，社会科学文献出版社，2019，第190—238页。其实每一期前后也有一些变化，为避免过于烦琐，笔者对这些不同在七个大阶段（七期）中仅择要介绍。

第六期，10世纪末至13世纪，对应历史朝代为北宋中晚期至南宋末时期；

第七期，14世纪至19世纪，对应历史朝代为元、明、清，其中元至明初造像极少，明代中后期开始增多。

由于各区域始凿时间不同，以上七个时期的石窟和摩崖造像不是每个区域都同时具有，各区域开凿的开始时间不同导致了各自特征亦稍有差异。

云南石窟所在区域与蜀道相连，可视为川渝石窟向南的延续。其开凿年代相当于川渝石窟的第四至七期，相当于云南的南诏、大理国时期，其中第七期已进入元代，主要是装彩，并无明显的石窟或摩崖造像开凿。

江苏南京栖霞山石窟与浙江新昌大佛及千佛岩同时始凿于南朝齐梁时期，之后两个地点陆续开龛造像。现存龛像遗迹相当于川渝地区的第一期。

浙江杭州现存摩崖造像龛主要开凿于五代、元代两个时期，宋代亦有开凿，与川渝地区的第五、六、七期相同。

广西桂林城内及周围山上的摩崖造像最早有唐代武周时期开凿者，一直延续到唐末。其主要造像与川渝地区第三、四、五期相似。

（二）中国南方石窟的开凿顺序

因川渝地区石窟规模庞大，序列完整，且已发现的中国南方其他区域石窟序列并不连续，故我们以川渝石窟的第一至七期为轴线，梳理中国南方石窟在各时期的开凿情况。

第一期，6世纪前半叶。江苏南京栖霞山石窟与浙江新昌大佛及千佛岩在此时期始凿，是中国南方地区开凿最早的石窟，两地的大石窟及摩崖造像龛完成于南朝梁。

这一时期，川渝地区的石窟和摩崖造像主要分布于嘉陵江上游的广元地区。广元是川北的门户，位于嘉陵江畔，中原入川最主要的古道金牛道沿嘉陵江穿城而过。城边嘉陵江东西两岸的皇泽寺和千佛崖隔江相望，两处均有北朝到唐代的佛教石窟和摩崖造像，是川渝地区最早开始开凿石窟的地点；两地均有北魏石窟（北魏于505年首次据有这里），它们是川渝地区迄今发现开凿最早的石窟，略晚于江苏南京栖霞山石窟、浙江新昌大佛及千佛岩。

川渝地区沿嘉陵江从广元往南，2003年在嘉陵江支流清水河边剑阁新县城（原下寺镇）修建过程中发现了北魏道教摩崖造像；再往南，涪江穿绵阳市区而过，城内涪江畔有平阳府君阙南朝摩崖造像。

以上是迄今川渝地区时代最早的石窟和摩崖造像分布区域，在此区域内还发现了一些属于城中寺院的可移动造像，主要集中出现在广元城区。绵阳以南，岷江流域的成都地区及茂县等地也有南朝时期的可移动造像发现，但并无石窟或摩崖造像开凿。

第二期，6世纪下半叶至7世纪初。

川渝佛教石窟和摩崖造像在三大流域均有了开凿，但大部分仍然集中在嘉陵江流域。与这一阶段对应的朝代为北周、隋、唐代的贞观时期，历史上这是一个各方面发展的过渡时期，石窟和摩崖造像前后变化也很大。

中国石窟和摩崖造像从南北朝到唐代发生了极大变化，内容题材、审美观、开窟造像的目的与诉求等都不一样，是中国佛教石窟及摩崖造像两个高峰期之间的过渡阶段，也是中国石窟向南发展，在川渝地区逐渐兴起的时期。其分布范围从川渝石窟和摩崖造像开凿最早的嘉陵江畔的川北重镇广元开始，往南沿金牛古道上的剑阁、梓潼、绵阳，至川渝两地之间的成都龙泉、资阳乐至等地，主要有嘉陵江及其支流沿线的广元皇泽寺、千佛崖，剑阁武连镇横梁子、剑阁老县城边的鹤鸣山，涪江及其支流沿线的梓潼卧龙山、绵阳西山观和碧水寺。嘉陵江流域从广元东行，流域沿线主要有旺苍木门镇木门寺、普济镇古田坝、阆中县石室观；渠江及其支流沿线有巴中北龛、西龛、东龛、南龛，水宁寺，通江千佛岩等；巴中以南有广安肖溪冲相寺、重庆潼南大佛寺等。其中绵阳西山观、剑阁鹤鸣山、潼南大佛寺等地有集中的隋至初唐道教造像。这些造像点大多位于金牛道、米仓道联系中原与成都的古道所经区域，也有的位于嘉陵江、渠江干流或支流边，而嘉陵江、渠江干流或其支流是古代重要的交通道路，它们东与长江相通，西与通向成都的道路相连。如剑阁、绵阳等区域均处于金牛道上；剑阁与阆中之间的道路也可与连接南北古道的米仓道相连，巴中北可经米仓道与中原相连，东可经安康北上中原或继续向东、向南，往南则有多条道路可达成都，通过巴河可经渠江与长江下游交通；旺苍县则位于广元、巴中之间，境内普济古田坝、木门寺两处石刻均在两地交通古道旁；潼南大佛寺位于涪江畔，广安冲相寺则位于渠江旁。总的来看，与川中和川东、重庆地区相比，位于北方与川渝相连的古道边石窟和摩崖造像开凿时间更早，其次是川渝政治、经济、文化中心成都周围区域。长江是古代最重要的交通大动脉，因此重庆长江三峡地区也有这个阶段的造像[1]。川西属于岷江流域的蒲江漏米寺、茂县较场坝、成都龙泉大佛寺（北周文王碑），四川中部沱江流域的乐至报国寺等地在这个时期也开始开凿摩崖造像。茂县较场坝摩崖造像位于丝绸之路河南道旁，蒲江是川西盐茶古道的主要区域，成都龙泉大佛寺（北周文王碑）摩崖造像则位于成都通往重庆的古道东大路旁。沱江流域的乐至睏佛寺北周摩崖造像是川中地区目前发现开凿最早的龛像[2]。属于寺院的同期可移动石造像在成都、彭州、茂县等城区均有发现。

第三期，7世纪中期至8世纪中期，开始于唐高宗时期，大部分开凿于唐代武周、开元时期。此时川渝摩崖造像之风大盛，前述川渝有石窟和摩崖造像的县、市几乎均有开凿，尤其是开元时期。同时，出现了集中的道教造像，较多的佛、道融合造像。除川北广元千佛崖有少量洞窟开凿外，绝大多数为摩崖龛像，极少有石窟开凿。开元、天宝时期造像铭文增多并出现了较多摩崖大佛雕刻。广西桂林地区在武周时期出现了最早的摩崖造像，之后一直连续开凿。

---

1 重庆三峡博物馆展出的从三峡地区忠县龙滩河边整体搬迁的唐代摩崖造像中，有这个阶段的造像。
2 雷玉华：《四川中部首次发现北朝佛教摩崖造像》，《中国国家博物馆馆刊》2020年第9期，第55—66页。

第四期，8世纪后半叶至9世纪中期，即历史上唐代安史之乱以后的中唐时期，前述川渝石窟分布的所有县、市均有开凿，摩崖雕刻的小龛小像数量最多，构成了南方石窟和摩崖造像的特色，且造像铭文、游记继续增加。云南剑川石钟山开始开凿摩崖造像龛，广西桂林继续开凿。

第五期，9世纪下半叶至10世纪中期，即唐末至五代、北宋初期。这是一个变化尤其剧烈的时期，对应历史上"唐宋变革"的社会发展阶段。川渝地区在晚唐时期就有大量小龛小像遍布田野，而到五代、北宋时期造像点位、数量、分布区域锐减。五代造像主要集中在成都附近及安岳、大足境内，有涪江流域的安岳圆觉洞、卧佛院、千佛寨、庵堂寺，岷江流域的蒲江飞仙阁，沱江流域的乐至报国寺、大足北山等，其余地区仅有零星发现。北宋造像则主要集中在大足、安岳两地及附近的仁寿、资中，巴中等地偶有龛像。造像题材与内容、人物形象、龛像装饰等均发生了很大变化，是中国历史上唐宋变革的物化体现。浙江杭州及其周围地区出现了一批小型造像龛群，并有在自然山洞中造像者。云南石钟山石窟开凿进入鼎盛期，云南大理国时期其他点位的摩崖造像大多开始开凿于此期。

第六期，10世纪末至13世纪，即北宋中、晚期到南宋时期。川渝地区涪江流域的安岳县有华严洞、圆觉洞、高升大佛、卧佛院、毗卢洞等多处雕刻，潼南县大佛寺等处偶有小龛。沱江流域大足北山、宝顶山，合川涞滩二佛寺是最集中的造像点位，此外荣县大佛旁、仁寿能仁寺等部分地点也有少量开凿。最集中的区域在安岳、合川、大足、仁寿等川渝中、东部及部分川南区域，完成了一批唐代始凿、中途停工的大佛像。浙江杭州周围地区继续开凿，云南剑川及其他大理国时期造像点继续开凿。

第七期，14世纪至19世纪，对应历史上的元、明、清时期。目前川渝地区元代造像仅见于重庆合川钓鱼城、巴中通江县等极少点位，杭州飞来峰摩崖造像是南方最集中、数量最多的元代摩崖造像群。明清两代除了大量的可移动造像，2021年的全国石窟寺专项调查在全域均发现了大量的造像点，点位甚至超过了此前最多的唐代摩崖造像；除川北的巴中，川西的大邑，川中、东部的资阳、重庆外，川南宜宾、泸州等地都有相对集中的开凿。明清两代的摩崖造像因经历元代的变化，形象与内容又一次发生了巨大变化，大量民间神祇被纳入造像当中；除唐宋时期已形成的道教造像与佛像同列，儒释道三教造像均有开凿外，藏传佛教形象对摩崖造像中的佛像等产生了较大影响，是中华各民族交融的最好证据。2021年全国石窟寺专项调查后，川渝、浙江之外其他南方各省公布的石窟点位大多数属于此阶段，而且四川现存清代造像点位也多于历史上最兴盛的唐代，这明显与距今年代远近有关。

第二节　中国南方石窟的特征

中国南方石窟其实绝大部分是直接在崖壁上开凿的龛像或摩崖雕刻，大多数并不是如印度或中国北方地区那样先开凿出洞窟，再在洞内造像。因此南方真正的石窟很少，大多数为摩崖造像，有些学者习惯统称之为"石窟"。因此，中国南方石窟实际多为中小型摩崖造像点，也被称为"中小型石窟"。

石窟在中国南方发展出了许多新形式，除了有大量与中原北方地区一样的石窟，更多的是摩崖造像龛。崖壁上开凿出山洞，洞中有能满足一座寺院一切活动的空间者就可以叫石窟。反之，无论结构与形制如何，如果人只能站在崖前观看，进不了洞内，或者说洞内没有人的活动空间者就叫摩崖造像龛，摩崖造像龛是石窟的一种变化形式。南方还有一种连环画式的雕刻，系把中国传统绘画方式搬到了山崖上，是中国石窟创造性形式的一种，可视为摩崖造像的一类，有时候又被称为"石刻"。中国南方石窟最大的特点就是以中小型摩崖造像龛为主，仅有少量可以称为"窟"，但传统上仍然统称为"石窟"。

第一，中国南方的川渝地区是全国石窟和摩崖造像点位最多、分布最广的区域。南方除浙江、云南、安徽、江苏、广西等省（区）有少量摩崖造像外，95%以上的石窟集中在川渝两地。第二，所谓的南方石窟其实绝大部分是摩崖造像龛，真正的石窟很少。第三，南方石窟集中的川渝地区是在唐代北方大规模石窟开凿结束之后仍然兴盛的一个区域，连续、成规模的开凿直到南宋后期元朝军队进入后才渐渐结束，把中国成规模、连续开凿石窟及摩崖造像的历史向后延伸了近500年（从中原龙门石窟于8世纪安史之乱结束石窟及摩崖造像开凿时起，至13世纪重庆大足宝顶山南宋造像停止开凿时止，个别的、零星的开窟造像除外），明末、清初又开始恢复开凿。第四，从思想到形式上均完成了中国化、世俗化，是典型的中国民间信仰的实证，有较多的民俗及道教摩崖造像、儒释道三教合一造像，与中原北方地区佛教石窟的内容题材相比，形式与内容都发生了较大变化。中国南方石窟和摩崖造像延续时间长，各个时期分布区域又有所不同，区域特征明显。

一、第一期：6世纪前半叶

此时为历史上的南北朝时期。南方南北朝时期佛教石窟和摩崖造像最早见于江苏南京栖霞山南朝梁时期完成的大佛龛和浙江新昌大佛寺的大佛龛及千佛龛。其次是四川地区，主要见于嘉陵江干流区域，其中广元千佛崖和皇泽寺最多、最早。剑阁下寺、绵阳平阳府君阙上分别有南朝梁、北朝北魏及北周时期的小造像龛，沱江流域的龙泉大佛寺（北周文王碑）、乐至报国寺有少量北周造像龛。

江苏南京栖霞山石窟位于栖霞寺东北侧山崖上，南齐永明二年（484年）至南梁天监十年（511年）开凿，主要是一尊摩崖大龛中的弥勒大佛像。大佛寺（宝相寺）位于浙江省新昌县西南的南明山上，寺中有南朝梁时期雕刻的弥勒大佛龛，梁时大佛雕造完成后，即修建了三层台及佛阁；现存阁内崖面上开一个敞口形大龛，形制与南京栖霞山南朝无量寿佛大龛类似。千佛岩位于弥勒大佛龛西北，两处相距300余米，摩崖大龛中刻满千佛，形象与同期成都等地出土的南朝梁时期造像十分相似[1]。

广元千佛崖[2]位于嘉陵江东岸，南距广元城5公里，目前可以确定的有三个北魏洞窟：大佛窟（第726号）、莲花洞（第535号）、三圣堂（第226号）。大佛窟为佛殿式窟，平面呈马蹄形，穹窿顶，窟内正壁造一尊佛像（唐代时补凿了二弟子像），两壁各立一尊菩萨像，为一佛二菩萨三尊像组合。莲花洞窟型与大佛窟同，窟顶有一朵浅浮雕的大莲花，窟内造像被唐代武周时期改刻。三圣堂平面呈方形，平顶略呈弧形，三壁各开一个圆拱形龛，三龛龛楣上雕饰二龙回首反顾，每龛内各造一佛二菩萨三尊像。三窟内的北魏造像头光中心都饰有莲瓣。三壁三窟（龛）、穹窿顶窟是北魏晚期从山西云冈到洛阳龙门等地的主要窟形。窟顶饰莲花，佛像头后饰莲瓣，菩萨裙摆宽大、披帛呈X形交叉是北魏石窟及造像的最大特点，这些特点显示出广元千佛崖与中原龙门石窟及其周围石窟中的北魏晚期洞窟一脉相承。新的考古调查证明，崖壁正中的第512号窟亦可能是南北朝时期开凿的大窟，窟内现存造像为唐代开元年间扩展空间后开凿，因此被认为是唐代开窟，而窟内后部现存的三个像座遗存则提示了其与第726号窟相似的布局与结构。

皇泽寺位于嘉陵江西岸，与广元城隔河相望，是川渝地区现存北朝石窟最多的地点。其中北魏晚期开凿的第45号窟为三壁三龛中心柱窟，是中原洛阳、巩县北魏石窟的延展区。北周时期开凿的第15号窟方形平顶，正壁开一个大龛，龛内为一佛二弟子二菩萨五尊像组合，佛像面形极其清瘦，延续了北魏晚

1　李裕群：《浙江新昌千佛岩南朝龛像——南朝忏法流行的实物例证》，《文物》2021年第2期，第59—71、96页。
2　文中广元石窟的材料如无特别注明，均来源于：1.雷玉华、王剑平编著：《广元石窟》，巴蜀书社，2002；2.四川省文物管理局、成都文物考古研究所、北京大学中国考古学研究中心等编：《广元石窟内容总录·皇泽寺卷》，巴蜀书社，2008；3.四川省文物管理局、成都文物考古研究所、北京大学中国考古学研究中心等编著：《广元石窟内容总录·千佛崖卷》，巴蜀书社，2014。

期的特征，但新的因素已然明显，如佛像戴耳环、菩萨装饰一道环形长璎珞，面形扁圆，与北魏瘦长的造像明显不同。从此，戴大耳环的佛像在川渝地区非常流行，成为这个时期的标志性特征，直至唐代贞观时期。

2003年，在剑阁新县城（下寺镇）修建过程中，于城内清水河边发现7个北魏晚期道教造像龛，这是川渝两地目前发现开凿最早的道教摩崖造像。居中一龛最大，圆拱形，龛楣雕二龙交缠，龙首反顾，并有北魏题记[1]。组合为五尊式，龛口出现了二护法像，这是川渝石窟和摩崖造像中最早的护法力士。

剑阁往南的绵阳位于嘉陵江支流涪江两岸，城内平阳府君阙上有29个南朝梁、西魏时期的摩崖造像浅龛，有圆拱形、尖拱形、方形三种形式，有的方形龛有垂帐装饰；造像组合有单尊、双尊、一佛二胁侍三尊等多种；并有较多造像题记。

龙泉大佛寺和乐至睏佛寺的北周摩崖造像龛均为圆拱形深龛，龛后壁呈较深的似半球的圆弧形，造像组合有一佛二菩萨三尊组合，也有一佛二弟子二菩萨二力士七尊组合，还出现了浅浮雕多尊弟子像[2]。

综上所述，这个时期有五种窟（龛）类型：第一，三壁三龛式窟，如广元千佛崖第226号窟、皇泽寺第38号窟等；第二，中心柱窟与三壁三龛结合的方形大窟，如广元皇泽寺第45号窟；第三，正壁造像的大型佛殿窟，如广元千佛崖第535、726号窟；第四，圆拱形深龛，如乐至睏佛寺第19、20号龛，广元皇泽寺第33、34、35号龛及第15号窟后壁小龛等。第五，小型浅龛，有圆拱形、尖拱形、方形等多种，主要集中于绵阳平阳府君阙上。

造像特征以广元千佛崖第226号窟和皇泽寺第45号中心柱上造像（皇泽寺

---

1 该处造像挖出后很快被回填，仅见文物管理所提供的照片。据当时剑阁文物管理所所长蒲龙先生介绍，中间最大的龛旁有北魏"大代"铭文。
2 雷玉华：《成都龙泉区北周文王碑再调查》，《敦煌学辑刊》2020年第2期，第37—47页；雷玉华：《四川中部首次发现北朝佛教摩崖造像》，《中国国家博物馆馆刊》2020年第9期，第55—66页。

第38、45号等窟内三壁三龛中北魏造像全部被唐代改刻）为例，北魏佛像双肩瘦削，有磨光肉髻，头后饰莲瓣，颈部光滑细长，袈裟下摆宽大，呈八字形分开。菩萨像挽双髻，身躯粗壮，无璎珞装饰，裙摆宽大，腹前帔帛呈X形交叉。剑阁下寺小龛与陕北道教造像碑上的龛像极相似，龛内造像脸形瘦长、双肩下削、主尊发髻细、高，颈部细长，是典型的北魏造型，龛楣上雕饰二龙反顾，与洛阳龙门石窟同期龛形相同；绵阳平阳府君阙上造像则与成都出土的南朝背屏式造像极相似，仅是将成都造像的桃形背屏改成了浅浅的小龛而已，造像面形扁圆，衣裙宽大。南北朝后期，剑阁新县城（下寺镇）及其以北的广元等区域为北魏、北周控制区；绵阳及其以南则为南朝梁控制区，后归北周。绵阳与广元两处造像的差异正好反映出南北朝后期南北政权的控制区域与变化，即剑阁县及以北的广元为北魏造像风格，剑阁县以南的绵阳市区内为南朝梁造像风格。

二、第二期：6世纪下半叶至7世纪初

6世纪末至7世纪初，对应隋代至唐代初期贞观年间，中国南方川渝两地摩崖造像数量依然少而分散，没有发现真正的石窟。代表龛有：广元千佛崖第138号龛（北大佛）及皇泽寺第12、13、28、55、56号龛等；广元与巴中之间的旺苍古田坝、木门寺部分造像；巴中南龛第149号龛，西龛第18、21号龛，东龛第1号龛等造像。沱江流域仅有龙泉大佛寺（北周文王碑）旁边小造像龛和乐至睏佛寺部分小龛。岷江流域较集中的点位有茂县较场坝，均为圆拱形龛[1]。其中剑阁武连镇环梁子，绵阳城内碧水寺、西山观，以及广安肖溪冲相寺，梓潼卧龙山，潼南大佛寺，茂县较场坝等地的部分小龛有纪年。数量上嘉陵江流域占绝

---

[1] 雷玉华：《成都龙泉区北周文王碑再调查》，《敦煌学辑刊》2020年第2期，第37—47页；雷玉华：《四川中部首次发现北朝佛教摩崖造像》，《中国国家博物馆馆刊》2020年第9期，第55—66页。

对多数。从造像特征上看，这是一个从南北朝至唐代的过渡期[1]。

窟（龛）类型主要有外方内圆拱形双层龛、尖拱形龛、圆拱形尖楣龛；有的双层龛内龛很深，以中、小型龛为主。其中皇泽寺第28号龛是目前所见这个时期最大的龛。还流行三层龛，其中巴中南龛、东龛等的三层龛外龛均为方形，内层为圆拱形，中层有佛帐形（巴中西龛第21号龛）和圆拱形两种（巴中东龛第1号龛）。通过对纪年龛像的比较研究发现，川渝两地隋代主要流行圆拱形尖楣龛，少装饰，以素面龛楣为主，如潼南大佛寺隋代大业六年（610年）道教造像龛，绵阳西山观隋代大业六年（610年）、大业十年（614年）道教造像龛等。尖拱形龛仅见广元皇泽寺第28号龛一例。广安肖溪冲相寺、茂县较场坝等地有纪年的初唐时期的外方内圆拱形龛较深，是唐代四川地区最流行的龛型，其内室龛楣上多有联珠纹装饰。贞观时期还流行装饰简单的小型浅龛，大多装饰一圈联珠纹，如茂县较场坝点将台、剑阁横梁子等地贞观纪年小龛。这个时期大型龛装饰比较复杂，内室多有桃形龛楣，桃形光尖折至外室龛顶，龛口沿从内至外依次呈带状装饰联珠纹、各种宝珠与回形纹、联珠纹，纹饰带中间浮雕忍冬纹并均匀开凿七个圆形小龛，小龛内各雕禅定坐小佛一尊；一些龛后壁浮雕菩提双树。如皇泽寺贞观二年（628年）的第13号龛，梓潼卧龙山千佛岩贞观八年（634年）的西面、北面龛。这种龛楣装饰主要流行于贞观初期，贞观晚期简化，并很快消失。联珠纹普遍使用于造像的头光、宝冠、项圈、璎珞以及龛楣、佛座上，与同期其他考古材料一样，是这个时期标志性的、最流行、最显著的特征。此期造像内容题材丰富，嘉陵江流域主要有双观音、西方三圣、定光佛、释迦、弥勒、二佛、三佛、天龙八部[2]等，还有道教的天尊、护法群像等，人形化天龙八部题材渐渐成为此阶段特色。造像组合有一佛二弟子

1　王剑平、雷玉华：《6世纪末至7世纪初的四川造像》，见成都文物考古研究所编著《成都考古研究》2，科学出版社，2013，第358—371页。
2　天龙八部名称见《妙法莲华经》卷第一，《大正新修大藏经》第9册，影印本，新文丰出版公司，第2页。

二菩萨二天王二力士九尊、一佛二弟子二菩萨二力士七尊、一佛二弟子二菩萨五尊、一佛二菩萨三尊等多种。一些龛后壁菩提双树间浮雕天龙八部等护法群像，一般2~8身不等，有的多至10多身。道教造像以三尊组合最常见。阿弥陀佛与五十菩萨、天龙八部等新题材成为下一个时期川渝造像的特色。

川渝地区目前所见最早有纪年的阿弥陀佛与五十菩萨题材为梓潼卧龙山唐贞观八年（634年）龛，从此成为川渝地区初、盛唐表现阿弥陀净土信仰的重要形式。天龙八部题材以隋代广元皇泽寺第28号大龛较早，以盛唐时期最多，直到五代均有雕刻，安岳圆觉洞五代前蜀时期雕刻的第23号佛道合龛中仍然有天龙八部护法像。

与南北朝时期相比，除窟（龛）形制、造像组合、装饰纹样都发生了较大变化外，造像形象变化更大。佛像均为螺发，没有了磨光高肉髻；面相略长而丰满，躯体健壮。袈裟露出中衣右侧领边，仿佛衣领在腋下内折一下，袈裟下摆右边一角从左肩向前绕至后背敷搭回右肩上，过去被学者称为双领下垂式袈裟（或汉式袈裟），右肩敷"偏衫"，实为中衣外再披袒右袈裟，袈裟一角敷搭肩上露出中衣边所致。这成为下一个时期开始直至现代中国佛教造像和僧人袈裟的主要披覆形式。内着袒右肩僧祇支，胸前结带打十字形。佛像袈裟下摆还有南北朝时期"悬裳座"的遗风，下摆宽大，重重叠叠悬垂座前。广元皇泽寺第55、56号龛佛像的螺发细密，以贴泥条形式表现衣褶。造像有两种风格：一种比例协调，胸部肌肉隆起，体格健壮，如广元皇泽寺第38、45号窟内三壁大龛中被唐代改刻的主佛，千佛崖第273、341号等小龛中的佛像；另一种头部显小，身材修长，头小而短，腿长，如广元皇泽寺五佛亭内第51号龛、迎晖楼内第38号窟外左壁部分小龛中的造像等。许多佛像均戴耳珰、手执桃形宝珠。川渝地区佛像戴耳珰最早见于成都万佛寺遗址出土的一批梁代佛头像，其中一件梁太清三年（549年）释迦双身像就戴有耳珰，北周、隋代、初唐时期的龛中多数主尊都有圆形大耳珰。川渝造像中手执宝珠的佛像最早期见于梁中大通四年（532年）释迦像（四川大学博物馆藏）。就目前材料所见，饰耳珰和握桃形宝珠的佛像是川渝地区萧梁晚期出现的一种特征，一直到唐初贞观时期都很流行，盛唐时期仍有孑遗，如安岳卧佛院唐代开元时期的第3号龛大卧佛仍然戴耳珰。同时，这个时期有川渝地区装饰最复杂的菩萨像，堪称"重装菩萨"，如广元皇泽寺第28号龛的两尊菩萨像，满身粗大的璎珞，显得沉重而繁缛；也有最精美的菩萨像，如绵阳碧水寺藏开元寺出土的观音菩萨像、梓潼卧龙山贞观八年菩萨像、成都万佛寺持瓶观音像等，均体态优美，身姿绰约；大多数菩萨装饰繁缛，戴三珠宝冠，缯带长长垂于肩侧，满身珠宝，异常华丽。立姿者多一腿微屈，饰联珠纹项圈，胸前悬一个大铃铛形状的香囊，X形珠链式璎珞、蕙状大璎珞交叉于前，有的还另持一串U形长璎珞。帔帛披戴方式开始变化，既有旧的X形交叉样式，也出现了绕过腿前一道或两道的新披法，过渡时期新、旧因素交织显现。总之，北周、隋代的菩萨装饰最华丽和繁缛，唐代贞观初年渐渐简化，璎珞逐渐变细。组合造像中二弟子像渐渐由上一时期的浅浮雕或线刻为主变成了高浮雕，并且多以比较固定的一老一少形象表现。组合中天王、力士造像虽然较少，但很有特色。隋代的力士多有复杂的装饰，戴项圈、X形珠链式璎珞，如广元皇泽寺第28号龛、巴中西龛第21号龛等两侧的力士，形象威猛雄健，都戴项圈、装饰复杂的璎珞。贞观初年，大多数力士没有了联珠纹璎珞，但仍然还戴项圈。戴盔着甲的天王形象开始成对出现。与龛内其他像比较，天王体形都比较瘦小，腰部纤细。在梓潼卧龙山东面龛、北面龛，巴中西龛第21号龛，广元皇泽寺第13、56号龛中，都有成对天王像。其中皇泽寺第56号龛口天王头戴盔，披披风，身着两裆甲，系护颈；左侧天王脚穿靴，腰挂剑鞘，右手执环首剑；右侧天王脚穿鞋，虬髯，左手执环首剑，右手握剑鞘。巴中西龛第21号龛左侧天王束发，发带上翘，披两裆甲，系护颈，帔帛绕臂，右手握剑囊，游戏坐于须弥山座上，一脚踩在地鬼头上。

还出现了几种特别的像座，如狮子口衔莲枝承托莲座、瓶中莲枝承托莲座、八角形束腰座基承托莲座等。有的八角形座基转角处雕饰兽头、宝珠，十分华丽，曾经被认为是密教中的"生灵座"。造像龛中弟子、菩萨像往往立于宝瓶生莲枝或兽吐莲枝承托的莲座上，座基与莲茎部分很高，使座高接近像高甚至超过像高，成为这个时期造像的一个普遍特征。与南北朝时期的平座、低莲座不同。

除广元千佛崖大型龛像外，西起岷江流域的茂县，四川中东部的乐至、安岳，东至峡江地区，所有造像均表现出很大的一致性特点，联珠纹、高座基、佛戴耳珰等是最突出的元素。

三、第三期：7世纪中期至8世纪中期

对应历史上的唐代高宗至玄宗初期。唐高宗时期极少有明确的纪年窟（龛）发现，根据造像风格辨识出来的龛像也很少，大部分开凿于武周、开元时期。其中川渝地区武周、开元时期的盛唐造像最多，数量和龛像类型远远超过上一个时期，开龛造像遍及乡村。但川北的巴中、广元两个区域大体以旺苍、剑阁为界，东、西两边窟（龛）类型、造像题材稍有不同。分界以东、以南区域，以巴中造像类型与风格为代表，以西区域主要指广元地区及附近的造像。广西桂林出现了相当于唐武周时期的摩崖造像龛，造像特征和内容题材与广元地区的同期造像相似，无石窟。四川以广元千佛崖、皇泽寺为代表。

广元7世纪末至8世纪前半叶的造像是广元石窟技艺最成熟、水平最高阶段的产物，窟（龛）类型变化最多，这一时期也是千佛崖开凿窟（龛）最兴盛的时期。千佛崖最精美的窟（龛）大都完成于此时，如第86。116、169、211、213、214、365、366、400、493、512、513、535、689、805、806号等，以及一些早期大窟中补凿的小龛，大量龛像都有开龛纪年。洞窟类型有：方形平顶窟，如千佛崖大云洞（第512号）；平面呈横长方形、三壁造像的穹窿顶窟，如千佛崖莲花洞（第535号，北魏开凿，唐武周时改造）；平面呈横长方形，

中央设有背屏的横长方形佛坛窟，坛上造像，像后背屏直通窟顶，犹如佛寺中的大殿，如千佛崖第365、366、805、806号窟等；有的窟有少许前壁，如千佛崖第512、535、689号窟等；还有带前室的方形平顶中心柱窟，如千佛崖第400号窟，前室呈横长方形，有阶梯进入，形如寺院的前廊或护法殿，二护法金刚力士立于两侧。还开凿了一大批敞口圆拱形摩崖大龛，龛内为圆弧形顶，龛底平面呈马蹄形，如千佛崖第150、169、493号等大型龛；数量最多的是外方内圆拱形双层敞口摩崖大龛，内龛底部平面呈马蹄形，顶部略呈弧形，外龛方形平顶，底部有阶梯，如千佛崖第187、214号龛等；有的双层龛内龛有尖拱形龛楣，外龛平顶，如千佛崖第116号龛。一些双层龛内龛较深，底部平面呈马蹄形，顶部略呈弧形，有浅浮雕桃形龛楣，如千佛崖第513号龛；有的内层龛很深，形制接近方形浅窟，如千佛崖第86号龛；有的内层龛很深，外层龛沿壁凿坛，并延伸至外龛口两侧，坛上列像亦延至外龛两侧，如千佛崖第213号龛等。小型龛以单层圆拱形浅龛最多，大多开凿于早期洞窟之中，无须修整崖面，无防水要求，所以大多无外龛，如千佛崖第726-17、746-9、806-38号龛等；直接开凿于崖壁外立面上的小龛则多为外方内圆拱形双层浅龛，如千佛崖第268、251号龛等，其均有方形外龛，主要为防水所需。

这一时期的造像活动及造像主要有以下特点：

第一，在川渝窟（龛）数量最多的广元千佛崖开凿了一批大、中型洞窟，除以上所列举外，还有近50个。

第二，川北具有地方特色的窟（龛）类型得以确立，并大量开凿：第一类是外方内圆拱形龛，外层只凿出一个较浅的方框，大多数顶部与地面均是前低后高，顶部与向外、向下倾斜的龛底对应，具有防雨功能；内室底部平面呈马蹄形或长方形，一般较浅，适合开凿于南方多雨地区。这是广元地区最多的龛型，占总数的十之七八。第二类是佛帐形龛。佛帐是一种安置佛像的家具，形如带帐的床，川渝摩崖造像中有大量佛龛是佛帐的形状，因此称为"佛帐形龛"。因佛帐顶有类似房屋的檐，又被称为屋形龛、佛殿形龛。此类龛型不见于广元千佛崖和皇泽寺，但却是川渝其他地方唐代的主要龛型之一。佛帐形龛以双层龛为主。川渝地区盛唐时期的基本龛型为外方内佛帐形和外方内圆拱形龛两种。内层为圆拱形龛者，龛楣上常饰宽大的忍冬纹。内层为佛帐形龛者，佛帐又有单重檐、双重檐之分，檐顶与檐面雕饰比较固定，多为方格团花，有的垂饰珠链。一些内层龛顶主尊头上方雕出了悬挂的华盖。第三类是三层龛，即外层方形，中层佛帐形，内层圆拱形，或者二、三层均为圆拱形；第二、三层龛的龛边、龛楣上仍然装饰卷草和七佛、伎乐等，卷草叶纹粗大，已成主要纹饰；中层若为佛帐形，则龛檐顶和檐面上分格雕刻团花、宝珠，所有装饰图案化、程式化明显，与前期有了很大变化；檐面下方雕饰的垂帐褶皱呈连续圆弧形，帐外垂饰珠链，有的上层檐顶上有坐佛像。像座部分承袭了贞观时期造像的特点，座底下有高高的变形莲茎托起莲座，如巴中北龛第7号龛。广元千佛崖开凿了7个仅见于此的中心佛坛背屏式窟，平面呈方形，平顶，窟中央留出一个横长方形坛，类似寺院大殿中间的佛坛，佛坛上设像，像后背屏直通窟顶，背屏实际上由镂雕的菩提双树及人形化天龙八部围拢形成。其借鉴了地面寺院中心佛殿像设方法，在国内同期石窟中少见，敦煌石窟中类似像设出现于唐后期，晚于广元千佛崖。

　　第三，大量造像身体比例协调，表现出极高的艺术水平。佛像程式化的面目雕刻得庄严肃穆却不失精美，体魄健壮，身裹通肩袈裟的佛像多以条状突起表现衣褶。坐像大多披所谓"双领下垂式袈裟"，露出内衣领边和袖口，实为内着双层衣，外披袒右式袈裟，右侧露出了中衣，中衣领边从胸下牵出，衣角露于袈裟外，似乎袈裟领边在胸下内折后再垂下，这是中国特有的佛衣样式[1]。

---

[1] 唐代摩崖造像流行的这种袈裟披法至今仍流行，早期佛教考古描述均将之写为"双领下垂式袈裟"，早期调查资料中还称之为"汉式袈裟"，实误，但已沿用成习。

7世纪末至8世纪前半叶的佛、菩萨，面形方圆，颈部有唐代标志性的三道蚕节纹，胸肌隆起，宽厚的双肩和胸部显示出无比壮硕的体魄。弟子多固定表现为一老一少形象，老者常披袒右肩袈裟，面部、颈部青筋暴突，有的额上、两颊雕出皱纹，用满脸皱纹表现出饱经沧桑的模样；少者往往是青春健康的青年人形象，圆头圆脑，着交领衣；二人常常一人持香炉，一人托经盒。菩萨身体呈S形站立，面形丰腴，发髻高耸，戴束发三珠宝冠，帛带自双肩下垂绕腿上两道后垂于体侧，腹前璎珞呈X形，交叉穿过宝相花或圆璧，露出腰、腹部肌肉，腰部曲线明显。天王均着将军装，与同期唐代墓葬中的武士俑相同。力士叉腿立于窟（龛）两侧，面形做夸张愤怒状，双手、双脚做用力状，裸上身，肌肉条条。供养天人、菩萨、一老一少的弟子、力士、天王等身体比例协调，不同人物的形象面貌、体态神情等恰到好处。

第四，造像内容丰富，题材非常广泛。常见的题材主要有菩提瑞像、释迦佛、药师佛、阿弥陀佛、弥勒佛、三世佛、释迦多宝佛、阿弥陀佛与五十菩萨、弥勒佛与菩提瑞像并列、弥勒与释迦并列、药师佛及十二药叉大将、菩萨形地藏、僧形地藏、十大弟子、天龙八部、千佛、涅槃故事、观音菩萨等。除川西高原、川西南横断山区外，川渝各区域大多有了造像，而且造像题材、龛像类型呈现高度统一性，尤其是开元十年（722年）以后，各地造像特征趋于统一。

第五，出现了与密教经轨相关的造像元素，如陀罗尼经幢、如意轮观音等，川北地区同类题材出现时间多明显早于川渝其他地区。

造像组合最多的形式是一坐佛二弟子二菩萨二力士立像，如巴中兴文沙溪的17龛造像，绝大多数为此类组合，龛前部常雕刻二狮，二狮之间常有香炉。最突出的特征就是中小型龛数量激增，尤其是小型龛数量众多，常常有成组集中开凿的现象，巴中兴文沙溪就是同时成组开凿的一排17座小龛。

开元后期至天宝时期，大多数地方都以外方内圆拱形龛和外方内佛帐形龛为主，佛帐多为双层檐，巴中地区以佛帐形龛最突出。造像组合中一佛二弟子二菩萨二天王二力士像最多，龛前部雕刻二狮及香炉；有的龛无二天王，仅为一佛二弟子二菩萨二力士。供养人一般立于外龛两壁下方左右侧，大多数情况下男女各一排，也有男女在一起的情况，这种组合和布局几乎集中出现于唐代开元后期至天宝时期。造像中天王数量有较多增加，而且大多数天王都有了凸起的肚子，身材粗壮，与武周时期及以前修长的身材不同。巴中地区武周至开元初期最流行的造像组合一佛二弟子二菩萨二力士不再流行，而以一佛二弟子二菩萨二天王二力士最多，很多时候还要再加上二狮、天龙八部、供养人，组合较为固定。巴中的外方内二重檐佛帐形龛是最主要的龛型，佛帐装饰精细烦琐，龛型与造像全部呈现出模式化的特点，整龛雕刻显得呆板。主尊头上方多悬挂华盖，华盖呈圆柱形或莲花形。造像身材以丰满健壮为主，出现了偏胖的形象，但大部分菩萨像腰部仍然有曲线。可识别的题材有释迦、弥勒、释迦与弥勒并坐、菩提瑞像与弥勒并坐、菩提瑞像、陀罗尼经幢、佛道合龛、阿弥陀佛与五十菩萨、药师佛、三世佛、天龙八部像等，内容最丰富。其中释迦或菩提瑞像与弥勒佛并坐于一龛或雕凿于相邻两龛之中，是这个时期比较常见的形式，最有特点的是阿弥陀佛与五十菩萨、佛道合龛题材。

开元以后，除川北广元不见有佛帐形龛外，佛帐形龛流行于川渝全域；背屏式佛坛窟仅见于广元千佛崖；巴中地区佛帐形龛所占比例较大，造像组合中有天王像的造像龛比例较大；除此之外，川渝其他地区造像特征大都趋于一致。天宝十年（751年）新出现于巴中南龛的摩崖雕刻陀罗尼经幢，是川渝两地迄今所见最早有明确纪年的经幢，从此，直至清代、民国时期，陀罗尼经幢流行于川渝全境，除了摩崖雕刻，寺院中还有大量单体雕刻。

四、第四期：8世纪后半叶至9世纪中期

此时为唐肃宗至武宗时期。安史之乱以后的8世纪后半叶到9世纪中期被

称为中唐时期。摩崖造像以天宝以后至武宗会昌年间造像为主，最大的特点是小龛特别多，而且很多小龛有开龛纪年题记。有两种主要龛型：一是方形浅龛，龛楣又可分为尖拱形龛楣、圆拱形龛楣两种；二是圆拱形浅龛，又可分为外方内圆拱形双层浅龛和内龛较深、底平面呈凸字形的深龛，有的龛陈设造像的坛延至外龛两侧。佛帐形龛的双重帐檐出现了两种简化的形式：外龛为方形，内龛为圆拱形素面龛或长方形素面龛，有的内龛上方两角抹角，类似建筑上的"斜撑"或"撑弓"，可视为"佛帐"的简化结构。佛帐形龛主要流行于川渝地区，其他地区以圆拱形小龛为主。南方地区全域摩崖造像的龛型、内容题材比较一致，不见大窟大龛，大都规模很小，龛型和造像也比较粗糙。除川渝地区外，广西桂林也有较多摩崖造像，同时还有一些龛像被开凿在自然的山洞中。

造像形体、衣饰、龛型等保留了上一期的基本形式，但趋于简单、粗糙。造像题材中以观音像最多。造像组合有单尊菩萨立像、单尊天王立像、单尊僧像、一弟子一菩萨立像、一坐佛二弟子二菩萨二天王二力士立像、一佛一弟子一菩萨立像、二菩萨立像、一天王侍立三天王一俗装人像、一佛二弟子二菩萨二力士像等多种组合。出现了大量的小型单尊造像龛，所有龛型均趋于简化。造像形象分两种：一种是造像多有肥胖之感，有的脸部显得臃肿。许多菩萨像面部宽大，丰腴有余。几乎所有造像身躯多呈圆桶状，显得宽胖，一些菩萨短颈抬肩，脸下半部分特别宽大，层层叠叠的璎珞挂在项圈上，呈网状下垂，腰部宽平，已无曲线。天王、弟子等造像多有突起的肚子。另一种造像则不太肥胖，但雕刻粗糙、呆板，龛型、组合大大简化。安史之乱后，除了仍然流行此前的内容题材，新增加了阿弥陀佛、观音、地藏三尊组合，地藏与六道轮回图，观音、地藏组合，特别是增加了大量单、双观音立像，文殊和普贤造像，毗沙门天王像等。前期有特色的阿弥陀佛与五十菩萨像龛减少，并出现简化趋势，以龛内两侧雕出简单的亭台、楼阁的阿弥陀三尊像代替五十菩萨像，后期逐渐演变为复杂的天宫楼阁式西方净土图像。

9世纪中叶前后，川渝两地仍然有外方内圆拱形双层龛、外方内佛帐形双层龛，但更多的是外方内纵长方形素面龛、外方内横长方形素面龛、外方内单层檐佛帐形龛。组合造像比例减少，以大量单尊像为特点。造像题材中单尊的毗沙门天王像、观音像、地藏像比较突出，双观音、观音与地藏等也比较常见。川北地区最有代表性的题材——阿弥陀佛与五十菩萨造像在这一时期完全消失，但在川西、川东、重庆等其他地方仍然流行。以毗沙门天王像为主尊的造像龛流行于川渝全域，通往南诏的道路旁最多，独不见于广元。

五、第五期：9世纪下半叶至10世纪中期

此时即唐末至五代、北宋初期。除杭州烟霞洞利用天然洞窟造像外，南方全域流行小型摩崖造像龛。其中杭州附近有较多五代、宋时期摩崖造像龛，云南有少量南诏摩崖造像龛、较多的大理国时期摩崖造像龛。龛型、内容题材主体形式与川渝两地相同。

唐末五代川渝造像范围缩减至成都附近几个点、安岳—大足区域少数点位，北宋造像主要集中在安岳—大足、仁寿几个小区域，其他区域仅偶有零星雕刻。主要流行双层长方形浅龛，仍然有部分外方内佛帐形双层龛，但内龛顶部形状多有变化，大多变为半月形平顶，顶壁交接处有明显的转折，龛底部平面有的变为梳背形。一些龛内造像分成了明显的上下两层。内容题材中单尊观音、单尊地藏较多，还流行释迦像、毗沙门天王、菩提瑞像、阿弥陀佛、地藏与观音、经幢、地藏与六道、四臂观音、千手观音、六臂观音、地狱十王、十六罗汉等题材；五代起，增加了观音救八难、白衣观音、花聚菩萨、解冤结菩萨等内容。造像组合除了大量单尊或双尊观音、观音的各种变化身立像，也有一佛二弟子二菩萨二力士七尊组合、一佛二力士或一佛二菩萨三尊组合等，还有三佛二弟子二菩萨二力士等复杂的组合。造像多数头部偏大，身体比例不

协调，脸部浑圆多肉，五代后期到宋初身材渐渐至写实。除大量小型龛外，出现了一些较大型龛，如巴中南龛第103、137号龛等。阿弥陀佛与五十菩萨题材全部以天宫楼阁式西方净土变形式表现，在川西、川中与川东，甚至川南的乐山、眉山广为流行，许多龛两侧还雕出十六观内容，但不见于广元，极少见于巴中、通江。其中大足北山晚唐时期的第245号窟西方净土变保存完好，雕刻精美，是这一题材的代表作。同时，川西、川中与川东雕刻了大量千手千眼观音像。更重要的是在川西通往云南的蒲江、邛崃等地区，晚唐的千手千眼观音像两侧的力士像戴上了骷髅项圈，力士像还与天王像成对出现，开启了云南大理国护国天神形象的先河[1]。骷髅项圈是密教造像中大黑天的标识物之一，力士像与天王像成对出现成为护法是云南大理国时期的特色，可见这些元素在晚唐四川摩崖造像中早已出现，证明这些题材较早在成都为中心的川西得到了发展，云南大理国的大黑天、毗沙门天王题材均来源于四川。川北少见千手观音造像，几乎不见于广元和巴中；晚唐以来广泛开凿于川渝两地各军寨或通往云南水、陆通道旁的毗沙门天王像，也始终不见于广元。

广元、巴中等川渝地区最早开窟造像，其唐代摩崖造像最多的区域却极少见五代造像。目前所见五代造像以沱江流域的大足、嘉陵江支流涪江流域较多，其中安岳最多，且多有纪年。在安岳城边的圆觉洞、灵游院，稍远的庵堂寺等都有比较集中的五代纪年摩崖造像；岷江流域仅见成都附近的蒲江飞仙阁有成片开凿的五代造像，多龛有纪年题记。这一时期流行方形佛帐形、圆拱形小龛，也有横长方形大龛。一些龛被分成上下两半，上下分层造像。龛型大多简单，少装饰。造像形象、衣饰大部分与晚唐造像相似，一些细部稍有变化。造像题材中各种形式的观音，如白衣观音、花聚菩萨、救苦观音等流行；各种场

---

[1] 云南大理国的护国天神主要是北方毗沙门天王和大黑天，而此二者无论是外形还是护法的理念都来自四川。参见雷玉华、仁青卓玛：《云南佛教造像的渊源——从佛教摩崖造像看中华民族多元一体之西南篇章》，《西南民族大学学报（人文社会科学版）》2022年第12期，第53—63页。

景中的地藏像，如沙门形地藏、与观音并坐的地藏、地狱中的地藏等非常多；还有释迦三尊、阿弥陀三尊、华严三圣、天宫楼阁图画式西方净土变、五十三佛、二十五佛、十六罗汉、千菩萨、地藏与地狱十王、千手观音、千佛等题材。北宋初期，除延续以上造像内容外，还多了将供养人或大施主、寺院住持等单独雕刻于龛中与佛同列的情况，如大足北山多宝塔龛中的大施主冯楫、安岳卧佛院北宋时的僧人慈海等。观音菩萨的变化身水月观音、救八难观音、解冤结菩萨、千手千眼观音、圣观音、白衣观音、救苦观音、花聚菩萨、数珠手观音、长寿王菩萨等大量出现，其中许多名号是五代以来新出现于川渝地区的，以安岳、大足地区雕刻最多，并大量被云南大理国时期佛教学习、应用。

六、第六期：10世纪末至13世纪

此时即历史上的北宋中晚期到南宋时期。南方杭州、云南剑川有少量摩崖造像。川渝两地的石窟和摩崖造像主要集中在四川安岳、仁寿，重庆大足、合川等四川中、东部和重庆部分区域。以安岳、大足地区为代表。主要流形方形龛、连环画式摩崖雕刻等，开凿了一些方形平顶或穹隆顶大窟，敞顶大窟或大龛、露天大像等。新出现极具特色的圆月状小龛、连环画式浮雕故事画，大量独立的侧身佛像、半身佛像。造像形象发生了很大变化，人物形态写实，最明显的特征是大量菩萨都披上了袈裟，有的袈裟还裹住头部；大量菩萨胸前、腿上露出了袈裟覆盖下的层层珠宝璎珞，从面容到装束都完全变成了典型的女性形象。以重庆大足北山第136号转轮藏窟、宝顶山大佛湾圆觉洞、四川安岳华严洞、茗山寺等处的大型菩萨像为代表，其中华严洞中的十地菩萨像、圆觉洞中的圆觉菩萨像等体现出的高超技艺令人惊叹。题材内容最多的是各种形式的观音、半身或侧身大佛像、各种圣僧造像、地藏十王像、地藏菩萨像、西方净土变以及柳本尊行化题材、各种道教造像、儒释道三教合一造像、民间山君地神造像、送子娘娘造像、儒家圣人造像、药王造像、风雨雷电四神造像等。安岳、大足的儒释道三教合一造像最有特色。巴中有零星宋代造像，主要题材是观音，龛型仍然是巴中唐代以来传统的外方内佛帐形龛，但龛型简化。半身、侧身佛像主要出现于北宋时期的仁寿、安岳、大足等四川中、东部区域；川渝两地在唐代开凿了大量摩崖大佛，许多大佛唐代开工至此阶段才得以完工，如重庆潼南大佛、四川荣县大佛、资阳半月山大佛等，而一些大像则至今未完工，如四川仁寿牛角寨大佛、仁寿黑龙滩水库大佛、成都龙泉张飞营大佛等。

七、第七期：14世纪至19世纪

此时即历史上的元、明、清时期。元代南方较集中的摩崖造像只有杭州飞来峰造像群。云南剑川建了少量的塔，其余多为装彩等活动。川渝地区长期以来没有发现元代石窟和摩崖造像，近年蒋晓春等学者在遂宁、合川确认了几个元代小龛造像[1]。2015年四川大学考古学系在巴中通江发现几个小龛，其保存状况不好。明清时期，南方全域摩崖造像与洞窟均有，但大半已非石窟，而以民俗造像居多。

元代四川石窟主要延续前代的西方净土题材等内容。杭州西湖边则主要是密教化了的佛、菩萨、金刚形象。明清时期内容题材主要有观音、净土变造像等，特别流行南海观音、大肚弥勒、达摩渡海、圣僧、十八罗汉、八仙、送子娘娘、关帝、三官等题材。出现了大量受藏传佛教影响的形象，如多头多臂的明王像、祖师像、五方佛等。佛、菩萨形象也发生了较大变化，最明显的特征是佛像肉髻上增加了顶严，造像头圆肩丰，颈小而短。明代中后期开始，川渝地区在宋元战争中遭到毁坏的部分寺院、摩崖造像点开始重建，此次重建过程一直延续到清代，但大多数再建寺院与重修、重装窟（龛）者已不知道唐宋时期留下的窟像为何人何时所开、是何内容，重开窟（龛）中的造像题材、造像

---

[1] 蒋晓春、雷玉华、聂和平：《嘉陵江流域石窟寺分期研究》，见朱岩石主编《考古学集刊》第22集，社会科学文献出版社，2019，第190—238页。

形象均受到藏传佛教造像外形的影响，与唐宋造像形态大不相同[1]。

泸州玉蟾山是川南成规模的一处摩崖造像，始凿于明代，清代继续开凿，除摩崖造像外，山崖旁的寺院中还有大量可移动的造像。明清造像龛大多保存了前期的方形、圆拱形龛型特点，重要的是还保存了川东安岳、重庆大足区域宋代以来最流行的圆月形小龛，造像题材也是宋代安岳、大足地区流行的侧身佛像、千手观音、西方净土变、地藏六道、地狱十王等题材，十六罗汉此时已变为十八罗汉，新增加了南海观音、五方佛题材。千手观音为立像，与唐、宋时期的坐像不同，十八罗汉多配有宋代以来特别流行的山岩座。川南的叙永清凉洞等地摩崖造像中除以上特征外，还多了许多当时民间世俗题材。因此，川南明代造像不仅保留安岳—大足地区宋代流行的月轮形小龛的龛型，常见的观音、地藏、地狱、西方净土、十八罗汉等造像题材；并且还流行此前仅见于大足宝顶山的"六师外道"题材，其在泸州泸县延福寺等多地出现，被当地人称为"儿挑娘"，且有常见于大足的文氏工匠题名。礼失求诸野，大足石刻的部分内容在川南保存下来了。其重要的原因是，历史上在元朝统一的过程中，元朝军队最终是从西藏经云南、川南统一四川的，从西藏经云南入川的军队并无大战，这一线并没有像川北、川西、川东那样大战几十年，因此原有的造像传统得以部分保存。也许还有部分大足、安岳人在战争中逃向了川南，比如宋代的文氏一族，他们还在泸县延福寺等雕刻了与大足宝顶山大佛湾同样题材的造像。笔者近年的考古调查发现，明代四川中部的安岳大般若洞、川南的马边明王寺等雕刻石像的工匠竟然都出自川南的荣昌、荣县，也许并非偶然。

川西成规模的明代摩崖造像见于蒲江、大邑等地，其中大邑药师岩最有代表性，主要有圆拱形龛，龛型简单，多无装饰；还有巨幅不规则的摩崖雕刻。

1　成都市文化局（市文物局）、成都市文物管理办公室、成都文物考古研究所等编：《四川大邑县药师岩石窟寺和摩崖造像考古报告》，四川科学技术出版社，2014，第10—18、41—49、62—65页。

大量龛像为改刻唐、五代龛像所致；唐代开凿的药师岩大佛窟内，明代补凿了以南海观音形象为核心的观音变摩崖刻画及护法神像等。造像题材有五方佛、十菩萨、大肚弥勒、华严三圣、南海观音、千手观音、各种圣僧等，以大肚弥勒像最多[1]。

2021年完成的第一次全国石窟寺专项调查表明，川渝两地清代摩崖造像点位最多，分布广，此前有唐宋石窟和摩崖造像的点位绝大多数都有清代开龛造像。造像内容世俗化、地方化明显，包罗万象，远远超出了唐宋时期的佛教题材。每个点位造像数量少，几乎没有成规模开凿，造像内容、形象与明代一样均受藏传佛教元素影响，一些点位还有藏传佛教的祖师像、长寿佛，比如广元千佛崖第223号藏佛洞、第199号长寿佛龛等。

综上所述，南京因是南朝的都城，最早开凿了摩崖大像窟。而川北广元地区因地理交通便利，与北方石窟关系紧密，承袭了中原北方地区佛教开窟造像的传统，与中原龙门、巩县等地北魏石窟一脉相承。发展至盛唐时期，入川官道金牛道旁的千佛崖上一系列有地方特色的窟（龛）被开凿出来。川北之外，川渝地区金牛道沿线、长江及其支流交通古道沿线以及成都周围的一些点位在北周、隋代开始了摩崖造像雕刻。唐代武则天时期，因为统治需要，将佛教置于道教之上，推动了全国崇敬佛教，川渝佛教石窟和摩崖造像开凿达到高峰，开始遍及乡村[2]。唐代开元时期，佛教摩崖龛像已经遍及乡村，广西的桂林，四川的川北、川西、川东甚至川南地区许多点位于这个阶段开始了开龛造像，人物形象、龛型等模式固定，龛像程式化。开元时期在川渝境内出现大量成规模的、集中的道教造像龛群，佛道融合在摩崖造像中得到体现。唐后期至五代，最流行救苦救难观音、千手观音、西方净土变、观音救八难、地狱变、僧伽、

---

1 成都市文化局（市文物局）、成都市文物管理办公室、成都文物考古研究所等编：《四川大邑县药师岩石窟寺和摩崖造像考古报告》，四川科学技术出版社，2014，第53—55页。

2 雷玉华：《巴中石窟研究》，民族出版社，2011，第323—326页。

地藏等题材，以及与战争相关的护国护军毗沙门天王像。各期造像中，造像组合、人物形象、造像题材、窟（龛）装饰等都不同程度地受到不同时期政治背景，甚至皇帝个人爱好的影响。四川的剑阁、绵阳是道教早期的活动区域，唐代初期，此区域民众仍以崇信道教为主，道教造像在此开风气之先，也最早出现了佛道共存的摩崖造像点。例如，绵阳城内的西山观摩崖造像就是佛道同时并存的造像点。

五代、两宋时期造像区域萎缩，以浙江杭州城及川渝两地的安岳、大足最集中，蒲江、仁寿、合川等地也有开凿。云南境内在大理国时期也开凿了较多摩崖造像龛。

元代受到战争影响，开龛造像几乎中断，除浙江杭州有较集中的开龛造像外，其余地区极少。明清时期开始恢复，保存至今的清代造像点位已超过唐代。

除杭州烟霞洞、桂林还珠洞等少数点位利用天然洞窟造像外，其余多为摩崖造像龛。

第三节　研究综述

石窟和摩崖的造像研究主要包括两方面：一方面是石窟内容与价值的研究，另一方面是石窟保护及保护技术的研究。但二者长期属于不同领域，互不交叉。今天的石窟保护利用则要求二者必须合作才能更好地发挥作用，或者说事半功倍，达到更好的效果。而在内容与价值研究中，石窟考古研究被提到了最重要的位置。

从最初简单的资料公布，到21世纪初内容总录的出版、大量考古调查简报的刊布、分区域考古报告的出版，已经能够让我们对中国南方石窟有一个比较全面、系统的认识。一些内容题材、特定区域的专题研究越来越深入，取得了丰富的成果，对南方石窟的价值认知有了很大进步。但是，目前南方石窟面临最严重的问题是大量石窟或摩崖造像点最基本的保护性设施——遮风避雨的窟（龛）檐建设因为没有考古依据而一再拖延。在潮湿多雨的南方地区，水是石窟最大的病害，南方石窟保护设施的设计却长期处于激烈的争论之中。可以说，对基础资料与内容题材研究的梳理，仅是为了了解石窟的价值、认知历史；而对保护工程史的梳理，才是提出保护方式的重要依据。

一、中国南方石窟研究概述

（一）早期著述

中国南方石窟中开凿最早的南京栖霞山石窟和新昌大佛，在南朝的《高僧传》等文献中就有相关信息[1]。与摩崖造像开凿有关的唐代碑刻比较多，如四川广元皇泽寺唐宝历二年（826年）《并修西龛佛阁记》、乐山大佛旁《嘉州凌云寺大弥勒像记》等；保存至今的唐代造像题记非常多，它们均是最早对南方石窟和摩崖造像进行记录的文献实物之一，内容多为开龛造像的目的及时间。一些碑刻与造像题记在宋代已开始被人们著录，它们是最早记录南方石窟和摩崖造像的著述资料。

书籍文献对川渝石窟的记录始于宋代，但极简单。例如，南宋王象之《舆地纪胜·利州》中《唐武士彟》条注："《九域志》云，为利州都督，生皇后于此，今皇泽寺有武后真容殿。"[2]同书《碑记》条有"苏颋《利州北佛龛前重题》"，注"在佛龛"[3]。虽然没有直接记录广元石窟和摩崖造像，但著录铭文与石窟遗迹相关。《舆地纪胜》卷187为巴州的相关内容，其《碑记》中引《南山记》即是今巴中南龛第137号龛龛楣所刻唐中和四年（884年）尚书右臣张祎

---

1 例如，（梁）刘勰：《梁建安王造剡山石城寺石像碑》，（梁）释慧皎：《高僧传》卷13《梁剡石城山僧护传》，《高僧传》卷11《晋剡隐岳山帛僧光传》等文献都有新昌大佛及旁边千佛龛的信息，《大正新修大藏经》第50册，影印本，新文丰出版公司，第412、395页。标点为笔者所加，下同。

2 （南宋）王象之：《舆地纪胜》卷184《利州》，中华书局，1992，第4741页。

3 （南宋）王象之：《舆地纪胜》卷184《利州》，中华书局，1992，第4745页。

的造像铭文[1]。同样，安岳圆觉洞、千佛寨等多处摩崖造像题记均见于该书中。

明代杨慎为四川新都人，其著《全蜀艺文志》对蜀中各地摩崖造像及铭文记录非常多，如其中卷14题作"前人"的诗就是写的广元千佛崖。"《利州北佛龛前重于去岁题处作》：重岩载清美……"[2]卷52《利州碑记》条有"苏颋《利州北佛龛前重题》"，注"在佛龛"[3]。《全蜀艺文志·巴州碑记》中有《唐严武乞赐山南寺表》《唐古佛龛石刻》。《唐严武乞赐山南寺表》后注"乾元三年"，《唐古佛龛石刻》后注"在城南二里，有大书石刻，载唐乾元三年山南西道严武奏：'臣顷牧巴州，其州南二里有古佛龛旧石，镌五百余佛，望特赐洪名'。敕以'光福'为额"[4]。又明代曹学佺《蜀中名胜记》卷25《巴州》条有"南龛，有广福寺，《志》云唐时建有乾元年间契书，《碑目》云唐古佛龛石刻，在城南二里，大书乾元三年山南西道严武奏，'臣顷牧巴州，其州南二里有古佛龛，旧有镌佛五百余，伏望特赐洪名，敕以光福为额'"[5]等。

清代对川渝摩崖造像及相关碑铭的著录比较多，如刘喜海《金石苑》、汪鋆《十二砚斋金石过眼录》、陆增祥《八琼室金石补正》等。其中刘喜海《金石苑》将四川当时有名的造像铭文都尽量收入，是收录川渝摩崖造像题记最多的文献之一，仅川北广元、巴中的唐代题刻就各有十条之多，还收录了多条宋人在石窟和摩崖造像地点的题词，一些条目在录文后面还进行了考证。陆增祥《八琼室金石补正》对广元千佛崖《菩提瑞像颂》的考证认为，碑铭中的功德主毕公即为唐代利州刺史毕重华，今天看也是正确的。这些金石文献著录的造

---

1 （南宋）王象之：《舆地纪胜》卷187《巴州》，中华书局，1992，第4840页。
2 （明）杨慎编，刘琳、王晓波点校：《全蜀艺文志》，线装书局，2003，第333页。
3 （明）杨慎编，刘琳、王晓波点校：《全蜀艺文志》，线装书局，2003，第1604页。
4 （明）杨慎编，刘琳、王晓波点校：《全蜀艺文志》，线装书局，2003，第1608—1611页。《全蜀艺文志》中这两则碑文与现存于南龛云屏石上之《严武碑》铭刻都略有差异，似乎都不是现存碑文。今存之《严武碑》在南龛山前云屏石上，字迹如新，保存完整，碑文虽与明代记录略有出入，但与清代《金石苑》录文基本相同，因此，现存碑很可能为明清之间翻刻。
5 （明）曹学佺：《蜀中名胜记》，商务印书馆，1937，第372页。

像碑刻或题记有些现在尚存，有的已经消失。清代、民国年间，各地县志记录造像铭文最多，广元、巴中、资阳、资中、内江、乐山、荣县、安岳、大足等各地均有记录。其中乾隆二十二年（1757年）成书的《广元县志》称："千佛崖……峭壁千仞，逼临大江……先是悬岩架木，作栈而行。唐韦抗凿石为路，并凿千佛，遂成通衢。"[1]认为千佛崖的开凿始于唐代开元三年（715年）韦抗于此开路并凿千佛。清代咸丰四年五月（1854年），广元本地增生梁嘉麟、监生孙遇春与黄元庆等在千佛崖上镌刻"大唐开元三年，剑南道按察使银青光禄大夫行益州大都督府长史陕西万年县韦抗凿石为路，并凿千佛功德"[2]，进一步认为千佛崖前的道路由韦抗开凿。

另外，南京、桂林、杭州、新昌、剑川，以及四川巴中、资阳、荣县、仁寿、重庆大足、潼南等凡有大像或摩崖造像的区域，其明清以来的地方志大多有相关记述。

（二）19世纪末至20世纪前半叶的调查与记录

19世纪末20世纪初，一些外国探险者开始进入中国考察并留下了照片。我们现在能看到的川渝两地19世纪的石窟和摩崖造像照片都由他们拍摄。例如，1898年英国人立德夫人拍摄了乐山大佛，同时，有资料认为广元千佛崖最早的照片是1893年7—12月，日本人冈仓天心所拍摄[3]。20世初，乐山大佛、广元千佛崖、夹江千佛岩、绵阳碧水寺等大量摩崖造像都有外国人拍摄的照片留下来，现在石窟和摩崖造像管理单位均收集到了部分相关照片。例如，广元市千佛崖石刻艺术博物馆收集到的最早的广元千佛崖图片资料是1902年日本人伊东

---

1 杜中贵、陈洪主编：《广元历代方志集成》，广陵书社，2024，第45页。
2 此碑文镌刻于广元千佛崖造像区。
3 北京国文琰文化遗产保护中心有限公司：《广元千佛崖摩崖造像壁画数字化勘察测绘项目报告》，2018年10月，第18页，广元市千佛崖石刻艺术博物馆提供，但我们没有找到相关资料，不知所据。询问资料编写作者，他们也记不清从哪里查得此信息。在《中国的美术及其他》一书中有描述，但无照片。参见冈仓天心：《中国的美术及其他》，蔡春华译，中华书局，2009，第252页。

忠太拍摄的千佛崖中段照片、德国人恩斯特·柏石曼（Ernst Boerschmann）于1908年拍摄的千佛崖中段和莲花洞的照片。日本明治三十五年（1902年）九月至十二月，日本人伊东忠太考察广元千佛崖，常盘大定、关野贞著的《晚清民国时期中国名胜古迹图集》中记录了他的考察成果[1]。1914年，法国人色伽兰（Segalen）考察广元、巴中等石窟，并在《中国西部考古记》中进行了记述，提到了皇泽寺中心柱窟、千佛崖大佛窟，并认为广元千佛崖始凿于开元十年（722年）[2]。他编写的《中国西部考古记》一共三卷，一卷图片、两卷文字，其中收录了88幅与佛教遗迹有关的照片，现在川渝地区所见摩崖造像早期照片多出自此书。广元市千佛崖石刻艺术博物馆、皇泽寺博物馆、乐山大佛石窟研究院、绵阳市博物馆等管理单位都收集了这个时期这些外国人拍摄的部分照片[3]。从这些早期照片上得知，1948年以前，广元千佛崖上没有任何保护设施；皇泽寺前有寺院；乐山大佛破败不堪，几乎完全被荒草湮没；绵阳西山观造像暴露于山野。

我国学者对川渝石窟和摩崖造像的关注大多始于民国时期。张大千于1939年、1940年、1943年曾三次游览广元千佛崖，其中1943年10月中旬他从敦煌归蜀途经千佛崖，认为"广元千佛岩在开元以前早有开凿"[4]。1939年8月，中国营造学社梁思成、刘敦桢等人考察古建筑时，曾考察过广元千佛崖、皇泽寺及

---

1 〔日〕常盘大定、关野贞：《晚清民国时期中国名胜古迹图集（全本精装版）》第十卷，郭举昆译，中国画报出版社，2019，第10页。
2 〔法〕色伽兰：《中国西部考古记》，冯承钧译，商务印书馆，1932，第48—52页。
3 广元市千佛崖石刻艺术博物馆收集到的老照片有1902年、1908年、1914年、1939年、1950年、1982年、2000年等的，均由广元市千佛崖石刻艺术博物馆提供。广元皇泽寺的老照片有1902年、1908年、1914年等的，由皇泽寺博物馆提供。乐山大佛的老照片有1898年、1902年、1908年、1914年、1925年等的，由乐山大佛石窟研究院提供。巴中南龛、夹江千佛岩、绵阳碧水寺和西山观等均有这个时期的照片。其中1914年法国人色伽兰拍摄的全景照是我们目前看到的最早的广元千佛崖全景照，与照片印证的还有他的文字，他在《中国西部考古记》中（第48—52页）描述了广元千佛崖的情况。
4 据广元石窟研究所王剑平先生提供资料。参见雷玉华、罗春晓、王剑平：《川北佛教石窟和摩崖造像研究》，甘肃教育出版社，2016，第24页。

其他一些摩崖造像点，对绵阳、夹江、大足等多处摩崖石刻亦曾考察并拍摄了照片[1]。1945年，杨家骆与马衡、顾颉刚、傅振伦等学者组成考察团对大足石刻进行了系统调查，完成了编号、统计、测绘、拓片、摄影等工作，并于1947年发表《大足石刻考察团考察纪略》，这是大足石刻，也是川渝石窟第一次现代意义上的学术考察与研究[2]。

（三）20世纪后半叶的调查与研究

新中国成立后，许多从事美术史和石窟研究的中国学者开始注意对四川广元千佛崖等摩崖造像的调查研究，并取得了许多成果。较重要的调查是20世纪50年代和80年代的两次全国文物普查，我们今天看到的川渝重要石窟和摩崖点当时都被发现并登记，一些点位在当时开始了初步建档保护工作。其中第二次文物普查又在第一次文物普查的基础上新发现了多处造像点。重要的石窟和摩崖造像地点在新中国成立后大多逐渐建立了文物保护单位或保护点，这正是我们今天还能得以看到这些窟（龛）的重要原因。其中50年代陈明达的《四川巴中、通江两县石窟介绍》[3]是新中国成立后最早介绍川北地区巴中石窟的文章。1954年，四川省文物管理委员会第一文物调查小组与大足县文物管理所工作人员组成的大足县文物调查小组对大足部分石刻、寺庙等进行了调查，撰写了9万多字的《大足县文物调查小结》，这是目前已知新中国成立以后川渝石窟和摩崖造像最早的档案资料[4]。

1955年，陈习删编写了油印本《大足石刻志略》[5]，记录了大足当时已经公布为保护点的10处石刻；史岩先生的《关于广元千佛崖造象的创始时代问题》

1　梁思成：《梁思成全集》第三卷，中国建筑工业出版社，2001，第138—251页。
2　黎方银主编、大足石刻研究院编：《大足石刻全集》第一卷《北山佛湾石窟第1—100号考古报告》上册，重庆出版社，2018，第11页；陈明光：《大足石刻档案（资料）》，重庆出版社，2012，第2页。
3　陈明达：《四川巴中、通江两县石窟介绍》，《文物参考资料》1955年第2期，第102页。
4　陈明光：《大足石刻档案（资料）》，重庆出版社，2012，第3页。
5　陈明光：《大足石刻档案（资料）》，重庆出版社，2012，第3页。

对千佛崖年代及相关问题进行了讨论，认为"可以对关于佛教文化及其艺术向四川输入的路线问题，提供有力的参考资料，从而进一步从佛教雕刻艺术风格上，了解南朝和北朝之间的相互影响"[1]。他第一次指出广元千佛崖大佛窟（第726号）和三圣堂（第226号）开凿于南北朝时期，且属于中原系统："前述两窟造象，从风格样式上观察，不仅可以断定它是南北朝时代的产物，还可以进一步推定它是属于北朝系统的风格……北魏式的作品。"[2]稍晚，温廷宽先生发表了对广元千佛崖的考察成果《广元千佛崖简介》，他同意史岩先生认为千佛崖石窟始于北魏晚期的观点，同时介绍了几个他认为重要的唐代窟（龛）[3]。

这个时期关于南方其他石窟的研究主要有：李霖灿《剑川石窟和大理国梵像卷》[4]、《剑川石宝山石刻考察记》[5]，宋伯胤《记剑川石窟》[6]、《剑川石窟》[7]，黄如英《石钟山石窟》[8]，刘长久《云南剑川石钟山石窟内容总录》[9]，浙江省文物考古研究所《西湖石窟》[10]，黄征《南京栖霞山石窟艺术与敦煌学》[11]等。

20世纪80年代开始，川渝石窟的调查研究进入新阶段，国内外学者渐渐增多，其中部分学者，以及四川省文物管理委员会、大足县文物管理所、巴中市文物管理所等地方文物单位，开始了对区域内石窟或摩崖造像较系统的摸底调查和研究。较重要的调查有：

20世纪80年代，中国社会科学院世界宗教研究所丁明夷先生团队对川渝石

---

1 史岩：《关于广元千佛崖造象的创始时代问题》，《文物》1961年第2期，第25页。
2 史岩：《关于广元千佛崖造象的创始时代问题》，《文物》1961年第2期，第62页。
3 温廷宽：《广元千佛崖简介》，《文物》1961年第12期，第31—37页。
4 李霖灿：《剑川石窟和大理国梵像卷》，《大陆杂志》1960年第21卷第一、二合期，第34—39页。
5 李霖灿：《剑川石宝山石刻考察记》，《中国名画研究》，台北艺文印书馆，1971。
6 宋伯胤：《记剑川石窟》，《文物参考资料》1957年第4期，第46—55页。
7 宋伯胤编著：《剑川石窟》，文物出版社，1958。
8 黄如英：《石钟山石窟》，《文物》1981年第8期，第80—84页。
9 刘长久：《云南剑川石钟山石窟内容总录》，《敦煌研究》1995年第1期，第95—100页。
10 浙江省文物考古研究所编：《西湖石窟》，浙江人民出版社，1986。
11 黄征主编：《南京栖霞山石窟艺术与敦煌学》，中国美术学院出版社，2002。

窟进行了第一次较系统的调查，丁明夷先生发表了《四川石窟杂识》[1]。稍后调查团队成员发表了系列文章，主要有《广元千佛崖石窟调查记》《广元皇泽寺石窟调查记》《千佛崖利州毕公及造像年代考》《广元千佛崖初唐密教造像析》《川北石窟札记——从广元到巴中》等。这些成果对广元千佛崖石窟的始凿时间、开凿规模、延续时间、窟（龛）与主要题材、类型等基本概况进行了分析梳理，并进行了早期密教造像、毕重华造菩提瑞像等专题考证，是全面、系统、科学认识川北佛教石窟和摩崖造像的开始。20世纪80年代，为了完成硕士学位论文，顾森先生对巴中摩崖造像进行了调查，完成了《巴中南龛摩崖造像形成年代初探》，开启了对巴中石窟的研究，并认为南龛造像始凿于初唐[2]。阎文儒先生的《四川广元千佛崖与皇泽寺》对广元石窟的年代进行了重新判断[3]。成都龙泉大佛寺（北周文王碑）及摩崖造像也引起了关注，研究者除公布了基础资料外，对北周文王碑及造像性质、年代等进行了研究[4]。

四川省社会科学院胡文和先生从20世纪80年代中期开始对川渝石窟和摩崖造像进行了全面调查。他调查了仁寿、丹棱、蒲江、邛崃、安岳、大足、广元、巴中、资中、内江、广安等地已知的川渝几乎全部唐宋佛教、道教石窟，发表了系列成果。他对川渝地区佛道教石窟做了分区和分期研究，根据艺术风格、造像的服饰特征、窟（龛）形制、内容题材等因素认为川渝石窟可以分为

1　丁明夷：《四川石窟杂识》，《文物》1988年第8期，第47—58页。
2　顾森：《巴中南龛摩崖造像形成年代初探》，见中国艺术研究院美术研究所、《美术史论》丛刊编辑部编《美术史论丛刊》总第8辑，天津人民美术出版社，1983，第111—113页。
3　阎文儒：《四川广元千佛崖与皇泽寺》，《江汉考古》1990年第3期，第85—91页。
4　主要有赵纯义、王家祐：《北周文王碑考查报告》，成都市文管会办公室、龙泉驿区文物管理所：《石佛寺石刻简目》，薛登：《北周文王碑及其造像问题新探》；刘节：《北周强独乐为文王造佛道二像碑记跋》，《成都文物》1987年第3期，第1—30页；刘节：《北周强独乐为文王造佛道二像碑记跋》，见《古史考存》，商务印书馆，2023，第161—168页等。同期另有丁明夷：《从强独乐建周文王佛道造像碑看北朝道教造像》，《文物》1986年第3期，第52—62页；薛登：《强独乐建周文王佛道造像碑末佚》，《文物》1987年第8期，第81页等成果。

五期，即南北朝至隋代、初盛唐、中晚唐、五代、宋代[1]；并在《四川道教佛教石窟艺术》中将川渝石窟绝大多数地点按照江河流域分布分为七个流域进行简要介绍[2]，将其中的道教石窟分为隋、唐、宋三期。这是第一次对川渝石窟及摩崖造像进行分区、分期尝试。稍后，四川省社会科学院刘长久将川渝地区的石窟及摩崖造像分为开创期（北魏晚期至北周）、发展期（隋代至初盛唐）、鼎盛期（中晚唐五代至宋代）、衰落期（元明清至民国）四期，并指出了各期的主要分布区域，总结了各时段窟（龛）及造像的艺术风格，书中有纪年的造像与重要碑刻仍然是当前的重要参考资料[3]。

巴中市原文物管理所所长程崇勋先生是20世纪北京大学石窟考古云冈培训班学员。他学习回来后开启了对巴中石窟的基础调查工作，发表了多篇简报和论文，其中《巴中石窟调查记略》[4]比较全面地反映了他的工作。他还与四川省文物管理委员会相关人员配合发表了《四川巴中水宁寺唐代摩崖造像》[5]等基础资料。

20世纪80年代开始，四川省社会科学院、大足县文物管理所对大足石刻进行了一系列调查研究，主要成果有《大足石刻内容总录》[6]及《四川文物》1986年12月刊发的《石刻研究专辑》，并开始编辑出版《大足石刻研究论文集》（至今仍在不定期连续出版）第一册，开启了对大足石刻科学、全面的调查研究与系统的资料出版。同时，安岳县境内的造像也开始被人们关注。1980年，记者陈柯在《华夏地理》上介绍了卧佛院大佛。1982年，冯学敏在《旅游天

1　胡文和：《四川摩崖石刻造像调查及分期》，见《考古》编辑部编《考古学集刊》第7集，科学出版社，1991，第88页。
2　胡文和：《四川道教佛教石窟艺术》，四川人民出版社，1994。
3　刘长久：《中国西南石窟艺术》，四川人民出版社，1998，第15—18页。
4　程崇勋：《巴中石窟调查记略》，见少林文化研究所编《少林文化研究论文集》，宗教文化出版社，2001，第191—198页。
5　四川省文物管理委员会、巴中县文物管理所：《四川巴中水宁寺唐代摩崖造像》，《文物》1988年第8期，第14—18页。
6　四川省社会科学院、大足县政协、大足县文物管理所等编：《大足石刻内容总录》，四川省社会科学院出版社，1985。

府》第3期上发表《新发现的巨大石刻卧佛》，安岳卧佛院由此正式进入学术界视野。1984年，胡文和、李官智在《四川文物》第4期上发表《试论安岳卧佛沟唐代涅槃变相图》，这是最早在学术期刊上公开讨论卧佛院造像的文章。该阶段对安岳石窟做调查研究的成果主要有胡文和、李官智《安岳卧佛沟唐代石经》[1]、彭家胜《四川安岳卧佛院调查》[2]、周正勇、林品强《安岳卧佛侍者像辨析》[3]、曹丹《安岳卧佛院卧佛刻经与题记》[4]、傅成金《安岳石刻之玄应考》[5]、邓之金《安岳卧佛院摩崖造像上限年代探讨》[6]、李良、邓之金《安岳卧佛院窟群总目》[7]、傅成金、唐承义《四川安岳石刻普查简报》[8]、曾德仁《四川安岳石窟的年代与分期》等[9]。这些成果除对安岳境内的摩崖造像进行介绍外，还对卧佛院刻经及造像龛、涅槃变题材、造像中活跃的安岳唐代上座沙门玄应等进行了专题研究。

20世纪80年代开始，国外一些学者也有零星的调查和研究，如美籍意大利人安吉娜（Angela F. Howard）写有《未知的和被遗忘的四川盛唐佛教雕刻》（*Tang Buddhist Sculpture of Sichuan：Unknown and Forgotten*）等文章[10]。

总体来看，这一时期主要以资料公布为主，分区、分期研究已经考虑到了各方面的因素，但更多的还是相对简单的归纳，缺乏系统的考古调查资料，分析论证比较简单。石窟刻经、造像题记中的重要人物、一些造像题材引起了学

1　胡文和、李官智：《安岳卧佛沟唐代石经》，《四川文物》1986年第2期，第20—25页。
2　彭家胜：《四川安岳卧佛院调查》，《文物》1988年第8期，第1—30页。
3　周正勇、林品强：《安岳卧佛侍者像辨析》，《四川文物》1990年第1期，第60—62页。
4　曹丹：《安岳卧佛院卧佛刻经与题记》，《四川文物》1990年第2期，第49—53页。
5　傅成金：《安岳石刻之玄应考》，《四川文物》1991年第3期，第48—50页。
6　邓之金：《安岳卧佛院摩崖造像上限年代探讨》，《四川文物》1993年第2期，第36—40页。
7　李良、邓之金：《安岳卧佛院窟群总目》，《四川文物》1997年第4期，第38—46页。
8　傅成金、唐承义：《四川安岳石刻普查简报》，《敦煌研究》1993年第1期，第37—52页。
9　曾德仁：《四川安岳石窟的年代与分期》，《四川文物》2001年第2期，第53—59页。
10　中国对外开放后她是最早来四川调查佛教造像的外国学者之一，关于四川石窟她还写有：Summit of Treasures——Buddhist Cave Art of Dazu, Chian. Weatherhill, Inc., 2001.

（四）21世纪的考古调查与研究

2000年，四川省文物局决定从川北开始对四川石窟进行全面系统的考古调查，最终完成石窟内容总录、考古报告、科普读物等三个系列的科研成果。在此目标下，北京大学、成都文物考古研究所与广元市文物管理所、皇泽寺博物馆、巴中市文物管理所等单位合作对广元、巴中当时已知的全部石窟和摩崖龛像进行了逐龛编号、照相测量、记录。调查中他们充分利用了当地文物管理所20世纪80年代第二次文物普查以来积累的资料，核对、补充、完成了已知石窟和摩崖造像的系统建档工作。陆续发表了一系列考古调查简报[1]，出版了《广元石窟》[2]、《巴中石窟》[3]、《巴中石窟内容总录》[4]、《广元石窟内容总录·皇泽寺卷》[5]、《广元石窟内容总录·千佛崖卷》[6]等，这些成果纠正了过去资料不足而产生的一些错误。北京大学博士生姚崇新完成了他的博士论文《广元唐代石窟造像分期研究》，并将主要观点发表于《考古学报》2007年第4期；雷玉华出版了博士论文《巴中石窟研究》[7]及《川北佛教石窟和摩崖造像研究》[8]等成果，同时在《成都考古发现（2000）》上发表了《巴中石窟调查简报》等阶段性成果[9]。广元市文物管理所、广元皇泽寺博物馆等刊布了《广元皇泽寺石窟

---

[1] 主要见于成都文物考古研究所编著的《成都考古发现（1999）》至《成都考古发现（2008）》等。
[2] 雷玉华、王剑平编著：《广元石窟》，巴蜀书社，2002。
[3] 雷玉华、程崇勋编著：《巴中石窟》，巴蜀书社，2003。
[4] 四川省文物管理局、成都文物考古研究所、北京大学中国考古学研究中心等编：《巴中石窟内容总录》，巴蜀书社，2006。
[5] 四川省文物管理局、成都文物考古研究所、北京大学中国考古学研究中心等编：《广元石窟内容总录·皇泽寺卷》，巴蜀书社，2008。
[6] 四川省文物管理局、成都文物考古研究所、北京大学中国考古学研究中心等编著：《广元石窟内容总录·千佛崖卷》，巴蜀书社，2014。
[7] 雷玉华：《巴中石窟研究》，民族出版社，2011。
[8] 雷玉华、罗春晓、王剑平：《川北佛教石窟和摩崖造像研究》，甘肃教育出版社，2016。
[9] 雷玉华：《巴中石窟调查简报》，见成都市文物考古研究所编著《成都考古发现（2000）》，科学出版社，2002，第288—322页。

调查报告》[1]、《广元皇泽寺28号窟时代考证》[2]等成果。

2002—2004年，成都文物考古研究所与四川大学、日本早稻田大学合作，对蒲江、邛崃境内的唐代石窟和摩崖造像进行了调查，发表了一系列调查简报及研究论文，主要资料《中国四川唐代摩崖造像：蒲江·邛崃地区调查研究报告》[3]以中文、日文方式出版。2004年龙显昭等出版的《巴蜀佛教碑文集成》是与巴蜀佛教相关的历代碑刻文字结集，但对当时已有的一些考古发现并没有全部收录[4]。

同时，成都文物考古研究所、四川省文物考古研究院等也刊布了系列考古成果，如《安岳卧佛院调查简报》《四川安岳卧佛院唐代刻经窟》《安岳卧佛院考古调查与研究》《四川大邑县药师岩石窟寺和摩崖造像考古报告》[5]等。针对一些问题的专门研究成果也非常丰富，如金申《四川安岳涅槃佛像的解读及重修时代》[6]，张雪芬、李艳舒《安岳卧佛院第4号龛题记与相关问题》[7]等。大足石刻研究院先后于2005年、2009年、2014年召开了三次大规模国际学术研讨会，三次会议的论文集刊布了数十篇川渝石窟的专题研究论文[8]。2016年，大足石刻研究院创办《大足学刊》，每年连续出版，刊布了大量川渝石窟和摩崖造

1　广元市文物管理所、成都市文物考古研究所、北京大学考古文博学院：《广元皇泽寺石窟调查报告》，《四川文物》2004年第1期，第75—84页。

2　广元皇泽寺博物馆：《广元皇泽寺28号窟时代考证》，《四川文物》2004年第1期，第64—67页。

3　卢丁、雷玉华、肥田路美主编：《中国四川唐代摩崖造像：蒲江·邛崃地区调查研究报告》，重庆出版社，2006。主要调查简报见成都文物考古研究所编著的《成都考古发现（1999）》至《成都考古发现（2008）》等。

4　龙显昭主编：《巴蜀佛教碑文集成》，巴蜀书社，2004。

5　成都文物考古研究所编著：《安岳卧佛院调查简报》，见成都文物考古研究所编著《成都考古发现（2006）》，科学出版社，2008；四川省文物考古研究院编：《四川安岳卧佛院唐代刻经窟》，天地出版社，2009；秦臻、张雪芬、雷玉华：《安岳卧佛院考古调查与研究》，科学出版社，2014；成都市文化局（市文物局）、成都市文物管理办公室、成都文物考古研究所等编：《四川大邑县药师岩石窟寺和摩崖造像考古报告》，四川科学技术出版社，2014。

6　金申：《四川安岳涅槃佛像的解读及重修时代》，《四川文物》2006年第5期，第85—89页。

7　张雪芬、李艳舒：《安岳卧佛院第4号龛题记与相关问题》，《四川文物》2011年第6期，第51—56页。

8　重庆大足石刻艺术博物馆编：《2005年重庆大足石刻国际学术研讨会论文集》，文物出版社，2007；大足石刻研究院编：《2009年中国重庆大足石刻国际学术研讨会论文集》，重庆出版社，2013；大足石刻研究院编：《2014年大足学国际学术研讨会论文集》，重庆出版社，2016。

像的最新发现和研究成果。

进入21世纪后，四川省文物考古研究院以行政区划为单位刊布了一批中小石窟的基础材料，已出版了广元卷[1]、绵阳卷[2]、达州卷[3]、自贡卷[4]；同时出版了仁寿牛角寨[5]、夹江千佛岩[6]、安岳圆觉洞[7]等大型石窟的调查报告。

过去二十多年，川渝石窟及摩崖造像调查工作进展迅速，由于高校和科研机构都带着特定的学术目的并有计划地进行区域调查，公布的资料相对更完整、更系统。同时，由于数字化技术迅速发展且在石窟考古工作中得到广泛应用，极大地提升了材料公布的速度及质量。以前述北京大学与四川省文物管理局、成都文物考古研究所等机构联合完成的广元千佛崖[8]、皇泽寺[9]、巴中地区[10]窟（龛）内容总录为开端，成都文物考古研究所继而又与四川大学艺术学院、日本早稻田大学东洋美术史专业联合，对蒲江、邛崃的摩崖造像进行全面调查并系统刊布资料[11]，首次在川渝石窟考古调查中使用了三维测量及建模技术；四

1　四川省文物考古研究院、西北大学文化遗产学院、广元市文物局编：《四川散见唐宋佛道龛窟总录·广元卷》，文物出版社，2018。

2　四川省文物考古研究院、绵阳市文物局编：《绵阳龛窟——四川绵阳古代造像调查研究报告集》，文物出版社，2010。

3　四川省文物考古研究院、达州市博物馆编：《四川散见唐宋佛道龛窟总录·达州卷》，文物出版社，2017。

4　四川省文物考古研究院、自贡市文化广播影视新闻出版局编：《四川散见唐宋佛道龛窟总录·自贡卷》，文物出版社，2017。

5　四川省文物考古研究院、西北大学文化遗产学院、仁寿县文化广电新闻出版局：《仁寿牛角寨石窟——四川仁寿牛角寨石窟考古调查报告》，文物出版社，2018。

6　四川省文物考古研究院、西安美术学院、乐山市文物局等：《夹江千佛岩——四川夹江千佛岩古代摩崖造像考古调查报告》，文物出版社，2012。

7　四川省文物考古研究院、西北大学文化遗产学院、安岳县文物保护中心：《安岳圆觉洞——四川安岳圆觉洞石窟考古调查报告》，文物出版社，2019。

8　四川省文物管理局、成都文物考古研究所、北京大学中国考古学研究中心等编著：《广元石窟内容总录·千佛崖卷》，巴蜀书社，2014。

9　四川省文物管理局、成都文物考古研究所、北京大学中国考古学研究中心等编：《广元石窟内容总录·皇泽寺卷》，巴蜀书社，2008。

10　四川省文物管理局、成都文物考古研究所、北京大学中国考古学研究中心等编：《巴中石窟内容总录》，巴蜀书社，2006。

11　卢丁、雷玉华、〔日〕肥田路美主编：《中国四川唐代摩崖造像：蒲江·邛崃地区调查研究报告》，重庆出版社，2006。

川大学白彬教授团队在国家社科基金重大项目"西南唐宋石窟寺遗存的调查与综合研究"的支持下,在《文物》《敦煌研究》《石窟寺研究》《南方民族考古》等出版物上公布了通江、安岳以及川西区域大量窟(龛)调查简报及研究成果[1]。

---

1 调查报告(简报)有:四川大学考古学系、成都文物考古研究所、安岳县文物局:《四川安岳高升乡千佛岩摩崖造像调查报告》,见四川大学博物馆、四川大学考古学系、成都文物考古研究所编《南方民族考古》第十二辑,科学出版社,2017,第255—277页;四川大学考古学系、成都文物考古研究所、安岳县文物局:《四川安岳岳阳镇菩萨湾摩崖造像调查简报》,《敦煌研究》2016年第3期,第35—45页;成都文物考古研究所、四川大学考古学系、仁寿县文物管理所:《仁寿县大化镇杀人槽摩崖造像调查简报》,见成都文物考古研究所编著《成都考古发现(2014)》,科学出版社,2016,第501—510页;四川大学考古学系、成都文物考古研究所、通江县文物局:《四川巴中通江白乳溪摩崖造像调查简报》,见中国古迹遗址保护协会石窟专业委员会、龙门石窟研究院编《石窟寺研究》第七辑,科学出版社,2017,第1—19页;四川大学考古学系、成都文物考古研究所、通江县文物局:《四川通江佛尔岩源、野猪窝及佛爷田坝摩崖造像调查报告》,见中国古迹遗址保护协会石窟专业委员会、龙门石窟研究院编《石窟寺研究》第七辑,科学出版社,2017,第20—35页;四川大学考古学系、成都文物考古研究所、安岳县文物局:《四川安岳林凤候家湾摩崖造像调查简报》,《文物》2017年第5期,第72—84页;四川大学考古学系、四川大学考古学实验教学中心、成都文物考古研究所等:《四川安岳上大佛摩崖造像调查简报》,《敦煌研究》2017年第4期,第1—13页;四川大学考古学系、四川大学考古学实验教学中心、成都文物考古研究所等:《四川安岳舍身岩摩崖造像调查报告》,《敦煌研究》2017年第4期,第14—26页;四川大学考古学系、成都文物考古研究所、安岳县文物局:《四川安岳长河源石锣沟摩崖造像调查简报》,《文物》2017年第9期,第74—96页;四川大学考古学国家级实验教学示范中心、成都文物考古研究院、安岳县文物局:《四川安岳高升大佛寺、社皇庙、雷神洞摩崖造像调查简报》,《文物》2018年第6期,第80—91页;四川大学考古学系、四川大学考古学实验教学中心、成都文物考古研究院等:《四川省安岳县偏岩乡佛岩摩崖造像调查报告》,见四川大学博物馆、四川大学考古学系、成都文物考古研究院编《南方民族考古》第十五辑,科学出版社,2017,第37—52页;四川大学国家级考古学实验教学示范中心、成都文物考古研究院、安岳县文物管理局:《四川安岳县三仙洞摩崖造像调查报告》,见四川大学博物馆、四川大学考古学系、成都文物考古研究院编《南方民族考古》第十六辑,科学出版社,2018,第87—105页;四川大学国家级考古学实验教学中心、成都文物考古研究院、安岳县文物管理局:《四川安岳人和云峰寺摩崖造像调查简报》,《文物》2019年第4期,第73—87页;四川大学考古学系、通江县文物局、西南民族大学旅游与历史文化学院:《四川通江朱元观音岩元代摩崖造像调查简报》,《文物》2019年第7期,第86—93页;四川大学国家级考古学实验教学中心、仁寿县文物管理所:《四川仁寿鳌陵黑龙寺摩崖造像调查简报》,《敦煌研究》2019年第4期,第61—69页;四川大学国家级考古学实验教学中心、安岳县文物管理局:《四川安岳来凤乡圣泉寺摩崖造像调查简报》,《敦煌研究》2019年第5期,第75—85页;四川大学历史文化学院、广西文物保护与考古研究所、博白县博物馆:《广西博白宴石山宗教遗存调查简报》,《文物》2019年第9期,第71—86页;四川大学国家级考古学实验教学中心、安岳县文物管理局:《四川安岳双龙街区菩萨岩摩崖造像调查简报》,见大足石刻研究院、四川美术学院大足学研究中心编《大足学刊》第三辑,重庆出版社,2019,第49—61页;四川大学考古学系、安岳县文物管理局:《四川安岳县永清镇佛耳岩摩崖造像调查报告》,见四川大学博物馆、四川大学考古学系、成都文物考古研究院编《南方民族考古》第十九辑,科学出版社,2021,第75—106页;四川大学历史文化学院考古学系、成都文物考古研究院、安岳县文物管理局:《四川安岳玄妙观唐代摩崖造像调查报告》,《考古学报》2020年第4期,第579—627页;四川大学考古文博学

院、西华师范大学历史文化学院、安岳县文物保护中心：《四川安岳木鱼山摩崖造像调查简报》，《文物》2021年第8期，第81—97页；四川大学考古文博学院、仁寿县文物管理所、眉山市文物保护研究所：《四川仁寿牛角寨"西方净土变"造像考古调查报告》，见四川大学博物馆、四川大学考古学系、成都文物考古研究院编《南方民族考古》第二十三辑，科学出版社，2021，第131—170页；四川大学考古文博学院、安岳县文物保护中心：《四川安岳县华严洞石窟考古报告》，见四川大学博物馆、四川大学考古学系、成都文物考古研究院编《南方民族考古》第二十三辑，科学出版社，2021，第43—95页；四川大学考古文博学院、成都文物考古研究院、安岳县文物保护中心：《四川安岳净慧岩摩崖造像调查简报》，《文物》2022年第2期，第82—96页；四川大学考古文博学院、仁寿县文物管理中心、眉山市文物保护研究所：《四川仁寿大化石院寺摩崖造像调查简报》，《文物》2022年第2期，第64—81页；四川大学考古文博学院、简阳市文物管理所：《四川简阳长岭山摩崖造像调查简报》，《敦煌研究》2022年第2期，第54—66页；巴中市文物局、四川大学考古文博学院、南江县文物保护研究中心：《四川省南江县石飞河摩崖造像调查简报》，见四川大学博物馆、四川大学考古学系、成都文物考古研究院编《南方民族考古》第二十五辑，科学出版社，2022，第89—105页。

　　论文有：谭登峰、张亮、赵川等：《三维激光扫描仪在四川石窟寺考古测绘中的运用与思考》，见中国古迹遗址保护协会石窟专业委员会、龙门石窟研究院编《石窟寺研究》第四辑，文物出版社，2013，第334—342页；雷玉华：《四川石窟分区与分期初论》，见四川大学博物馆、四川大学考古学系、成都文物考古研究所编《南方民族考古》第十辑，科学出版社，2014，第193—220页；张媛媛：《四川地区佛教摩崖造像发现与研究》，见中国古迹遗址保护协会石窟专业委员会、龙门石窟研究院编《石窟寺研究》第五辑，文物出版社，2014，第196—218页；董华锋、张媛媛：《宋代四川地区的善财童子五十三参图像及相关问题试探》，见敦煌研究院编《2014敦煌论坛：敦煌石窟研究国际学术研讨会论文集》，甘肃教育出版社，2016，第509—527页；董华锋、张亮：《唐宋巴蜀地区十六罗汉造像的初步研究》，见大足石刻研究院编《2014大足学国际学术研讨会论文集》，重庆出版社，2016，第117—132页；张亮：《四川大邑药师岩新发现佛顶尊胜陀罗尼经变及相关问题讨论》，《敦煌研究》2017年第3期，第71—81页；张亮：《川渝地区9—10世纪日、月光菩萨造像研究》，《文物》2017年第12期，第79—87页；赵川、韦松恒、陈卿：《贵州遵义县鹤鸣洞道教铭刻的田野考察与研究》，见四川大学博物馆、四川大学考古学系、成都文物考古研究所编《南方民族考古》第十三辑，科学出版社，2017，第294—309页；张亮：《四川安岳云峰寺新发现"地藏十王变"及相关问题》，《中国国家博物馆馆刊》2018年第1期，第26—37页；董华锋：《巴中南龛李思弘重妆龛像及相关问题研究》，《敦煌研究》2019年第5期，第69—74页；张亮、邓可人、陈军：《僧伽变相的内容、演变及形成：以安岳、简阳两铺摩崖造像为中心》，《敦煌研究》2020年第1期，第80—89页；张亮：《四川眉山法宝寺东方天王造像及相关问题》，见四川大学博物馆、四川大学考古学系、成都文物考古研究院编《南方民族考古》第二十辑，科学出版社，2020，第246—253页；张亮：《四川仁寿千佛岩、石佛沟石窟新发现地藏十王造像及相关问题》，《敦煌研究》2021年第1期，第57—62页；董华锋：《川渝石窟摩崖题刻中的古代瘟疫资料辑考》，《敦煌学辑刊》2021年第1期，第129—136页；罗洪彬、刘志强、邓天平：《四川通江古佛洞一贯道石窟的考古调查与图像研究》，《形象史学》2021年第3期，第53—89页；董华锋、李菲：《川渝石窟唐宋摩崖题刻中的古代工匠资料辑考》，《敦煌研究》2021年第3期，第86—94页；谈北平：《解冤释结：川渝地区解冤结菩萨造像研究》，《敦煌研究》2021年第6期，第49—58页；董华锋、闫月欣：《四川南朝石刻"罐生莲台"图像研究》，见朱岩石主编《考古学集刊》第24集，社会科学文献出版社，2021，第188—216页；张亮：《四川安岳近年新发现地藏十王造像研究》，《敦煌研究》2022年第1期，第99—106页；邓宏亚：《四川仁寿唐代道教摩崖造像"三宝龛"再研究》，《中国美术研究》2020年第4期，第34—41页；董华锋、朱寒冰、卢素文：《新发现的唐代益州八大菩萨经幢及其与吐蕃造像的比较研究》，《考古与文物》2022年第4期，103—110页；张亮、胡强：《佛说观药王药上二菩萨经变——中原造图系统影响下安岳千佛寨多佛造像的辨识》，《西南民族大学学报（人文社会科学版）》2022年第12期，第70—73页。

西华师范大学蒋晓春教授团队以国家社科基金西部项目"嘉陵江流域石窟寺研究"为契机，对嘉陵江流域的摩崖造像进行了系统调查，发表了《嘉陵江流域石窟寺分期研究》[1]等一批简报和论文，出版了《嘉陵江流域石窟寺调查及研究》[2]。大足石刻研究院黎方银团队编撰出版了11卷19册考古报告《大足石刻全集》，对大足石刻中列入世界文化遗产的宝顶山、北山、南山、石门山、石篆山等5处窟（龛）进行了系统的考古调查和整理，是有史以来对大足石刻最全面详细的资料公布[3]。重庆市文化遗产研究院等单位出版了《潼南千佛寺》考古报告，公布了2011年的发掘资料[4]。

以黎方银《大足石刻全集》出版和四川大学白彬教授团队基于调查成果的系列简报刊布为标志，川渝两地佛教石窟考古工作进入了一个新的阶段。三维测绘技术在川渝石窟考古工作中全面应用，加快了考古资料刊布速度。2013年以来，四川大学白彬教授团队的张亮、王丽君等近两百名博士、硕士研究生参与川渝石窟调查，不但在《文物》《敦煌研究》《石窟寺研究》《南方民族考古》等出版物上发表了大量川渝石窟调查简报，还完成了数十篇博士、硕士论文。除了数量的增长，基础资料的刊布质量也有了很大提升，与此前仅选取部分窟（龛）资料进行公布的方式相比，基础资料内容更全面、更系统，基本上对一处地点的每一个窟（龛）都进行了详细介绍。因考古技术与印刷技术的进步，近年来公布的简报线图及图版也更清楚、更全面。此前对窟（龛）进行主观分期后再按时代选取典型窟（龛）进行介绍的做法基本消失，显示了成果公布的全面、系统、科学与客观性。《大足石刻全集》可作为这一时期川渝石窟考古报告的典范；四川大学白彬教授团队刊布的川渝石窟考古调查简报可作为

---

[1] 蒋晓春、雷玉华、聂和平：《嘉陵江流域石窟寺分期研究》，见朱岩石主编《考古学集刊》第22集，社会科学文献出版社，2019，第190—238页。
[2] 蒋晓春、符永利、罗洪彬等：《嘉陵江流域石窟寺调查及研究》，科学出版社，2018。
[3] 黎方银主编、大足石刻研究院编：《大足石刻全集》，重庆出版社，2018。
[4] 重庆市文化遗产研究院、重庆文化遗产保护中心编著：《潼南千佛寺》，科学出版社，2019。

单一石窟或摩崖造像点考古简报的代表；重庆文物考古研究院江津区石佛寺遗址的发掘与研究方式，可视为川渝小型石窟考古发掘与研究的典型[1]。

南方其他地区的主要研究成果有北京大学考古学系、云南大学历史系《剑川石窟——1999年考古调查简报》[2]，朱安女《剑川石窟文献研究》[3]，罗世平《云南剑川石钟山石窟》[4]，浙江省文物考古研究所、浙江大学文化遗产研究院《浙江石窟造像调查报告》[5]等。

（五）中国南方石窟保护性设施的著录与研究

人们去石窟或摩崖造像点参观、游览或者拜佛，其实都是在一定的文化或社会公共活动环境当中的作为，佛像、佛龛的存在形态与环境、保护设施是环境的一部分，因此，石窟的保护设施其实与石窟的应用是一体的，也应该是历史文化研究的一部分。川渝石窟和摩崖造像古代的保护性设施极少被记录下来，常见的往往只有碑刻、题记、地方志等当中有限的文字，对保护性设施建设的记录极其缺乏。调查中我们发现，历史上引起关注最多、记录最多的乐山大佛的历史环境与保护设施尚不清楚，其他中小型石窟和摩崖造像点的保护设施资料更缺。新中国成立后，一些点位开展了多次保护工程，并开始重视对参观环境的治理，但很少有工程档案，在工程建设前后也极少有相关记录。即便有工程档案，也很少得到妥善保存，我们今天难以得见。乐山大佛等重要保护点位目前正在整理历代工程档案，将来完整的保护设施与环境建设档案会逐步完善。现在我们只有从少有的工程报告和一些老先生的回忆中梳理新中国成立

---

1 邹后曦、牛英彬：《重庆市江津区石佛寺遗址2016年度考古调查和试掘简报》，见四川大学博物馆、四川大学考古学系、成都文物考古研究院编《南方民族考古》第十七辑，科学出版社，2018，第54—96页。

2 北京大学考古学系、云南大学历史系：《剑川石窟——1999年考古调查简报》，《文物》2000年第7期，第71—84页。

3 朱安女：《剑川石窟文献研究》，九州出版社，2020。

4 罗世平主编：《云南剑川石钟山石窟》，三晋出版社，2020。

5 浙江省文物考古研究所、浙江大学文化遗产研究院编：《浙江石窟造像调查报告》，浙江古籍出版社，2024。

后各地保护设施工程概貌，以及由此引起的造像环境变化。

2008年汶川特大地震之后的灾后重建中，川渝石窟和摩崖造像保护进入了新阶段，强调保护与研究必须相结合，在工程前后都要进行调查研究。文物本体的价值评估成为保护工程方案重要且必需的组成部分，要求必须要有规范的文物保护工程档案，以使后人知道石窟与摩崖造像本身及环境的变化。因此，汶川特大地震后的保护设施建设档案相对完善，但大多限于经济与技术指标，文物遗迹极少涉及。

目前已刊布的关于川渝石窟保护性设施及环境变化的资料最早见于四川文物考古研究所、乐山大佛乌尤文物保护管理局《治理乐山大佛的前期研究》[1]、罗孟鼎《世界关注乐山大佛》[2]。随后有皇泽寺博物馆《广元皇泽寺文物保护维修工程报告》[3]、中国文化遗产研究院《潼南大佛保护修复工程报告》[4]等不多的几本出版物。大足石刻从20世纪50年代北山修建保护廊檐开始即有简单档案记录，后来一直保持了这个传统，因此大足石窟保护工程档案相对完善，亦有部分出版。近年刊布的《大足石刻千手观音造像保护修复工程报告》[5]、《大足石刻档案（资料）》[6]、《守护石窟——石窟人诉说石窟保护的奉献与情怀》[7]及一些零星的保护工程项目报告，为我们提供了一些石窟和摩崖造像点保护设施建设与环境的变化情况，但并没有引起石窟考古、历史研究者太多注意。

陈明光《大足石刻档案（资料）》自言，"大足石刻尚无一份可通窥古往今来发展变化概貌的历史文献资料"，"凡关乎大足石刻建设、保护、维

---

[1] 四川省文物考古研究所、乐山大佛乌尤文物保护管理局编：《治理乐山大佛的前期研究》，四川科学技术出版社，2002。

[2] 罗孟鼎编著：《世界关注乐山大佛》，巴蜀书社，2002。

[3] 皇泽寺博物馆编、罗宗勇主编：《广元皇泽寺文物保护维修工程报告》，文物出版社，2010。

[4] 中国文化遗产研究院编：《潼南大佛保护修复工程报告》，文物出版社，2015。

[5] 中国文化遗产研究院、大足石刻研究院编著：《大足石刻千手观音造像保护修复工程报告》，文化艺术出版社，2020。

[6] 陈明光：《大足石刻档案（资料）》，重庆出版社，2012，第4页。

[7] 王金华、郭桂香编著：《守护石窟——石窟人诉说石窟保护的奉献与情怀》，上海古籍出版社，2019。

修、研究、弘扬、开发的人与事，据实依时收编入年"[1]。因此，他在书中除梳理了历代对大足石刻的著述、研究之外，还讲述了新中国成立以后至大足石刻申遗成功前的历次保护工程。特别是1952年大足文物管理所成立前后对大足石刻的保护设施建设、环境改造等工作，由于他乃亲历者，其资料翔实可靠。其中大足北山石窟保护长廊的修建是新中国成立以后川渝地区第一项石窟保护设施修建工程，可视为新中国成立以后修建的第一个保护性窟檐。书中言："1952年6月，西南文教部拨专款1.5万元，新建北山佛湾长廊，培补佛湾部分石刻。7月兴工，1953年7月竣工。陈习删先生主工。有云：他几乎无日不上北山。""按：北山佛湾长廊，1980年同郭宜尺量，长约258米，广约2146米。"[2]这是新中国成立以后川渝石窟最早的保护设施修建记录。大足县文物保护管理委员会是在1952年11月才发文成立的，同时下设大足县石刻保管所，主任陈习删，干事蒋立民。这是四川省最早设立的石刻保护管理所，并最早实施了保护设施建设工程。这个长廊一直使用至今，对北山石刻保护起了关键作用，是新中国成立以后川渝石窟和摩崖造像最早、最成功的保护长廊。

四川文物考古研究所、乐山大佛乌尤文物保护管理局编写的《治理乐山大佛的前期研究》[3]，由7个单位、23位科研及工程技术人员完成，比较全面地梳理了20世纪之前乐山大佛的沿革、修缮历史，可以说是川渝地区石窟保护工程进行前置科学研究的榜样，但可惜没有进行前期考古调查，对大佛早期保护设施的遗迹缺乏关注与记录。罗孟鼎《世界关注乐山大佛》对乐山大佛在新中国成立以后至2001年以前的几次维修都有记录，但特别简单。其中刊布的几张维修照片使我们对维修时能看到的大佛排水设施有所了解。新中国成立以后，乐

---

[1] 陈明光：《大足石刻档案（资料）》，重庆出版社，2012，第4页。
[2] 陈明光：《大足石刻档案（资料）》，重庆出版社，2012，第144页。
[3] 四川省文物考古研究所、乐山大佛乌尤文物保护管理局编：《治理乐山大佛的前期研究》，四川科学技术出版社，2002，第3—10、62—79页。

山大佛最早的维修是在1962年，罗孟鼎先生对施工内容等情况进行了较详细的梳理[1]。之后，1969年大佛右手指在龙卷风中受损，1972年进行了培修[2]。但记录的几次工程都没有涉及大佛环境及保护设施。

《广元皇泽寺文物保护维修工程报告》一书记录了依据中国建筑设计院建筑历史研究所2002年设计并经国家文物局批准的《广元皇泽寺石窟文物保护规划》所进行的皇泽寺大佛楼等系列改造工程[3]，虽然没有做地下考古工作，但工作开展前对崖面造像进行了考古调查，可惜没有刊布相关资料，但施工过程中留下的照片能够帮助我们梳理皇泽寺现状形成之前的环境。

《潼南大佛保护修复工程报告》一书是大佛2010—2012年本体修复贴金工程报告，对历代贴金进行了调研，梳理了南宋时期大佛完工以后历代装修及部分附属殿宇修建情况[4]，但并非考古调查资料，且施工前并没有观察、记录保护设施的遗迹状况。

大足千手观音保护工程是一项集研究、保护、施工、示范于一体的项目。与之前保护项目仅是工程设计与施工不同，该项目从立项开始就带着保护研究的目的。项目原设计是将千手观音起层、脱落的金箔贴回即可，施工开始后才发现，千手观音部分本体已经疏解，许多部位金箔已经失去依托，特别是面部与手指。于是项目组开始了长达数年的调查研究，寻找修复重建依据。其中面部形貌、手持法器、衣饰、风格特征都属于传统的人文研究领域。因此，历时八年的千手观音修复项目是真正的多学科合作项目，而项目的最终成果呈现不仅是对千手观音的一种保护，同时也是对参观环境的一种改变。因此《大足石刻千手观音造像抢救性保护工程前期研究》《大足石刻千手观音造像保护修复

1　罗孟鼎编著：《世界关注乐山大佛》，巴蜀书社，2002，第128—132页。
2　罗孟鼎编著：《世界关注乐山大佛》，巴蜀书社，2002，第133页。
3　皇泽寺博物馆编、罗宗勇主编：《广元皇泽寺文物保护维修工程报告》，文物出版社，2010，第3、9页。
4　中国文化遗产研究院编：《潼南大佛保护修复工程报告》，文物出版社，2015，第10—13页。

工程报告》[1]不只是工程报告，更是现代石窟保护新理念的实践，但它们也并非保护设施的考古调查资料。《安岳石窟圆觉洞保护研究》主要是以圆觉洞第10号龛为基础，针对圆觉洞岩石特点，以实验的方式分析研究圆觉洞风化成因及应当使用何种保护材料，收集了三篇圆觉洞历史艺术及相关研究论文，未涉及保护设施及环境问题[2]。为配合保护项目或基本建设，四川省考古研究院曾对安岳卧佛院、毗卢寺及乐山大佛等摩崖造像点位进行过小规模发掘或简单清理，北京大学对重庆合川涞滩二佛寺进行了考古发掘，都有建筑遗迹发现。

截至2024年8月，四川推进的"石窟四川"工程，实施了本体保护项目38个、前期研究项目11个、保护性设施建设项目6个。实施的"平安石窟"工程，实现了1100余处石窟安全防护设施全覆盖，推进了川渝石窟国家遗址公园建设，编制总体规划，构建了"一环、三级、多点"的川渝石窟总体布局。重庆石窟主要是典型的潮湿环境砂岩质石窟，依托国家重点研发计划项目，大足石刻保护关键技术攻关取得创新成果，重点表现为精细水文地质学理论的研究方法、基于渗水病害模型的精准防治策略、适用石窟场景的水害防治专用设备、新工艺与效果评估技术、适用不同渗流通道特征和不同功能的系列灌浆材料。浙江重点着力于技术攻坚，聚焦濒危石刻文物的镁基无机黏结修复材料研发、石窟文物微生物苔藓病害绿色防治技术以及新技术条件下的石窟文物数字化保护工作。云南建立了典型石窟本体和环境监测体系，为石窟保护工作由被动的抢救性保护向主动的预防性保护转变奠定了坚实基础。江苏组织实施摩崖造像测绘与现状勘察，对造像的保护现状进行评估，分析病害出现原因，并开展保护工程前期实验研究，以孔望山摩崖造像为例对摩崖造像进行三维数字化精细

---

[1] 大足石刻研究院、中国文化遗产研究院编：《大足石刻千手观音造像抢救性保护工程前期研究》，文物出版社，2015；中国文化遗产研究院、大足石刻研究院编著：《大足石刻千手观音造像保护修复工程报告》，文化艺术出版社，2020。

[2] 四川省文物局、德国慕尼黑工业大学、成都文物考古研究所编著：《安岳石窟圆觉洞保护研究》，科学出版社，2015。

扫描，形成数字化保护成果和数字化信息档案。安徽编制了齐云山石刻群保护规划，具体涉及朗灵院石刻、紫霄崖石刻、真仙洞府、圆通岩、八仙洞、忠烈岩石刻、栖真岩石刻、碧霞灵应宫、紫霄崖财神殿等9处石窟；实施齐云山石刻本体保护、安防工程等10个项目，出版了《齐云山摩崖石刻保护》[1]；加强了枞阳浮山摩崖石刻保护前期勘察研究，实施会圣岩危岩体加固，主要石窟得到有效维护。江西致力于探索石窟数字化保护利用途径，2022年通天岩石窟数字化信息采集及预防性保护方案编制完成并获批通过，目前通天岩石窟已完成数字化信息采集，罗田岩石窟相关工作正在推进。广东石窟的保护水平日益提升，全面排除了31处石窟的重大险情；推进重要石窟文物保护工程，如龙龛岩摩崖石刻开展古道场遗址（含护廊）修缮、防护及安防工程，解决周边环境问题，加强本体保护；开展雪岩寺与石乳泉抢修工程，修缮瓦屋面和屋面木结构，处理墙体开裂，修复红砂岩柱及整治周围环境，南山摩崖石刻保护工程已完成方案编制审批，正在做前期准备。贵州在2021年全国石窟寺专项调查基础上，深入开展赤水两会水石窟、赤水石鹅嘴摩崖造像、习水望仙台石窟保护性研究，精准调查石窟的名称、位置、地理坐标、龛窟数量及年代、有无壁画彩绘等详细资料，进行数据采集。这些工程都在改变着石窟的环境，却从来没有人观察、记录过它们的改变。

  从前面的学术史梳理中可以知道，南方石窟中川渝石窟的基础资料公布、文化价值研究成果非常丰富，但对于大部分石窟几乎没有人注意或者研究过其环境及保护设施的变化。进入21世纪之后，南方石窟中较多全国重点文物保护单位、省级重点文物保护单位都开展过保护和环境治理工作，尤其是汶川特大地震灾后重建中，积累了大量工程档案，但这些档案中极少有前期考古调查与研究。显然，现有成果不能满足现代石窟保护与合理利用的现实需求，这对当

---

[1] 汪涛主编：《齐云山摩崖石刻保护》，西泠印社出版社，2016。

前保护与传承石窟和摩崖造像类文化遗产无疑是一项重大缺失。我们的这一项目在调查研究过程中曾陆续刊布了一些成果，以期能够及时弥补这一缺失。

二、选题的目的和意义

石窟和摩崖造像的环境中很重要的一部分是保护性设施的建设，其社会文化价值的发挥也与保护设施的建设和应用密切相关。因此，窟前建筑是石窟遗产的重要组成部分，石窟窟前建筑的设计与建设是石窟满足其功能并得以延续的重要因素。

从文物的角度看，历代装彩与重修就是最早的保护措施；从人文的角度讲，这也是文化与传统的一部分。而历代的装修、维修、各类应用设施的建设，有时会改变原有图像甚至环境，同时也会反映历代、历次的工艺技术、审美情趣、思想追求等各方面因素。一直以来，石窟文化、艺术、历史、考古等人文领域的研究者只关注图像、题材，认为保护设施属于文物保护工程，与他们研究的文化艺术内容并无关联，或者关联不多，并不关注保护设施。同样地，历来保护工程设计与施工者也极少与历史文化、艺术研究学科领域联系，认为施工与历史文化无关。这导致保护设施建设或改变的过程中大量历史文化信息流失，造成了考古、文化、历史价值研究者的遗憾。同时，由于考古工作的缺失，保护工程缺少或没有设计依据，有的甚至破坏了历史遗迹，使其作为文物古迹保护工程的意义大打折扣。

从研究史的梳理可知，中国南方石窟基础材料的公布已成规模，每个点位的年代、各区域的考古学排年已基本完成，专题研究成果丰硕。但是，大多数研究都集中在人文社会科学领域，以传统的基础材料、造像内容题材、艺术风格、历史背景研究为主，很少有人关注过保护性设施，甚至保护工程的档案都很少留下。以致从20世纪90年代开始，川渝两地急需的保护设施窟檐设计方案都因为没有考古研究成果作为依据而令专家们争论不休，造成巴中南龛、安岳圆觉洞、广元千佛崖等一些亟待修建的保护性设施不能及时完成。目前大量中小型摩崖造像点急需保护性窟（龛）檐建设的问题突出，矛盾最多。其中最大的问题是：有什么依据？为什么修？修建什么样的窟（龛）檐？由于历代保护资料的缺失，考古研究不足，很少能说清楚。

近年来，随着文物保护工程数量增加，管理不断规范化，保护工程档案从开始建立至逐渐完善，保护设施工程立项也要求有考古研究成果作为支持。但因为长期以来考古研究主要以窟（龛）内造像的历史、艺术价值为主，很少关注外部环境和保护设施，很难为现在保护设施工程设计提供科学的设计依据。

基于上述原因，课题以南方石窟的窟前建筑——保护设施为研究对象，以占南方石窟95%以上的川渝地区为重点，利用考古学研究方法，研究其基本形制、形成原因等因素，为南方中小型石窟和摩崖造像的保护与合理利用提供可靠的参考；同时希望能补救现代保护工程施工对早期保护遗存的破坏现象，更希望能为南方石窟保护设施建设，特别是数量巨大的南方中小型石窟的窟（龛）檐建设提供设计依据。

三、研究方法、重难点与创新

（一）研究方法与研究重点

首先以川渝两地39处全国重点文物保护单位中的石窟和摩崖造像点为基础，兼及省级文物保护单位及其他有代表性的石窟及摩崖造像点位，结合南方石窟和摩崖造像分布区的区域特点进行调查，选取有代表性的重要点位进行详细分析，同时兼及南京、杭州、桂林、剑川等历史上南方较重要的石窟和摩崖造像区域，梳理出以川渝为中心的南方石窟和摩崖造像窟（龛）檐等保护设施的最初形态、主要变化等信息，以此为基础提出针对性窟（龛）檐设计建议。

在田野调查中，重点观察崖面窟、龛、像及其他相关遗存，通过考古地层学的叠压打破关系梳理出这些遗存的相对早晚关系，特别是可能属于保护设施遗存的相对早晚关系。同时，尽量查找、利用历次文物保护工程中发现、记录的各种遗迹，结合已有研究成果，对崖面遗存及相关保护设施的遗迹进行综合研究。最终分析其有无保护设施、设施初始情况、后期变化情况等信息，为现代保护设施的设计与修建提供参考依据。

由于大多数石窟内、外及崖前都没有机会进行考古发掘，所以我们的研究以崖面暴露的遗迹现象为主。川渝两地部分地方进行过考古勘探或试掘，我们争取到发掘者的同意，利用了已经揭示的发掘信息。部分考古发掘资料没有刊布而只能抱憾。同时，由于各个点位本体情况不同、历次工作和文献记载及后期研究工作各不相同，因此，本书对每个点位分析研究的内容多少并不一致。

研究的重点是：每个点位历史上有无保护设施，有保护设施的点位保护设施的修建时间及形态，并根据调查结果提出建议。

（二）研究难点与创新

难点：一是几乎没有现存文献可供参考，相关保护管理单位除第三次文物普查资料信息外，很多档案资料并不完善；二是田野调查难度大，南方石窟和摩崖造像点位分散，数量众多，许多造像崖壁很高，一些龛像被杂草覆盖，遗迹现象很难观察；三是许多调查需要石窟管理单位配合，涉及单位众多；四是20世纪50年代以来大量小型石窟的保护工程基本没有工程档案，早期参与人员年事已高，一些已过世或离开了当地，增加了调查的难度。

主要创新点：

其一，近几年的保护工程设计、工程勘察等均由多学科、多部门工作人员交叉合作开展，本研究借助他们在工程中形成的三维模型（特别是大范围的环境模型）、勘察设计数据与信息，观察工程前后石窟环境的变化。

其二，南方石窟及摩崖造像数量众多，沿袭石窟造像传统，主要临江河或沿沟谷分布，因分布地域特征及所处位置岩性影响，造像崖壁容易被风雨侵蚀、生物侵扰（杂草丛生），窟（龛）风化、渗水、崩塌，岩体失稳等现象普遍，与中原北方地区、新疆地区石窟环境完全不同。为此，石窟从传入之初起在形式上就进行了调整，这种调整实际上涉及外来文化本土化的过程，也涉及中外文明交融互鉴，中华优秀传统文化及文化遗产的保护利用问题，以往学者少有关注。我们在研究中以考古学与文物保护工程、文化遗产价值阐释等结合的方式，为文化遗产的研究和保护利用提供了一个崭新的视角。

同时，针对南方石窟和摩崖造像，各省区各级文物管理部门采取了不同的措施进行保护、治理，但是长期以来，各类保护工程实施者与考古研究者之间、考古研究者与文物利用端的价值阐释者之间缺少沟通，南方石窟及摩崖造像极少有针对自身特点制定配套的保护方案，即使一些简单的保护性设施都会引起不休的争论。本课题以石窟考古研究为基础，与文物保护、环境考古等多学科领域合作研究，以石窟保护利用为目的，符合目前中国考古学研究的新趋势。

其三，我们在研究过程中恰遇全国石窟寺专项调查，南方地区与北方一样进行了地毯式调查与登记，信息全面准确，这些信息使我们能够更精确、更全面地了解、观察、分析大量散见点位的环境与历史保护信息。

其四，在研究报告最后，我们提出了几个典型点位的保护建议，除解决学术问题外，主要是希望通过真实案例为中国南方石窟和摩崖造像的保护性设施建设、进一步合理利用，提供可靠的学术支持。

其中最重要的是，我们的调查发现了川渝大量中小型石窟和摩崖造像开凿时并没有设计窟（龛）檐或楼阁，而是靠结构设计解决南方多雨环境中的防水问题，同时，亦有大量石窟和摩崖造像有楼阁或多次培修保护龛檐。这与传统的认识完全不同，无疑对南方大量中小型石窟和摩崖造像的保护性设施设计与建设提供了非常有价值的依据。

第二章
四川北部地区石窟窟前建筑（一）

我们以四川石窟的考古研究成果为依据[1]，结合地理位置与交通条件、江河流域及行政区划多方面因素，将四川石窟分为北部地区、中西部及南部地区、东部地区，对各分布区分别进行观察。

位于中国南北分界线秦岭以南的巴中和广元是川北之门户，又是川渝石窟和摩崖造像最重要的分布区之一。从石窟传播链上看，这里是川渝与中原北方石窟的联结点，北方佛教石窟经过川北进入川渝地区，经川渝传至云南，并得到继续发展。因此，四川北部地区石窟和摩崖造像保护设施的发展变化有衔接南北的意义。

四川北部地区石窟和摩崖造像主要分布在嘉陵江流域，开凿时间早，延续时间长，兼有小型石窟和摩崖造像，数量众多。我们在全面调查的基础上，选择规模较大且有代表性的广元千佛崖、皇泽寺，巴中南龛、北龛、西龛、水宁寺进行研究。这些点位能够代表川北石窟和摩崖造像所有的环境和保护设施类别。

本章主要介绍对川北广元境内千佛崖、皇泽寺这两个最具代表性的石窟的调查研究情况。

---

[1] 雷玉华：《四川石窟分区与分期初论》，见四川大学博物馆、四川大学考古学系、成都文物考古研究所编《南方民族考古》第十辑，科学出版社，2014，第193—219页；蒋晓春、雷玉华、聂和平：《嘉陵江流域石窟寺分期研究》，见朱岩石主编《考古学集刊》第22集，社会科学文献出版社，2019，第190—238页。

第一节　广元千佛崖

一、千佛崖概况

千佛崖是川渝两地规模最大、开凿最早的佛教石窟及摩崖造像群，位于广元城北嘉陵江东岸龙门山系余脉上，所在崖壁为侏罗纪黄砂岩。2012年前老川陕公路依岩而过，造像区南北绵延，分布于北起窟区老界墙，南至石柜阁之间长388米的崖壁范围内[1]。最高的造像龛距离崖前开凿出的地面45.5米，山顶距崖前地面84米。窟（龛）层层叠叠，崖壁中间最密集区达14层之多[2]，大小窟（龛）密如蜂巢。现存窟（龛）始凿于北魏时期，大多数开凿于唐代，唐代以后窟（龛）大多破坏无存。现存唐代之后遗迹主要是装彩和游人题刻，清代有少量开凿。现存崖面上有编号的窟（龛）950个（见图2-1-1，不计窟、龛内补凿的小龛、小像）。自开凿以来，千佛崖是金牛道从中原入蜀后的第一个石窟，也是最重要的礼拜、游览胜地，历代无数入川的达官显贵、文人墨客都曾在此驻足并留下痕迹。其中心是位于崖壁中间的第512号窟，清代题额称"大云寺"。

自唐代以来，渐有碑刻题记记录千佛崖造像，宋代起始有文献著录，明清时期金石书籍、地方志等文献著录增多。广元市千佛崖石刻艺术博物馆馆藏资料显示，19世纪末一位日本人拍摄了千佛崖的照片，若有，则它是已知千佛崖最早的照片[3]。

1　旧说千佛崖南端下方栈道为石柜阁所在。近年龚静秋、王洪燕认为石柜阁是早期"飞仙阁"在明清以后的称呼，在今广元北沙河镇南华村飞仙关。龚静秋、王洪燕：《千佛崖金牛道遗址发掘记》，见汉中市博物馆编《中国蜀道学术研讨会论文集》，三秦出版社，2014，第490页。

2　此前资料是13层，我们利用北京国文琰文化遗产保护中心有限公司提供的全景模型观察，应该为14层。

3　目前查找到的广元千佛崖最早的照片是1902年（日本明治三十五年）九月至十二月，日本人伊东忠太考察广元千佛崖所拍，常盘大定、关野贞著《晚清民国时期中国名胜古迹图集（全本精装版）》中有他这次考察成果并使用了照片。参见〔日〕常盘大定、关野贞：《晚清民国时期中国名胜古迹图集（全本精装版）》第十卷，郭举昆译，中国画报出版社，2019，第10页。

图2-1-1 广元千佛崖窟（龛）分布图（北京国文琰文化遗产保护中心有限公司提供）

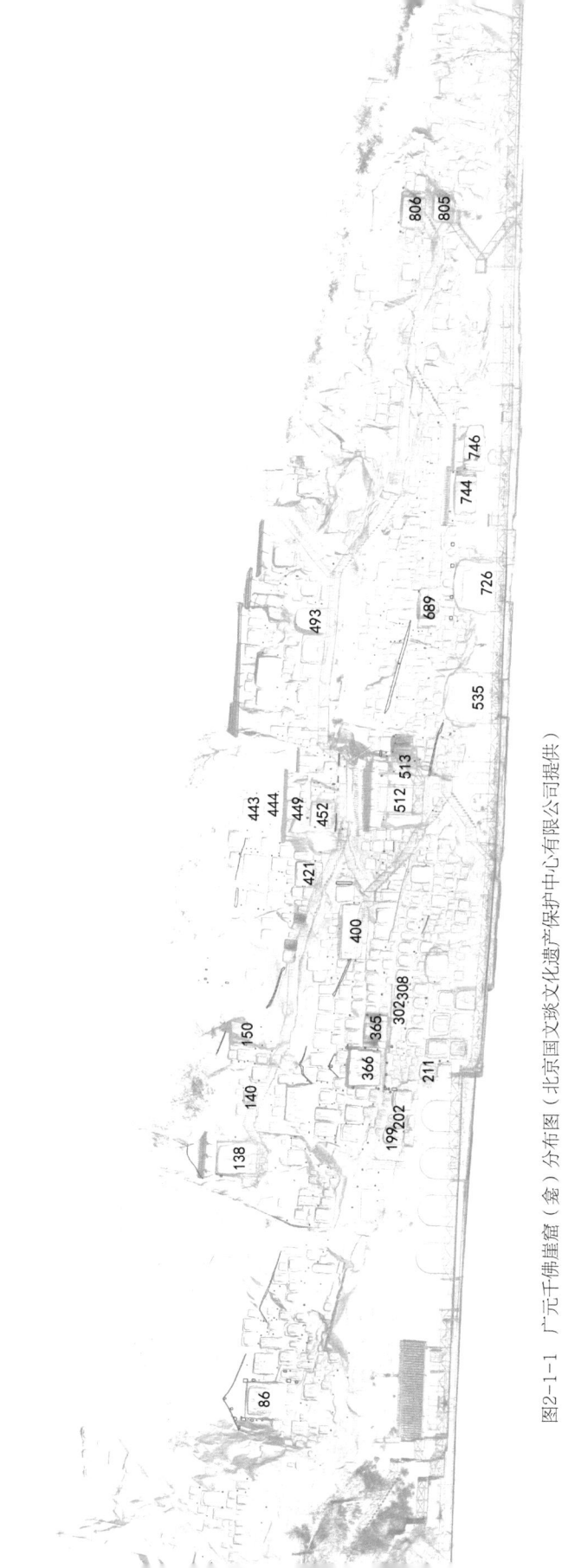

20世前半叶，多位中外考察者进入四川，拍摄了沿途石窟和摩崖造像照片（见图2-1-2～2-1-4），其中1902年日本人伊东忠太拍摄的照片（见图2-1-2）是我们看到的最早的广元千佛崖照片。

图2-1-2　1902年〔日〕伊东忠太拍摄的广元千佛崖（广元市千佛崖石刻艺术博物馆提供）

图2-1-3　1908年〔德〕恩斯特·柏石曼拍摄的广元千佛崖（广元市千佛崖石刻艺术博物馆提供）

图2-1-4　1914年〔法〕色伽兰拍摄的广元千佛崖（广元市千佛崖石刻艺术博物馆提供）

有的考察者还发表了考察记录[1]。国内学者中，梁思成等营造学社成员最早关注并拍摄广元千佛崖（见图2-1-5）、皇泽寺，画家张大千路过千佛崖时也拍摄了照片[2]。1950年，第一次文物调查对千佛崖进行了记录，并拍摄了照片（见图2-1-6、图2-1-7）。1961年，广元千佛崖被公布为第一批全国重点文物保护单位。1976年，广元县文物管理所成立，负责保护管理千佛崖石窟和摩崖造像。20世纪80年代以来，千佛崖修建了一系列参观游道、保护工程，并进行了多次考古调查，公布了以《广元石窟内容总录·千佛崖卷》[3]为代表的基础资料及专题研究成果，但没有千佛崖保护性设施的调查研究成果。20世纪八九十年代的大量保护设施改造与建设也没有一份档案可查阅。2019年12月—2020年7月，雷玉华等学者以高精度的三维模型（见图2-1-8）为基础，结合考古学传统的田野调查方法，第一次对千佛崖崖面保护工程遗迹进行了观察，以期弄清楚千佛崖崖壁和崖前相关工程的历史面貌[4]。

千佛崖最早叫什么已无从考证，最早开凿的石窟没有题记，文献也阙载。现知最早的名称见于唐代睿宗景云至延和年间（710—712年）开凿的菩提瑞像窟（第366号）[5]，此窟右壁窟口有一方碑，碑上题记[6]称此为"柏堂寺"：

> 大唐利州刺史毕公柏堂寺菩提瑞像颂并序，侄前乡贡进士彦……撰……男……利州柏堂寺往居，列城州牧攸宅　天后圣帝……

1　〔法〕色伽兰：《中国西部考古记》，冯承钧译，商务印书馆，1932，第48—52页。
2　目前广元市千佛崖石刻艺术博物馆收集的千佛崖早期照片有1902年、1908年、1914年、1939年、1950年等各个时期的。
3　四川省文物管理局、成都文物考古研究所、北京大学中国考古学研究中心等编著：《广元石窟内容总录·千佛崖卷》，巴蜀书社，2014。
4　雷玉华、王麒、王剑平：《四川广元千佛崖摩崖造像崖面遗迹调查简报》，《文物》2021年第11期，第70—83页。
5　菩提瑞像窟（第366号）题记已看不清造像纪年，根据毕重华在广元的任职时间，推定此窟开凿于710—712年。参见罗世平：《千佛崖利州毕公及造像年代考》，《文物》1990年第6期，第42—44页。
6　碑刻、题记等录文中凡未注明出处者，均为作者现场调查时抄录。标点为笔者所加，下同。

第二章　四川北部地区石窟窟前建筑（一）　077

图2-1-5　1939年梁思成拍摄的广元千佛崖（广元市千佛崖石刻艺术博物馆提供）

图2-1-6　1950年广元千佛崖全景（广元市千佛崖石刻艺术博物馆提供）

图2-1-7 1950年第一次文物调查时拍摄的广元千佛崖（广元市千佛崖石刻艺术博物馆提供）

图2-1-8 广元千佛崖三维模型（广元市千佛崖石刻艺术博物馆提供）

其旁第365号窟又称弥勒窟,与第366号窟是同一功德主同时统一规划开凿,考古上称之为"同期双窟"。其右壁前部近窟口处有一方碑,碑上铭文被五代前蜀王衍宫人越国夫人路氏磨去后重新题刻装彩题记,其中仍称这里为"柏堂寺":

女弟子越国夫人路氏,幸因巡礼柏堂,切睹此弥勒尊佛并诸菩萨,悉皆彩色暗昧,遂乃发心。重具装严,已蒙成就,神变无穷,威光自在。奉为亡过先灵父母,一切眷属,承此功德,见佛闻法,离苦下脱。然后愿国界安宁,法轮常转,无诸灾障,行住吉祥,门宅清泰。并已……同……

又第689号千佛窟窟门右下方一则宋代题记:

维大宋国北州人事宋显,寄住利州城北街,切见柏堂寺贤劫千佛一堂,遍金妆一百二十尊……

第513号(韦抗窟),窟楣上有宋代元祐三年(1088年)题记:

知郡朝奉安宗说子野,通判朝散任元偓倦夫,路分左藏张宪臣世规、催发,茶盐张帆惇诚,元祐三年正月廿日同/游百堂寺。

可见,宋代这里仍然称为"柏堂寺"或"百堂寺"。第746号(睡佛窟),窟后壁右侧第三铺浮雕涅槃变上方有元代至元庚辰年(1280年或1340年)题记:

广元路昭化县吏王遴,绵谷县吏任宽,领夫匠复修千佛栈阁,伏愿保佑前程光远,保佑□增谷家尊□寿(?)命延长者。至元庚辰岁九月中旬日刻石。

千佛窟（第689号）背屏后面有元代至正六年（1346年）装彩题记：

> 大元广元路本县千佛崖焚献僧妙全，小师道超、道越，化众全妆饰千佛一堂，祈求众信安乐。至正六年八月十五日题。

可见，元代题记中已经明确称"千佛崖"，并提到了有栈阁，栈阁即栈道。

从此往后，明代、清代、民国时期的碑刻题记均称这里为"千佛崖"，至今沿用。千佛崖造像区住南数十米，跨过一条小溪后地面稍开阔，古道旁有一处清代古建筑，今仍存，是清代广元县令张赓谟于乾隆年间所建大云寺佛殿。2009年在佛殿北侧考古发掘出土了石刻罗汉像群，系抗日战争时期修建川陕公路时埋于地下的大云寺罗汉殿，时间为1935—1936年。罗汉殿再往北，有明代修建于小溪上的石栏桥，桥外河边明代修建的石砌堡坎至今仍然完好[1]。

现存的千佛崖石窟和摩崖造像最早开凿于北魏时期，唐代最多。按考古学研究方法，以窟（龛）类型、造像组合等因素，结合造像纪年，千佛崖的窟（龛）可以分为五期[2]。

第一期，6世纪中期偏早阶段，对应的王朝是北魏晚期，代表窟（龛）有第226、535、726号三个分布于崖壁底层的大窟，分别称为三圣堂、莲花洞、大佛窟，位于崖壁中间的512号窟。前三个窟均为穹窿顶，窟内或为三壁开三龛，龛内分别造三尊像，或为环壁造三尊像的佛殿窟，均为三尊式组合，其中第535号窟顶部饰一朵大莲花。第512号窟内早期造像仅存后壁三尊像座遗存。总体来看，穹窿状窟顶、窟顶大莲花、三壁三龛、三佛等特征是北魏晚期中原龙门、

---

[1] 龚静秋、王洪燕：《广元千佛崖金牛道遗址发掘记》，见汉中市博物馆编《中国蜀道学术研讨会论文集》，三秦出版社，2014，第483—490页。

[2] 雷玉华、罗春晓、王剑平：《川北佛教石窟寺和摩崖造像研究》，甘肃教育出版社，2016，第144—168页。

巩县石窟的特征。因此，从窟型、装饰、造像组合、造像形态等元素观察，广元千佛崖与中原洛阳北魏晚期石窟有较多共性，证明其源流在中原[1]。

第二期，6世纪末至7世纪初，对应王朝是隋至初唐贞观年间，代表窟（龛）为第138号龛等。广元千佛崖与川渝其他地区窟（龛）特征趋于一致，以摩崖造像为主，均为外方内圆拱形龛，没有发现真正的石窟。其总体数量较少，人物衣饰、体态从南北朝时期衣裙完全遮蔽身体，不显露身体曲线向典型的唐代造像过渡，所有造像身躯丰满健壮，显现身体曲线、露出腰腹部肌肉的菩萨造像渐渐增多，一佛二弟子二菩萨五尊式组合最多，造像组合中二弟子像逐渐固定，新的风格逐渐形成。

第三期，7世纪中期，对应王朝为唐代高宗时期，代表窟（龛）有第744、746号等小型窟，窟（龛）数量逐渐增多。一种新的窟型"中心背屏式佛坛窟"产生，第744、746号窟均是仿地面佛殿布局开凿的新型石窟，平面呈横长方形，有少许前壁，平顶，模仿佛殿中间的佛坛在石窟中间预留出横长方形坛，坛上模仿寺院佛殿像设雕刻组像，组像背后背屏直通窟顶，背屏上浮雕菩提双树。开始流行小型圆拱龛；大量流行双层龛，外层方形，内层圆拱形，内龛弧形顶，底部平面为马蹄形，龛底沿壁有低台。造像组合中二弟子往往一人手捧经箧，一人双手合十或持行炉，一老一少的相貌渐渐形成定式。老者往往颈部青筋突起，锁骨高耸，额头、脸颊布满皱纹。出现了转角处雕饰羊头、象头等动物装饰的佛座，曾被称为是佛教中的"生灵座"。

第四期，7世纪末至8世纪前期，对应历史朝代为唐代武周至开元十年（722年）左右。代表窟（龛）有第86号阿弥陀窟、第211号苏颋龛、第365号弥勒窟、第366号菩提瑞像窟、第400号中心柱窟、第493号神龙窟、第513号韦抗

---

[1] 张宁、雷玉华、王婷、李凯：《四川广元千佛崖莲花洞考古新发现》，《四川文物》2020年第6期，第88—95页。

窟、第535号莲花洞（北魏开凿，唐代改造）、第512号大云洞（早期开凿，唐代改造）、第689号千佛窟、第805号释迦多宝窟、第806号供养人窟等一大批有别称的中型窟，第116、169、213、214号等大龛，及一些早期大窟中开凿的小龛。其大都雕刻精美，在广元石窟和摩崖造像中艺术水平最高。造像大都比例适中，有菩萨、天王、力士、弟子、供养天等，人物形象生动，特征鲜明。造像题材内容广泛，常见的有阿弥陀佛、释迦佛、菩提瑞像、弥勒佛、药师佛、三世佛、释迦多宝佛、卢舍那佛、观音菩萨、多种造型的地藏菩萨、千佛、涅槃故事、天龙八部等。出现了密教元素的造像，如如意轮观音、十一面观音等，造像组合、题材或同类新元素多早于川渝其他区域。

第五期，8世纪后半叶及其以后，对应的历史朝代是唐代开元以后至武宗会昌年间。早期大窟中补凿的小龛最多，例如第513、744号窟内均有开凿。多为小龛小像，有圆拱形浅龛，如第744-5号龛等；方形浅龛，如第513-11号龛等。这些小龛开凿在大窟内，没有风雨侵蚀，因此旁边纪年题记保存较多。这个时期所有龛像规模都很小，只有小龛，不见大龛、大窟。整体看，龛型虽然延续前期形状，但比较粗糙，造像体态、衣饰上保留了前期的样式，但趋于简单，造像人物比例失调，脸部臃肿，由丰腴变为肥胖。流行胸饰璎珞、身披袈裟的僧形地藏、双观音、多头多臂的观音等形象。

唐武宗会昌年间（841—846年）毁佛虽不涉及石窟，但此后千佛崖造像衰落。现存摩崖造像仅有王何于晚唐中和二年（882年）造观音像、王重叙于后蜀明德四年（937年）造陀罗尼经幢，之后不见雕造。900多年后的清代晚期又开凿了第199号长寿佛龛及第223号藏佛洞两个小龛。但中唐及以后，装彩、修路、游人题刻等大增。

二、千佛崖的道路及保护设施

千佛崖崖前、崖面上都有栈道遗迹（见图2-1-9），我们分两步进行了调

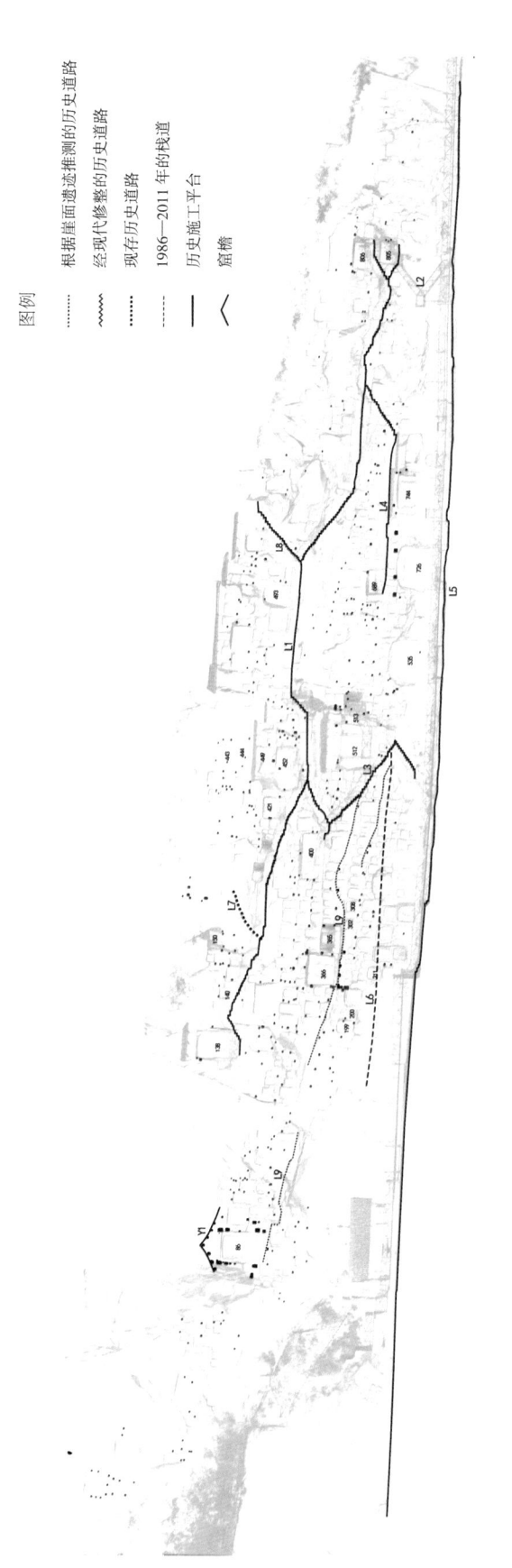

图例
...... 根据崖面遗迹推测的历史道路
～～～ 经现代修整的历史道路
····· 现存历史道路
--- 1986—2011年的栈道
—— 历史施工平台
〈 窟檐

图2-1-9 广元千佛崖崖面遗迹总图（北京国文琰文化遗产保护中心有限公司提供）

查：一是对崖前道路，即古金牛道遗迹的调查；二是对攀登崖壁进入佛龛或石窟内礼佛、游览的步道的调查。

千佛崖现在使用的保护设施有20世纪80年代以来在重要窟（龛）前安置的铁栏杆、木栏杆，以使造像不受游客随意触摸、刻画。其中大云洞（第512号）、神龙窟（第493号）、北大佛窟（第138号）等大窟前的保护性木构或仿木构设施在汶川特大地震灾后重建中又进行过改造；同时灾后重建中，在北段新修了试验性保护大棚；对龛口缺损的部分小龛进行了修补，并仿原岩石形状、颜色做了作色处理，保护龛内造像不受雨水淋湿。2008年以来新一轮的保护设施与环境改造工程都有完备的档案资料。2008年以前保护设施与环境改造、游道建设等工程几乎找不到档案资料。我们一方面访问文物管理所老一辈工作人员、收集碑刻题记和历史照片；另一方面观察、分析崖面及窟（龛）口遗留痕迹，从中获取相关信息。

（一）碑刻题记中所见道路及保护设施

从现存地方志材料、碑刻、题记等早期的资料中可以找到许多开凿、游览、祈福、装修、修栈道的记录，以及与千佛崖相关的大云寺的修建记录，但是没有发现修建保护性设施或窟（龛）檐的记录。在题刻最多的大云洞（第512号）、大云洞旁的韦抗窟（第513号）中，从唐代到民国时期的题记非常多，内容丰富，除造像题记外，装修、游览、祈福、家事国事等都有反映。这些题记所处位置揭示，当年人们可以随意进入崖壁中间这些洞窟参观，即上下崖壁有游客和参礼者通道。除前揭唐、五代、宋、元千佛崖名称变化的题记外，第513号窟门口右侧力士上方有明代天启二年（1622年）装彩题记：

　　天启二年岁次壬戌，中秋之吉，陕西安府同州朝邑县大庆关怀息二里，信（士？）商　黄橘，妻郭氏，男生员元吉、元善，弟（宾）臣，同发虔心，妆贴千佛一洞、梯子洞大佛二尊、菩提四十五尊、本洞俱全。祈佛超拔已过父母，并保一家平安，薰沐谨记。

铭文中提到的"梯子洞"，按川渝当地习惯，应该就是窟前或附近有石梯的洞窟，说明到达此窟要"梯子"，或者说有石梯至此窟；题记中的"千佛"按现存造像状况看，应指第689号窟；"梯子洞"应指第512号窟。只有第689号窟内满壁是千佛，而第512号窟满壁都是菩萨像。目前千佛崖只有第512号窟大云洞中才有"四十五尊"以上的菩萨像。"本洞"当指铭文所在的第513号窟。铭文中提到的应该就是第512号（梯子洞）、第513号（本洞）、第689号（千佛）三窟，这三个窟全部位于千佛崖造像中层，位置都在崖壁较高处，当时应该有通道可达。唐代以来，大云洞中集中了众多装彩题记、游记、记录栈阁情况的碑刻等，也进一步表明这里是千佛崖的参观游览中心，而且一直可以登临。考古观察发现，到达大云洞（第512号）后，从大云洞窟口外左侧石梯可进入韦抗窟（第513号），在洞窟开凿时即已预留了雕凿此石梯的岩石，使用过程中石梯至少有三次改凿痕迹（见图2-1-10）[1]。

现存题记中有关历代千佛崖栈道的记录不少，例如：

第223号龛，俗称藏佛洞，系清代开凿的藏传佛教祖师像，龛左侧题记称唐代开元年间韦抗在千佛崖"凿石为路"，并开凿"千佛功德"，还提到了崖前有栈道：

> 大清咸丰四年五月既望，大唐开元三年剑南道按察使、银青光禄大夫、行益州大都督府长史、陕西万年县韦抗，凿石为路，并凿千佛功德，邑增生梁嘉麟、监生孙遇春、黄元庆镌石，内江高立中敬书。

---

1 王剑平、雷玉华：《四川广元千佛崖大云古洞（512窟）的考古学观察——兼及与韦抗窟（513窟）之关系》，见大足石刻研究院编《2014年大足学国际学术研讨会论文集》，重庆出版社，2016，第315—327页。

086　中国南方石窟窟前建筑的考古学研究

图2-1-10　广元千佛崖从第512号窟进入第513号窟的石梯（2019年，雷玉华拍摄）

　　考古调查研究认为"千佛功德"就是大云洞（第512号）[1]。

　　元代道察罕不花佥事有《千佛崖》诗题咏此处："凿石穿崖作殿楹，肖形刻琢俨如生。路临峻壁龛边过，人在危崖栈上行。霭霭云峰当户秀，滔滔江水

---

[1] 王剑平、雷玉华：《四川广元千佛崖大云古洞（512窟）的考古学观察——兼及与韦抗窟（513窟）之关系》，见大足石刻研究院编《2014年大足学国际学术研讨会论文集》，重庆出版社，2016，第315—327页。

入檐清。凭谁借问宫中老,曾在人间几变更。"描述了人们在千佛崖前滔滔江水上的临崖栈道上行走的情形。

第746号窟,俗称睡佛窟,窟内后壁右侧有元至元庚辰年(1280年或1340年)题记,题记中称修复了"栈阁"[1]:

> 广元路昭化县吏王遂,绵谷县吏任宽,领夫匠复修千佛栈阁。伏愿保佑前程光远,保佑□增谷家尊□寿(?)命延长者。至元庚辰岁九月中旬日刻石。

栈阁就是栈道。

以上题记证明,唐代韦抗"凿石为路",改善了千佛崖前道路通行条件。"凿石为路"应该是改栈道为地面上通行。至元庚辰年(1208年或1340年),这次"复修千佛栈阁"可以有两种理解:一种是千佛崖前面的金牛道在韦抗将之改为地面上通行一段时间以后道路又不好了,需要重新修复栈道以通行。从现在第493号神龙窟到第805号释迦多宝窟崖壁上的狭窄通道旁还可以看到千佛崖上部崖壁在唐代曾经发生过大面积崩塌的痕迹,从背后裂开脱离崖壁的崖面上有唐代开凿的小龛。现存1935年修建川陕公路前的早期照片中,崖壁前地面道路中间还有从高处崩塌下来的巨大岩块。这些崩塌下来的岩块应该是在韦抗凿石为路后掉落,它们曾经阻塞了道路,或者因为崩塌,局部不再可行,以致又恢复栈道通行,直到元代仍然有临江栈道,才有至元时期重新修复栈道的事

---

[1] 栈道又称栈阁、阁道或桥阁。古代川、陕、甘、滇诸省境内在崖壁上凿孔架设类似木桥的一种道路。《水经注·沔水》引诸葛亮《与兄瑾书》云"烧坏赤崖以北阁道,缘谷百余里,其阁梁一头入山腹,其一头立柱于水中"。即此,战国已有修建。《战国策·秦策三》:"栈道千里,通于蜀、汉。"《汉书·张良传》:"汉王之国,良送之褒中。……良因说汉王烧绝栈道,示天下无还心。"颜师古注:"栈道,阁道也。"《太平寰宇记》中云:兴元府"西北取斜谷桥阁路至凤州三百八十里",南郑县"斜谷路……有桥阁二千九百八十九间"。

情。另一种可能是,"复修千佛栈阁"就是指进入千佛窟(第689号)或某几个佛窟的栈道。以千佛崖残存早期崖壁崩塌遗迹(见图2-1-11中路旁小龛背后裂隙,以及前图2-1-2、图2-1-3中路边大石)推测,前者的可能性更大。

第223号藏佛洞左侧崖壁上有明正统辛酉年(1441年)题记:

> 大云梵境殿岩多,盘空鸟道过。百尺金身堆拥壁,千龛宝相列森罗。叠叠山峰朝彩阁,迢迢江水远(?)清波(?)。雕刻别斩工奇巧,望像(?)如生世不磨。大明正统辛酉十月吉辰记石。

题记证明,明代初年,位于千佛崖壁面正中的第512号大窟应该已经被称为大云寺了,可能此时整个千佛崖就叫大云寺。但至迟到清初时期,千佛崖沿江下行,在造像区以南,跨过明末修建的石栏桥旁有一座寺院也叫大云寺。该寺与千佛崖造像区有一条小溪相隔,大殿建筑今仍存,所在位置为河边坡地,

图2-1-11 广元千佛崖上层登崖梯道旁背后有裂隙(照片中部)的小龛(2019年,雷玉华拍摄)

地势相对平缓，再往下就进入广元城区。现在明确知道，清代乾隆年间修建过大云寺，乾隆年间不知是新修还是旧寺重建。其寺到民国时仍有信众，至今清代修建的佛殿仍在。寺中乾隆时期所修供奉罗汉群像的殿宇于1935—1936年修川陕公路时才毁掉，残像被埋于原地。2009年灾后重建时对千佛崖崖前及附近进行了考古发掘，除清理崖前明代、清代、民国时期修建、使用的路面外，还清理出了这处罗汉殿，现存的原大云寺佛殿建筑就在罗汉殿遗址旁。也就是说，现存的清代大云寺与古代千佛崖题记中的大云寺位置并不相同，一个是指今天的大云洞为中心的千佛崖，其佛殿就是大云洞等石窟；另一个是地面修建的寺院，距石窟稍远。

从现存早期历史照片（见图2-1-2～2-1-7）看，晚清到民国，千佛崖明显有些破败，虽然有修路、装彩等工程建设，但相关资料似乎都与旁边的大云寺无关，大云寺或大云寺僧并未参与千佛崖的管理、装彩等事项。而现存于大云洞内的《培修千佛崖新造千佛寺碑》内容也证明了当时大云寺与千佛崖并无关系，此碑系记1948年有游僧来千佛崖岩穴居住，为行人提供茶水等事迹所立。游僧大乘、佛瑞来时，大云寺是存在的，但他们并没有与大云寺发生关联：

  年前来僧大乘及佛瑞两和尚，眷恋名胜，不忍速去，假岩穴念佛而居，夏施茶冬营火，颇称行人之便。

碑文中称"千佛崖"为"千佛寺"，明显是要区别于南面小溪对岸缓坡上的大云寺。从碑文中明确知道了此时位于千佛崖以南的大云寺并不负责管理千佛崖石窟及造像，也不参与千佛崖石窟和摩崖造像的维护工作，所以来千佛崖的大乘、佛瑞两位僧人只得居于岩穴下，还为行人提供茶水、取暖等方便。因而曾经被称为大云寺的千佛崖第512号窟与地面修建的大云寺在此阶段似并无关涉，民国末修建了楼阁之后的千佛崖被称为"千佛寺"。第223号窟左侧明代正统辛酉年（1441年）十月题记中的"大云梵境殿岩多"与第512号窟中明代晚期万历庚辰年（1580年）题记中的"柏堂何处大云散"的诗句说明，明代人知道这里曾经叫大云寺、柏堂寺，或者曾经有过大云寺、柏堂寺，大云与柏堂并称，既指两个大的洞窟，也是前后两个时期千佛崖的名称。大型石窟可以称为寺，现在第512号窟有清代刻匾额"大云洞"，很可能曾经大云寺就是指"大云洞"。柏堂寺很可能是更早的一个大洞窟，或者是大云洞最初的名称，大佛窟、莲花洞等开凿更早的洞窟都可能是柏堂寺，总之它们在某个时期可以代指千佛崖全部。

从碑刻题记中可知千佛崖名称的变化，由此可推测一个时期内柏堂寺曾经是千佛崖最大、最重要的洞窟，是当时千佛崖的中心，其他窟（龛）围绕此洞窟开凿，因此柏堂寺就代指千佛崖。大云洞（第512号窟）开凿后，因位于千佛崖最显眼的位置，又是最大洞窟，因此很快成了崖壁上的中心，而且大云洞前面有楼阁建筑，虽然直到五代千佛崖还称柏堂寺，但之后"柏堂"之名渐渐不用。

第512号窟内有明代万历年间立《千佛崖漫兴碑》，碑铭证明，明代沿用了元代"千佛崖"之名。明末，千佛崖境况萧条，摩崖造像断头残臂，荒败不堪，游览者深感悲凉，写下了"胫残臂断堕江湄""柏堂何处大云散"的叹息。但当时仍有通道可以登上崖壁上的很多窟（龛），读到很多题记，包括唐人韦抗、李景让、段文昌，北宋王钦若等名臣留在高高崖壁窟（龛）内的题记，读到千佛崖曾经的名字"柏堂寺""大云寺"[1]，也可能还看到了至今仍能登上第512号窟的栈阁遗迹：

> 千佛崖漫兴，玉光楚沣　洞衡　刘崇文。千佛有龛来几时，止传胜国镌字碑。胜国而上上郡□□□，江翠壁难为咨。我行问俗几驻筛，有时解

1　碑文至今多可识读，《四川保宁府广元县志》有录文。（清）张赓谟：《四川保宁府广元县志》，乾隆二十二年（1757年）刻本，第21页，刻本今存四川省图书馆。

带还探奇。□□□跻磴挟风雨，小龛大龛所随之。花宫梵宇宛平地，鬼斧神工不可窥。反壁勒痕半磨灭，存者漫漶校转疑。掬□□□洗尘面，垢脱藓剔仍揩颐。乃知韦抗此功德，云根□□□沌漓。我思操椎挈斧者，矫若猿猱栈阁垂。百相□□□手出，珞璎华蔓龙象姿。给园一片黄金地，舍卫城空今在兹。跏趺小憩仍访古，名题鸟篆留龛楣。文昌老去景让死，率先史炤冯恽随。咸平学士王钦若，眉宇仿佛□紫芝。御□层峦焕金碧，欲往从之无丹梯。恒沙佛数那可计，镌者大千犹堪嗤。无树无台更无物，古来只有惠能知。我悲多佛缘相累，头残臂断堕江湄。山影半天落涛面，鸡鹁鸿扬□禅嬉。柏堂何处大云散，虹桥跨涧空涟漪。青冥长啸月皎皎，滩声鸟声和我诗。旹　万历庚辰四月既望问津驿丞邵炯（？）□镌。

第421号龛龛门右侧有清代道光年间装彩题记，记载了清代晚期最全面的一次装彩，据该题记，从1839年春季开始，只用了不到一个月时间，千佛崖佛像被全部装饰一新。这说明当时整个崖壁或者说大部分窟（龛）都是可以通达的，否则数十米高的悬崖峭壁，窟（龛）众多，下面是滔滔江水，重新修路或搭架都不是小工程，装彩工程不会这么快完成。题记中也没有提及开栈道、修路、搭架等内容，甚至没有提及到达这些窟（龛）有困难或危险，有无窟前栈道、楼阁等问题，并在大云洞（第512号）、北大佛窟（第138号）、睡佛窟（第746号）等重要石窟前刻了匾额，其中北大佛窟匾额今已无存。今天所见千佛崖表层彩绘痕迹大部分都是这次装彩所留。当时上半年装彩工程结束，紧接着下半年又给主要的大洞窟雕刻匾额：

道光己亥春二月，予奉广元县知县徐庶卿来此装饰千佛崖，见夫层峦耸翠，峭壁危岑，以为人力不至于此。于是兴工督匠，未经一月，凡大龛小龛，无不振旧如新，真神之有感也。偶成一绝句云：自古佛崖著大观，累经风雨半凋残、而今彩绘重施后，可作蓬莱海岛看。梓潼七曲武生薛应第题。

道光己亥即道光十九年（1839年），广元县令徐凝绩于同年孟夏为睡佛龛题额：

广元县事江右徐凝绩，重修睡佛龛，道光十九年孟夏月。

上半年受知县徐庶卿之命装饰佛龛，下半年就升任广元县正堂（知县）的武生薛应第在升任后立即于同年孟冬给大云洞（第512号）题额：

大清道光十九年孟冬月，大云古洞，广元县正堂……梓潼七曲武生薛应第□。

早期照片上所见北大佛窟的匾额也应系这次工程中的一项，但现已无存，不知是何人所题。

大云洞（第512号）内明代石碑的碑阴上刻有民国37年（1948年）《培修千佛崖新造千佛寺碑》，这是新中国成立前千佛崖最后一次民间自发培修记录：

培修千佛崖新建千佛寺碑序，千佛岩位置嘉陵江畔，名驰中外。且有石楼阁，为川陕间一军事重点也。稽古创，始南北朝时代，完成唐末期间，历朝名人留迹甚多。爰于民国廿五年，抗日军兴，开筑川陕公路，损坏佛像不少。于此历经数千载之古文化建设惨遭摧残，深堪叹惜。年前来僧大乘及佛瑞两和尚，眷恋名胜，不忍速去。假岩穴念佛而居，夏施茶冬营火，颇称行人之便。复承□□逵先生意旨，募资培修，籍结兹因，培修洞阁。兴建修之千佛寺，暂告粗成，特将捐助姓名。并愿我爱好古文化之士，热心提倡，继续捐产，以完未竟之功，斯为序，用垂后世不朽耳。（捐资人姓名省），中华民国三十七年九月　立。

这次培修已经明确是"文化建设"，不是仅作为信众功德，可见将佛教石窟和造像作为中国文化的一部分，当时在民间已成共识。而且这次培修明确修了洞阁，即窟前建筑。从两年后（1950年）的照片上（见图2-1-6）看，这次培修的洞阁应该就是第512号窟前的楼阁。

金牛道自古为中原入川通道，秦时进行过开凿与修建，一直使用至20世纪50年代铁路、公路通车之后。从碑刻题记中的信息了解到，最早是唐代剑南节度使韦抗对千佛崖前金牛道路段进行过改造，他"凿石为路"，极可能是首次在崖壁上开凿出道路。从唐代到清代，崖壁上的窟（龛）大多是可以通达的，民国时期仍然如此。但因为崖壁的风化残损，一些窟（龛）前的道路现在已经被损坏，部分窟（龛）已无法到达。

（二）早期照片中所见道路及保护设施

虽然广元市千佛崖石刻艺术博物馆提供的资料显示千佛崖最早的照片是1893年7—12月日本人冈仓天心所拍摄[1]，但我们并没有找到。从收集到的1902年、1908年、1914年等外国人拍摄的早期照片，以及20世纪三四十年代、新中国成立以后至今各个时期的照片中，我们可以看到千佛崖环境及保护设施的变化。可以明确的是，这些照片清楚显示，自有图像记录以来，千佛崖绝大多数窟（龛）没有任何窟（龛）檐，仅局部有楼阁、亭台类建筑，类似20世纪80年代之后修建的一些保护设施，而且大致都修建于1948年。通往崖壁上方的道路

1　北京国文琰文化遗产保护中心有限公司：《广元千佛崖摩崖造像壁画数字化勘察测绘项目报告》，2018年10月，第18页，广元市千佛崖石刻艺术博物馆提供。

在这短短的一个世纪内曾多次发生改变。

从照片反映出的崖壁上建筑、崖前及通往崖上窟（龛）道路变化的情况看，千佛崖的中心始终是大云洞（第512号），这与我们从考古学调查的角度，以窟（龛）位置、开凿顺序等视角观察到的结果一致，即大云洞开凿后就一直是千佛崖的中心[1]。在考古调查中，北京国文琰文化遗产保护中心有限公司为我们提供了千佛崖扫描立面图及高清三维模型，从放大的模型图上可以清楚地看到各类遗迹。现存道路遗迹显示，原来自崖前向上从窟正面进入大云洞（第512号），到达大云洞后，分别有道路通向上方南、北两侧各处窟（龛）。大云洞两侧崖壁高处重要大型窟（龛）都可以到达，紧邻大云洞北侧的大窟是第400号中心柱窟，北侧崖壁最高处的第138号北大佛窟，大云洞顶上稍南侧最高处的第493号神龙窟，南侧最远处的第805、806号释迦多宝窟和供养人窟，南侧稍下方位于崖壁中段中间的第689号千佛窟等，无不通达。崖壁中部、上部，无论南北，所有重要窟（龛）都要先进入或经过大云洞才能到达，这应该是开凿时崖壁上形成或设计的道路，现在的参观路线依然沿用此路，只在部分地方稍做了调整，且部分窟（龛）已不能到达。20世纪80年代文物部门修整登崖栈道时，充分利用了原来窟（龛）开凿过程中的路线设计（见图2-1-1、图2-1-9）。

从1902—1939年的照片（见图2-1-2～2-1-5）看，整个千佛崖无论是金牛道上，还是崖壁上都没有任何建筑。登临、礼拜千佛崖的道路从大云洞下方崖壁上去，首先进入大云洞，经过大云洞之后才可以登临更高处。

1902年的照片（见图2-1-2）上登临、礼拜千佛崖壁的石梯从南向北顺崖壁斜向上行进入大云洞，石梯底端起于第535号莲花洞下方，南距有方形窟门的第726号大佛窟不远。大佛窟有横长方形匾额，其形状显然与今仍存的睡佛窟、大

---

[1] 王剑平、雷玉华：《四川广元千佛崖大云古洞（512窟）的考古学观察——兼及与韦抗窟（513窟）之关系》，见大足石刻研究院编《2014年大足学国际学术研讨会论文集》，重庆出版社，2016，第315—327页。

云洞的匾额相同，应该就是1839年那次装修后为多个大型洞窟同时雕刻。登临崖壁的石梯底端往北，崖前金牛道旁有从上方崩塌下来的一方巨大岩石，岩石往北的崖壁长满了荒草。

1908年恩斯特·柏石曼拍摄的照片中，崖前1902年所见大石块仍然在原处（见图2-1-3底端右侧）。但短短几年，其他区域环境有了比较大的变化，在石梯起点以北与大石块之间，即从今之第211号龛和神字碑龛所在崖壁处开始，往北在集中龛像的崖壁底端用石块修砌了大面积护壁堡坎。这证明这里曾进行过加固，它也许并非千佛崖的保护工程，而是在修整道路时为了防止崖壁垮塌而修的护坡壁，但崖前不是公路。

1914年的照片中，第535号莲花洞下方依然有通道从南向北紧倚崖壁斜向上方到达大云洞（第512号）。第535号莲花洞与第726号大佛窟南北相邻，登临崖壁的道路位置与1902年相似（见图2-1-4）；南侧第726号大佛窟外形与现在不同，当时有完整的长方形窟门，与1902年的外观一致。最大的不同是第535号莲花洞的洞口崩塌，外形与1902年不同，而与现在洞口相似，即此窟洞口1902年至1914年之间发生了巨大变化，也许是崩塌，也许是拓宽道路所破坏。第726号窟的石质匾额、门柱等颜色与旁边崖壁反差很大，尤其是匾额，应该是另用石块补砌所致；完整的方形窟门，门槛、门柱、柱头清楚可见，清代装彩、刻匾的同时，也应该装修过这个窟门，照片中所见门柱及匾额应该是这次形成的。崖壁上密集造像区北端最上方的第138号北大佛窟外立面上仍然可以看到横长方形匾额，与今见第746号睡佛龛、第512号大云洞等1839年所刻匾额外形一致。这种形状的石匾清代在川渝地区非常流行，常用于各类崖壁题刻、牌坊建筑、墓葬建筑、摩崖窟（龛），如成都大邑药师岩、广元地区的寻乐书岩等都有。千佛崖第138号窟的匾额今已无存。

法国人色伽兰1914年拍摄的全景照是目前所见广元千佛崖最早的全景照。照片中千佛崖外立面上无任何保护设施或者其他建筑，登临崖壁的道路进入大云洞后，再由大云洞去往别的洞窟，与日本人1902年拍摄的照片反映的情况相同。从这些早期照片中可以看出，1935—1936年期间修建川陕公路时虽然打掉了底部崖壁上的部分造像龛，但打掉部分并无我们原来估计的那么多。在2000年成都文物考古研究所等单位对千佛崖的调查过程中，调查者估计打掉了三分之一，历史照片提供的信息显示，修路破坏掉的造像龛数量明显没有此前估计的那么多。同时，照片提供的信息还告诉我们，千佛崖崖前道路虽然有落石挡在中间，但并非我们想象的那么狭窄，完全可以安全通行，而且可以上到大云洞参观、歇息[1]。与色伽兰照片相映证的还有他的文字，在《中国西部考古记》第48—52页，他这样描述了广元千佛崖崖壁上的参观条件[2]：

> 大约人迹可以攀登之处，即凿有佛龛，现有多处，因崖石变化，已为人迹所不能至。
>
> ……
>
> ……但广元之千佛崖似自当时至今，尚保有其声名及信徒，据宋、元、明、清诸代之铭刻及造像，可以知之。后代新凿之龛，一遵旧式，绝无创作。观今日粉饰油漆之新，可知信心之尚在……因新龛之累增，今愈显其丑恶矣。

有两点非常清楚：

第一，文中明确有"新龛之累增"，从对应照片可以看到，崖壁底端当时有一些看上去色彩比较鲜艳的造像，这些造像根据我们的经验从外形上看，似

---

1 文中涉及的千佛崖外立面扫描图均由北京国文琰文华遗产保护中心有限公司提供，千佛崖1902年、1908年、1914年、1939年、1950年、1982年、2000年等老照片均为调查过程中广元市千佛崖石刻艺术博物馆王剑平先生提供。

2 雷玉华、王剑平编著：《广元石窟》，巴蜀书社，2002，第11页。

为清代造像，所以除了至今仍存的长寿佛龛（第199号）、藏佛洞（第223号）之外，当时与此两龛在同一层面，即位于崖壁底部造像区靠南端的位置，老照片上显示出还有一些晚期开凿的造像龛，但现已无存了，这些龛像应该是在后来（也许是修川陕公路）被破坏了。由此可知，从唐代至清代，不断有人在千佛崖造像、装彩。千佛崖底层壁面清代造像开凿于集中造像区南北两端，北魏开凿的第226、535、726号窟并排处于造像区底层正中间，唐代的龛像在北魏三个大窟之间向上、向南北两边发展，因此，总体来看，清代的龛像在南北朝、唐代龛像的南、北两侧。第二，色伽兰等人当时明确观察到，崖壁上有像的地方原本都是可以攀上去的，而他们到来时，有的地方登临道路则因崖壁变化已无法通达。色伽兰没有提到崖壁上任何设施，如栈道、窟（龛）檐、楼阁或其他保护措施等，也没有提到有无人管理、有无僧人、寺庙，很可能千佛崖当时正如后来1948年碑文描述的那样，没有人看管，也没有寺庙。

利用北京国文琰文化遗产保护中心有限公司2019年提供的数据模型（见图2-1-8）与色伽兰1914年拍摄的照片对比观察，可以看到有一条南北向比较平的狭长小道，从崖壁中心第512号大云洞出来，平行向北到达相邻的第400号中心柱窟，再平行向北至第365、366号两个并排的大龛（俗称弥勒窟和菩提瑞像窟）（见图2-1-9中的L9、图2-1-39）；从第512号窟经第400号窟还有一条几乎垂直的小道可与崖壁上层一条横贯南北的小道相连，这条小道从崖壁顶层北端的第138号北大佛窟开始，向南直至造像区的最上层边缘的第806号供养人窟（见图2-1-9、图2-1-40中的L1、图2-1-41）。小路的北段似从第452号龛下方又分了一条小岔路平行向北，通向第138号北大佛窟下方第169号五大菩萨龛（见图2-1-9、图2-1-39）。从第138号窟南侧第150号西方三圣龛前面还有一条通向山顶端的小路也隐约可见（见图2-1-9中的L7）。底层位于正中最早开凿的三个大窟之一——第726号大佛窟外立面上方至少有5个方形榫孔，现在仅存4个（见图2-1-9）。

1939年的照片中，崖壁前面公路已修通，此前横挡在路中的大岩石已被清理，公路边还有了电线杆（见图2-1-5）。在1914年照片中可以看到，南边从第211号苏颋龛和第223号藏佛洞下方起，北至崖壁转折处的大面积石砌堡坎不见了，露出开凿石块后留下的石壁。1939年的照片中大云洞前没有建筑，早在1902年照片上所见、从南向北顺崖壁而上登临进入大云洞的石梯似乎也没有了。但在川陕公路完工后的第三年即1939年所拍照片中可以看到，南端公路是从崖壁上向里扩展，凹进山崖开凿出来的，并非将道路上方崖壁整体堑掉，减少了开路工程量，同时减少了对崖壁上造像的破坏范围。照片中第223号藏佛洞左下方有一个横长方形龛，可清楚看到龛内有并排的5尊坐像（见图2-1-5，照片中间着长衫者右侧），暂定为A龛；照片南端崖壁中层有一个横长方形龛，龛内造像看不清，暂定为B龛（见图2-1-5，照片中背背筐者与着军装者之间崖壁上）；这两个龛现在都不存在了，但显然不是1935—1936年修公路所破坏。现在看到的公路上方崖壁也见不到凹进去的形状，而是比较平直的壁面。可见，1939年之后对1935—1936年修建的公路曾有过拓宽，拓宽公路时原本向里凹进的崖壁被从上向下凿平，A、B龛及其下方被色伽兰等人认为乃丑陋部分的晚近龛像，被彻底破坏或者崩落了。新中国成立以后的历次调查中，除了第223号藏佛洞、位置稍高的第199号长寿佛龛外，其余晚期龛像均无存，不见明代造像。除长寿佛龛（第199号）、藏佛洞（第223号）两个清代造像龛外，千佛崖现存窟（龛）全部开凿于唐代。这与川渝地区其他造像点位在明清时期多有延续开凿情形不符。色伽兰等人描述的晚近造像提示我们，千佛崖与其他造像点一样，明清时期是有延续开凿的，但因开凿位置在底层，又位于造像区边缘，大部分在修公路及后来拓宽公路时被破坏了。

将1939年与1950年的照片对照，以照片中都有的两根电线杆为参照（见图2-1-5、图2-1-6、图2-1-7），可发现两张局部照片拍摄的大部分位置相同。1950年的照片是新中国成立以后文物调查时拍摄的，照片中公路旁有石梯直通第512号窟大云洞中，但与1902年、1908年照片中的石梯外貌不同，明显经过重新修砌。崖壁底部依壁修砌堡坎，堡坎上石梯从南向北依崖壁斜向上方进入大云洞。照片中石梯上段、中段底部的堡坎大部分崩落，石梯底部悬空，悬空处有石条作为堡坎榫石嵌入崖壁。石梯虽然悬空，但参观者还是可以顺石梯进入大云洞（第512号），照片中可以看到有人进入大云洞。大云洞前有了保护性建筑，应是前面提到的1948年所修"洞阁"。建筑底层正面挡以矮墙，矮墙以内是三层楼阁，石梯到矮墙前绕至北侧进入洞内。矮墙上有壁画，壁画可能是白底。南侧墙体稍稍外撇，形成半边八字墙形状，也应该是白色墙壁。北大佛窟（第138号）正下方、大云洞下方石梯以北，三座建筑依壁并排而建，用材、形状、大小、高低各不相同，显然非统一规划所建。照片显示，建筑利用了崖壁下方的岩穴空间。中间那座建筑是比较正规的房子，从正面（南面）看为木构歇山顶殿堂样式，青瓦顶。南侧建筑为人字顶小屋，且屋面朝向南侧，似为中间建筑之后修建的辅助用房。北侧建筑为二层白墙，底层朝南，中间开圆拱门，门两边各有一个圆拱形窗；第二层无完整的墙，似为平顶上加盖了两间小屋。《培修千佛崖新造千佛寺碑》记述："年前来僧大乘及佛瑞两和尚，眷恋名胜，不忍速去，假岩穴念佛而居，夏施茶冬营火，颇称行人之便。"结合1939年及以前的照片信息，这三座建筑都是1948年前后大乘、佛瑞二僧所建。可推测大乘、佛瑞两僧人于1947年左右来到千佛崖，化缘修建了保护大云洞的楼阁；修建楼阁的前两年及修建过程中，还建了崖前这三座房子，供自己及香客使用。四川成都于1949年底解放，解放后为修建宝成铁路展开了沿线文物调查，1950年的照片即拍摄于当时的文物调查中。当时还没有成立管理千佛崖的单位，因此，这些建筑不是文物部门修建的保护设施。

　　1950年的照片上大云洞（第512号）显然是整个千佛崖的中心，洞前楼阁高耸，俨然佛殿。从下方路面登临大云洞需要沿石梯从南向北顺崖壁斜向上行，洞前仰头首先看到的是大云洞楼阁前底层白色矮墙正面（西面）的壁画，向北绕过矮墙才能进入洞窟内，这似乎是为了显示大云洞的庄严与神圣。楼阁第二层上有栏杆，凭栏眺望，嘉陵江尽收眼底，对岸形似莲花的山峦向佛而开。照片中北大佛窟（第138号）清代雕刻的横长方形匾额依然存在；菩提瑞像窟（第366号）右侧护法像身上披着织物类衣服或披风，是信徒按照当地传统给造像穿的新衣，证明当时游客和信众可以攀登至此，但今天已无路到达。菩提瑞像窟与南侧第365号弥勒窟左右相邻，是同期双窟，其前有通道相连。在1908年到1950年的照片上没有看到通向这两个窟的栈道，但从模型上看到有清楚的栈道孔，由此推测，模型上看到的栈道孔应是更早形成的，一些可能是开凿洞窟时搭建工作平台所留，一些则是通往此两窟的栈道遗迹（见图2-1-9中的L9）。1950年的照片上，公路旁的电线杆已经更换过，形状与1939年不同了（见图2-1-5、图2-1-7）；崖前公路有了较大变化，最明显的是临河一侧有了石栏杆，显然在修建大云洞前楼阁、崖壁前房屋的同一时期，公路也经过了改造。

1976年，广元县文物管理所成立，管理广元境内文物点。千佛崖开始进行系列保护性设施建设。第一步是拆除了1948年的楼阁，重建了崖前北侧房屋。1982年10月完成了造像区一侧的堡坎修建，重建了登临至第512、138、805、689号等主要洞窟的栈道及栈道外侧防护铁栏杆，栈道及铁栏杆至今仍在使用。从底部向上至大云洞的石梯位置没有变化，但改变了方向，从北向南倚壁而上（此前为从南向北）。重修了大云洞楼阁屋面、第二层的栏杆，拆除了底层的白色矮墙，将矮墙换成了栏杆，整座楼阁外形略有改变。神龙窟（第493号）前修了石栏杆，增加了安全性，并修建了观景平台。1982年修建完成后拍摄了全景照（见图2-1-12）[1]。

---

1 由于没有工程档案，我们调查时访问了1984年参加工作的广元市千佛崖石刻艺术博物馆管理人员张宁先生，并委托他找到了当时文物管理所参与这项工作的老人，证实了1982年这张照片上看到的这些工程的完成时间。

图2-1-12 1982年广元千佛崖全景（广元市千佛崖石刻艺术博物馆提供）

1992—1993年，千佛崖进行了新中国成立以后的第二次大修建。首先是废弃莲花洞（第535号）前登上崖壁的梯道，从北侧新建房屋第二层旁边架设水泥栈道平行入大云洞（第512号），此水泥栈道遮挡住了崖壁上第二层造像龛。其次是改建了大云洞楼阁，在新建大云洞楼阁内搭建铁梯通向上层及中心柱窟（第400号），再从中心柱窟（第400号）旁边到北侧上层的北大佛窟（第138号）；从大云洞楼阁第二层搭建的铁楼梯向南直接与通向神龙窟（第493号）的小路相连，从神龙窟前沿旧路通往南端的释迦多宝窟（第805号）、供养人窟（第806号）（见图2-1-9中的L1）。在释迦多宝窟、北大佛窟、神龙窟等重点位置新建了琉璃瓦顶水泥亭子。2000年的照片上所有的建筑均为此次修建（见图2-1-13、图2-1-14）。此次工程内容及范围无档案可查。2000年，广元市文物管理所（皇泽寺博物馆）等单位首次对千佛崖进行全面调查，在编号、记录的过程中，请了当时的守护员祝继模协助搭架，祝继模一家一直住在崖前新建的

图2-1-13　广元千佛崖全景（2000年，成都文物考古工作队拍摄）

图2-1-14　广元千佛崖第512号窟前建筑遗迹（2020年，雷玉华拍摄）

第二章　四川北部地区石窟窟前建筑（一）　103

房屋内，他对工程内容很了解。同时，至今仍在广元市千佛崖石刻艺术博物馆工作的张宁先生当时已经在文物管理所工作，他很长时间都在负责文物保护工程，对工程内容、时间、参与人员等情况很了解。

2009年，千佛崖开始实施灾后重建工程，开展了一系列保护项目建设。第一，拆除了20世纪80年代以来修建的崖壁前房屋，北大佛窟（第138号）、神龙窟（第493号）、释迦多宝窟（第805号）、供养人窟（第806号）等处的琉璃瓦顶水泥亭子，以及同期修建的公路南侧老界墙牌坊；第二，重建了大云洞阁楼，将原来的三层楼改为单层顶窟檐，减轻了崖体负荷，增强了窟内光线；第三，2012年，遵循文物保护最少干扰崖壁的原则，以木质楼梯还原1948年以前登临崖壁的道路（见图2-1-15、图2-1-16）。为满足旅游开放，保证安全疏散游

图2-1-15　广元千佛崖全景（广元市千佛崖石刻艺术博物馆提供）

图2-1-16 广元千佛崖2012年恢复的登崖梯道（2020年，雷玉华拍摄）

客的需要，以同样原理在造像区南端崖壁前增设了木质登崖梯道（见图2-1-9中的L2），形成了崖壁上的循环游览道，即从南侧木梯道可以直接登崖参观，无须经大云洞。从这里登崖，首先看到的是释迦多宝窟和供养人窟（第805、806号），经过此二窟与原来崖壁上层的古道连通（见图2-1-9中的L1）。广元市千佛崖石刻艺术博物馆保存有这些工程完整的档案。配合工程开展，前期对崖前古道、千佛崖以南的大云寺罗汉堂等进行了考古发掘。之后又在北段用现代材料修建了试验性保护大棚（见图2-1-17）。修建试验性保护大棚的原因是千佛崖石窟临江，风蚀非常严重，经多次专项技术论证，拟定采用轻质的悬臂钢结构形成覆盖整个石窟山体的保护大棚。但由于大棚体量十分庞大，对石窟环境将有重大改变，国家文物局依据专家意见持慎重态度，要求对在千佛崖石窟左侧30米的试验性保护大棚进行进一步监测研究，以便对大棚的可行性、保护效果等再行充分评估。

第二章 四川北部地区石窟窟前建筑（一） 105

图2-1-17 广元千佛崖2015年修建的试验性保护大棚（舒灵扬提供）

（三）崖壁下方的道路遗迹

2009年开始的灾后重建曾对崖前地面进行过考古发掘，发现了明清两个时期的路面（见图2-1-9中的L5），两次路基下都压着隋唐残龛，同样证明了千佛崖底层造像并不都是1935—1936年修川陕公路时所损坏。经过考古发掘并梳理相关资料，发现明代洪武年间金牛道千佛崖段道路曾有过修筑，而且此次修筑对千佛崖环境改变很大，改变后的基本面貌被清代沿袭，直至民国时期修建川陕公路前。将考古发掘揭示的明代道路遗迹与前引元代铭文比较，明代这次修建应当是彻底改善了此段道路。从此，这里没有了从江岸出挑、在江面架设的栈道，在崖前开凿并铺设了可行走的道路，在道路下方还垒筑了堡坎。崖壁前现代参观道路上、下方，当时用石条垒筑的护坡壁面保存至今。考古发掘揭露出，此次铺设的路面下有一些龛仅存底部，这是修路时为了扩宽路面打掉了崖壁底部一些位置向外突出的龛像所致，明代路基下叠压着的这些龛虽然也有可能是更早拓宽道路时破坏，但从崖壁内侧上破坏的痕迹观察，明洪武时期拓路所为的可能性更大。清代又有一次修路，再次向崖壁内拓宽。考古揭示的遗存中，明代与清代的路面清晰可辨，现在原址保存并成为千佛崖景区展示点，清楚展示了千佛崖崖前环境的改变过程（见图2-1-18）。

继明代、清代拓宽道路之后，1935—1936年修建川陕公路时再次向崖壁内拓宽道路，崖壁上多次向内凹进开凿拓展的痕迹亦非常清楚。同时这次修公路时部分地方向江心一侧垒筑堡坎，拓展路面；修建中的确曾毁坏了部分龛像，大云洞内1948年所立石碑上也有记录。这次修建公路时，千佛崖造像区往南的小溪上明代的石栏桥及石栏桥以南大云寺清初修建以供奉罗汉群像的殿堂也被毁，殿基并罗汉群像一同被埋入公路下。2009年的考古发掘揭露出来后，与千佛崖前明清路基一同原址原貌展出。

图2-1-18 广元千佛崖明代、清代拓修的石板路、明代石砌堡坎等（2020年，雷玉华拍摄）

龚静秋、王洪燕《广元千佛崖金牛道遗址发掘记》[1]对金牛道千佛崖段栈道有比较详细的梳理，摘录如下：

> 唐朝开元三年（715）益州大都督府长史韦抗凿石为路……韦抗曾在千佛崖开凿佛龛，现佛龛仍存，同时也可能对崖前的道路进行过整修。
>
> 元朝时期中宪大夫广元路总管府达鲁花赤，兼本路诸军奥鲁总管府达鲁花赤，管内劝农事朵儿只，信武将军同知广元路总管府事乞达鲁花（赤）等……利用农闲时期维修古蜀道"值此农隙，工用百备，不扰不掊，底于坚久，仅两月故道大通"。
>
> 至元十七年（1280）广元当时官吏修复千佛崖段栈阁，睡佛龛（746号）"广元路昭化县吏王途/绵谷县吏任宽领/夫匠复修千佛栈阁伏/愿保佑前程光远/……至元庚辰"……
>
> 清初顾祖禹《读史方舆纪要》记载："明洪武二十四年（1391），景川侯曹震相视开凿，叠石为岸，益为坦途。"《道光重修昭化县志·武备志》中也有记载：明太祖洪武二十四年（1391）二月至二十五年一月，景川侯曹震派成都后卫指挥佥事王清修凿保宁府至汉中驿道，其中千佛崖一带"古作栈阁，连岁修葺，工费甚多，相其形势，辟取山石从河镇砌，阔四五丈，自四川至陕西无难焉"。当时修路采用的是从河镇砌，垒石为岸，改木栈道为石板路。现存千佛崖南段部分的堡坎是用石灰作砂浆垒砌，或为当时之遗迹，此次考古清理出的石板路或许是此次道路整修后的遗存。明初以后千佛崖栈道就废弃了。
>
> 清代续有维修。咸丰九年"去秋淫雨连旬，江水泛滥，殿宇神像湮没/

---

1 龚静秋、王洪燕：《广元千佛崖金牛道遗址发掘记》，见汉中市博物馆编《中国蜀道学术研讨会论文集》，三秦出版社，2014，第483—490页。

殆尽，道左河堤崩颓十有余丈，凡经过者莫不慨叹，幸守成为先，廖公倡首重修□集乡绅石礼壹（？）田□/山孙锦堂、汤次衡、戴文亭、孙侣元、莫荆山、冉瞳初黄善□□共襄□事，除培补佛洞外，另修□□□□/"。道光二十八年（1848）署广元县事范涞清增修广元邑道路200余里"自陕西接界之七盘关起至昭化交界之榆钱止，上下联络计程二百余里……其崎岖不易行者，若龙门、飞仙、石柜三阁"……

川陕公路……于1935年开工，1936年完成。因此炸掉了南段崖壁，拓宽了路面，垫高了路基，汽车可以通行，金牛古道被掩埋。

1996年，市政府出资对川陕公路作了堡坎加固、铺筑沥青路面。2008年汶川特大地震之后，千佛崖纳入灾后重建，2009年将川陕路改道山后穿隧道而行，千佛崖段金牛道的交通功能就此消失了。

可见，崖前道路最早从唐代韦抗凿石为路开始，部分沿崖壁架木为栈阁通行的路段就开始改为崖上拓出的陆上行走道路了。因崖壁变化或者有地震等（有资料显示，川渝地区宋代有过大地震。考古调查发现，嘉陵江流域有大量摩崖造像点在唐宋之际可能发生过崩塌），至元代，此路段又修复栈阁以通行，之后又多有维修。明代"叠石为岸，益为坦途"，才最终改善了此路段通行条件。从此崖前栈道不复存在，全面改为了陆上通行，直到民国时期修川陕公路前，此处道路通行条件都比较好。

2009年的灾后重建，拆除了1936年修建川陕公路时向江心一侧用石块垒筑拓宽的路面，露出了明代修筑的路面及堡坎原貌。从现在原址展出的考古揭露出的明清两代路面旁可以看到，崖前道路有过多次向内开凿拓宽的痕迹，拓宽路面破坏的部分龛像残痕清晰。

三、千佛崖窟（龛）结构的保护性设计观察

从模型上整体观察千佛崖，可以看到外立面上有很多小孔，我们曾经以为这些孔洞是窟檐或龛檐遗迹，想办法连接出窟檐、龛檐的形状，但总是连接不出理想的形状，从而认为是历代重修、自然损坏等破坏了一些遗迹，以致我们看不出原来任何窟檐、龛檐的形状。从目前保存的孔洞遗迹观察，仅第86、512、726号三个窟（龛）相关遗迹可能是窟（龛）前建筑遗迹。

千佛崖的高清模型上除了第86号大龛外立面上的人字槽与槽下小孔似可以连接成人字形龛檐外（见图2-1-1、图2-1-8），其他众多的孔与槽都不能连接成任何檐的形状。千佛崖的中心第512号大云洞自有图片资料以来，虽然没有建筑，但从1948年以来一直有楼阁，而且至今外立面上榫孔众多，有的方孔很大，从位置看显然属于窟前木构建筑遗迹，不排除古代曾经有过楼阁（见图2-1-6、图2-1-7、图2-1-14）。崖壁底层最大窟第726号大佛窟，从所在位置观察，在大云洞开凿前应该是千佛崖的中心，现在窟外立面上方存有4个一字排开的方形大孔，这些大孔并未损坏孔与孔之间的唐代小龛，因此，极可能是先有孔之后开凿的这些小龛。这4个方孔与崖壁上那些到处都有的圆孔相比要大许多，与第512号窟两侧上部的大孔形状相似，因此大佛窟应当有过窟前建筑。现在所存的这4个大孔虽并不能确定其窟前建筑的样式，但参考石窟可以被直接称为"寺"的例子，大佛窟很可能曾经被直接当作此处寺院的佛殿。大佛窟开凿于北朝时期，从模型上可以看出，在大云洞开凿之前，它是千佛崖最大的窟，也是路边最中心的位置。至今其洞内岩石结构比大云洞要好。因此从时代、选址、外形、规模上看，大佛窟在大云洞开凿前都应该曾经是千佛崖的中心。唐代大云洞改造之后，因其位置高低适中，视野比底层好，又几乎位于崖壁上下左右的中心，因此成为新的中心，至今不变。从所处位置看，第535号莲花洞开凿晚于第726号大佛窟，1902年的照片中莲花洞有一个较小的窟门，证明它原来有前壁；

1914年的照片中，莲花洞前壁经过崩塌后，外形与现在接近，因此，莲花洞可能没有窟前建筑。1935—1936年修川陕公路，莲花洞前登临崖壁的石梯被破坏掉，形成现在的状况。

结合现场考古调查，我们发现除以上提及的几个特别的大窟（龛）外，千佛崖整个崖面上现存的窟（龛）最初都没有设计、建造窟（龛）檐。但经过仔细观察，我们发现这些窟（龛）虽然没有设计、修建窟（龛）檐，但几乎不受雨水、地表水等影响，即使大风形成的飘雨也进不了窟（龛）内。进一步观察，发现所有窟（龛）全部利用外层顶部底面向下倾斜的构造方法，形成了一个自然的"檐"。而且很多窟（龛）在"檐"的内侧一面，内室与外室之间有一道凸起的分界棱，其底面结构与另行搭建的"檐"结构几乎相同，类似南方建筑普遍都有的屋檐，檐口比屋面要低（见图2-1-19、图2-1-20）。例如第400号中心柱窟（见图2-1-21～2-1-23）、第140号龛（见图2-1-24）、第689号千佛窟（见图2-1-25、图2-1-26）、第476号龛（见图2-1-27、图2-1-28）、第452号龛（见图2-1-29）、第486号龛（见图2-1-30）、第513号韦抗窟（见图2-1-31、图2-1-32）等。这样，窟（龛）外立面顶部利用崖壁本来的坡度，而内部底面形成了现代阳台雨棚一样的倾斜度，达到窟（龛）檐的效果，发挥了窟（龛）檐的作用。很多窟（龛）在外层窟（龛）口上部内侧边缘还有一道凸棱，今天的工匠称之为"反水槽"，这道"反水槽"可以将崖顶顺壁面流淌的水挡在口部以外，与地面建筑的滴水类似，此结构必须从窟（龛）内部抬头向上、向外仰视才能观察到（见图2-1-19、图2-1-29～2-1-31）。此前的考古绘图因为是手工测绘，虽然能看出结构形态，但大多没有表现这道反水槽，也没有观察到这个结构。

对应外层窟（龛）顶部的做法，所有窟（龛）的底部口沿都向下倾斜，形成一个内高外低的结构，倾斜的底部平面与顶部外层窟（龛）口部结构对应。通常底部倾斜的结构更明显，有的内外龛倾斜程度不同，内龛仅略略倾斜，外

图2-1-19 广元千佛崖窟(龛)防水设计示意图(2019年,侯文嫣绘制)

图2-1-20 左上为千佛崖2012年新建龛檐,右下为第788号龛顶及底部防水设计(2020年,雷玉华拍摄)

图2-1-21 广元千佛崖第400号中心柱窟防水设计、底部榫孔、牛鼻形孔(2020年,雷玉华拍摄)

图2-1-22 广元千佛崖第400号中心柱窟左侧视,顶部有类似檐的结构(2020年,雷玉华拍摄)

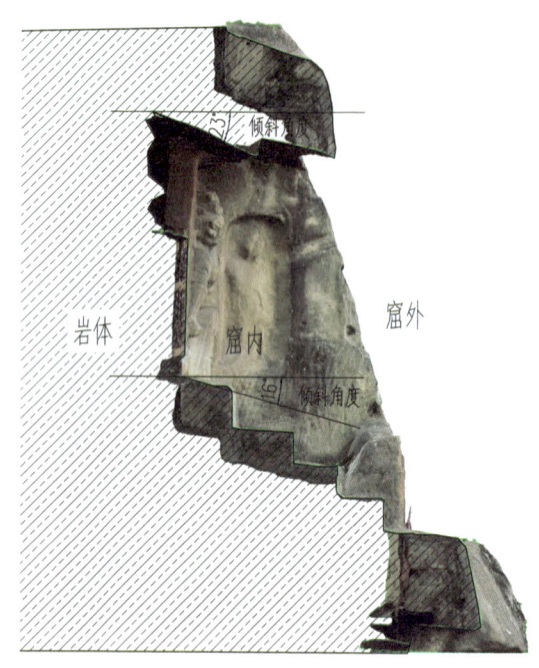

图2-1-23 广元千佛崖第400号中心柱窟的防水设计图示（北京国文琰文化遗产保护中心有限公司提供）

图2-1-24 广元千佛崖第140号龛顶部龛口及内外室交接处的反水槽、底部阶梯状防水结构（2020年，雷玉华拍摄）

图2-1-25 广元千佛崖第689号千佛窟窟口（2020年，雷玉华拍摄）

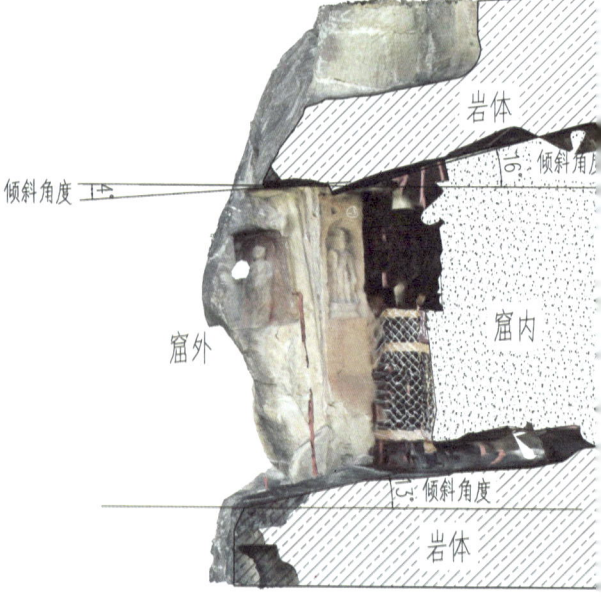

图2-1-26 广元千佛崖第689号千佛窟防水设计图示（北京国文琰文化遗产保护中心有限公司提供）

第二章 四川北部地区石窟窟前建筑（一） 113

图2-1-27 广元千佛崖第476号龛龛顶结构仰视（2020年，雷玉华拍摄）

图2-1-28 广元千佛崖第476号龛底部结构（2020年，雷玉华拍摄）

图2-1-29 广元千佛崖第452号龛顶部结构（龛口防水槽及内外龛间高差设计）（2020年，雷玉华拍摄）

图2-1-30 广元千佛崖第486号龛顶部结构及水泥修补的龛口反水槽（2020年，雷玉华拍摄）

图2-1-31 广元千佛崖第513号韦抗窟窟顶口沿防水结构（2020年，雷玉华拍摄）

图2-1-32 广元千佛崖第513号韦抗窟防水设计图示（北京国文琰文化遗产保护中心有限公司提供）

龛底部则形成陡峭壁面；有的是内外龛底部整体向外向下倾斜；有的外龛底部在倾斜的同时，还要增加一至三级台阶，以防止雨水被溅起进入内龛（见图2-1-23、图2-1-26、图2-1-32）。千佛崖崖面上现存的所有的窟（龛）修建设计中都注意了这个问题。

底部倾斜的地面不只利于水的流出，更使雨水不能形成积水，高高的台阶使雨水和顶部地表水形成的落水即使溅起也不能进入窟（龛）内。无论大窟与小龛，外层龛或外室顶部的结构原理一样，通常大窟外室地面比内室要低很多，地面向外倾斜也更多。大窟的内室通常左、右、上方三壁有前壁，形成类似门一样的入口；进入窟内室后，里面空间增大，口小内大的结构，加上反水槽、反水棱，崖壁上流下的地表水、雨水无论如何也进不了窟内。例如，第400号中心柱窟、第513号韦抗窟、第689号千佛窟等众多的窟（龛）结构上都有这样的设计。

结构上通过窟（龛）顶部、底部设计，不管是山顶经崖面上下来的地表水、雨水，还是底部溅起的滴水等都不能轻易进入窟（龛）内，也不会溅到造像上，至今千佛崖实际上是没有水害的。因此，我们可以得出这样的结论：

千佛崖绝大部分窟（龛）不需要外接窟（龛）檐，它们在建造之初绝大多数都没有外加檐的需要[1]。川渝地区早在汉代崖墓构造中就已经广泛使用了崖洞前后高差利水的做法，这一传统技术被同样是在崖壁上开凿洞窟的佛教石窟和摩崖造像开凿者沿用。

2009年开始的广元千佛崖保护工程中，工程设计者观察到了千佛崖窟（龛）顶部这个细节，在一些风化残损的小龛口部用水泥砂浆修补外层窟（龛）口部，恢复了外层口原有的部分防雨功能，效果非常好，通过作旧作色处理，外形几乎达到了与原貌一致（见图2-1-33）。只是部分龛口在修复时没有注意到还应该有一道防水槽——龛口内侧表面上的一道凹槽或者凸棱。

---

[1] 事实上除乐山大佛、大云洞这样特别的大窟（龛）外，川渝很多唐代窟（龛）都以这种方式解决雨水或崖壁上方来水问题。精细一些的会如广元千佛崖的小龛一样在龛口内侧表面上刻出一道凹槽，有的则是在外龛口或者是内外龛之间刻出一道棱，有的两种方法兼有。只有少部分窟（龛）开凿时搭建过窟（龛）檐，一些早期龛檐也不一定是开龛时修建。

图2-1-33 广元千佛崖小龛龛口防水檐修复前后对比（张宁提供）

四、千佛崖现存榫孔的观察

千佛崖崖面上今天能见到的榫孔有圆形、方形，从模型上可以清楚看到，还有一些牛鼻孔状的圆形穿孔（见图2-1-34～2-1-38）。我们过去很长时间都认为这些孔洞是窟（龛）檐遗迹，常常试图根据孔洞分布去复原窟（龛）檐，但效果不理想。经过观察，我们发现这些孔洞的用途有多种，而窟（龛）檐遗迹是其中最少的一类。

图2-1-34 广元千佛崖造像龛边的牛鼻形穿孔（2020年，雷玉华拍摄）

第二章　四川北部地区石窟窟前建筑（一）　117

图2-1-35　广元千佛崖崖壁顶层的小龛两侧布满搭架留下的孔洞（2020年，雷玉华拍摄）

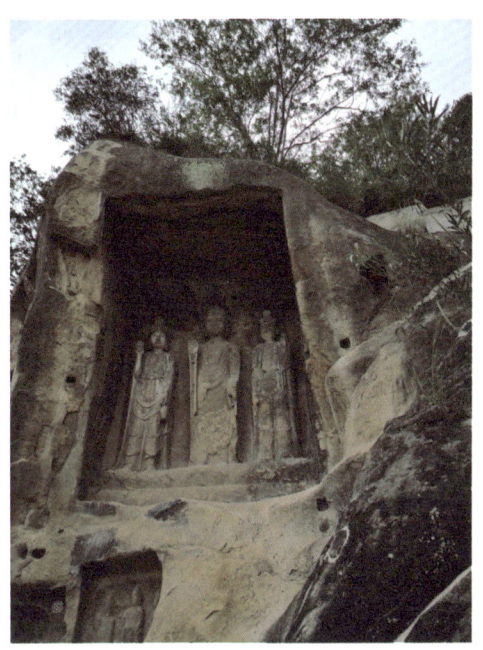

图2-1-36　广元千佛崖第150号龛龛顶结构及前面下部开凿时工作平台留下的孔洞（2020年，雷玉华拍摄）

图2-1-37　广元千佛崖通向第689号千佛窟的小路（见图2-1-9中的L4），旁边有很多牛鼻形穿孔（2020年，雷玉华拍摄）

图2-1-38　广元千佛崖第366号龛施工平台遗迹（P1、P2）及水泥修补的龛口（北京国文琰文化遗产保护中心有限公司提供）

（一）施工搭架遗迹

从模型上我们可以清楚看到，圆形、方形榫孔很多，主要分布在崖壁外立面上，最常见的位置是窟（龛）两侧中部、中部偏下、下部。牛鼻形孔也很常见。小龛外立面崖壁上的洞孔多在两侧偏下位置，稍大的龛在两侧底部、偏下部、中部位置，很少有在龛顶部或靠上部位置者。从其所处位置观察，这些孔洞恰好是开凿时需要脚手架或施工平台的高度，而不是窟（龛）檐的位置（见图2-1-35、图2-1-36、图2-1-38）。所以，这些位于窟（龛）两侧中部、中部靠下方、底部的榫孔应该是搭建施工平台、施工用脚手架时遗留。类似情况在川渝地区其他造像点位也很常见。

（二）登崖栈道遗迹

在千佛崖三维模型及形成的二维图上我们可以看到崖壁外立面图上有很多孔洞，一些孔洞比较集中，仔细观察，许多圆孔可以断断续续连接成排，并串起千佛崖壁面上所有的大型洞窟（见图2-1-9）。参考金牛道上古栈道遗迹，以及灾后重建时拆除20世纪80年代修建进入大云洞的水泥栈道后留下的孔洞排列形态，就知道崖壁上这些串联成线的孔洞是崖壁上的栈道遗迹。这些栈道分别属于不同时代，能够较明显观察到的有L1、L3、L4、L6、L7、L9等（见图2-1-39～2-1-41）。

（1）崖壁底层造像龛上方进入大云洞的栈道L6。崖壁中段从第512号大云洞向北至第199号长寿佛龛有两排孔洞遗迹，从扫描的立面图上可以看到，孔洞从清代开凿的第199号长寿佛造像龛下方开始，向南平行经过唐代开凿的第302、308号龛像，直接到第512号大云洞北侧，这是汶川特大地震灾后重建系列工程中拆除20世纪80年代水泥栈道时遗留（L6）。水泥栈道之前登临崖壁的参观道路在20世纪的老照片中很清楚，系从大云洞正下方石梯进入。这是最新的、明确的栈道遗迹（见图2-1-9、图2-1-39、图2-1-40）。

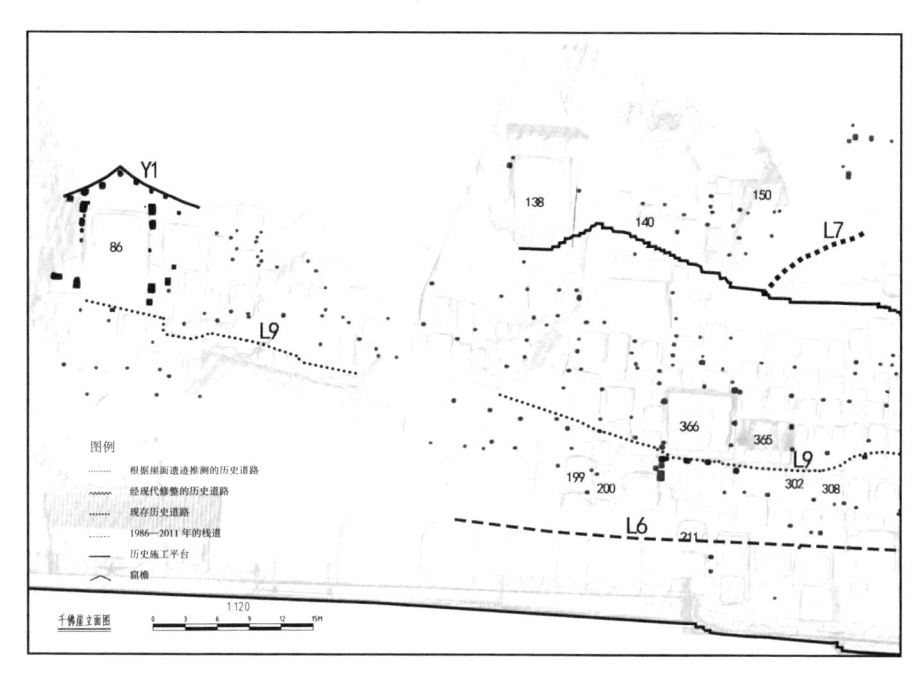

第二章　四川北部地区石窟窟前建筑（一）　　119

图2-1-39　广元千佛崖崖面遗迹分布示意图——北段（北京国文琰文化遗产保护中心有限公司提供）

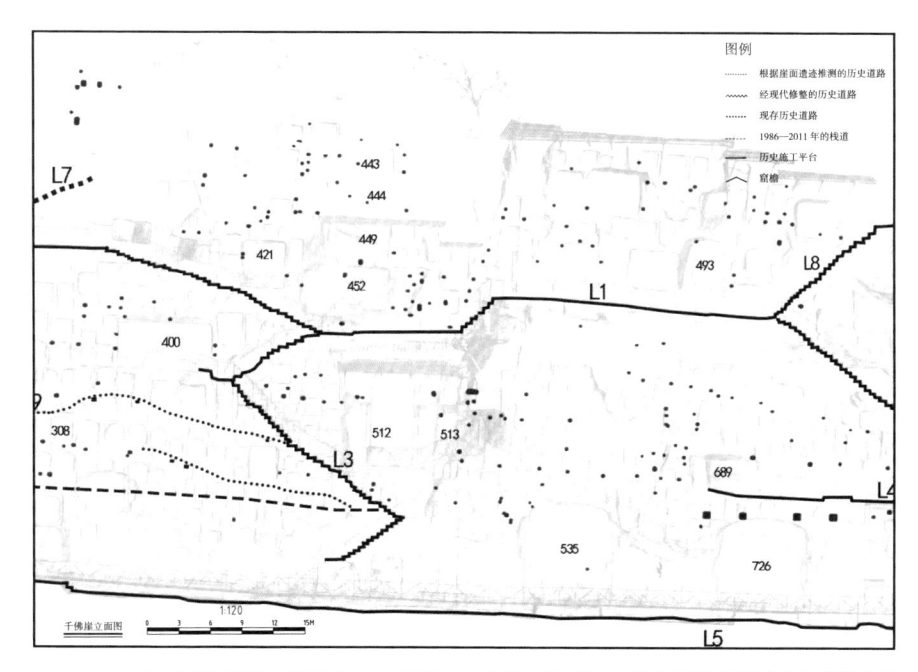

图2-1-40　广元千佛崖崖面遗迹分布示意图——中段（北京国文琰文化遗产保护中心有限公司提供）

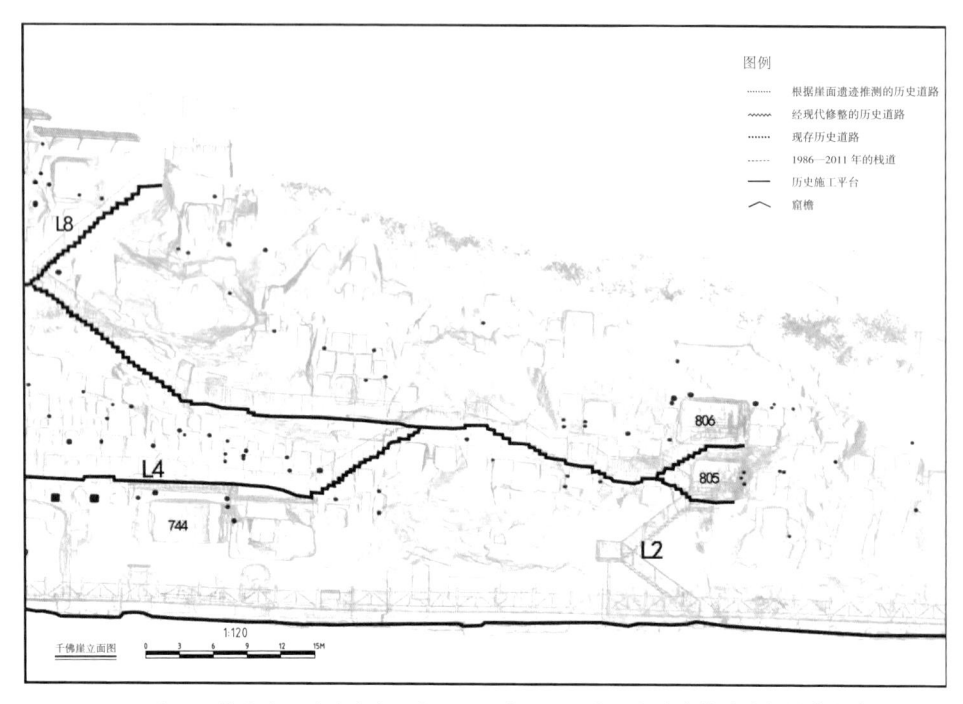

图2-1-41　广元千佛崖崖面遗迹分布示意图——南段（北京国文琰文化遗产保护中心有限公司提供）

（2）横贯南北，连通崖壁最上层大型窟（龛）的小路L1。从扫描立面图上可以非常清楚看到，大云洞（第512号）往上，最上层造像龛底部崖面有一条与崖壁平行的南北向小路，此条小路横贯南北，整体平缓，起自北大佛窟（第138号），向南经过第421、452号龛，第493号神龙窟前，然后稍向下行，直达造像区上层南端第806号供养人窟（见图2-1-9、图2-1-39～2-1-41）。这是一条从崖壁上开凿出来的小路，至今仍在使用，20世纪80年代在路旁加了铁栏杆，部分地方凿出了石梯。这条悬崖上劈出来的小路旁开凿有大量小龛，大多数小龛龛口处都有一个牛鼻状圆孔，显然，在这条悬崖上的小路上行走时可以抓住它们，防止不小心跌倒而坠入滔滔嘉陵江，类似今天的安全扶手（见图2-1-34），它们在道路和龛像开凿过程中是安全保障措施之一。一部分可能是专门为行走时的安全而开凿，一部分应该是在开凿这些造像龛过程中已经发挥了作用。在很多山区险要的古道旁都有这种牛鼻形孔洞，有些时候被解释为拴马用，显然不正确。前几年一些有关古蜀道的电视纪录片也认为是拴马用，在古道上这种孔可以用作拴马，但在千佛崖上它们不可能是拴马用，马绝不会登临千佛崖。我们在调查中发现，在川渝其他地方开凿摩崖造像的崖壁上也常常可以看到这种牛鼻孔，其作用就是开凿造像时抓住它们方便上下，同时也可以固定物体，以防落下。以常理推之，在蜀道很险的路段凿出这种牛鼻孔的初衷恐怕也非拴马用，方便工作可能是最初的目的。

　　上层造像龛底部横贯南北的小路中段（L1），在第493号神龙窟与第452号龛之间分出一条垂直向下进入大云洞的支道（L3），支道经过崖壁中间的第400号中心柱窟，再从大云洞右侧（北侧）进入。这条石梯小道几乎垂直上下，十分陡峭，至今仍在使用，尽管20世纪80年代加了铁栏杆，胆小之人仍然不敢行走。因此，20世纪80年代加铁栏杆的同时，在大云洞内另外搭建了铁楼梯，铁楼梯可以使游客从大云洞内左侧（南侧）通往上层崖壁上横贯南北的小路（L1）。2000年后，改建大云洞楼阁，仍为二层，上楼阁的铁梯也改成了木梯；2012年灾后重建中拆除了原有二层楼阁，重建一面坡式窟檐保护造像，使窟内光线变得更好，更利于参观（见图2-1-42）。

　　崖壁上层龛底部横贯南北的小路北段，在第150号西方三圣龛前向上方又分出了一条支道（L7），由于此处以上崖壁相对平缓，这条"支道"其实只是一些稍稍开凿的小脚窝（见图2-1-43），以上进入山顶部，上面有零星小龛，这些脚窝可能在唐代开凿那些小龛时已经开凿出来，后世保护工程实施过程中又有修整、利用。从其道路简陋危险的状况看，游览者不会上去。如今这条小道也要仔细观察才能发现，胆大的人仍然可以踩着脚窝爬上去。小路以上均为小造像龛，唐代晚期开凿，在崖壁下方及崖壁上的游览道上均看不见。

　　（3）崖壁最上层横贯南北通道南段遗迹。连通崖壁最上层大龛的小路经过第493号神龙窟前往南遗迹增多，且有几条岔道（见图2-1-41）。

图2-1-42　2012年重新修建的广元千佛崖第512号窟窟檐（2020年，雷玉华拍摄）

图2-1-43　广元千佛崖第150号龛右侧通向上方的脚窝（2020年，雷玉华拍摄）

在第493号神龙窟前，这条横贯南北的路（L1）比较宽，经神龙窟往左（南）稍向下行，同时道路变窄。变窄的路段旁小龛的龛口外仍然有较多牛鼻孔形圆洞，显然是供行人抓手用，当然，在开凿造像时肯定也发挥过作用。小路旁还可以看到山顶崖面曾经发生过大面积崩塌，一些小龛与崖壁脱离，小龛背后裂隙清楚可见（见图2-1-11）。小路沿途有三条岔路：

第一条L8，通向山顶的石梯，位于第493号神龙窟左侧（南侧），现在仍在使用，经过20世纪80年代修整，原状已不清楚（见图2-1-41）。第二条L4，在神龙窟南侧往下，从第493号神龙窟到第805号释迦多宝窟之间的中间位置通往第689号千佛窟。这条小路特别窄，至今仍在使用，路旁小型浅龛密集，无法拓宽道路。20世纪80年代加了铁栏杆，现在也只能紧贴崖壁侧身通行。但我们观察到，小路旁几乎所有小龛边开凿了牛鼻形孔洞，显然，没有铁栏杆时，它们就是扶手，不抓住它们无法行走（见图2-1-37）。第三条，上层南北通道（L1）南端尽头分成两条梯道：一条向上，通往第806号供养人窟；一条向下，通往第805号释迦多宝窟（L2下前段）（见图2-1-41）。这两条上下岔道除20世纪80年代稍加修整并加上了铁栏杆外，没有改变过位置或方向。2012年，在第805号释迦多宝窟下方新增了木梯通往崖前地面（L2），除方便游客参观外，更主要是满足了紧急情况下的疏散。从此，千佛崖形成了环形参观道，不必上下均通过大云洞。

（三）窟（龛）内外保护设施遗迹

（1）窟（龛）内的孔洞。20世纪80年代，前述可以通达的所有较大窟（龛）内均安装了防护铁栏杆，防止游客随意触摸造像，有的栏杆还能开启，有的是可以开启的铁栏杆门或者留有可以开启的小门。汶川特大地震灾后重建过程中于2012年拆除这些铁栏杆，留下了大量孔洞，主要分布在窟（龛）内两侧靠近窟（龛）口的底部、侧壁、顶部。

例如，位于崖壁最上层贯通南北通道（L1）旁的第421号大龛，左右壁靠近龛口处各有三个孔，对称分布，这是灾后重建中拆除20世纪80年代安装的铁栏杆所留（见图2-1-44）。外龛底部中间、顶部中间有同样对称的孔，证明这个龛当时的铁栏杆门可以开启。第512号大云洞有楼阁，楼阁内安置过不同时期的防护栏，留下的孔洞非常多。根据调查，20世纪80年代以来，第512号大云洞中造像前的防护栏至少改变过三次，留下了不同的痕迹。现存的防护栏是汶川特大地震后重新改装的（见图2-1-45）。第689号千佛龛也有类似防护门。

龛（龛）内安装防护栏留下的孔洞虽然很多，但绝大多数形成于20世纪80年代及近年的改装。依据孔洞的形状、位置，访问千佛崖过去的工作人员，他们大都可以拼出防护栏的形式，且基本知道原来的材质、大小及位置等信息。

图2-1-44 广元千佛崖第421号龛龛顶、新安装护栏及旧护栏痕迹（2020年，雷玉华拍摄）

图2-1-45 广元千佛崖第512号大云洞灾后重建新安装的防护栏（2020年，雷玉华拍摄）

第二章　四川北部地区石窟窟前建筑（一）　125

（2）窟（龛）檐遗迹。经过调查，我们发现千佛崖绝大多数窟（龛）都无窟（龛）檐，仅少数几个窟（龛）有明显的窟（龛）檐遗迹。从目前所见历史照片、高清三维模型、现场遗迹调查等资料看，能够确定曾经有过窟前建筑或窟檐的仅有第86号阿弥陀窟（见图2-1-39）、第512号大云洞（见图2-1-14）和第726号大佛窟（见图2-1-46）。

图2-1-46　广元千佛崖第726号大佛窟外立面（顶上有一排四个窟檐椽孔）（2020年，雷玉华拍摄）

第726号大佛窟是千佛崖现存开凿最早的大洞窟，位于千佛崖造像区底层中间，金牛道旁，其形制是"佛殿窟"，最早它可能就是代表一座寺院，是千佛崖的中心。它有北方石窟常有的窟门，历史资料照片上虽然没有窟前建筑或窟檐，但崖壁上现存的一排四个方形大榫孔清晰可见（见图2-1-46），而且榫孔既没有被晚期开凿的唐代小佛龛破坏，也没有打破布满窟口的唐代小龛，说明它们共存时都正在发挥作用。其是否开窟之初的孔，目前无法确定，但第726号大佛窟本系北魏开凿，窟型、造像均来源于北魏，而北魏云冈石窟是有窟前建筑的。第726号大佛窟外立面上四个方形大孔一字形横向排列，若是窟檐，很可能是一面坡顶或人字顶；考虑到窟的规模、早期在千佛崖的位置，至少应该是人字顶，也极有可能是仿楼阁式顶，只不过其他遗迹被后来开龛破坏了。

位于崖壁中心的第512号大云洞自开凿以来，人们游览千佛崖都会进入此窟，窟内至今仍有大量唐、宋以来的题刻游记。1948年以来，窟前一直有二层楼阁，崖壁外立面、窟口两侧现存众多榫孔痕迹，绝大多数是历次窟前建筑遗留，少数可能是开凿洞窟搭架所留。因至今仍有楼阁遮挡，无法厘清历次建筑或工作架样式（见图2-1-14、图2-1-42、图2-1-45）。其窟外左上方崖面上有巨大的竖长方形凹槽，与右上方无造像的空隙崖面处稍平整的位置基本对称，极大可能是第512号大云洞的大型窟前建筑的梁架遗迹（见图2-1-14）。

第86号阿弥陀窟位于崖壁中层集中造像区北端，处于非常显眼的位置，远远就能望见。在模型上可以清楚看到，外立面上有孔和人字形槽（见图2-1-39）。两侧各三个孔洞，均匀分布于人字形凹槽内，极大可能是人字形檐留下的遗迹。但现有的图片资料中没有相关信息，也无文字记载。若是龛檐，应该很早。这是目前为止千佛崖唯一可以清楚看出形状的龛檐遗迹。第86号阿弥陀窟是一个大而较浅的摩崖造像龛，位于集中造像区北端中层，相对于第512号大云洞、第400号中心柱窟等，它已靠近适合造像崖面的边缘，所在崖壁北侧有一个断裂形成的转折，位置条件、岩石条件并不是很好。但是这里位置很高，视线开阔。浅、宽大、位置高，位于边缘和河畔风口，这些都是导致千佛崖造像龛风化的主要因素。而第86号龛不但没有太多风化，至今还保存得非常好，龛口也并没有特别的防风设计。据此推测，第86号龛可能在相当长的时间内有龛檐保护，且很可能在开凿之初就有保护设施。第86号龛所在位置极高，以现在的条件观察，专门为此龛修建龛檐且另行搭建工作台或脚手架似乎不大可能。

当然，不排除后代补建的可能，也可能设计之初它与其他龛一样也没有外接龛檐，与它同时代大大小小的窟（龛）众多，至今无一发现龛檐遗迹，而早期肯定有路可通往此龛，开凿之后再专门为它修建龛檐也许并不需要单独搭建施工架。

汶川特大地震灾后重建中，2012—2015年，千佛崖大量小龛采用水泥砂浆将风化的防水设计龛口修补完整，效果非常好（见图2-1-33）。同时，部分龛修建了仿木构龛檐。

（四）佛殿遗迹

从模型图及现场遗迹都可以清楚看到，第512号大云洞位于整个造像区中间崖壁上，而且从下到上整个崖面向内稍稍凹进。其下方崖面崩塌后有晚期石砌堡坎，原始崖壁情况不清楚，但崖壁前明代、清代向崖壁内扩展的金牛古道路面很清楚。第512号大云洞顶部左侧（南侧）有一个人工修整过的小平面，第512号大云洞右上方（北侧）、第421号龛下方与第400号中心柱窟左上方之间有一块空的崖壁，上面存有一道宽大的竖槽，此块空崖壁与左侧的小平台高度位置相当，都经过人工修整，且没有破坏其两侧的唐代小龛；第512号大云洞顶部也有一个平台，这个平台正好是L1南北两侧向下折的位置；顶上与两侧这三个遗迹很可能是第512号大云洞外立面上原来建筑的梁架遗迹，应该是千佛崖正中的大殿，它没有破坏崖壁上的唐代小龛，证明其形成年代很可能在周围这些唐代小龛开凿之前，且后来开凿大量小龛时也因为有建筑存在而一直没有使用崖壁上这些今天看来空着的区域。若如此，则千佛崖自有照片以来能看到的第512号大云洞外立面上的建筑，是保留了原来崖壁上佛殿的传统的，只是规模与范围缩小了许多。L1在第512号大云洞顶部两侧向下折，现在仍在使用的梯道也应该是原来从第512号大云洞所在大殿通往两侧崖壁的梯道。

因此，从这个位置现有的遗迹现象观察，第512号大云洞不只是千佛崖的中心，在其开凿后即有依壁修建的保护设施，同时也是千佛崖的大殿。后来大殿缩小，才形成了有照片以来人们所看到的外貌。

第二节　广元皇泽寺

一、皇泽寺概况

皇泽寺位于四川省广元市城西1公里的西山脚下，旧称乌奴寺，因唐代女皇武则天生于利州（今广元）而赐寺名"皇泽"，寺内有武后真容像。其寺背山面水，现存造像57龛、1200余尊，主要分布在大佛楼、五佛亭、则天殿等处，时代从北朝延续至晚唐，20世纪50年代修建宝成铁路时毁坏了部分造像。1961年被公布为第一批全国重点文物保护单位；1976年，成立了广元县文物管理所，保护管理皇泽寺石窟和摩崖造像。20世纪70年代末开始，进行了一系列的保护工程建设和考古调查，公布了大量学术成果。

皇泽寺最早在北朝时期就有佛教造像了，现存的北朝窟（龛）以第15、38、45号窟最典型。北朝北魏时期开凿了第15、38、45号等一批小型石窟和造像龛。第15号窟为方形平顶窟，正壁开一个大龛，龛内造一坐佛二弟子二菩萨五尊像，造像稍显健壮，菩萨饰环形长璎珞一道。第45号窟平面呈方形，中央设中心方柱，三壁各开一个大龛，每龛龛楣都雕饰北魏流行的双龙交缠、龙首反顾图像。第38号窟为三壁三窟（龛），龛饰与第45号窟三壁龛同。三壁三窟（龛）、三壁三龛中心柱窟，是北魏晚期从云冈到洛阳、巩县等地的标志性窟型；圆拱形龛，龛楣雕饰二龙交缠，龙首反顾，也是北魏晚期洛阳等地造像龛的特点；方形窟，正壁造五尊像，亦是中原北魏石窟常见的组合形式。因此，从窟（龛）形制、造像组合、造像艺术风格看，皇泽寺造像与北方同期造像非常接近，显然受到了中原北方石窟造像的影响。这些窟（龛）的存在，证明北魏时期这里已经有寺庙存在，但当时寺名不为今人所知。

隋代延续北朝的开龛造像，现存大佛楼上层的第28号大龛为隋代开凿。唐代初期皇泽寺造像仍然很兴盛，并开凿了写心经洞、小南海、五佛亭等处的多个造像龛。现存于皇泽寺博物馆内的一方残碑表明，唐太宗贞观年间（627—649年），武则天的父母武士彟及杨夫人已经在寺内雕凿佛像，迨至唐代敬宗宝历年间（825—827年），所凿佛像为风雨所侵，当时的太守北平公出资对原有的武氏夫妇造像进行妆修，并建佛阁进行保护，现在皇泽寺大门外写心经洞造像石包上的龛檐遗迹的一部分或为其时所留。现存的第12、13号窟可能是其遗存，第13号窟内大唐宝历二年（826年）《并修西龛佛阁记》记录了这次工程。碑上说："圣唐贞观二载郡……武都督杨夫人灵异如响……凿圣仪容……为风雨所浸。"所以，写心经洞上至今仍可看到的建筑遗迹可能为宝历年间北平公所建。晚唐五代有少量雕刻，以写心经洞造像石东侧陀罗尼经幢为主，之后再无雕刻。大概皇泽寺因位于广元城西，在唐代曾有"西龛"之称。

五代后蜀广政二十二年（959年），皇泽寺曾进行过较大规模维修。1954年修宝成铁路时发现了《利州都督府皇泽寺唐则天皇后武氏新庙记》[1]，碑上记载原庙地势"欹斜"，后蜀的昭武军节度使李奉虔重新修了新庙，并为寺庙置办了家具等设施，还为寺庙购置了附近的田产。这是今天所见最早关于"皇泽寺"的记载。从碑上可以了解到，因武则天出生于此，她当政后这里应该就有了"武氏庙"，寺院可能在唐代已称"皇泽寺"。宋代，皇泽寺已成为利州的一处名胜，宋代的《元丰九域志》《舆地纪胜》等地理名书均对其有记载。在皇泽寺第45号窟中有宋人游览题刻。宋末元初拉锯战中，广元是元军盘踞点，战争中皇泽寺衰落。

明代景泰六年（1455年）利州人王道曾在此修佛龛。万历年间（1573—1620年）当地进士黄辉等新修了山门、大雄宝殿、关帝庙、铁观音殿并塑像，

---

[1] 皇泽寺博物馆编、罗宗勇主编：《广元皇泽寺文物保护维修工程报告》，文物出版社，2010，第6—7页。

寺内现存的菩萨装武后真容像也雕刻于明代。皇泽寺与四川许多寺庙一样，在经历了宋元战争后才得到了一定程度的恢复，与明代许多祠庙一样，都铸造过铁像。但至明末天启年间（1621—1627年）则是"荒芜纪废，唐人石刻漫灭不可寻"，"刻石树栏，以存遗迹"[1]。

从皇泽寺第45号窟中心柱上的一则题记中知道，清代康熙二十六年（1687年）又有一次大规模兴建工程："皇泽寺刹，其来尚矣，余丙寅之秋，节锁汉寿，见殿宇久圮，如来像蔽，感念捐资，率众标员，起建殿宇，庄严法像，梅月兴工，阳月告成，勒石以志。""梅月"即旧历四月，"阳月"即旧历十月。从此，皇泽寺复兴，并再次成为广元的一处胜境，乾隆年间的广元县令张赓谟曾游览并题诗，他主编的《广元县志》对武则天石像有描述。至晚清光绪末年，画家马履安来广元讲学，曾游览皇泽寺，并为寺中留下兰花画册，宣统年间被刻于石上，今仍存于寺中。20世纪60年代，明代以来的各类建筑、塑像被毁无存。

20世纪50年代修建宝成铁路时将寺院一分为二，铁路至崖壁之间的部分由文物部门管理，铁路至河道之间部分变为民房。1961年，主要位于文物部门管理一侧的皇泽寺摩崖造像被公布为第一批全国重点文物保护单位。20世纪90年代中期，宝成铁路改线，绕山后穿山洞而过，皇泽寺摩崖造像保护和环境建设得以进行。1998年开始，进行了一系列设计和施工，于2005年完成了改造，完成了山门、正殿、武氏庙、角楼、水榭等主体建筑修建，形成了今天看到的中轴线。

二、历史资料中的皇泽寺窟前建筑

皇泽寺现存最早的石窟开凿于北魏时期，根据石窟开凿的规律——有石窟

---

[1] 皇泽寺博物馆编、罗宗勇主编：《广元皇泽寺文物保护维修工程报告》，文物出版社，2010，第7页。

开凿就必然有寺庙存在，因此，从现存遗迹判断，皇泽寺至迟于北魏时期已经建寺，但具体情况不详。

现在已知最早的与皇泽寺有关的文字资料是存于皇泽寺的唐代宝历二年（826年）残碑，碑上有"圣唐贞观二载郡……武都督杨夫人灵异如响……凿圣仪容……为风雨所浸"，似乎追溯了贞观二年（628年）武则天父母在此开凿过窟像的历史，但经过约200年后已"为风雨所浸"。根据碑文所说情况，很可能这些像原来有窟檐遮挡，这时没有窟檐了，才导致"为风雨所浸"的情况。宝历二年（826年）因佛像"为风雨所浸"，因而又起建了佛阁，说明这次重新修建了保护佛像的建筑。

唐代宝历二年（826年）之后，又经历了100多年，五代后蜀广政二十二年（959年）皇泽寺曾进行过较大规模维修，这次实际上还有增建。广政二十二年（959年）的工程包括"殿肆间、对廊肆间并两廊及别塑神像"，并置卖了大量地产。从碑上了解到，因武则天出生于此，她当政后这里应该就有了"武氏庙"[1]。这是今天所见最早关于"皇泽寺"之名的记载。很可能在唐代已称"皇泽寺"，当时的皇泽寺有塑像，因此，第28号大佛龛等摩崖造像只是寺院大殿神像的一部分。

宋代虽然没有造像遗迹留下，但在皇泽寺第45号窟中心柱上有题记，同时文献著录增多，从中可以知道皇泽寺的窟像是有保护建筑的。如王象之《舆地纪胜》记言：皇泽寺"在州城西北渡二里，有唐高宗、则天真容，倚岩为楼，俗传为阿武婆婆梳洗楼"[2]。"倚岩为楼"说明了皇泽寺就是倚崖壁建立的楼阁，那些"楼"是寺院建筑，有些应该同时还是石窟和摩崖大佛的保护设施。

明清时期形成的寺院格局在20世纪60年代才被完全毁坏，从文献及碑刻中

---

1 皇泽寺博物馆编、罗宗勇主编：《广元皇泽寺文物保护维修工程报告》，文物出版社，2010，第6—7页。
2 （南宋）王象之：《舆地纪胜》卷184《利州》，中华书局，1992，第3754页。

可知，当时有山门、大雄宝殿、关帝庙、铁观音殿。大雄宝殿中有佛像，关帝庙中有关羽像，铁观音殿中有三尊铁观音像，寺内还有武后真容像。明代天启年间广元县令陈鸿恩在《皇泽寺书事碑》中记述了皇泽寺优美的环境：寺在治河之西，上负悬崖，下瞰洪流，城郭千家，桑麻四野，颇堪极目，薄书之暇，间从眺游焉，而荒芜圮废，唐人石刻漫灭不可寻……刻石树栏，以存遗迹。寺旁有地一块，土民好善者施之寺中，被人浸没，清出已成室矣，倍取其贾十金另置，付僧道清看守。这方碑的内容说明，皇泽寺在明末虽有些荒芜，但仍有寺僧驻守，且风景优美，仍然有人游览。当时人们知道这里有唐人遗迹，县令陈鸿恩"刻石树栏"以作标识。

清代康熙二十六年（1687年）维修寺院时，起事者"见殿宇久圮，如来像蔽"，才率众起建殿宇，庄严法像。这次工程相关碑记刻于第45号窟中，且现存皇泽寺造像留有清代装彩，可知这次复建的殿宇大部分应该就是窟像的保护设施，庄严的法像也包括今天看到的这些崖壁上的佛像。这次复兴后，直到清末，皇泽寺一直为广元的游览胜地。

1908年，德国人恩斯特·柏石曼来四川时路经广元，拍下了皇泽寺最早的照片，照片中皇泽寺的环境、主要布局很可能就是康熙时形成的（见图2-2-1、图2-2-2）。恩斯特·柏石曼还拍摄了一张皇泽寺中轴线全景照，从照片上可以看到，寺前河滩上有块大石，从位置看，很可能就是写心经洞的那方大石。寺院建在河边坡地上，向后地势有所增高，最高处的大佛完全暴露在外面，其左右、下方有许多小龛像暴露于外，完全没有遮挡。但可以看到大佛龛顶上方壁立的崖壁上面有一道长长的横向沟槽，横向沟槽下方是人字形槽，与人字形槽相配的还有许多各形榫孔。从柏石曼拍摄的大佛龛近景中可以看到，龛两侧还有榫孔和斜向两侧下方的沟槽，从位置和形状看，它们应该是保护性设施遗迹，即大佛原来有龛檐或楼阁保护，两侧斜向下方的沟槽是建筑两侧的导水槽。川渝多处龛檐建筑都有这种设施，如巴中西龛佛爷湾第10~21号

图2-2-1　1908年的广元皇泽寺全景（王剑平提供）

图2-2-2　1908年的广元皇泽寺大佛龛（第28号）（王剑平提供）

龛两边、安岳毗卢洞紫竹观音旁都有保存。照片中大佛楼下方有一个小型木构檐，虽然没有完全挡住其内侧崖壁上的龛像，但仍然有部分保护作用；同时，可以看到檐内有碑，北侧有石块修砌的墙。从现在大佛楼下的第38号窟可以知道，这个檐及墙就是第38号窟的窟前建筑。建筑内也许还供有其他神像。这组照片上的皇泽寺中轴线、大佛两侧与顶上的遗迹，清楚显示了原来皇泽寺的大致外貌：现存的第28号大佛外有佛殿建筑，此殿位于皇泽寺中轴线上，是皇泽寺位置最高的佛殿，也是最后一重佛殿。从这里可以俯瞰嘉陵江与对岸的广元城。第28号大佛是一个敞口大龛，位于高高的崖壁上，龛型设计上并无特别的防水结构表明，开凿时其外必须有保护设施，即佛阁。由于位置高，且前有缓坡，依壁修建佛阁或大殿不太难，且不影响瞻仰与礼拜。其下方的第38号窟开凿于北朝时期，经过了唐代改刻。从位置与现存遗迹推测，在唐代，其前面也有楼阁，且后来与第28号龛的楼阁成为一体。北朝时期遗迹难以观察，第28号龛开凿之前，其下方的第38号窟应该就是皇泽寺最大、位置最高的窟，其前也应该有佛殿建筑，且极可能也是在中轴线上，第28号龛是在其上方后来再开的一个大佛龛，开凿后重修的佛殿向上增高了一层，但这仅限于推测。

近代意义上的石窟调查工作，以1914年法国人色伽兰等人的调查较早，他们拍照的同时，还对皇泽寺洞窟有简单描述：

　　……江流下十五里，广元县城对面江之右岸，又有佛教中心一所，倚岩建寺，层楼高耸，此皇泽寺也。寺已累缮，因有唐武后真容殿，昔武士彠为利州（今广元）都督生后于此，据武后碑文，此寺诸佛龛之开凿，在七世纪末，不幸山岩崩塌，原有工作已毁，而又无铭题可以证明现存诸龛（有二龛极重要）是否古物也。

　　寺后岩上有一洞，吾人暂名之曰"方柱洞"（作者按：今第45号窟），洞宽、深各二公尺五十分，三壁皆有一佛二尊者像，结构干枯柔弱，显属宋代体范（作者按：为唐代造像），洞中有方柱，柱分数层，上刻有记，审其年号，识为宋神宗时（作者按：1068至1085年）石刻，此柱雕饰甚多，其体范与云岗之柱极相近，此洞之中，惟此物可注意而已。再上岩之右方，"大洞"（作者按：今第28号大佛龛）在焉。此洞为籍文所不录，亦无铭刻可寻，洞高六公尺，其像有七，唐体也，中之佛陀，高五公尺，旁立二尊者又次二菩萨，外为二天王，天王像半已剥蚀。洞之右壁，菩萨与天王之间有一带兜雕像，其头甚奇，雕刻亦颇饶兴趣，洞里左角雕一信男跪侍小像，像为凸刻，此与习见信男像雕法有异者也。

此洞之宽广，应为岩上之主要洞窟，不具铭刻，初见之，即疑为则天时作物，盖其大（除嘉定大佛之外）为四川诸造像之冠而与则天时龙门大佛像雕刻又同时也，顾其制作，除带兜之头而外，实不堪命为唐代雕刻家作品也，抑或四川雕……[1]

1914年色伽兰拍的照片中有一张是从河边寺之南侧看皇泽寺的全景（见图2-2-3），照片中皇泽寺在壁立的山崖与河滩之间的坡地上，地势环境一目了然，建筑从前往后依自然地势逐级上升。最高处的大佛龛仍然完全暴露，显然，其前方坡地上的寺院建筑完全不是为了给佛像遮挡风雨而建，寺外似乎有不少民宅。寺前河滩上的大石块似乎有脚窝可以上去，从位置和外形观察，它正是写心经洞那方大石。这方石头上的脚窝使我们可以联想到重庆江津石佛寺清理出的那些中轴线上的大石块，石块上往往有亭阁等建筑。与重庆江津石佛寺一样建在江边、依崖构筑的皇泽寺也应该有类似构筑。

---

[1]〔法〕色伽兰：《中国西部考古记》，冯承钧译，商务印书馆，1932，第50—52页。

图2-2-3　1914年广元皇泽寺侧视（王剑平提供）

　　1908年、1914年拍摄的两组照片上的信息使我们可以推测：皇泽寺是在从河滩至大佛之间的坡地上建成的，其中轴线最高点是大佛，大佛原有楼阁，大佛下方的第38号窟前原来也有保护设施。前述文献及碑刻中所言建佛殿、廊殿等，虽然有部分可能系指崖前另有塑像的寺院大殿，但也有部分应是遮蔽佛龛的建筑。

　　1939年，中国营造学社梁思成先生等一行入川，拍摄了广元皇泽寺（见图2-2-4）、千佛崖、绵阳碧水寺等沿途佛教摩崖造像，但并无学术成果发表。

　　20世纪五六十年代以来，有学者陆续发表过皇泽寺的简介，有代表的是阎文儒先生的《四川广元千佛崖与皇泽寺》[1]。80年代中国社会科学院世界宗教研

1　阎文儒：《四川广元千佛崖与皇泽寺》，《江汉考古》1990年第3期，第87—93页。

第二章　四川北部地区石窟窟前建筑（一）　137

图2-2-4　1939年梁思成拍摄的广元皇泽寺大佛龛（第28号龛）（王剑平提供）

究所丁明夷先生带领一批学生对四川石窟和摩崖造像进行了第一次较系统的调查，调查成果发表在1990年《文物》第6期上[1]，其中与皇泽寺有关的成果主要有《广元皇泽寺石窟调查记》《川北石窟札记——从广元到巴中》等。同时，部分学者开始关注皇泽寺相关问题的专门研究，李之勤《后蜀〈利州都督府皇泽寺唐则天皇后武氏新庙记〉碑和广元县皇泽寺的武则天像辨析》[2]，利用寺中碑刻资料与县志等文献结合，对皇泽寺内的武后真容像进行了研究。进入21世纪以后，调查研究的学者增多，其中以2000年北京大学考古文博学院、成都文物考古研究所、四川省文物管理局等单位合作调查成果为代表，公布了《广

---

[1] 主要有《广元千佛崖石窟调查记》《广元皇泽寺石窟调查记》《千佛崖利州毕公及造像年代考》《广元千佛崖初唐密教造像析》《川北石窟札记——从广元到巴中》等。
[2] 李之勤：《后蜀〈利州都督府皇泽寺唐则天皇后武氏新庙记〉碑和广元县皇泽寺的武则天像辨析》，《考古与文物》1988年第3期，第80—84页。

元石窟内容总录·皇泽寺卷》[1]、《广元皇泽寺石窟调查报告》[2]等系统基础资料，完成了《广元石窟》[3]、《川北佛教石窟和摩崖造像研究》[4]、《广元皇泽寺28号窟时代考证》[5]等一系列研究成果。其中皇泽寺博物馆刊布的《广元皇泽寺文物保护维修工程报告》[6]是川北地区第一本文物保护工程资料，也是本课题唯一可以参考的川北地区石窟保护环境改变的工程资料。

以上资料信息证明，皇泽寺前河边有一方一半埋在土中的大石，大石东面和南面原有造像龛露于外面，皇泽寺石窟和摩崖造像编号即从大石朝向河床的东面开始。位于其南面，编号为第12、13号龛即是武则天父母所凿。2005年在寺前河堤修治过程中清理出了大石的西面，西面上有四个龛，补编为第54～57号龛。在大石东面和南面上方崖壁边缘均清理出了规整的横向大凹槽，凹槽下方有方形榫孔（见图2-2-5），从位置和形状可以判断出这是木构保护建筑遗迹。大石顶上亦有孔洞，结合近年来川渝两地小型石窟调查所见，一些类似独立石块或石包上的摩崖造像龛外及石包顶部都有类似遗迹，如四川安岳玄妙观、重庆江津石佛寺等都有类似遗迹。大石块也许是从原来的崖壁上因地震等崩落于此，或是其他原因落在此处，但大石块顶部的遗迹应是落于此处后形成。从这些遗迹现象推测，皇泽寺这方大石在开凿窟（龛）时，或者窟（龛）开凿不久，大石顶上就修了亭阁类建筑，或者修建了统一的保护性龛檐，它们是唐代的保护遗迹。大石若在高处崖壁上，顶部不可能两面都有这样完整的龛檐遗迹。石块位于皇泽寺崖壁前缓坡上，与千佛崖开凿在绝壁上的窟（龛）

1　四川省文物管理局、成都文物考古研究所、北京大学中国考古学研究中心等编：《广元石窟内容总录·皇泽寺卷》，巴蜀书社，2008。
2　广元市文物管理所、成都市文物考古研究所、北京大学考古文博学院：《广元皇泽寺石窟调查报告》《四川文物》2004年第1期，第75—84页。
3　雷玉华、王剑平编著：《广元石窟》，巴蜀书社，2002。
4　雷玉华、罗春晓、王剑平：《川北佛教石窟和摩崖造像研究》，甘肃教育出版社，2016。
5　广元皇泽寺博物馆：《广元皇泽寺28号窟时代考证》，《四川文物》2004年第1期，第64—67页。
6　皇泽寺博物馆编、罗宗勇主编：《广元皇泽寺文物保护维修工程报告》，文物出版社，2010。

第二章 四川北部地区石窟窟前建筑（一）

环境完全不一样，因此在设计之初就有所不同。这方大石所在位置低，若像千佛崖大多数窟（龛）那样采用窟（龛）内后部高、口部低的结构，则不利于站立在平地上的人们瞻仰，低龛口会挡住观者的视线，而千佛崖上的窟（龛）位置很高，观者的位置相对低，很多时候需要仰视，加之高高的陡壁上窟（龛）檐修建、维护都相对困难。这可能就是两种地形环境采用不同形式遮风避雨的原因。我们现在看到的木构建筑遗迹很可能是最初开凿龛像后修建龛檐所留，宝历二年（826年）很可能依原样复建，也有可能就是宝历二年（826年）新建。2005年，皇泽寺在大规模重建的过程中，又以传统方式修建了全覆盖保护龛檐，从大石顶部立柱，并保留了原来龛檐遗迹（见图2-2-6）。2020年7月，我们再次去调查时，正在改建保护设施，改建完成后，从岩石四周地面立柱，全覆盖住岩石及造像龛，周围立石柱、铁链围住造像石，完全不与岩石本体接触，具有可逆性，造价便宜且方便易行，与环境协调，既保护了原来的龛檐遗迹，又改善了参观环境，值得南方多雨地区大量散见摩崖造像龛保护设施设计者参考。

图2-2-5 广元皇泽寺前2005年清理出的河边大石（写心经洞）（2005年，王剑平拍摄）

图2-2-6 广元皇泽寺2005年新修龛檐保护下的写心经洞与龛檐遗迹（2019年，雷玉华拍摄）

三、现代工程施工资料中观察到的皇泽寺窟前建筑

新中国成立后，20世纪50年代修建西南交通大动脉宝成铁路时将皇泽寺一分为二，河边一侧变为民宅，靠崖壁一侧由文物部门管理并对外开放，皇泽寺仍然是广元名胜。20世纪60年代，宋庆龄、郭沫若、于立群等曾到访皇泽寺并题词留念。20世纪70年代末至80年代，文物部门陆续修建了大佛楼、则天殿、五佛亭、蚕桑亭、茶楼、红军石刻标语碑林等建筑[1]，仅从建筑角度看，皇泽寺在一定程度上恢复了昔日盛况（见图2-2-7～2-2-10）。这些建筑中大佛楼、五佛亭是依崖壁修建的龛前建筑，是佛龛的保护设施。因为皇泽寺博物馆兼有广元市文物管理所职责，所以同时还增加了广元市文物管理所办公区及库房、红军石刻标语碑林陈列建筑、宋墓石刻保护建筑等，使景区渐渐变得狭窄而拥

---

1 皇泽寺博物馆编、罗宗勇主编：《广元皇泽寺文物保护维修工程报告》，文物出版社，2010，第9页。

第二章　四川北部地区石窟窟前建筑（一）　141

图2-2-7　20世纪60—70年代的广元皇泽寺大佛楼（正面）（王剑平提供）

图2-2-8　20世纪60—70年代的广元皇泽寺大佛楼（侧面）（王剑平提供）

图2-2-9　20世纪80年代修建的广元皇泽寺大佛楼（侧面1）（王剑平提供）

图2-2-10　20世纪80年代修建的广元皇泽寺大佛楼（侧面2）（王剑平提供）

挤,皇泽寺清代以来面貌渐失。

20世纪90年代,宝成铁路改道,为改善皇泽寺环境创造了条件。20世纪90年代末,皇泽寺博物馆组织相关机构进行岩体、环境等调查,在此基础上编写了《皇泽寺石窟文物保护规划》。部分窟(龛)于20世纪90年代末做了水泥出檐,制作工艺为石窟顶部钻孔配筋、现浇做旧而成,体量较小,整体协调性和观感效果比较好(见图2-2-11)。21世纪初,在保护规划方案下实施了坡体病害治理、寺前公路改为下穿、修建大佛楼、搬迁居民等一系列工程。2005年完成改造,皇泽寺环境大大改善。皇泽寺重新形成了山门、正殿、则天殿、大佛楼的中轴线结构,大佛楼有上下两层,可以很好地保护第28号大佛龛、第38号窟及周围小龛,同时可以登楼观看佛龛中的造像,远眺广元县城,俯瞰嘉陵江畔。

图2-2-11 20世纪90年代广元皇泽寺新建的水泥龛檐(2020年,雷玉华拍摄)

1999年至2005年前后进行的一系列文物保护工程虽然前期没有对地下及地面环境进行考古专项调查，但其间2000年、2001年，皇泽寺博物馆曾与北京大学、成都文物考古研究所合作对石窟和摩崖造像进行了调查。调查人员对皇泽寺20世纪七八十年代以后形成的环境有所观察和记录，工程进行中拍摄了大量照片，且工程从前期调查到最后施工完成都有较详细的工程档案及大量照片。从这些照片中得知，当时修建大佛楼时，楼顶排水沟部分借用了原有楼阁的沟槽[1]。这也进一步证明了大佛原本有保护设施——大佛楼，明代、清代复建大佛楼等建筑时也应该使用过原有槽孔。

工程后期进行寺前环境改造，将一直存在于河边的一方大石"写心经洞"所在石块的另一面清理出来，不仅新发现了4龛早期摩崖造像，更重要的是观察到了大石南、西、东三面及顶部的保护设施遗迹。西面和南面各有一道横槽，横槽下方有三个榫孔，清楚显示出原来的龛檐结构。这次施工中没有破坏这些遗迹，而是在其上方加盖了整体木构瓦顶，以保护龛像（见图2-2-6）。虽然新修龛檐是立柱于岩石顶部的全覆盖檐形式，与原来的龛檐样式不一定相同，但保护效果很好；2020年又进行了重修，采用了地面立柱全覆盖式小青瓦建筑（见图2-2-12），完全不接触造像石，采光及观像空间都非常好，且与环境十分协调，与传统的保护建筑亦相去不远。近年重庆江津石佛寺、重庆潼南千佛寺等小型摩崖造像及遗址的考古发掘，使我们知道这类低崖或独立岩块上的造像龛的龛檐很多时候有地面遗迹与之相对应，很可能当时是廊的形式，而不只是挑檐、立柱于岩石顶上的矮檐，更多时候与大足北山20世纪50年代修建的保护廊檐更接近。而在考古发掘揭示的潼南崇龛千佛寺摩崖造像崖前地面还见有铺地砖，可见其很可能应该是廊道形的龛檐，与今大足北山保护长廊类似。而

---

[1] 皇泽寺博物馆编、罗宗勇主编：《广元皇泽寺文物保护维修工程报告》，文物出版社，2010，第225—236、259—262页。

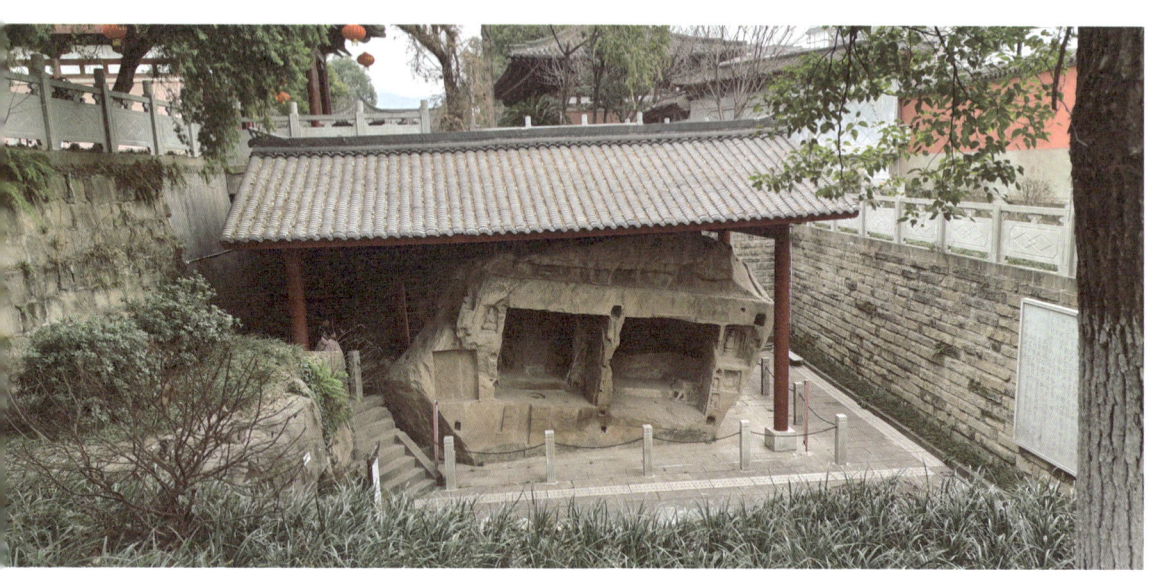

图2-2-12　广元皇泽寺2020年重新修建的写心经洞保护亭（2023年，雷玉华拍摄）

皇泽寺写心经洞大石顶部的孔洞，显示其上方可能修建过亭子类建筑，在重庆江津石佛寺、四川安岳玄妙观等川渝多处小型摩崖造像处均可窥见此类建筑。1952年重庆大足北山修建的保护廊道与重庆潼南崇龛摩崖造像龛前遗迹不谋而合，证明了这是川渝地区大量低矮崖壁上的佛龛前曾经采用过的保护与参观用建筑形式。同时，调查中我们发现，有大量遗迹证明廊道形保护建筑可能是川渝小型石窟和摩崖造像至今仍然使用的一个传统。

20世纪80年代，广元皇泽寺在寺内一造像点五佛亭上修建了亭阁来保护一批唐代摩崖造像，但汶川特大地震后五佛亭亭阁崩塌，露出了早期人字形龛檐遗迹（见图2-2-13）。虽然这个大的人字形龛檐始建年代不清楚，但从它遮护了崖壁上大大小小、并非统一规划开凿的数个小龛情况推测，它不是始凿龛像时修建，而是不同时期的龛像雕刻出来后才兴建的。

第二章　四川北部地区石窟窟前建筑（一）　145

图2-2-13　广元皇泽寺五佛亭20世纪80年代保护亭塌后留下的人字凹槽及椽孔（2020年，雷玉华拍摄）

第三章
四川北部地区石窟窟前建筑（二）

本章主要介绍四川北部地区除广元千佛崖、皇泽寺之外的其他代表性散见石窟和摩崖造像窟前建筑（保护性设施）的调查研究情况。

第一节　巴中南龛石窟

巴中位于四川东北部渠江支流巴河两岸，北与陕西相邻。米仓山横亘于今陕西南部与四川东北部之间，北有汉水上游，南有嘉陵江的主要支流渠江及其众多支流。古代南北交通要道"米仓道"从此经过，同时从巴中顺巴河入渠江可下达重庆，进入长江，北上还可分道入河西，交通便利。

巴中境内有大量摩崖造像，点位多而分散。所谓"巴中石窟"大多系开凿于崖壁上的摩崖龛像，只少数深广者稍可称"窟"，因沿袭旧俗，许多时候仍称为"石窟"。巴中石窟分布广泛，内容丰富，在川渝两地石窟和摩崖造像中具有重要地位。重要点位有分布于巴中周围的南龛、北龛、西龛、东龛，水宁寺镇（唐始宁县所在）的水宁寺等国家级文物保护单位。较重要的点位还有兴文镇沙溪村，三江镇龙门村、佛爷湾，恩阳镇（唐恩阳县）千佛崖、佛尔岩，化城镇（唐化城县治今巴中城）石门寺乡，麻石镇佛尔岩，三汇镇奥基寺，来龙乡佛爷湾，玉井乡佛尔岩，曾口镇（唐曾口县）佛洞湾，甘泉乡佛框湾、佛尔岩等。这些窟（龛）绝大多数始凿于唐代，少数开凿于隋代，以佛教造像为主，有少数佛道合龛造像和明清至民国时期的儒教、道教和民俗造像。唐代龛像最集中、保存较好的有城周的南龛、北龛、西龛，水宁寺镇的水宁寺，化成镇的石门寺，兴文镇的沙溪村和三江镇的龙门村等。

一、南龛石窟概况

南龛石窟位于巴中城南南龛山上，为巴中石窟中规模最大、保存最完好者，现存有编号的造像龛、墓塔等176个。绝大多数集中分布于南龛山神仙坡东面崖壁上。山崖南段主要是墓塔，造像龛主要集中在山崖北段，可以明显分为三层（见图3-1-1、图3-1-2）。内容有释迦佛、三世佛、弥勒佛、菩提瑞像、千佛、阿弥陀佛与五十菩萨、阿弥陀佛与观音和地藏、双头瑞佛、如意轮观音、地藏、毗沙门天王、观音、观音与地藏、鬼子母以及经幢、墓塔等。反映西方净土信仰的阿弥陀佛与五十菩萨、毗沙门天王龛像在这里尤其突出，保存也较完整，是唐代四川非常流行的题材。现存唐代开龛纪年题记有开元、乾元、会

图3-1-1　巴中南龛核心造像区（北段）（2000年，雷玉华拍摄）

图3-1-2　巴中南龛外立面（可以看出造像龛明显分为三层）（韦荃提供）

昌、咸通、中和等年号。从唐以降，南来北往的达官显贵和商人驻足南龛，造像装彩，数不清的文人墨客在此题咏游记。唐代来自长安的官员严武所书《奏表碑》刻于山前云屏石上。严武为其父亲所造观音像及造像题记亦清晰完整。历代与南龛山相关的诗词题记至今无法全面统计，现存最多的是宋元题刻游记和清代墨书装彩题记。它们不仅记录来此礼佛、参佛各色人物的心愿与情志，更为我们研究当时的民间信仰提供了很好的实物资料。题记中那些从凉州、中原来此的人们是历史的缩影，也是"米仓道"繁荣昌盛的佐证。

二、南龛最早的保护设施

南龛第1号龛外左侧壁阴刻唐乾元三年（760年）严武《奏表碑》，全文内容如下：

巴州城南二里有古佛龛一所，右山南西道度支判官卫尉少卿、兼侍御史、内供奉严武奏：臣顷牧巴州，其州南二里有前件古佛龛一所，旧石壁镌刻五百余铺。划开诸龛，化出众像，前佛后佛，大身小身，琢磨至坚，雕饰甚妙。属岁月绵远，仪形方缺。乃扫拂苔癣，披除榛芜，仰如来之容，爰依鹫岭，祈圣上之福，新作龙宫。精思竭诚，崇因树果，建造屋宇叁拾余间，并移洪钟壹口，庄严福地，增益胜缘。焚香无时，兴国风而荡秽；燃灯不夜，助皇明以烛幽。曾未经营，自然成就。臣幸承恩宥，驰赴阙庭，辞日奏陈，许令置额，伏望特旌裔土，俯锡嘉名；降以紫泥，远被云雷之泽；题诸绀宇，长悬日月之光。兼请度无色役、有道行者漆僧永以住持，俾其修习，旨其寺宜以光福为名，余依。乾元三年四月十三日。

此碑虽然可能为后来翻刻[1]，但这是关于南龛最早的记录，其内容很清楚：唐代严武乾元年间称其为"古佛龛"，且已荒废，长满杂草，在"划开诸龛，化出众像"后才看到了这些佛龛中佛像的面目。但其没有提及当时有无保护设施或建筑，也没有提及原来有无寺院。他"建造屋宇叁拾余间"，并请皇上赐以"光福"寺名，并"新作龙宫"，似乎从他开始才有了寺院建筑。

但现存南龛主要造像壁面正中的几个大龛都开凿于唐代开元时期，其中一个有开元二十八年（740年）开龛纪年的大龛无木构龛檐，至今保存状况良好，距严武乾元三年（760年）写下碑文内容的时间仅隔不到20年，这不到20年的时间正是巴中开龛造像最兴盛的时候，多龛造像开凿于距严武来此之前不久的开元、天宝年间。从四川摩崖造像开凿的规律来看，有摩崖造像龛群的地点或附近都有寺院，这里在严武来之前应该是有寺院的，有无龛檐类保护设施不清楚。从现存崖壁中大量开元时期造像龛的结构看，大量造像龛采用了与广元千佛崖同样的方式，在结构设计上解决防水问题，无龛檐雨水也进不了龛内。因

---

1 雷玉华：《巴中石窟研究》，民族出版社，2011，第4—5页。

此，严武所见，有些龛，甚至是刚开凿不久的龛像［比如开元二十八年（740年）、天宝十四年（755年）等纪年的龛］被杂草遮挡就比较正常，说明当时可能大量的龛无木构龛檐，龛口外长满了杂草，遮蔽了佛像。但从现存龛像状况及大量开元及其之后续有纪年的开龛造像情况看，南龛主要造像区崖壁绝大多数龛自身开凿时就没有单独修建龛檐，以致开凿出来不久就有可能被荒草掩没，又因为结构上有防水功能，龛内造像至今也并无水害。

三、南龛崖面遗迹观察

观察发现，南龛主要造像区的龛像虽然不是统一规划开凿，但大致可以分为三层（见图3-1-1、图3-1-2），造像时间也很集中，大龛、雕刻精美的龛全部开凿于盛唐时期。有纪年的开元年间大龛位于中层中间，其上方也多为大龛，但纪年龛少，小龛多集中于下层，唐代天宝时期的纪年龛已位于主要造像区边缘，下层有开元之后的纪年龛和宋人诗词、游记等晚期遗迹。这说明开元前后，这里的造像是连续的，并没有中断，严武形容的"属岁月绵远，仪形方缺"，并非南龛造像衰落的现象，而应该只是没有龛檐保护，造像龛外长满了杂草而已，同时也可能有些早期的龛像真正"仪形方缺"了。同时，崖壁上三层造像龛之间，特别是第二层龛下部及第一层龛分布的位置有很多孔洞（见图3-1-3、图3-1-4），原来被认为是龛檐遗迹。仔细观察，它们连不成龛檐的形状，一些孔的位置明显不是龛檐遗迹，如果是龛檐遗迹，原龛檐必然会挡住上层大型造像龛，且上层大型造像龛旁靠上方有一些孔几乎不属于某一个龛，似可以连成一排，它们应该是施工搭架所留。进一步观察，一些孔洞似为从下至上的登崖栈道遗迹。崖顶有两道横向水泥拦水沟，是近年所做。水泥拦水沟下方有一道横向凹槽，结合这一区域北龛、西龛龙日寺、通江千佛岩清代保护檐进行分析，应该是龛檐梁架遗迹。地面近年经过抬高，并经改造后铺上了青砖。顶部与底部虽无法观察，但据文物管理所同志告知，20世纪90年代末拆

第三章　四川北部地区石窟窟前建筑（二）　　151

除的龛檐为20世纪50年代所建。从《巴中石窟内容总录》刊布的1989年南龛立面图上也可以看到，当时的龛檐其实只保护了中间部分造像龛，因为前面有立柱，所以应该只有上部才有遗迹，拆除时留下的榫孔在崖壁中间。崖面主要造像区边缘还可以看到从横向沟槽处斜向下方的引水槽遗迹（见图3-1-5）。现存的第25号龛及罗汉洞前有廊亭式木构龛檐，为20世纪80年代修建，在1989年的图中可看到（见图3-1-6）。同时，图中还可以看到神仙坡（南北段崖面分界处）有通向山顶的梯道，梯道顶端有一座亭子，此梯道及山顶亭子现已无存，在1989年所绘图中还可以看到。

图3-1-3　巴中南龛崖面上的孔洞遗迹（局部1）（韦荃提供）

图3-1-4　巴中南龛崖面上的孔洞遗迹（局部2）（韦荃提供）

图3-1-5 巴中南龛崖面遗迹局部（崖面上的引水槽遗迹）（雷玉华根据韦荃提供照片制）

图3-1-6 巴中南龛罗汉洞龛檐和神仙坡通向山顶的梯道（20世纪80年代修建）（2023年，雷玉华拍摄）

第三章　四川北部地区石窟窟前建筑（二）　153

　　从考古测绘的第69、71、77、83号等盛唐开元时期开凿的造像图中可以明显看到，测绘的这些精美的唐代龛都有防水设计，与广元千佛崖小龛一样，通过内外龛顶部与底部的设计结构，任何情况下雨水与地表水都不能进入龛内。这是严武至此看到佛龛没有保护建筑的重要原因，这些造像龛设计上无须另行搭建保护檐，只有当龛口风化残损后才会有雨水与地表水危害的情况发生（见图3-1-7～3-1-14）。至今南龛主要造像区造像龛内几乎没有地表水和雨水侵害。

图3-1-7　巴中南龛第69号龛立、剖面图
（采自《巴中石窟研究》）

图3-1-8　巴中南龛第69号龛（两侧有搭施工架的榫孔遗迹）（2023年，雷玉华拍摄）

图3-1-9 巴中南龛第71号立、剖面图（唐开元）（采自《巴中石窟研究》）

图3-1-10 巴中南龛第71号龛（唐开元）（2023年，雷玉华拍摄）

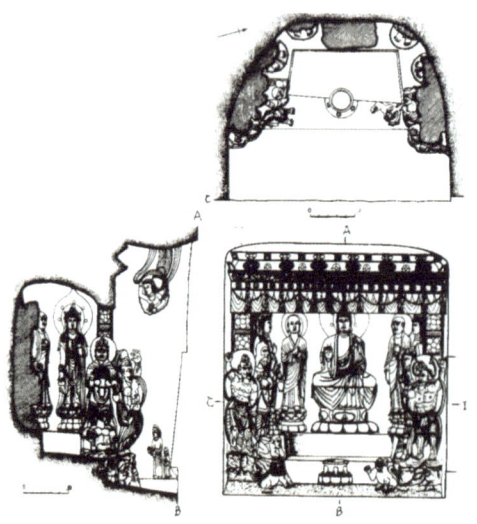

图3-1-11 巴中南龛第77号龛立、剖面图（唐开元）（采自《巴中石窟研究》）

图3-1-12 巴中南龛第77号龛（唐开元）（2023年，雷玉华拍摄）

第三章　四川北部地区石窟窟前建筑（二）

图3-1-13　巴中南龛第83号龛立、剖面图（唐开元）（采自《巴中石窟研究》）

图3-1-14　巴中南龛第83号龛（唐开元）（2023年，雷玉华拍摄）

第二节　巴中北龛石窟

北龛位于巴中城北1公里的苏山之麓，现存造像34龛，像348尊。其始凿于初唐，以盛唐造像最多。主要内容有七佛、释迦、弥勒佛、菩提瑞像、二佛并坐、三佛、释迦老君并坐、药师观音地藏并立、观音立像和清代的碑刻、墓塔等，其中第1～27号龛有统一的木构廊道龛檐，外观从正面看为西龛寺的正殿，廊檐（殿）外第28～34号龛2018年新建了仿木挑檐（见图3-2-1～3-2-5）。

北龛崖前有一座四合院建筑，为北龛寺建筑。四合院后排正殿为依北龛摩崖造像崖壁所建的保护廊道，正面看为寺院的佛殿。主要造像龛全部在廊殿内，从外面看廊殿为五开间的佛殿，是寺院内位置最高的一座大殿，为清代建筑。大殿有前廊，五间六柱，中间开门。前廊柱础为有束腰方座的石雕狮、象石础，狮、象均回头朝向进入保护廊殿的正门，雕刻精美。进入殿内两端有传

图3-2-1　巴中北龛现存清代保护檐外立面（维修前）（韦荃提供）

图3-2-2　巴中北龛现存清代保护檐外立面（维修后）（2022年，雷玉华拍摄）

第三章 四川北部地区石窟窟前建筑（二） 157

图3-2-3 与巴中北龛维修前结构相同的通江千佛岩龛前建筑（韦荃提供）

图3-2-4 巴中北龛现存清代保护檐内（2018年维修后，从东向西）（2022年，雷玉华拍摄）

图3-2-5 巴中北龛新建的小龛挑檐
（2022年，雷玉华拍摄）

统的山墙，显然保护长廊就是北龛寺的主殿。

廊殿内可看到大殿依壁而建，背面利用了崖壁，以崖壁为支撑搭建穿斗式梁架，在开间位置加立柱，梁架榫孔分布与开间分隔位置对应，在崖面上形成竖排孔洞遗迹，每排3个以上孔洞。从崖壁上看，还有一些孔洞没有被现存清代保护龛檐利用，这些没有被利用的孔洞分布有一定规律，一部分应该是原有廊殿建筑遗迹，它们大多也是成排分布，显然是更早的保护廊殿遗迹。现存造像龛没有发现单独修建龛檐的遗迹，但第1、2号龛顶崖面上有单独的导水凹槽，从北龛开凿最早的第1、2号龛的考古平面、剖面图看，此两龛在结构设计上也具备防水功能。而第1、2号龛是这里开凿最早的龛，整个龛内后高前低，形成倾斜结构，内外层龛交接处有凸棱，是明显的防水结构。北龛在开凿之初，各龛并不是统一规划的，也不可能修建统一的龛檐[1]。现存的清代龛檐修建时间目前不清楚，但从崖壁上榫孔遗迹看，现存清代建筑之前已有崖前建筑，从地势条件看，崖前有寺时，应该崖前建筑就是寺院的一部分，清代只是沿袭前代做法。北龛寺的现状应该是南龛、西龛，甚至邻县通江千佛岩、广元皇泽寺等类似条件下有摩崖造像且依崖为寺的乡间寺庙的主要状态。在川渝石窟和摩崖造像中我们还发现，凡有造像的地方，无论龛像多少，也无论造像大小，其旁边或附近总有寺庙遗迹，而以崖壁造像代替寺中佛殿奉祀佛像的非常普遍。

第28～34号龛位于廊殿外左侧崖壁高处，没有龛檐保护。2018年在每个龛上方都修建了挑檐。从现场及照片上都可以看到，新建挑檐出檐太深，有头重脚轻之感，外观不协调，且增加了崖顶岩石的负荷。崖壁上这几个龛虽然风化严重，但在未建龛檐前并无水害，其风化原因主要是风，其次是外围植被太多导致的潮湿环境。现在修建的挑檐部分解决了风的问题，但川渝地区摩崖造像崖壁都为极易风化的砂岩，绝大多数崖壁不适合做出檐太深、有较大负荷的挑檐。

第三节　巴中西龛石窟

西龛位于县城以西约1公里的凤谷山西龛村，现存造像90余龛，分布在龙日寺、流杯池、佛爷湾三个点位，是巴中现存石窟中开凿最早、内容最丰富的一处。三个点位所在崖面均坐西向东，正好处于直角三角形三个角上（见图3-3-1）。佛爷湾位于山脚下，又称西龛寺，现存龛像集中分布于南北向的崖面上，共50余龛。内容有释迦佛、弥勒佛、菩提瑞像、七佛、释迦多宝并坐、释迦弥勒

---

[1] 四川省文物管理局、成都文物考古研究所、北京大学中国考古学研究中心等编：《巴中石窟内容总录》，巴蜀书社，2006，第214—245页。

并坐、阿弥陀佛与五十菩萨、观音、释迦老君并坐等题材及墓塔和残存碑刻等。绝大部分像龛开凿于盛唐，第10号龛侧有开元三年（715年）开龛题记。距离第10号龛不远的第21号龛侧有五代题刻"检得大隋大业五年造前件古像"题记，龛内雕释迦说法像，释迦两侧的天王和力士特别引人注目；力士项饰璎珞，下着长

图3-3-1　巴中西龛环境卫星图（北京国文琰文化遗产保护中心有限公司提供）

裙，身躯修长，衣着和装饰有别于巴中流行的唐代力士样式；天王身着铠甲，脚穿长靴，佩剑，足踏地鬼，舒相坐，与一般唐代天王的姿势不同；窟内顶上的四身飞天和龛楣上十余身伎乐在云气缥缈的漫天花雨中绕塔翱翔，雷公电母显露其间。第18号龛主佛戴耳环，宽大的衣摆悬垂座前，有南北朝造像遗风。2000年的考古调查发现崖面上有早于开元初期的大型龛像痕迹，结合第18号龛和第21号龛的这些特征，调查者认为西龛佛爷湾的龛像有可能开凿于隋或北周，其下限不会晚于初唐[1]。流杯池位于山腰上，现存两座残龛和一些残碑、墓塔等，其中第53号龛内为西方净土变题材，龛内造像已风化，但龛顶华美的八角形华盖、两座西方净土世界的天宫楼阁保存完好，这两座仿真楼阁各高2米，分三层，方形台基，转角斗拱，镂空雕刻，倚栏或坐或立的菩萨、天人使天宫楼阁也充满了生机，伎乐天所持各种乐器是研究音乐史的重要资料，而这两座难得的建筑造型则是值得珍视的唐建标本。龙日寺位于山顶，现存30余龛造像，多为初唐、盛唐时开凿，有释迦、菩提瑞像、七佛、千佛、观音、菩提瑞像与弥勒佛并坐像等题材。现在三个点位仅龙日寺有统一的廊道式二层木构保护龛檐。

一、佛爷湾的窟前建筑观察

山脚下的佛爷湾现存造像位于耕地边低矮的崖壁上，崖面随地形变化转折，无保护设施。崖前有平坝，平坝上有一户人家的房屋，现为文物保护用房。第21号龛旁有一则题记："检得大隋大业五年造前件古像，永平三年院主僧傅芝记。"[2]这则题记说明两个问题：一是这里有隋代大业五年（609年）的造像，二是"院主"说明这里有寺院。

现存崖壁前地面上看不出任何保护建筑遗迹，崖前地面为耕地，没有进行

---

1 雷玉华：《巴中石窟研究》，民族出版社，2011，第85—90页。
2 四川省文物管理局、成都文物考古研究所、北京大学中国考古学研究中心等编：《巴中石窟内容总录》，巴蜀书社，2006，第275页。

过发掘，有无遗迹不清楚。现在崖壁上除第10、18、21号等几个开凿最早的大龛比较深，在结构上有防雨功能外，大多数龛都比较浅，多为小龛，而且崖壁表面风化，已看不出原貌。从观察情况看，这里早期有防水设计的龛中造像风化多由岩体本身潮湿所致（如第21号大龛），地表水、雨水无法进入龛内，因此，雨水、地表水都不是造像风化的直接原因，岩体本身在低矮潮湿的环境中是直接原因。五代时这里有寺院，造像所在壁面低，曾经应有龛檐庇护，否则这些浅龛开凿出来后，造像就会直接在露天环境，很快就会风化无存。第1~23号龛在一块相对集中的崖壁上，这块崖壁的造像龛顶上有一道贯通的凹槽，应该是统一的防水设施遗迹，凹槽上方在第21号龛的位置还凿出了两层台阶状平台。第21号龛两侧各有一列竖排榫孔。其余两段有造像的崖面顶上也有凹槽，但造像龛浅，大都残损严重，崖面遗迹也看不清，无法判断。以第1~23号龛所在崖面情况推测，其余两段崖壁原来也应该有廊檐。现在从结构上看第10、15、18、21号等较大的龛结构上有防水功能，且开凿时间偏早，其中第15号龛顶上方崖壁上还有一道随龛形开凿的倒U形防水凹槽[1]。种种迹象表明，最初造像不是统一规划的，各个龛均以结构设计防水，没有龛檐。龛檐应该是壁面上造像增多，崖壁受损，出现了有的造像会遭雨淋或山顶流水侵蚀现象后才出现的保护设施。

现场观察，结合佛爷湾全景立面图（见图3-3-2、图3-3-3）可以看出，造像龛依崖面位置分为明显的两段，从左往右依次为佛爷湾南段和佛爷湾北段，两段均有历史保护设施遗迹，对应编号为F2、F1（见图3-3-4~3-3-6）：

崖壁整体坐西向东，F1位于北段，是第1~26、51、52号龛的保护设施；F2位于南段，是第27~50号龛的保护设施，分别都经历过多次重建。同时，可

1　四川省文物管理局、成都文物考古研究所、北京大学中国考古学研究中心等编：《巴中石窟内容总录》，巴蜀书社，2006，第266页。

第三章 四川北部地区石窟窟前建筑（二） 163

图3-3-2 巴中西龛佛爷湾立面图（北京国文琭文化遗产保护中心有限公司提供）

图3-3-3　巴中西龛佛爷湾全立面正射影像（北京国文琰文化遗产保护中心有限公司提供）

图3-3-4　巴中西龛佛爷湾第1~26号龛主崖立面图（F1）（北京国文琰文化遗产保护中心有限公司提供）

第三章　四川北部地区石窟窟前建筑（二）　　165

图3-3-5　巴中西龛佛爷湾第3~23号龛崖面（F1）（2000年，雷玉华拍摄）

图3-3-6 巴中西龛佛爷湾第27~47号龛外立面（F2）（北京国文琰文化遗产保护中心有限公司提供）

以看到大量的造像龛与川渝其他地区的造像龛一样，在开凿之初从龛型设计上解决了防水的同时，在外立面上都有独立的人字形引水槽，如第3、18号龛等外立面上独立的引水槽或龛檐遗迹还清晰可见。第3号龛外立面上有两道平行的独立人字形凹槽，应该是两次修建独立龛檐的遗迹（编号F1-3、F1-4）。其中上面那道人字形檐庇护了第2、3号龛，右侧凹槽末端打破第5号龛外龛顶部；下面那道人字形凹槽仅独立庇护了第3号龛。这说明，这三个龛中第3号龛开凿年代最早，开凿后有独立的人字形龛檐；其次是第2、3号龛，它们开凿出来后，修了同时庇护这两龛及右侧第4号龛等小龛的龛檐。这一组龛中，第5号龛所处崖面上方后来有过崩落，崩落时破坏了F1历次重修时的横向凹槽。

除了上述明显的属于某龛单独的龛檐外，北段有过多次整体或局部保护设施，统一编为F1，分别以F1-1、F1-2……类推，表示其不同的时间修建。

（1）西龛佛爷湾北段的保护设施（F1庇护的范围）。第18号龛顶外立面有过残损，但此龛右侧的独立的人字形引水凹槽还有残痕。

第18号龛外立面顶端可以看到一个大型人字形凹槽痕迹，此凹槽被后期多次横长方形凹槽打破,断断续续,但仍非常清晰,人字形顶的顶端在第18号龛上方最高处,左侧下端延伸至第6、7号龛之间上方立面处,末端因第6、7号龛有一道横向一字形深槽破坏了,但第6、7号龛上方两个大的方形榫孔应是与之对应的梁架孔;右侧的第22号龛外立面右上方亦有相应遗迹。也就是说,此人字形龛檐保护的是第7~22号龛(编号F1-1)。第22号龛右上方、第21号龛右上方各有一个榫孔,第18号与第21号龛之间有三个方形榫孔,它们与大型人字形凹槽是同一龛檐的遗迹,这个龛檐没有保护到第1~6号龛,很可能是较早的一次保护设施,当时第1~6号龛也许还未开凿出来。

如西龛佛爷湾模型所示,第1~26号龛所在崖壁上在造像区顶上有多道贯通的横向凹槽,从左侧崖面上可以观察到至少有五次横向凹槽遗迹,应该是统一的防护设施遗迹。五次横向凹槽在第5号龛顶上崖面处中断,此处可以看出崖壁有过崩落,导致这五次凹槽北端都受到了破坏。五次横向凹槽遗迹很可能是五次龛檐修建遗迹,即它们是F1的多次重建,而且每次都遮护了第1~26号龛所在崖壁的全部造像龛。它们庇护的范围更大,包括晚于F1-1庇护的那些龛,说明它们很可能晚于人字形的F1-1。这些横向凹槽上方在第21号龛的位置还凿出了两层台阶状平台,平台右侧有一道长长的排水沟将山顶水引向崖壁右下方(南端),说明其可能是倚崖壁修建的长廊状龛檐,而且曾经修建得非常牢固,排水设施做得非常好,至今此引水沟仍然可以使用。第22号与第21号龛之间、第21号与第18号龛之间、第18号与第10号龛之间、第5号与第6号龛之间、第4号龛上方及第4号与第3号龛之间、第2号与第3号龛之间各有一列或两列靠得很近的竖排榫孔,每列至少3个,参考北龛现存龛檐,这一列列的榫孔就是长廊式保护檐的梁孔,每一列代表此处崖前曾有一根立柱。一些位置有两列并排的榫孔,且靠得很近,说明此保护檐曾经历重修,重修时有的立柱在原建筑位置,有的则南北稍稍移位,留下这两次列孔的龛檐可以编号为F1-2、F1-3。从这些遗迹现象可以推测,这里曾经有过如北龛、西龛龙日寺、通江千佛岩那样的木构龛檐,只是这里造像位置低,造像崖面有转折,不一定是寺院大殿,很可能就是随崖面走势、前有立柱的一个廊檐,与考古发掘的潼南千佛寺摩崖造像崖前遗迹相似。但也有可能原来崖壁并不低,而是因为现在地面抬高,以致崖面低了很多。

佛爷湾北段F1庇护的崖壁上,在第7~22号龛的正上方,有一明显平台和凹槽,凹槽下方有同一水平的较粗大的方形梁架孔与之对应,与粗大梁架孔对应的是用粗壮木头搭建的梁架,这一建筑遗迹也证明与项目组在调查中推测的西龛第一组造像最早开凿于此区域崖面上的结论相吻合。平台北端于第7号龛上方结束,未遮庇再往北端的第1~6号龛,说明第7~22号龛群开凿时第1~6号龛群还不存在,因此,保护设施无须遮护第1~6号龛群所在崖面。第1~6号龛中,第3号龛外立面上有保存较好的两次人字形龛檐,同样证明,第3号龛开凿出来后曾经有过独立龛檐(F1-4),也许此时第7~22号龛上方的龛檐还在,因此第3号龛单独修了龛檐;后来第2、5号龛需要庇护时,又修建了同时庇护第2、3、5号三个大龛的人字形龛檐(F1-5)。

在佛爷湾北段模型上可以看到,第3号龛所在崖面上方的两道平行人字形凹槽下方均有方形榫孔与之相对应,证明第3号龛曾经两次修过独立的人字形保护檐;其中位于上方的人字形凹槽复原龛檐可以同时庇护第2、4、5号龛,其右侧破坏了第5号龛外龛顶,左侧破坏了第2号龛外龛顶,说明是在第2、3、5号三个大龛开凿后相当长一段时间才修建的这道龛檐(F1-5)。位于下方的人字形凹槽复原龛檐仅能庇护第3号龛(F1-4),以常理推测它应该早于F1-5,它修建的时候两侧的第2、5号龛无须保护才会如此。

(2)西龛佛爷湾南段的保护设施(F2庇护的范围)。南段造像可以分为两段,两段之间崖壁有自然裂隙,有造像的崖面顶上也有凹槽,但造像龛浅,大多残损严重。崖面上仍有数列榫孔,其中有一列孔与北段形状、大小、排列方式相同,同样为与北龛现存保护檐类似的龛檐遗迹,应为同一保护廊道建筑的梁架孔，编号为F2。例如，第50号与第42号龛之间、第43号与第44号龛之间、第45号龛上方以及第47号龛左上方各有一竖排孔，这四纵竖排孔为同一高度，它们是F2最后一次修建时留下的遗迹。从梁孔分布位置、数量，结合北龛现存清代保护建筑观察，它们是与北龛类似的长廊式保护龛檐，建于清代。南端第46号龛南侧的山墙遗迹还清晰可见。访问当地百姓得知，此处原有与北龛一样的保护檐，崖前另有山门、大殿等建筑，它们与北段保护檐在20世纪70年代同时被拆除。北龛现存保护檐修建于清咸丰年间，对理解西龛佛爷湾清代保护建筑形态及结构有参考价值。

西龛佛爷湾F1与F2最后一次修建为长廊式建筑，两段长廊中间有间隔，并不相连。F2南端的墙在第46号龛南侧。20世纪70年代崖前仍有寺院建筑，现北段前的文物保护用房右侧仍有一条通向山下的小路，此小路与城中通往山上的道路相交。从城中通往山上的道路分岔进入北龛寺有三阶平台，平台遗迹仍清晰可见，文物保护用房位于最高一级平台上，新中国成立以后这里与许多寺院一样，曾被建成学校。据传后来县城罐头厂建在寺院旁，在修建时调了一些寺院的木材充用。

调查发现，崖前现存文物保护标志碑左前方有一个柱础石，莲花座基，础石中间留有石榫头，根据川渝摩崖造像崖前遗址发掘材料观察，很可能是宋代遗物；在南段一个造像龛内亦有一个圆形低莲像座，材质、颜色与柱础石相同；第21号龛前有一个大的石雕圆座，其上置一清代长方形石座。据此处文物看护员介绍，20世纪六七十年代，崖前曾有石狮等石刻，证明崖前可能历代都曾有寺院建筑。

（3）佛爷湾摩崖造像的龛型结构。西龛摩崖虽然风化严重，崖面脱落，大部分崖面已失原貌，但从结构上观察，仍然可以看到很多造像龛本身有防水设计。

二、流杯池摩崖造像龛观察

西龛第二个造像点流杯池位于半山腰，只有第53、54号两个龛，旁边有一方碑。此两龛结构上有防水设计，开凿之初应当没有龛檐。两龛虽然并列，从龛像风格看，时间接近，但是两龛大小不同、位置略有高低，看起来并非统一规划开凿。从崖前登临进入龛内的梯道位置及崖壁岩石条件观察，第53号龛可能最先开凿，其所在位置崖面稍宽。两龛龛型结构上都有防水设计，龛外虽然风化严重，但至今地表水、雨水不能进入龛内，崖面上也看不到各自有独立的龛檐遗迹，说明相当长时间内，两龛均以龛型结构防水（见图3-3-7）。

勘察发现，两龛上方有统一的人字形凹槽，且有两道；人字形凹槽下方有对应的三个榫孔，它们在两龛偏上方位置，处于同一高度，是人字形龛檐梁

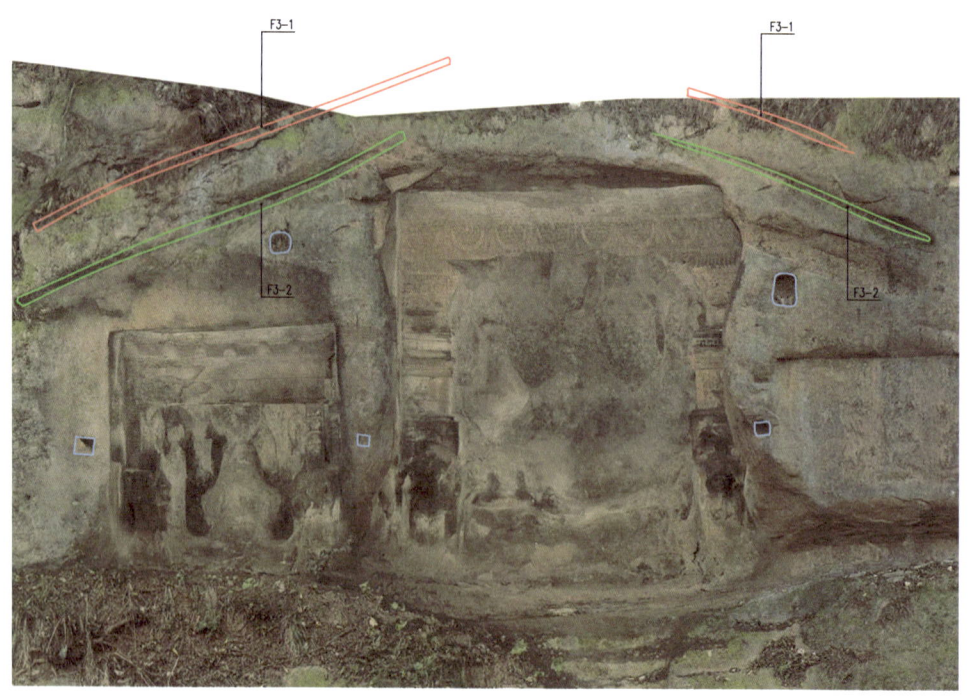

图3-3-7　巴中西龛流杯池第53、54号龛外立面上的人字形龛檐与立柱遗迹（2024年，雷玉华拍摄）

架留下的三个孔，而且龛下方有三处与之对应的立柱痕迹；其中第54号龛下方的两个立柱痕迹尤为明显，第53号龛下方的立柱位置正好有一小块平台，虽不明显，但可以立柱。此遗迹说明，第53、54号龛曾经有人字形龛檐保护，而且人字形龛檐有过高低不同的两次修建，两次均系两柱三间形式。在立柱遗迹与人字形梁架遗迹之间，靠近龛的中下部有一排小孔，它们高度一致，从位置判断，它们可能是施工架遗迹。此外，流杯池龛前有一块平坝，平坝一侧山崖上有一副题刻遗迹，可惜早已不能识读，不排除开龛之后一段时间内平坝上有廊、亭类建筑。该地既名"流杯池"，或许原来曾是游玩之所。

从第53、54号龛前梯道下来有小道向北转向与今上山公路相连，公路在此形成一个之字形拐，横穿过公路，原来上山的步道有一段仍存，步道旁有泉水流出，2000年我们调查时，当地老百姓称此处为"流杯池"。

三、龙日寺摩崖造像龛观察

西龛第三个造像点龙日寺位于山顶，至今仍有寺庙，寺名"龙日寺"。龙日寺建筑分两部分：一是登上山顶即可见到的龙日寺门厅，二是进门后所见依崖壁修建的木构二重檐廊道式保护龛檐。摩崖造像大致呈一排，保护龛檐为立柱廊道式，二重檐顶（见图3-3-8、图3-3-9）。崖前廊殿一侧稍平的坡地上另有厨房等生活用房，并无佛殿，亦无修建佛殿的空间。显然，西龛龙日寺与北龛一样，摩崖造像就相当于佛殿内的像设。崖壁正中的一个大型千佛龛开凿于唐代，龛内刻有一碑，碑上刻"龙日寺"三字，可知从唐代起此寺即名龙日寺，且摩崖造像即佛殿。据当地百姓介绍，此前龙日寺建筑与现存建筑布局一致，现存保护廊（龛檐）于20世纪80年代重修。

从龙日寺保护廊内可以看到崖壁上有许多孔洞，现存保护廊虽然不像北龛保护廊那样外立面上有墙，看起来如佛殿一般，但廊内结构、与崖面及造像的

图3-3-8 巴中西龛龙日寺现代保护龛檐外观（韦荃提供）

图3-3-9 巴中西龛龙日寺保护龛檐内（2024年，雷玉华拍摄）

关系处理等相同。同时，崖面上开凿较早的大型造像龛都有防水结构，龛口上部内侧有挡水棱，底部有向外倾斜的阶梯，龛内整体前低后高呈倾斜状。

四、地面建筑及古道观察

巴中西龛三个造像点除山顶龙日寺有保护设施外，其余两个点均处于自然开放状况，无保护设施。但三个点位之间有道路相通，佛爷湾和流杯池地面均有保护设施遗迹。

（1）地面建筑观察。山顶龙日寺现存建筑为20世纪80年代修建的保护廊檐，采用四川传统的穿斗式结构，保护廊檐就是龙日寺的佛殿。2000年后，保护廊檐进行了重修，崖面观看光线更好，建筑变成了水泥柱。现存的廊檐挑高后，露出了历代保护檐的遗迹，可以观察到崖壁顶上有多道横向凹槽、梁架榫孔等遗迹。参考巴中北龛、通江千佛岩等环境条件、崖面遗迹均与之相似的点位推测，西龛龙日寺在清代有同样的保护廊檐（也可以称为廊殿），因为寺院以摩崖造像为佛殿，没有其他佛殿。

同时，龙日寺现存摩崖造像并非统一规划开凿，而是长期逐渐形成，因此最初并无统一的龛檐。观察现存摩崖造像龛，与川渝地区大量野外摩崖造像相似，最初大多是从龛型结构上解决防水问题。

流杯池处于半山腰，长时间处于自然开放状态，近年巴州区文物局在崖前修建了砖墙，形成三面合围崖壁的格局。从崖前平地观察，此平地并非自然形成，虽然面积不大，不排除原来有建筑的可能。但因造像龛位置较高，平地上即便有建筑，也不是摩崖造像龛的保护檐。现存的第53、54号两个造像龛自身结构上有防水功能，因此设计建造之初应当没有保护龛檐。两个龛大小不同，龛前无统一修整处理遗迹，且龛前高低不一致，因此它们并非统一规划、同时开凿，无法在开凿之初就设计建造保护檐。两龛顶上崖面上现存的两道人字形龛檐遗迹是开凿之后经历了一段时间之后所修建，且为前后两次不同时期的遗迹。

佛爷湾与龙日寺、流杯池情况不同，崖上摩崖造像从北周开始雕刻，至隋唐时期非常兴盛，并有多则题记保存至今，而且崖前地面虽为坡地，但坡地平缓、开阔，有修建寺院的空间。

现场观察可以看到，从摩崖造像最早的区域佛爷湾北段崖前往下有三级台地，每级虽不宽，但可以修建建筑，现存文物保护用房即位于崖前最高一级台地上。从文物保护用房右侧往下，有一条小路仍存（L1-1），此路经过三级阶地，通向崖前一条上山的大路（L1）。访问当地居民得知，L1-1与L1相交处，是20世纪70年代寺院的山门处，进门后有三个天井。目前仍可看到的三级台地正是三个天井的位置，台地边缘有大量石条包砌，一部分为20世纪八九十年代巴中市文物管理所划定保护范围后修建，一部分为当地村民保护房屋修建。造像区崖壁前近年修建了参观道路，抬高了原有地面，改变了原有地貌，但并未进行考古清理，地面遗迹不清楚。但现在文物保护用房前仍有一个莲花柱础石（带榫头）、一个圆形莲花像座、两个残石座。这些遗物与遗迹说明，佛爷湾崖前有寺院建筑，而且可能除崖壁上的造像龛外，另有佛殿及佛像，摩崖造像只是其神像中的一部分。其模式应与广元皇泽寺、巴中水宁寺相似。访问当地老百姓，也证实20世纪70年代这里曾拆除寺院建筑。

（2）道路观察。2000年从巴中城里上龙日寺的大路大致与今天沿山脊而上的类似机耕道的小公路相同，在流杯池处形成一个之字形大拐后绕向山坡上的一级台地，这应该与历代上山的古道大致重叠，农业时代道路的走向与途径一般很难改变（L2）。现在只是山脚及山腰台地上路旁新建了很多房子，甚至有小工厂，原貌有些改变。2024年，从城里往山上开始建设一条大而直的公路，建成后会改变上山道路环境。

2000年调查时，从西龛佛爷湾经流杯池至龙日寺还有一条捷路，有好几处需要几乎垂直地爬上山崖，也应该是从古至今变化不大的路，目前大多数路段已荒废无存，还有零星路段可见。在佛爷湾造像区北端崖壁上有一条垂直上下的小道（L1-2），此小道呈之字形登上山崖，上端通向流杯池方向，下端与崖前上山的大路（L1）汇合。

流杯池摩崖造像前通往第53号龛的石梯（L3）在崖前与一条小路垂直汇合，此小路（L4）为通往龙日寺的道路分岔出来的小路，应是从上山主道分出，专门通向流杯池摩崖造像崖前平地的古道，证明此平地原来是一个活动场所，有建筑设施的可能性极大。流杯池摩崖造像两边山崖上有多块修整过的崖壁，崖壁上或许原来有过题刻。

流杯池摩崖造像前的小路（L4）与上山主道汇合后，道路被现代小公路（L2）割断，公路另一侧流杯池仍有泉水流出，只是池子是现代水泥修砌，池水旁仍保存了一段上山的石板古道（L5），偶有不乘车的村民走捷径时还会在此路上行走。

第四节　巴中水宁寺石窟

水宁寺位于距巴中城东37公里的水宁寺镇，是古代巴蜀通往汉中的古道即"米仓道"的必经之处。北宋乾德四年（966年）以前称始宁县，现在处于巴中至通江、达川公路的三岔口上。因位于南北交通的要道上，是当时这一区域的政治、经济和文化中心，水宁寺因此旧称始宁寺。古寺今已无存，而寺前沿水宁河两岸约五百米的山崖上至今仍有唐代摩崖造像38龛。其中位于原寺后山崖上的第1~9号龛最精彩，均凿于盛唐，是巴中现存摩崖造像龛中雕刻最精美、最具艺术价值的一处。第1号龛为双层龛，外方内圆。龛内东方三圣立于正壁；药师居中，左手托药钵，右手执锡杖；二菩萨侍立左右。内龛外侧二力士形象勇猛。龛楣两侧二飞天飘舞于朵朵祥云之中。第2号龛为释迦说法像，二弟子、二菩萨、二力士侍立左右，外龛两壁立供养人，内龛二菩萨身后各立一身着俗装的妇女，头挽高髻。第4号龛内观音倚坐于正壁，戴宝冠，着佛装，善财、龙女侍立左右。第8号龛内雕一佛二弟子二菩萨二天王像，二力士守护于两侧。天龙八部散布于主尊身后菩提双树间，两身供养菩萨虔诚胡跪于主尊座侧，龛顶二飞天翱翔左右，二力士立于柱前。主佛大耳饰环，面相丰圆，结转法轮印；左侧弟子迦叶手执念珠，右侧弟子阿难手捧经匣；右侧天王身着胡人装，满脸胡须；天龙八部各具姿态。龛内人物众多，布局疏密有序，龛后的空旷与侧壁林立的神灵形成了强烈的对比。古寺后山及寺前水宁河对岸千佛崖上有10余个摩崖造像龛，佛教造像与道教造像并存。

水宁寺第1～9号龛位于路旁高高的崖壁上，崖前有比较开阔的平坝，平坝上有民居，民居一侧为沿水宁河的公路，河两岸都有摩崖造像，从公路上可以望见山崖上的摩崖造像。东岸摩崖造像随崖壁走势雕刻在同一高度（编号1～9），造像崖壁下方坡地陡峭，且多乱石，近几年搭了木栈道及外挑式玻璃龛檐。据文物管理所老同志介绍，崖前平地为水宁寺遗址所在，但未经考古发掘，不能确定。

从航拍照片上可以清楚看到第1～9号龛的环境：位于水宁河边一个浅浅的半月形山湾中（图3-4-1），造像所在的崖壁如同臂弯围住崖前平坦、宽阔的河边二级台地，是非常理想的寺院选址。摩崖造像正好位于半月形山湾正中，如果原来崖前有寺院建筑，摩崖造像很可能是位于中轴线后端。如果摩崖造像崖壁所在的山湾中间与河岸的连线可以视为寺院的中轴线的话，则这座寺院环境非常独特，且交通方便。

2000年考古工作者调查时，摩崖造像下方陡峭的坡地上有许多乱石，地面上显然有从崖壁上落下的碎石块，它们堆积成斜坡状，似乎从来没有被平整过，崖壁上也不见可以连成龛檐的孔洞遗迹。2022年4月和11月，我们再次前往调查时发现，因近年依壁搭建参观廊道和修建玻璃龛檐，对崖壁上方进行过清理，露出了一些遗迹，通过遗迹分布立面图可以观察到以下几组遗迹现象（见图3-4-2）。

第一组，崖壁顶部有早期榫孔及榫槽。包括龛像顶部搭建龛檐的浅槽（宽20～25厘米，深1～3厘米）和下方一排形制规整、大小一致、高度相同、间距相当的方形榫孔（宽12～20厘米）。檐槽、榫孔总体宽度贯穿全部造像龛顶上方，应是同时形成，配合使用，形成的龛檐贯穿造像所在崖壁，恰好将龛像全

第三章　四川北部地区石窟窟前建筑（二）　177

图3-4-1　巴中水宁寺位置与环境（2022年，侯文嫣拍摄）

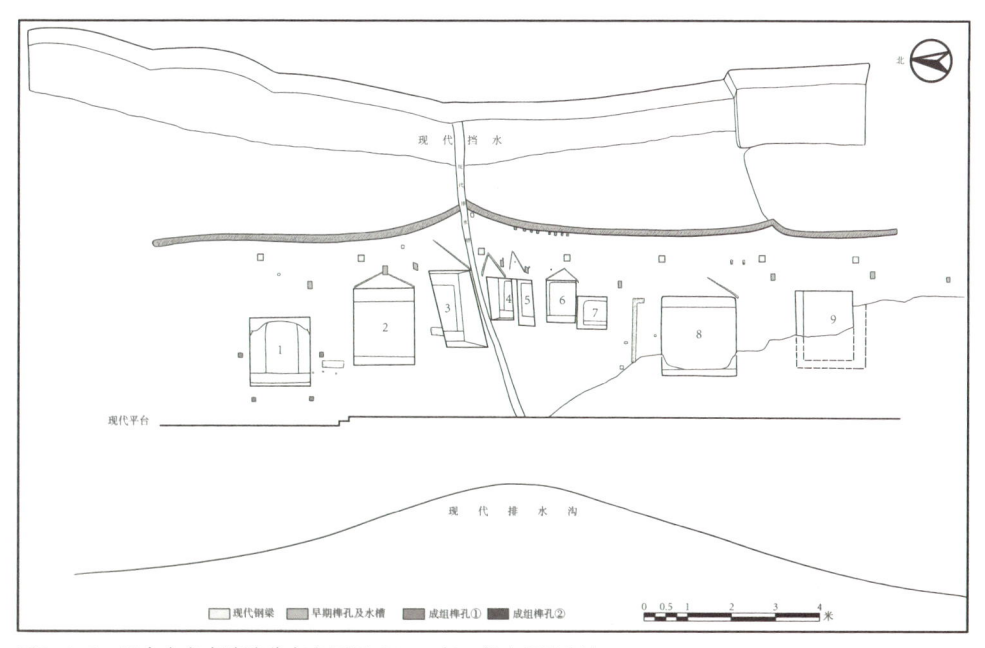

图3-4-2　巴中水宁寺遗迹分布立面图（2022年，侯文嫣绘制）

部覆盖其下。复原这些遗迹形成的龛檐高于龛像，龛像位于半崖上，龛檐不会影响信众观瞻。该组遗迹统一规划，统一布局，其龛檐形成的保护面与龛像大小和分布契合，形成年代或较早。这些遗迹形成时间虽不明确，但它们应该是一组早期统一规划修建的龛檐遗迹。因第1～9号龛不是统一规划开凿，龛型及大小、深浅各不相同，且有相对早晚，各自都有防水结构设计，开凿之初没有龛檐的可能性最大。目前观察到的这组统一龛檐遗迹是第1～9号龛全部开凿出来之后一段时间才修建的。

第二组，其他成组榫孔。造像壁面上还存在另外三组规律分布、可辨识为成组凿刻的榫孔遗迹，包括第1龛左右侧中下部的两排四个方形榫孔，第1号龛下部左侧的一排三个小圆孔，第4～6号龛上方的一排四个小圆孔，第4～6号龛顶部檐槽下一排八个小方孔。这四组遗迹范围较小，从位置看，有的明显不是龛檐遗迹；即使有少部分位置较高者可能是龛檐遗迹，但龛檐覆盖面积有限。从位置观察，第1号龛下部、靠近下部两侧的四个榫槽应该是施工搭架形成；第4～6号龛上方的圆孔、顶部檐槽下方的小方孔部分应是顶部第一组龛檐梁架遗迹的一部分，其形成年代有些可能与第一组龛檐遗迹同时，参考北龛现存清代保护龛檐可以做以上推测。有的可能与第一组早期榫孔及榫槽不是同时形成，或有另一次龛檐。

崖前斜坡状碎石块堆积，从其堆积形态推测，应系龛前参观道路或平台崩塌形成，即此崖壁前，造像龛下方原本应该有一定空间，或许是可以倚壁行走的道路，后来崩塌了，以致现在第8、9号龛底部残损、悬空。目前所见第8、9号龛下半部分残损、悬空现状正是崖壁崩塌的结果，即崖壁前斜坡状的乱石堆积是崖壁下半部分崩塌所致，崩塌的崖壁上可能有观礼佛龛的道路，结合崖顶挡水槽和孔洞遗迹，不排除崩塌的道路上曾经有龛檐立柱。

第三组，现代钢梁孔、挡水墙和排水槽。钢梁孔系2016年搭建水宁寺龛前保护建筑时开孔，呈规整方形，直线分布，形制相同，宽25厘米，钢梁插入。

现保护建筑上方有钢混结构挡水墙，中央有封闭排水槽，排水槽向下沿壁面凹陷处贯穿造像区崖壁中部，延伸至崖壁底部的排水沟中。

各个龛像两侧还有少量方形、圆形榫孔和条状榫槽，但无规律可循，应该是现存崖面有局部崩落，已非开凿初始崖面，它们都位于龛两侧靠近中部、底部区域，应属施工搭架遗迹。因龛像非统一规划，这些榫孔均无统一规律，多为围绕一个龛或几个龛分布。

再观察，水宁寺的造像龛开凿之初仍然是以龛型设计结构防水，与广元千佛崖造像龛防水设计相同，所不同者，是外层龛顶内壁的防水棱位于龛口边缘，口部有类似凸起的厚唇，唇沿断面呈方形。目前第8、9号龛的防水设计保存完好，从龛内仰头观察，可以看得特别清楚（见图3-4-3～3-4-5），龛内整体前低后高呈倾斜状，龛顶口部雕刻成类似器物"方唇"的形状，从龛口内仰视，似"门罩"的结构。这与广元千佛崖内外龛顶部交接处雕一道突棱作用相同，只是细节处理有差异，本质与广元千佛崖大量造像龛的防水设计并无区别。

因此，从龛的结构与崖壁地势情况两方面观察，水宁寺摩崖造像原来虽然修建过两次以上统一的龛檐，但是何时修建不能确定，可以确定并非开凿之初修建，部分龛在开凿时设计了防水结构。水宁寺的主体建筑很可能在崖前较宽阔的平地上，由于地面没有清理过，现存崖顶龛檐遗迹与崖前平地之间的空间关系并不清楚，但从崖壁前有斜坡状堆积的碎石块看，第1～9号龛前原来有参观礼拜道路，最早的廊道式保护性龛檐应修建于这个通道上，崩塌形成的堆积应该没有被挪动过，若进行考古发掘或许会发现崖前有龛檐遗迹。从目前崖前碎石堆积范围和形态看，其早期廊道很可能类似川南荣县大佛旁摩崖造像龛的现代保护廊道（见图3-4-6）。

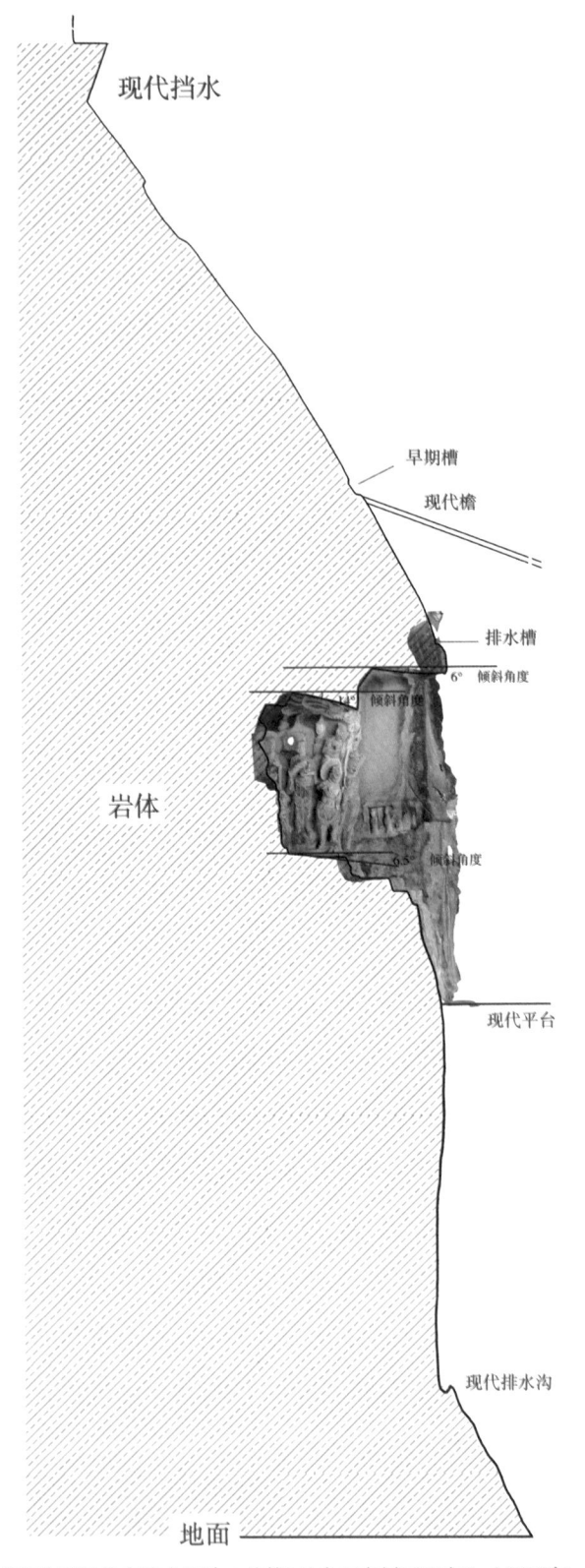

图3-4-3 巴中水宁寺整体及造像龛防水设计（从第8号龛正中剖面观察）（2022年，侯文嫣绘制）

第三章　四川北部地区石窟窟前建筑（二）　　181

图3-4-4　巴中水宁寺第8号龛龛顶与龛底结合的防水设计（2022年，雷玉华拍摄）

图3-4-5　巴中水宁寺第9号龛龛口的反水凸棱设计（2022年，雷玉华拍摄）

图3-4-6　荣县大佛旁小龛新建的保护廊（荣县博物馆提供）

第五节　川北散见小型摩崖造像点

川北有大量分布于田间地头、山间河谷的小型摩崖造像，往往十几龛、几龛聚于一处，全部是小龛小像，大都开凿于唐代后半段（8世纪下半叶至9世纪初），五代之后减少，清代又有大量重建。对它们的保护从开凿之初起就特别简单，后世也没有太多建设，它们代表了川渝两地大量中小型摩崖造像的普遍状况。

我们在广泛调查的基础上，选择广元观音岩、巴中三江、通江千佛岩三处开凿时代相同但保护设施类型不同的小型摩崖造像进行介绍。

一、广元观音岩摩崖造像

观音岩位于广元城南20公里的嘉陵江边，广元至成都古道旁。现存唐代造像129龛，以天宝年间最多（见图3-5-1、图3-5-2）。其中的一些造像和唐朝两次著名事件有关，一是天宝十年（751年）和十四年（755年）唐对南诏的战争；二是安史之乱后，唐玄宗避难入蜀。部分造像龛为参与南诏战事的将士开凿，部分由随玄宗避难入蜀的随从开凿，如玄宗的孙女、肃宗的女儿永和公主

图3-5-1　广元观音岩南段（2000年，雷玉华拍摄）

第三章　四川北部地区石窟窟前建筑（二）　183

图3-5-2　广元观音岩北段（2000年，雷玉华拍摄）

就曾在此开龛镌像。此后，唐至德、元和年间续有雕刻，最晚的题记为大和七年（833年），会昌年间灭佛后逐渐衰落。

　　观音岩造像龛分布于嘉陵江岸古道下方南北两段紧邻的崖壁上[1]。两段造像龛都可大致分为三层，北段顶部和底部都曾经有过大面积崩塌。崖面上大量孔洞大致分布在这三层造像施工搭架的范围内，20世纪末修建了护壁堡坎和围墙保护。南北两段均系将整个崖顶修整成整体的石檐，在石檐下开龛。仔细观察，大大小小的龛像看似形状相似或基本相同，但它们都不是统一规划开凿的，甚至上层及底层龛还有些早晚打破关系。此处造像与广元千佛崖和巴中南龛、水宁寺等点位最大的不同是：整个崖面经过统一修整，外龛立面相对平整，并且许多龛都较浅，各个龛结构上也没有特别的防水设计，而是统一以崖顶大石檐防水。

1　2024年11月，在广元观音岩考古调查中，发现崖前有埋于表土下的石板古道，证明此段道路清代在崖顶上，但曾经系崖前下方沿江通行。

进一步观察，发现同一个大石檐下的龛像虽然不是统一规划开凿的，但整个崖顶上的石檐是统一开凿的。顶部石檐保存较好的南段，除晚期在石檐上补凿的几个小龛受到水的影响外，崖壁上庇护于石檐下的造像龛至今没有水害。北段因石檐仅保存了一小段，受到雨水侵害的龛像较南段多。南北段崖面上都没有发现龛檐或其他建筑遗迹。因此，可以认为整个崖壁外立面是有计划同时修整的，即南北两段崖壁先是各自整体修整，修整崖壁的同时，将崖顶岩石凿成整个崖壁的"檐"，檐下壁面上陆续开龛造像。造像龛虽然不是统一规划开凿的，但造像基本分三层开凿，大致从中间开始，向上、向两侧、向下展开，最后形成大致整齐的三层造像龛，边缘地带可达四层，晚期甚至在石檐上开龛。至今除少数崖顶石檐崩落、檐上后凿小龛有水害外，绝大多数造像龛并无水害。

2024年，观音岩前发现石砌路面，证实了广元至昭化的这段路在清代改道崖后行走之前，系于造像崖壁前沿江通行。

二、巴中三江摩崖造像

三江摩崖造像位于巴中巴州区三江乡巴河北岸的一方独立岩石上（见图3-5-3），现存8个造像龛，除1龛为民国时开凿的小龛外，其他均开凿于唐代后期，其中两龛有唐代光启纪年。所处自然环境实际与广元皇泽寺写心经洞那方大石相似。

三江摩崖造像整块岩石上布满沟槽。第1~6号龛所在崖面从下至上有三组凹槽。

第一组为位于下部的人字形凹槽。从第1~6号龛所在崖面上可以清楚看到，第1~4号龛都开凿于唐末，曾经庇护在同一个人字形龛檐之下。其中第1、2号龛位于崖面边缘，上下排列；第3号龛位于第1~4号龛中间，是最大的一龛，从位置上判断它是最早开凿的一龛。但人字形龛檐显然没有以第3号龛为中

图3-5-3 巴中三江"一石三座庙"第1~5号龛（2000年，雷玉华拍摄）

心，而是将这四个唐代开凿的龛统一考虑，全部遮护。崖壁右侧晚期开凿的第5号龛及其题记第6号碑刻显然没有在这个人字形檐的保护范围内。这些现象证明，此人字形龛檐修建时，第5、6号龛还没有开凿，而第1~4号龛虽不是统一规划开凿的，但它们有过统一的龛檐。

第一组沟槽为人字形龛檐上方两道大的横向沟槽，而且造像岩石另一面的引水沟槽将水引入了其上面一道沟槽内。崖壁右侧的第5、6号龛虽然没有在第一组人字形龛檐的保护范围内，但在其上方的第二、三组沟槽下方。第5号龛所在崖面有过崩塌，位于中间的第二组沟槽延伸到了崩塌后的崖壁上，证明它是在崩塌后开凿出来的。开凿第5号龛时还打破了旁边第1~4号龛的人字形龛檐（第一组）的右侧凹槽。这些现象说明，崖壁上方第二、三组沟槽的作用有两种可能：一是第二组沟槽可能是第1～6号龛统一的龛檐遗迹，若如此，则此横槽所属龛檐庇护的是整个崖面上的六个龛，因此这次修建的龛檐是在人字形龛檐（第1～4号龛所属的第一组龛檐）废弃之后，在民国时期的第5、6号龛（第6号为第5号的开龛题记）开凿之后，或者是开凿的同期工程。二是最上层的第三组沟槽时间虽不能确定，但从另一侧造像上方的沟槽引入的情况看，不排除是与另一面的龛檐同时修建的连檐；而且因其右侧在崖面崩落时有损坏，证明它早于中间第二组（庇护第1～6号龛的龛檐沟槽）遗迹。岩石另一面有两个同时开凿的唐代造像龛（第7、8号），第三组龛檐遗迹边缘也被崖面崩落后开凿第5号龛时破坏。因此，若第三组龛檐遗迹与另一侧第7、8号龛的龛檐遗迹同时开凿，则需要出檐较深才能保护当时已开凿了的全部造像龛。若如此，则第三组龛檐遗迹可能最早。从高度来看，位于最上层的第三组沟槽距龛顶太远，若是龛檐，则应出檐较深，才能全部保护下面龛。位于中间的第二道沟槽位置比较合适，其所属龛檐同时保护了最晚开凿的第5号龛，因此晚于没有保护第5号龛的第一组人字形檐遗迹。

综上所述，三江摩崖造像唐代开凿时有无保护设施现已无法知道，但龛像上至今无水害，而且造像在无任何保护檐的情况下风化并不严重，证明开凿时考虑过防水设计，而且至今仍在发挥作用。现在可以观察到的保护设施遗迹至少有三次：一是位于底层的第一组遗迹，是第1～4号龛的人字形龛檐，但它们并不是开凿之初的龛檐，是所在崖面第1～4号唐代龛全部开凿之后修建的统一的檐。二是崖壁最上方的第三组沟槽，它可能是引水槽，将上方地表水引开，而唐代的造像龛则利用结构设计防止雨水进入龛内；但也有可能是同时庇护了全部唐代龛（第1～4号龛和另一侧的第7、8号龛）的连檐遗迹。三是第5号民国时期的造像龛开凿之后形成的崖壁中层的第二组沟槽，它可能是第1～5号龛统一的龛檐，也可能仅是挡水沟；从位置和形状观察，是龛檐的可能性更大。同时，也不排除原来有过整体保护建筑，即将岩石整体遮护，因岩石位于河边，河沙淤积使地面抬高了不少，岩石另一侧的造像龛有一半埋于土中（第6、7号龛），原来地表情况需要发掘才可得见。

若有三组龛檐，则以上三组龛檐遗迹的顺序是：位于上层的第三组最早，庇护唐代的第1~4号龛和另一侧的第7、8号龛。其次是位于下层的第一组，仅庇护唐代开凿的第1~4号龛。两次龛檐之后，右侧崖面有崩塌，崩塌时对第一、三组遗迹有损坏。崩塌后，民国时期又开凿了第5、6号龛（第6号为第5号的开龛题记），并修建了龛檐，即位于崖面中间层的第二组遗迹。

三、通江千佛岩摩崖造像

通江千佛岩摩崖造像位于四川巴中通江县诺江镇千佛村三组通江支流诺江北岸，随着城市发展，已位于城区内。2006年被国务院公布为全国重点文物保护单位。

造像点位于诺江边天然山崖的南面及西南面，造像崖面北靠卧龙山，山上遍布植被，崖前有石砌护坎和石梯（见图3-5-4）。南面崖壁下方20米左右为诺

图3-5-4 通江千佛岩南面清末民初保护廊殿入口（2023年，雷玉华拍摄）

江路；以东40米左右有菜地，菜地继续往东有一现代高楼；以西20米左右有菜地，菜地往西有现代建筑物。崖面南面有清末民初民间搭建的穿斗式双重檐保护廊殿（见图3-5-5），面阔10间，进深1间，廊殿两端有白墙。廊殿外，崖面西南侧有现代修建的保护廊檐（见图3-5-6）。廊殿即为千佛寺之大殿，殿外无修建其他佛殿的空间。

通江千佛岩现存摩崖造像63龛、洞窟1座、碑刻3通及题记7则。龛像经历代多次装彩，大多数造像头部、双手无存，风化较严重，有烟熏痕迹。西南面的窟（龛）由于无清末民初建筑物遮护，风化最严重。南侧龛像保存较好。造像范围内崖面两侧龛均有现代修砌的围墙。

图3-5-5 通江千佛岩南面的清末民初保护廊殿（经现代维修）（2023年，雷玉华拍摄）

第三章　四川北部地区石窟窟前建筑（二）　189

图3-5-6　通江千佛岩西南面的现代保护廊檐（2023年，雷玉华拍摄）

　　南侧崖面略呈东西走向，约为160度，现存34龛，分布在高约10米、宽约25米崖面范围内。崖面上部有两道横向凹槽（见图3-5-7），自崖面中部向左贯穿整个崖面。同时崖面遍布榫孔，应为历代保护建筑遗留。南侧崖面窟（龛）分三层。上层自左向右分布第17、16、15、8号龛。中层自左向右分布第42、41、38、34、31、30、25、24、23、50、50-1号龛等；其中第50-1号为补编号，龛内造千佛像，被第23、50、46号等破坏，龛形不完整。下层崖面自左向右开凿第39、40、37、36、36-1、35、35-1、33、32、28、29、29-1、27、26、22、54、51、54号等龛，上方从左往右排列第53、52号龛；其中第36-1、35-1、29-1号为补编号，第29号龛打破第30号龛下部，第53号龛打破第22号龛右壁上部。这证明整个崖壁造像并非统一规划开凿，前后造像打破现象较多，

190　中国南方石窟窟前建筑的考古学研究

图3-5-7　通江千佛岩现代保护廊檐下方的两道横槽（龛檐遗迹）（2023年，雷玉华拍摄）

延续时间较长。

西南侧崖面呈东南—西北走向，崖面约为200度，崖壁上开凿了29个龛，分布在高约8米、宽约17米的崖面范围内。与南面相连的崖面转折处有阶梯。西南侧崖面及造像风化残损严重，崖面顶部有两道横向凹槽，贯穿整个崖面，是保护龛檐遗迹。造像龛分两层。上层由左向右为第7、5、4、4-1、3、2、1、1-3、1-4号龛等；其中第4-1、1-3、1-4号为补编号，第2号龛与第1号龛之间有1座崖墓；1座摩崖刻碑位于第3、4号龛之间。下层左端，从上往下纵向分布第46～49号龛，第6号龛位于第46号龛右侧；第6-1号龛位于第6号龛右侧，打破第

6号龛；第6-1号下部为第2号碑刻。第6号龛下部分布两层小龛，上层从左至右为第43、21、20、19号龛，下层从左至右为第45、44、18号龛。第2号碑刻右侧为第14号龛，第14号龛打破第2号碑刻。第14号右侧为第3号碑刻，第3号碑刻右侧有两层小龛，上层从左至右为第12-1、12、11、9号龛，下层从左往右为第13、10号龛。

千佛岩造像绝大多数为佛教造像，造像题材丰富，仅发现1龛道教造像。可辨识的题材有释迦说法、阿弥陀佛与五十菩萨、千佛、观音、二佛并坐等，此外还有天王、力士、飞天、供养人、天龙八部、瑞兽等相伴。有唐代龙朔三年（663年）、麟德二年（665年）、乾封元年（666年）、神龙元年（705年）、开元七年（719年）、开元十二年（724年）、绍兴八年（1138年）、咸丰十年（1860年）等纪年题记。从题记可知，通江千佛岩至迟于唐初已开始开凿摩崖造像，一些无纪年的造像龛或更早。现存造像龛集中开凿于7世纪下半叶至8世纪初，其中西南面龛像年代较早，多开凿于唐高宗时期；南面龛像相对较晚，主要开凿于武则天及唐玄宗开元初期，造像时间较为集中。龛像虽无统一规划，但崖面利用似有规划。众多纪年题记为我们了解开凿过程、历代装彩维修、供养人群、信众活动提供了重要的信息。

第四章
四川中西部及南部地区石窟窟前建筑

本章主要介绍四川中西部及南部地区石窟窟前建筑的调查与研究成果。这一区域以成都—资阳为中心，包括其以南地区，主要是摩崖造像龛，除成都大邑药师岩第12号、乐山大佛左壁的第76号唐代石窟外，大多数造像点无石窟开凿。因整个区域摩崖造像开凿环境相似，保护设施基本相同，主要包括山区陡峭悬崖上开凿的窟（龛）、深丘山谷间开凿的窟（龛）、平缓的山顶雕刻的摩崖造像龛、依山雕刻的大佛、浅丘田间山崖边雕刻摩崖造像等几种类型。在全面调查的基础上，我们选取介绍四川西部区域的成都大邑药师岩，中部区域的资阳半月山大佛、眉山中岩寺及广慈庵，西部区域的阿坝州自然洞窟修整后形成的甲扎尔甲石窟，南部区域的乐山大佛等点位，它们分别代表这几类环境中的石窟和摩崖造像。

第一节　成都大邑药师岩

　　大邑县地处成都平原西缘与邛崃山脉连接区域，东接崇州市，东南与新津区相邻，西与邛崃、雅安市相接，北邻阿坝州汶川县，是平原向高原过渡区，东西海拔高差达4889米。岷江上游蒲江的支流斜江（上游又称𣲘江）从西向东汇入蒲江，药师岩位于大邑县西北斜源镇盘石村耞江[1]边。地质上为第四系更新统山区二级阶地沉积岩冰碛层，同一区域还有著名的道教圣地鹤鸣山，江对面井沟村山崖上有邛崃市大同镇石笋山唐代佛教摩崖造像群。

一、药师岩概况

药师岩摩崖造像位于成都大邑县新场镇至飞凤村公路东侧，开凿于耞江北岸一个U形山湾顶部，属大邑县斜源镇盘石村9组，因有唐开成二年（837年）的药师佛[2]而得名，是四川省重点文物保护单位。耞江自西北向东南流经药师岩、虎擘泉、佛子岩三个造像区，其中药师岩规模最大。

造像所在的U形山湾口部朝南（耞江北岸），东北侧半山腰上有一个天然平台，即凤凰台，现在为菜地，菜地旁有明代石室墓，打开的墓室露出了墓内雕刻。东侧现在为陈姓人家民居，原来是寺院建筑，从地形和位置观察，很可能就是凤凰寺旧址，平台西侧为药师岩，山崖上有民国时期雕刻的"飞凤山"题刻。

现存窟（龛）均开凿于U形山崖西侧顶部，集中于南北长150米、高20米的红砂岩崖壁上（见图4-1-1～4-1-3），有晚唐至明代造像44窟（龛），大多坐西向东。除第44号龛位于主要造像层上部，为最后发现补编龛号外，全部编号从北端开始，至南端山湾口结束。造像题材有药师佛、千手观音、阿弥陀佛、三世佛、地藏、罗汉、飞天、供养人等，明代雕刻有唐僧取经、苏东坡与佛印及黄庭坚三人合龛造像等生动有趣的题材；还有多处历代文人于此驻足游观留下的题刻遗迹。北宋诗人、画家文同，大文学家苏轼，书法家黄庭坚，以及南宋诗人陆游等都与这些遗迹有关。现存题刻四十多则，其中有开成二年（837年）、光启四年（888年）、弘治十年（1497年）、嘉靖十二年（1533年）等纪

1　耞江，现多写作出江或邮江。
2　根据铭文，唐代开凿的大佛是释迦牟尼佛，后来被老百姓改称药师佛。

图4-1-1　凤凰台上眺望药师岩环境（2013年，雷玉华拍摄）

图4-1-2　航拍大邑药师岩全景（2021年，雷玉华拍摄）

第四章　四川中西部及南部地区石窟窟前建筑　　195

图4-1-3　山湾南侧凤凰台上看大邑药师岩造像全景（2013年，雷玉华拍摄）

年，显示出这里曾是晚唐、宋、明时期川西著名的游览地，周围寺院林立，至今旅游环境甚佳。

　　因地处深山，周围居民稀少，交通不便，药师岩曾经一直未被研究者发现。20世纪80年代开始，村民对部分造像进行了修补、装彩，以致偶有调查者来，也不清楚这些造像的真实情况，认为这里的造像系后代改造或者现代新造，因而长时间未能引起学者关注。

　　1981年开始的全国第二次文物普查发现并首次登记了药师岩。之后胡文和先生进行了调查，并在《四川道教佛教石窟艺术》[1]中提及。1996年被公布为四川省重点文物保护单位。2007年开始的全国第三次文物普查再次登记，并建立了文

1　胡文和：《四川道教佛教石窟艺术》，四川人民出版社，1994，第27页。

物资料档案。2013年，成都市文物管理办公室在对大邑县的文化帮扶中，发现药师岩所在区域佛教石窟和摩崖造像类文物资源丰富，在初步调查后，认为这是一处唐代石窟和摩崖造像群，虽然经过现代装彩，但并没有太多修补，大多数造像除表面彩绘外，并没有改变原来形态，文物价值较高。2013年12月，相关机构组织专业人员进行了考古调查，出版了调查成果《四川大邑县药师岩石窟寺和摩崖造像考古报告》[1]。2021年完成的全国石窟寺专项调查进一步完善了文物档案。

二、药师岩摩崖造像分布及环境

药师岩现存石窟1座，摩崖造像43龛，主要开凿于唐代和明代两个时期造像，有少量宋代、民国时期造像。其中明代龛像集中于北段，多系在唐、五代龛像基础上改刻而成。现存最早的遗迹是崖壁中间晚唐开成二年（837年）开凿的第12号大佛窟，铭文中称此为释迦牟尼佛，从体量和位置看，大佛开凿后即是此处参礼的中心。大佛在唐代经过两次有明确纪年的装彩，宋代窟中补刻了造像和题刻，明代补刻了南海观世音、窟前石香炉。药师岩南段造像主要开凿于晚唐、五代，有少量宋代造像没有被明代改刻。药师岩西南方向的虎擘泉至清代仍有造像雕刻。清代的造像、碑刻多可移动，其中一尊菩萨像背面有造像题记。从虎擘泉清代碑刻上记录的附近20所寺院名称可知，清代药师岩一带寺院极多，是修行与游览的圣地。其中文人与禅僧活动最多，宋、明、清三朝尤盛。可据此推测，药师岩、凤凰寺等寺院大多与禅宗关系密切。但虎擘泉则从晚唐、五代开始就是以大型净土造像为主，或许这里唐、五代时是净土宗寺院。

主要集中于药师岩北段的明清造像显示出诸宗融合的特点。例如，题记中有多处显示这里是禅宗圣地，苏东坡、佛印等人都是禅宗人物。但佛的形象与唐宋时期大不相同，所有佛像肉髻顶上均有了顶严，这是受藏传佛教造像影

---

[1] 成都市文化局（市文物局）、成都市文物管理办公室、成都文物考古研究所等编：《四川大邑县药师岩石窟寺和摩崖造像考古报告》，四川科学技术出版社，2014。

响。出现了五方佛造像，中尊为密宗的大日如来。入口处民国时期的接引佛则又显然是西方净土的元素。

药师岩摩崖造像分为南北两段，两段都位于山湾西侧，且相距约46.5米。参观道路从北段开始至南段结束。

北段（见图4-1-4）包括第1～18号龛、第44号龛。登崖梯道从山湾中部上至山腰处分为三条岔路：一条通向山顶；一条通往东侧平台（凤凰台）；一条从北向南沿山湾西侧依造像区崖壁通向山湾口绕至后方下山，是药师岩摩崖造像的参观道路。造像区崖前有一块小平地，平地一侧崖壁上民国时期刻了"飞凤山"三个大字。依崖壁向南，平地中间有民国时期修建的山门遗迹（见图4-1-5～4-1-7），山门遗址外依崖开凿了护法神龛、接引佛龛。民国时期石砌山门遗迹尚存，山门遗迹后面是20世纪90年代重修的山门。现代山门及民国时期的山门均依崖壁修建，以条石修砌。山门内外崖壁一侧民国时期修砌的护壁堡坎基本完好。进山门后，是药师岩崖壁前最宽的地面空间，依崖壁搭建的房间宽敞明亮，房间内崖壁上依次是第3～7号龛，其中第3、6、7号龛是造像龛，其崖壁底部有深达数米的岩穴，岩穴过去一部分供人居住，一部分用作库房。近年在山门外山坡上重新修建了住房后，此处岩穴仅作为库房使用。崖前的这块平地是民国至现在寺院的主要房屋所在，也是进门的第一间屋。明代开凿的第3号千手观音龛、第6号释迦佛龛保存完好，应该是明清至民国时期寺院内的主要礼拜对象，分别代表观音殿和大雄宝殿。释迦佛龛往南是明代巨幅摩崖雕刻，编号为7，自题名为"百佛"，实际上是千姿百态的罗汉像，随崖壁形态雕刻。除顶部将崖石修整，形成石檐外（见图4-1-8），其余地方并未修整崖壁或开出龛形，且破坏了部分唐、五代龛像，可以看作明代至民国时期寺院的"罗汉堂"或"罗汉殿"。摩崖雕刻中300多尊姿态各异、年龄不同的罗汉像表现了佛教东传过程中历代有贡献的高僧形象，包括唐僧、猪八戒等老百姓熟知的形象。大量明代造像在20世纪80年代被装彩。

图4-1-4 大邑药师岩北段崖面立面图（2013年，寇小石绘制）

图4-1-5 大邑药师岩民国时期的山门遗迹正面（2013年，雷玉华拍摄）

图4-1-6 大邑药师岩民国时期的山门遗迹侧面（2013年，雷玉华拍摄）

图4-1-7 大邑药师岩民国时期的山门遗迹（2013年，雷玉华拍摄）

图4-1-8 大邑药师岩北段第7、8号等龛顶上的石檐（2013年，雷玉华拍摄）

第7号摩崖雕刻下方岩穴最深处达5米以上，至今是寺里唯一的库房。第7号龛往南是大房间的后门，出后门崖前地面变成狭窄通道，外侧有石栏杆。这条通道从航拍照片上看似从半崖中间开出，开凿方式类似今天的红旗渠，实际原本是山腰中间窄窄的台地。崖壁内侧笔直的崖面上是摩崖造像窟（龛），顶上有现代搭建的檐状雨棚。从现存造像窟（龛）的位置、崖面状况、保存状况等观察，这条通道从开凿以来变化不大（见图4-1-2、图4-1-9）。从第7号龛往南至第18号龛的位置，明代开凿了大量造像龛，但均系破坏了唐、五代龛像后开凿，几乎所有明代造像龛是在唐、五代造像龛基础上改刻而成。位于北段造像区正中的第12号唐代大窟虽然没被破坏，但大佛窟内补刻了大量宋代、明代题记及造像，窟内外还有明代大型石刻香炉等。

图4-1-9 大邑药师岩北段上山道路、新修住房及岩穴下的保护建筑（2013年，雷玉华拍摄）

　　药师崖南北两段造像区之间（第17号与第20号龛之间）的崖壁底部有内凹的岩穴，在岩穴外侧砌了墙，墙与崖壁之间搭了石棉瓦顶，修建成了一排住房，有管理员居住。

　　位于北段中间的第12号窟有晚唐开成二年（837年）开窟题记，是药师岩现存最早的石窟，也是药师岩最大的窟像，从位置和窟内大量题记观察，它应是唐代以来的主要礼拜窟。窟内现存20多则题记，见证了药师岩唐、宋、明、清的兴衰史。从铭文内容可知，大佛在唐代至少经过两次装彩；至宋代仍然是文人与修行者参礼、题咏的核心位置；明代进行了整修，并在窟壁上增刻了四大天王、南海观世音、童子等形象，俨然一座佛殿。2018年，在大佛前重修了仿木结构的重檐保护廊檐（见图4-1-10），但修建前并没有对崖面原来有无龛檐遗迹进行调查。

图4-1-10 大邑药师岩石檐下新建的仿木龛檐（2019年，雷玉华拍摄）

南段（见图4-1-11）包括第19~43号龛，除第41号龛位于山湾口部外，大多数龛集中于一处，主要开凿于晚唐五代。这一区域崖壁现在全部暴露在外，风化、剥落严重，龛型较小。造像组合有双观音、单尊观音、单尊佛，以及一佛二弟子二菩萨、一佛二弟子二菩萨二力士等。有观无量寿经变、水月观音、

图4-1-11　大邑药师岩南段崖面立面图（2013年，寇小石绘制）

千手观音、释迦说法等造像题材。崖前有一块小坡地，现为寺院厨房，厨房北侧有水池，池水全部来源于山顶泉水，长年不断，是整个寺院的用水源。厨房南侧山湾出口处坡地上有厕所。南侧山湾出口石板路可下到山脚下，中间经过一处寺院及摩崖造像遗址，同时还可分道通往另一处古寺虎擘泉。

　　药师岩整个崖壁山顶地面较平，曾经是农田，山上无人居住，与东侧半山腰的台地一样，仅从地形看，很可能曾经有寺院建筑，但未经勘探发掘，不能确定。附近现存多处寺院遗址，从药师崖西侧出口往南下山路旁至今仍有一处寺院遗址，虽然只存一座现代小殿，但紧邻小殿的一户张姓居民的住房却是一座清代建筑，小庙及张家住房前后有古建筑遗迹，寺前道路旁土地边有石刻虎、莲花座等雕刻。遗址背面山凹中有一座废弃的山寺，至今建筑仍存。寺前石梯及清代、民国时修建的房屋还保存较好。寺内虎擘泉仍存，且至今有人远道去取水泡茶，寺后崖壁上有晚唐摩崖造像及大量清代、民国时期可移动造像，其中一龛摩崖造像为晚唐时期大型观无量寿经变题材。崖壁上有一方清代碑刻，记录了这一带20余座寺院的名称。

三、药师岩的窟前建筑

药师岩造像区在U形山湾底部靠近山顶处，造像崖壁位于山崖西侧，从北向南分布，造像区参观礼拜道路入口在北端。

（一）北段窟前建筑

从北往南，北段以一幅民国时的巨幅摩崖题刻"飞凤山"开始（见图4-1-7）。此幅摩崖题刻没有保护设施，但题记上方修整崖壁形成的"石檐"可以挡住面流水，因"出檐"风化残损，现在有雨水和面流水侵害。题刻往南依壁修建了山门，山门内外崖壁一侧有民国时期修砌的护壁堡坎。现代山门前残存半边旧山门，旧山门为民国时期修建，与护壁堡坎连为一体。20世纪90年代修砌的山门位于民国时期山门遗址后面（南面），至今仍在使用。进门后的房间既是寺院明代以来的主要礼拜佛殿，也是现存第3~7号龛的保护设施。现在整段崖面较整齐，造像龛大致集中在崖面中间同一水平线上，第7~17号龛造像崖壁上下各有一道自然裂隙。上部裂隙顶部崖壁向外凸出，形成自然檐顶，可以遮挡整个造像区的雨水、山顶地表水。现在崖壁顶部常年有山泉流下，即便在没有搭遮檐的地方，泉水也不会直接滴落在龛像上。所有造像龛内常年都比较干燥。崖壁下部裂隙前有明代至现代铺设的堡坎及通道，通道宽近2米，虽然看不到唐代崖前通道，但从崖面情况观察，唐代通道应该与现代通道相差无几，因为第12号唐代大佛窟内外龛壁面至今完整，看不出有过崩塌痕迹。虽然现在有龛像的地方都搭了简易遮阳檐，大佛前搭建了二层檐，但实际上即使没有这些檐，雨水也淋不到龛像。

最大洞窟第12号大佛窟位于整个崖壁的中间，其两侧开凿了若干相对较小的龛像，所有的龛像大致在相同高度层面开凿。明代的龛像大多在唐代龛像的基础上扩凿而成。大多数早期（唐代）小龛外龛左右壁、内龛前部，都部分保存了下来，证明唐代以来崖壁并没有发生过大的崩塌或严重脱落。从这些保存下来的遗迹推测，第12号大佛窟及两侧龛像始凿于晚唐，五代时期延续，当时已经形成了一定规模的摩崖窟像群。受自然崖面条件的限制，后来仅有少数龛像开凿于主要造像所在层面上方。观察现在崖壁，因为窟（龛）上方有修整崖壁形成的"石檐"，大量小龛又非统一规划开凿，可以认为最初应该没有设计统一的龛檐，而是以崖顶修整出的"石檐"避雨。作为最早开凿的礼拜中心，大佛窟前可能一直有单独的窟前建筑。

从大佛往南，接近南段造像区，崖前通道增宽，外侧有一个水池，接住山顶流下来的泉水，它至今还是寺里唯一的饮用水源。

从现存遗迹看，药师岩北段造像中第12号大佛窟是这里最早开凿的造像，其后开凿的龛像位于大佛两侧呈一字形展开。仅宋代开凿的第44号龛位于主要造像层面之上。从其位置观察，这里宋代的龛像已位于主要造像壁面上方了，属于这一区域比较晚的一组造像。整个药师岩所在位置崖面几乎呈90度垂直，造像龛上方崖面上看不到龛檐遗迹，虽然造像龛上方崖面上有现代依壁搭建的遮阳彩条布棚，自然凸出的崖顶及部分修整呈"檐"状的崖顶实际上完全可以挡住雨水（见图4-1-12~4-1-14）。

（二）南段窟前建筑

北段造像结束后，通向南段的崖前道路一侧有岩穴，不适合造像，信众利用岩穴修建了一排住房（见图4-1-15）。与北段造像基本在同一水平线上呈一字形排开不同，南段崖壁上均为小龛小像，且分为多层，并无统一规划。从造像风格看，开凿时间总体晚于北段造像。

药师岩南段与北段造像相距较远，南段造像除从龛型和造像风格上看明显晚于北段造像外，从位置选择上也晚于北段。南段崖壁虽高，但几乎没有一块石质好的壁面，裂隙多，岩层风化非常严重，只能开凿小的龛像，而且至今造像风化特别严重。因此，开凿此处崖壁的时间应晚于北段造像所在崖面。同

图4-1-12 大邑药师岩北段石檐、现代保护龛檐与观礼廊道（第7号龛出口，由北向南）（2013年，雷玉华拍摄）

图4-1-13 大邑药师岩北段岩穴下的现代保护遮阳棚（檐）、通道与第7号龛出口（由北向南）（2013年，雷玉华拍摄）

图4-1-14 大邑药师岩北段廊道与遮阳檐（第8号龛前，从北向南）（2013年，雷玉华拍摄）

第四章　四川中西部及南部地区石窟窟前建筑　207

图4-1-15　大邑药师岩南段岩穴下的造像、厨房及住房（2019年，雷玉华拍摄）

时，由于崖壁风化严重，崖面上已看不到龛檐或其他保护设施的遗迹。但是，从多是小龛小像，且并不是统一规划开凿，打破关系多等各种因素考虑，至少开凿龛像之初没有统一规划，也就不可能有统一龛檐。现存的小龛顶部虽然没有任何保护设施，但崖面及龛内仍然很干燥，证明山顶地表水在无龛檐保护的情况下不能流到崖面上。现在此段崖壁前一小块坡地上建有寺院厨房，虽然现存建筑并非依壁修建，但因为有这块空地，不排除曾经有过统一龛檐或其他保护龛像的建筑，这里地面有条件修建龛檐或其他简单建筑。

第20~22号造像龛位于南段同一层崖面上，上下及左侧皆有自然裂隙，从造像风格看，大多为晚唐到五代同时开凿。整个崖面曾经垮塌，导致第21、22号龛外龛缺失。第23~39号龛所在崖壁下部风化悬空，上部有一道贯通南北的横向裂隙。造像开凿于两道裂隙之间，自崖面中间开始，从南到北依次开凿了第37、38、35、32、30号等龛。崖壁北侧边缘稍晚开凿了第43、31、26号龛，下方开凿了第36、34、33、44、28、27、23号等龛。崖面上可以观察到各龛打破关系较多，从打破关系看，其开凿顺序为：第38、32号龛最早开凿，其次是第37、35号龛，最晚开凿的是第36、33、34、29、44、30、28、27、26、31、43、39号等龛。从现存造像风格和崖面遗迹关系看，大致可以确定：第24、33、26号龛开凿于宋代，第23~39号等龛大致开凿于五代。

从南端出南门外通往下山的路旁有一龛宋代造像，编号43，完全不需要龛檐，仅靠龛顶经修整形成的自然"石檐"保护，至今完好无损（见图4-1-16）。下至半山腰分出一条通往药师岩西侧虎擘泉的石板路。

图4-1-16　大邑药师岩南门外位于岩穴下的第43号造像龛（2013年，雷玉华拍摄）

（三）虎擘泉的窟前建筑

虎擘泉位于药师岩造像区南侧的另一个山湾中，崖前空地上古泉旁有寺庙，崖壁上有晚唐、五代摩崖造像，寺院建筑至今仍存。唐、五代的摩崖造像亦全部系将山崖顶部岩石修整为"檐"作为保护设施（见图4-1-17）。崖前清代寺院建筑虽已废弃，但仍可看到建于崖前的寺院并不是造像龛的保护设施，反而还在一定程度上受到崖壁的庇护。

图4-1-17 大邑药师岩后山虎擘泉摩崖造像及石檐（2013年，雷玉华拍摄）

四、小结

综上所述，药师岩北段崖面笔直陡峭，保存基本完好，有历史上沿袭至今依崖壁修建的房间。崖壁上的摩崖造像即是佛殿，依崖壁修建的房间既是窟（龛）的保护设施，也是寺庙的主要用房。窟（龛）开凿时将崖壁顶端外凸的崖石整理形成石檐，造像下方的岩穴则被当作住房、库房，第12号大佛龛是寺院的中心。崖壁前造像层下方顺崖壁开凿的参观道路从山门经大佛龛至依岩穴修建的居住区，最后到达后端（南端）的厨房、厕所，向南出后门通往下山的通道，位置与功能基本没有改变，现有通道与岩穴下的建筑是历史传统的延续。南段崖壁风化脱落严重，造像区所在外立面发生了很大变化，原来有无龛檐已无法判断，但崖壁前现有建筑为厨房，非保护性建筑，历史上也不排除有其他功能性建筑的可能。

第二节　资阳半月山大佛

半月山大佛现为四川第三大佛，全国第二次文物普查后公布为四川省第三批重点文物保护单位，第三次文物普查后公布为第七批全国重点文物保护单位。我们于2019年12月对大佛的窟前建筑和保护性设施遗迹进行了调查。

一、半月山大佛现状

半月山大佛位于四川资阳雁江区碑记镇大佛场村街道旁，北距资阳城区20公里。半月山周围平坝环绕，山体独立呈半月状突起，故名半月山。山体大致呈东北—西南走向，大佛位于山崖西北面，山崖长60米、高25米。大佛始凿于唐代，经历代增补后形成现状，现存相关遗迹全部分布在山崖西北面大佛南侧（左侧）。从南向北编为第1~6号。第1号为空窟；第2、5号为摩崖题记；第3、4号为摩崖造像龛；第6号即大佛龛，位于陡崖正中（见图4-2-1~4-2-3）。

大佛下方坡地大约有60米×100米的平坦区域，原有一棵榕树及民居、古井等遗迹，系古寺所在，20世纪中期改为民居。2019年迁移居民后改为草坪，草坪下方有资阳市通往大佛场村街道和丰裕镇的乡村公路。

第四章 四川中西部及南部地区石窟窟前建筑 *211*

图4-2-1 资阳半月山大佛崖面遗迹分布图（2020年，侯文嫣绘制）

图4-2-2 资阳半月山大佛全景（2022年，雷玉华拍摄）

图4-2-3 资阳半月山大佛前的堡坎、石围栏，龛顶挡水槽（头上方植物生长处为界）（2022年，雷玉华拍摄）

第1号俗称"锣鼓洞"，位于造像区最南端，方形平顶，洞内无遗迹，洞外有老百姓新修小庙。

第2号摩崖题刻位于"锣鼓洞"北侧，文字已风化不可识。

第3号龛位于"锣鼓洞"北侧，乃双层造像龛，龛右壁及龛内造像残损。龛上方崖面上有一字形凹槽，凹槽下方龛左侧有一道斜向凹槽和一个圆孔。一字形凹槽上方又有人字形凹槽，沿人字形凹槽右边下侧有3个孔洞，左边下侧有1个孔洞，应为人字形木构龛檐椽孔遗迹。龛底部崖壁左侧至少有4个孔洞与龛底平行排列，孔洞有方形、圆形两种；龛两侧崖面上有残存孔洞；龛宽300厘米、高220厘米、深100厘米。距龛上100厘米有明代正德十二年（1517年）造像题记："正德十二年正月初九荣昌县石匠刘任工"[1]。显然明代开凿的这龛造像原来有人字形木构龛檐（见图4-2-4）。

图4-2-4　资阳半月山第3号龛人字形龛檐遗迹（2022年，雷玉华拍摄）

第4号龛位于大佛南侧，乃方形双层平顶龛，未完工。

第5号是位于第4号龛右下方的摩崖题刻，字迹风化不可识。第4、5号两龛现状均看不出龛檐遗迹。

---

[1] 今后四川晚期石窟寺调查中应该注意，四川明代川南工匠非常活跃，资阳市安岳县华严洞大般若洞中的明代雕刻、乐山马边县明王寺中的明代石刻像也都题记为荣昌县或荣县石匠作。

第6号龛位于山崖中部偏北，乃竖长方形敞口平顶大龛，龛宽1110厘米、高2412厘米、深900厘米。龛顶山崖上有两道平行的横向引水沟，将山顶地表水引向两侧。龛内顶部外低内高，有明显的防雨功能设计。龛正中现为一尊倚坐的弥勒佛像（见图4-2-5），像高2224厘米。面形方正，倚坐于方座上。上半身全部遮护于龛内，保存完好（见图4-2-6）。龛内佛头两侧头光上、身上、龛两壁有很多孔洞，头光两侧及龛内两侧壁至少有三排整齐均匀的孔洞（见图4-2-7）。从形状和排列位置判断，可推测它们为一次性形成。从位置和排列形状观察，对其比较合理的解释应该是施工搭架遗迹，而非保护设施大佛阁遗迹。大佛龛外两侧崖壁上有多个孔洞、斜向下方的引水短槽等遗迹（见图4-2-8），证明其龛前很可能也曾有过保护建筑，但目前的遗迹没有显示出有楼阁或檐廊类建筑。甘肃天水麦积山第138号龛残存的施工架遗迹可以帮助我们理解遍布四川的唐宋大佛身躯上及两侧崖壁上众多孔洞的作用（见图4-2-9～4-2-11）。

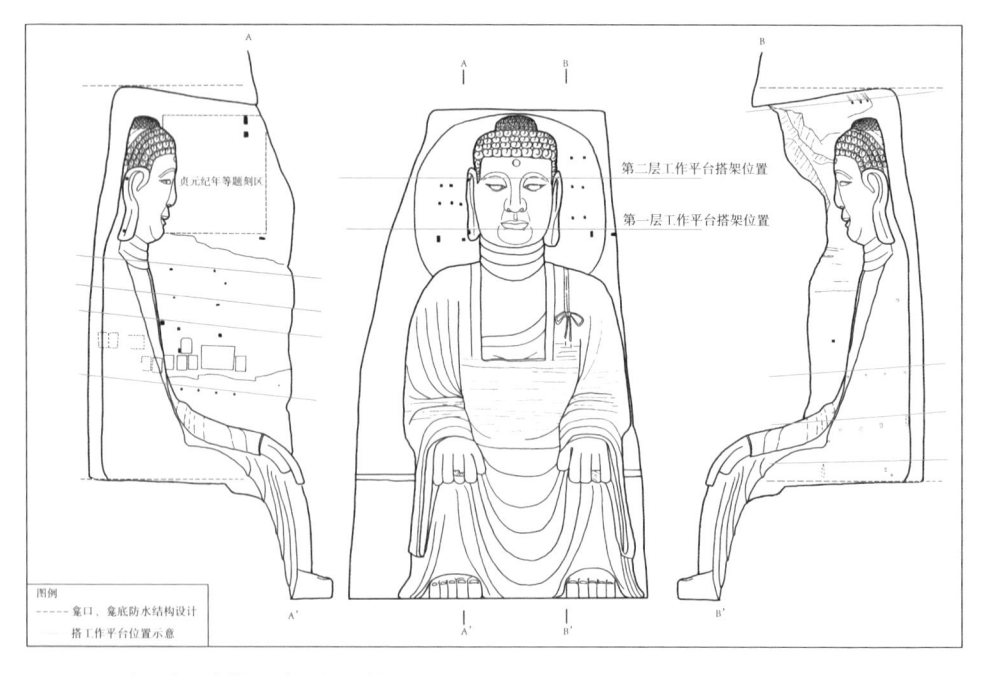

图4-2-5　资阳半月山第6号龛正视、剖视图（2020年，侯文嫣绘制）

第四章　四川中西部及南部地区石窟窟前建筑　215

图4-2-6　资阳半月山大佛仰视（除后补的双腿外，全身完全遮蔽于龛内）（2020年，雷玉华拍摄）

图4-2-7　资阳半月山大佛头两侧成排的施工架孔洞（2022年，雷玉华拍摄）

图4-2-8　资阳半月山第6号龛外左侧崖面上的榫孔（连线不能构成龛檐形态）（2020年，雷玉华拍摄）

图4-2-9　甘肃天水麦积山第138号龛遗留的施工架遗迹（2022年，董广强提供）

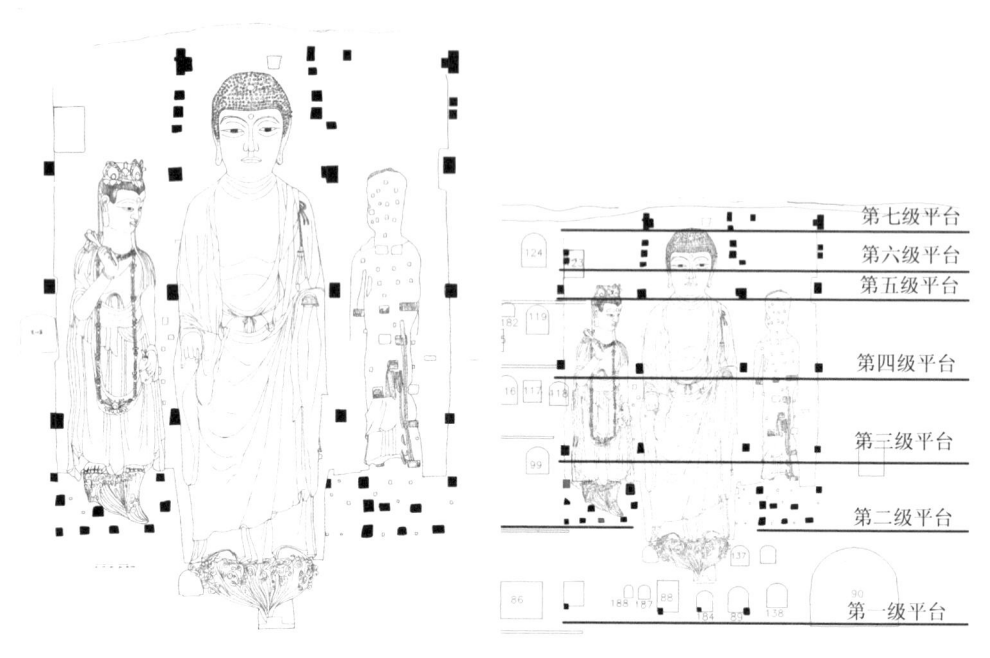

图4-2-10　甘肃天水麦积山第138号龛上的孔洞（董广强提供）

图4-2-11　甘肃天水麦积山第138号施工架遗迹示意图（董广强提供）

大佛双膝以下部位伸出龛外，现存手及伸出龛外的膝以下部分系1991年用青砂石重新补砌，新砌出的双腿与身体用水泥连接，佛身与双腿比例极不协调。大佛前104级石梯、护坡堡坎、石栏杆等同为1991年修砌，2020年又再次修补了手指。

龛内左壁有历代碑刻题记，从上到下大致可以分为三层。上层最早，是唐代贞元九年（793年）的开龛题记。中层与下层碑刻之间另一则贞元题记（贞元九年八月十五日）贯穿了下面两层题记的高度。下层光绪六年（1880年）碑刻内容完整，清楚记述了清代大佛及寺院重建经过。

二、半月山大佛建造工程与年代

据资阳雁江区的文物档案，半月山大佛开凿于唐代，而从现存遗迹看，大佛有颇多宋代及以后特征。1987年5月，资阳县文教局曾对半月山摩崖造像进行过调查，并结合1949年《资阳县志》首次对大佛的时代、沿革等进行了梳理，认为大佛始凿于唐，南宋绍兴元年（1131年）汝南人梅修率石匠周义等人始开巨佛眉目。大佛身旁原建有寺庙，宋代名净悟禅院。明景泰七年（1456年）又有严子恭、罗恕、僧人海明等在大佛旁重新营造寺院，历时16年修建了天王殿、弥勒堂、大雄殿、关圣殿、三星殿，寺名亦先后变为净悟院、半月寺、大佛寺等，成化八年（1472年）五殿完工后更名菩提寺，再后来又更名为大佛寺。明弘治甲寅年（1494年），僧性观曾修补过大佛残趾，并架栈道便于往来，升梯步可攀缘佛膝。资阳市雁江区文化旅游局《资阳市半月山大佛四有资料》之《历史沿革》显示，1971年、1972年先后拆除大佛周围部分建筑，并改为学校、乡政府办公室。同时，王永人详细公布了调查结果，并认为：

> 唐贞观十七年（643年）动工，贞元九年（793年）八月初成弥勒佛坐像，几经变乱，工施未周。至宋绍兴元年（1131年）正月汝南梅修始开巨佛眉目。[1]

现存于雁江区文物管理所的大佛工程档案中关于大佛的年代有四种记录：
一是"唐太宗贞观十七年（643年）开始凿佛，用了150年，相传七代人，793年9月24日粗成——刻出躯干，至1131年2月竣工"。二是"唐贞元九年（793年）工匠们用了150年时间凿建成初具形态的巨佛于悬崖上，宋绍兴元年（1131年）汝南人梅修率石刻大师周义等人，始开巨佛眉目，直至完全竣工，共历时488年"。三是"又说始建于唐贞观十七年（643年），前后修建延续504年"。四是始凿于唐贞元九年（793年），历经504年完工。

---

[1] 参见四川省资阳县志编纂委员会编：《资阳县志》，巴蜀书社，1993，第690页。

以上是目前为止对大佛的基本认识，其中关于年代的四种说法，多有抵牾。所称宋、明时期的两则题刻现已无存，清代咸丰版、1949年《资阳县志》均有录文[1]，显然以上认识均来源于县志。结合大佛现状及早年调查情况[2]，且大龛左壁上方贞元题记末尾有一个"作"字，我们认为大佛始凿于唐代贞元时期大致无差。

2004年笔者曾去调查，当时大佛前坡地上仍然残存有建筑构件、建筑残基、残碑、条石等遗物，访问当地老者得知两棵大黄葛树为原大佛寺山门前古树。因此，南宋开光、明代建寺应该没有问题。20世纪70年代毁寺，明代以后的沿革可信。今天所见大佛胸前的系绳及残存的彩绘应该是龛中清代光绪十三年（1887年）碑铭记述的那次修补、装彩所留。

大佛旁第3号小龛为明代大佛寺再兴时所开凿，并有人字形龛檐；第4号龛虽未完工，但结合川渝地区摩崖造像龛特征，从龛型及造像形态可以看出其开凿于唐代，惜未完工。

三、半月山大佛窟前建筑遗迹考证

大佛位于高高的山顶上，大致坐东向西，所在位置是这里最高的崖壁。大佛前原有的寺院建筑或者后来的民居，都不会遮挡大佛，从山下仰望大佛非常壮观。按规律，石窟或摩崖造像开凿处都有寺院，因此，大佛始凿之时，也可能其旁或附近就已经有寺院，至迟半月山大佛开光后，山下或旁边应该就有

1　南宋乾道年间（1165—1173年）摩崖题刻："唐朝知名寺，资州大道场。悬崖低翠艾，乱石杂修篁。忆古寻遗迹，凭高入异乡。西窗好观景，少憩赞公房。"另，南宋初汝南梅修为大佛开光并撰《石像开光铭》："俨有大像，亘古道场。巍然庄严，作镇于方。功亏一篑，孰来开光？我初西来，为时发扬。灿然刻目，何假自明。施不尽藏，普照众生。稽首慈悲，有力既宏。白毫光中，四海澄清。"参见（清）范涞清：《资阳县志》卷13《金石考》，资阳市雁江区地方志办公室，2015，第3—4页。

2　2004年4月，中国社会科学院世界宗教研究所罗炤先生与本书作者雷玉华到大佛前调查，大佛前坡地上到处可见碑刻、墙基、条石等遗物，还有多间破旧的民居，其中一间土屋墙上镶有石碑，有一位大爷说他小时候上过大佛顶，顶上有贞观题记。今天调查可知，大佛头顶实际没有题记，大爷看到的应该是大佛头侧壁上的贞元题记。

了寺院。从正投影像上可以看到，大佛头部所在位置龛的空间比较窄小，肩部向下，龛两侧扩大了许多，右侧龛口尤其明显，而且扩大这部分两侧不对称，显示出大佛龛最初完成时的形态与规划时的形态不一致，即大佛的现状显示出明显分段多次雕刻的特点（见图4-2-12）。从龛口及大像现存痕迹观察，最早开凿的是大佛的头部；从肩部向下开凿时应该看作大佛的第二阶段工程，这时龛口向两侧扩大，这次开凿到腹部的位置；影像上看腹部与腿之间高度明显不足，即身躯并没有凿完就接上了腿，所以双腿是第三阶段工程，且双腿延至龛外，不受龛顶遮护。

1991年维修时拆掉的大佛双腿由石块砌成，而且与现在所见状态一样，完全露在龛外，与崖壁上开凿出来的上半身并不协调。1991年依原样重新修砌双腿时为了增强身体比例的协调性稍稍增加了腿的长度，补砌了双手、左胸前的袈裟系带等。从维修前的照片上看，大佛并无双手，从姿势上推测原来很可能为双手抚膝，且系用石块砌成，因年久残损，以致不见（见图4-2-13）。1991年的修补应是大佛的第四次工程，即大佛至少经过四次工程施工才变成了今天的样子。第一次工程，唐代贞元时期，仅雕刻出了头部。稍后，即第二次工程，开凿出了上半身。南宋开目时，最多与明代及现代一样系以石块垒砌出双腿，以致明代末期大佛重新被人们发现时早就坏掉了，所以重新修补了手脚；胸部以下的开凿与南宋开目的工程可能是两个时期的工程，也可能是一次。第三次工程，即明代修补手脚等，清代有维修。第四次工程，即1991年拆除原有双腿、双脚，重新修砌，并增加了高度、增加了双手。

大佛龛内左壁现存15通碑刻题记，仅唐代贞元题记和清代光绪六年（1880年）及十三年（1887年）碑文能识读。清代和民国《资阳县志》著录的宋代《乾道磨岩诗》《乾道磨岩刻》《绍兴石像开光铭》[1]及明代《嘉靖壬辰题名》[2]等均

1　（清）范涞清：《资阳县志》卷13《金石考》，资阳市雁江区地方志办公室，2015，第3—4页。
2　（清）范涞清：《资阳县志》卷13《金石考》，资阳市雁江区地方志办公室，2015，第10页。

220　中国南方石窟窟前建筑的考古学研究

图4-2-12　资阳半月山大佛三维正立面图（白露提供）

图4-2-13　资阳半月山大佛20世纪90年代维修前状况（王屹提供）

已不知所终。咸丰《资阳县志》卷13《金石考》中的《嘉靖辛卯改古净悟院为大佛寺记碑》[1]信息最完善。结合现存遗迹，可以认为，唐代开始雕刻大佛，但未开成。直到南宋才有人接续前功，虽然没能开凿出大佛，但用石块修砌完成了大佛下半身，并开了光，证明当时曾经兴盛，且有寺僧活动，之后大佛湮没在荒草中。明代大佛重新被人发现，于是修补手、脚，并在崖下建寺，大佛再次重兴。清代光绪十三年（1887年）进行了最后一次有记录的大规模装彩。

　　通过现场观察及文献梳理，可以认为，资阳半月山大佛于唐代贞元时期开凿出头部之后有过停工，再次启动开凿时计划有所改变，双肩以下两侧龛壁加宽，最后仅用石块垒砌了大佛的双腿，直至南宋才开目。整体观察，可以说

1　（明）熊永懋：《嘉靖辛卯改古净悟院为大佛寺记碑》，见《资阳县志》卷13，清咸丰版。

是草草收工，却使大佛成为一尊完整的倚坐像。南宋以后，寺渐荒废，大佛被人遗忘。明代中叶之后大佛再次被发现，1456—1531年的70多年中，大佛前再次兴建佛殿，用石块修补了大佛的脚趾，又扩修寺院，同时寺院建筑中还装塑了各类神像。这次复兴后一直有寺僧及信众活动，至清代有装彩。20世纪70年代，寺之孑遗尚存。1991年维修时，重新修砌了大佛的双手、双脚。大佛龛内排列整齐的孔洞为历次修补装彩遗迹，与龛檐没有关系，从现代维修时搭架的情况可以推知古代施工搭架位置及方式（见图4-2-14）。

图4-2-14 资阳半月山大佛左侧壁搭架遗迹与现代施工架（2020年，雷玉华拍摄）

　　从明代修建工程中可知，寺中另有佛殿，与广元皇泽寺和巴中西龛龙日寺、北龛等直接将摩崖像龛当作佛殿不同。

　　再观察其结构，唐代贞元时期计划的大佛是开凿于有顶的龛内，龛顶山崖上有两道横向排水沟，将山上下来的地表水引向两边。龛顶内部有防水设计，龛内顶部内高外低，龛内后高前低，有很好的防雨作用，山顶地表水与雨水均不能进入龛内，这种结构不再需要龛檐遮雨。崖前也没有发现过唐代建筑遗迹，因此，唐代应该没有修建保护设施，或许设计之初就没有修保护设施的计划。明代碑文中说"其下柱础尚存，疑古旧有楼阁而今废矣"，证明南宋时或许有保护大佛的楼阁，龛外崖壁上两侧有些孔洞也很可能与大佛楼阁相关，但因大佛龛两侧崖壁有小规模崩落痕迹、地面被完全硬化，原状已无法观察。另一种理解："其下柱础尚存，疑古旧有楼阁"，可能是崖前寺院建筑遗迹，与明代兴建的寺院建筑一样，并非大佛的楼阁。

因此，从现存遗迹观察，大佛头侧三排孔洞与施工搭架有关，应当不是龛檐或楼阁遗迹，大佛在明代、清代修补、装彩时都需要搭施工架。明代碑文中提到的柱础也可能是崖前寺院其他建筑遗迹。南宋开光铭中有"功亏一篑"之语，证明梅修看到的大佛是一尊没有完工的大佛，为了大佛的完整性，他给大佛开光前增修了双腿、双脚，但它们系用石块垒砌于龛外。虽然他也有可能同时修了楼阁加以保护，但碑文中只字未提，且无遗迹，所以未修楼阁的可能性要更大一些。

1991年拆除大佛旧有石条垒砌的双腿时，在崖壁上并没有发现大佛双腿遗迹，进一步确定了南宋开目时最多也就是用石块垒砌了大佛的双腿以形成完整的大佛。明代弘治甲寅年（1494年）再次修补已经残缺的脚趾。1991年拆除的是南宋时修砌、明代修补的双腿、双脚，且均系沿用石块修砌的方式。

现在仰视大佛，除后补的双腿外，全身完全遮蔽于龛内，不会受雨水侵害，其设计之初，很可能没有设计楼阁、龛檐类设施。但明代开凿的第3号龛能清楚看到人字形龛檐留下的凹槽，因此第3号龛在明代是有保护设施的，从这个因素考虑，不排除同期大佛前有过保护性楼阁。

四、小结

总结资阳半月山大佛及相关工程的修建，其历史比较清楚[1]：

汝南人梅修于南宋绍兴元年（1131年）发现未完工的唐代大佛，便接续前功始开巨佛眉目，并用石块修砌了大佛的双腿、双手。300多年后的明代景泰七年（1456年），大佛及相关寺院建筑早已不为人知，山人罗恕、严子恭等"起废前修"，"命山僧海明者首建佛殿五楹，左右列以修廊，而更名大佛；天王之殿亦继立焉"。完成了以上佛殿、长廊后，于明弘治甲寅（1494年）以石块补砌了大佛的双脚，修建梯道："乃于弘治甲寅补巨佛残趾，千甃梯道，以便往来。"20多年后，明代嘉靖甲申年（1524年）又有人在崖前寺院内增修了大殿及相关神像："同山之会永斗、罗道真复建大殿，楹如旧殿，丙戌罗万魁、晏永甫、张伯良装塑神像，凡六龙神、罗汉各一堂，梵容生动，如欲语者。岩下观音殿新凿石洞，则厥徒相通。所经谋也，他如庖厨溷涠之属观，靡不修治如法。而门镌大石狮二，俨然王襃旧物，而工致尤精。"嘉靖戊子年（1528年）大部分工程完成，嘉靖十五年（1536年）发起者请当地的一位大官，浙江等处提刑按察司佥事、前监察御史、邑人熊永懋撰文刻碑立于寺中，碑今无存，但大佛历史状貌及当时殿宇的来龙去脉记录得比较清楚。

从碑文所述明代大佛重建状况看，应无大佛楼阁或龛檐，仅是"千甃梯道"以便往来，可以理解为与现代一样，只修了梯道。

半月山大佛的兴衰与四川摩崖造像、佛教寺院的兴衰大历史背景很吻合。唐宋时期，川渝地区佛教摩崖造像及寺院极盛，保存至今的窟（龛）遗迹极多。但是在南宋长达半个多世纪的抗元战争中，川渝两地人口急剧减少，乡村甚至城市荒废，遍布山间河谷的寺院及摩崖造像被人遗忘。即便在元朝统一川

---

[1] 以下引文见《资阳县志》卷13，清咸丰版。

渝地区后，人口也再没有恢复，大量行政区被拆并。明代人口渐渐有所恢复，但非常有限。直到明代中期才渐有寺院兴建，至明代后期到清初，一些地方重新开始摩崖造像雕刻。明清时期寺院兴建与摩崖造像雕刻中发现旧寺或古旧造像，若有碑铭者，如半月山大佛，还能知道一些原来的情况，但大多数都无人知晓了。考古调查发现，明代嘉靖前后到清代乾隆时期是川渝摩崖造像、寺庙恢复与重建比较集中的时期，但与唐宋时期不可同日而语；在兴建的过程中常常也有一些对旧寺或旧刻造像的追记，但全都不清楚以前的历史；且明清时期兴寺或造像题刻多与禅宗有关，形象受藏传佛教造像影响。

第三节　阿坝甲扎尔甲石窟

一、甲扎尔甲石窟概况

甲扎尔甲山位于四川西部阿坝藏族羌族自治州马尔康市白湾乡大石凼村，石窟位于甲扎尔甲山南侧山腰上（见图4-3-1）。山上人迹罕至，2009年全国第

图4-3-1　阿坝甲扎尔甲石窟位置与环境（四川省文物考古研究院提供）

三次文物普查发现该石窟并确定其为文物点，2013年国务院公布该石窟为第七批全国重点文物保护单位。洞口：顶部高程2481.6米，底部高程2471.92米。洞内有壁画及多座佛塔，当地传说与唐代密教大师麦若扎拉和白吉多吉有关，白吉多吉刺杀过灭佛的吐蕃赞普朗达玛。

甲扎尔甲石窟所在位置系阿坝州重要基本建设项目双江口水电站取土及淹没区，为配合基本建设做好文物保护利用工作，2016年起，四川省文物考古研究院以多学科合作方式，对洞窟本体及周围地区文物进行了调查[1]。调查认为，现存洞窟壁画始于明清时期，洞内部分塔的修建使用了现代水泥材料，可以确定洞窟一直使用至近现代。

双江口水电站修建区域绝大多数居民是藏族，甲扎尔甲石窟及其所在的山峰均是藏族百姓心中的神山，水库修建本身要涉及大量居民搬迁，搬迁会改善他们的居住环境，也会涉及神圣的甲扎尔甲石窟。在四川省文物考古研究院调查的基础上，复旦大学文物与博物馆学系于2017年围绕洞窟进行了民族学调查，认为甲扎尔甲山洞窟壁画的传说、信仰及宗教仪轨对当地居民影响很大，除壁画、塔、经卷、法器等文物外，洞窟及其环境也具有重要的文化价值。

为进一步加强对洞窟壁画历史、价值、宗教信仰、民族习俗的调查研究，深化洞窟壁画价值阐释，我们于2016年、2019年、2020年三次前往调查。除洞窟本体调查外，还调查了洞窟所在白湾乡大石凼村的民俗、宗教信仰，梳理了该区域宗教与艺术历史，确认了甲扎尔甲洞窟的性质、洞内壁画的年代与价值[2]。

---

1 在此基础上，结合洞窟所处环境状况，确定了将洞窟整体搬迁保护的方案，搬迁后的石窟将作为库区景点。本项目负责人雷玉华负责其中的民族学调查，并参与了洞窟考古相关工作。文中所用材料均来源于此项工作。

2 仁青卓玛、雷玉华、陈学志等：《阿坝甲扎尔甲石窟所在区域的民俗调查与分析》，《民族学刊》2024年第9期，第141—148页。

二、甲扎尔甲洞窟结构的保护性设计观察

调查发现，甲扎尔甲石窟为一座崖壁及地面局部经人工简单修整的天然岩洞，石窟遗迹分为洞外（洞口）、洞内两部分。洞口有天然崖体塌陷形成的平台，平台上有四座现代佛塔（尊胜塔）；洞内以基岩梯度变化结合片石砌筑的佛塔或隔墙，分为前、中、后三部分。洞口外平台宽敞，洞窟整体北高南低（前高后低），洞内前宽后窄，佛塔及隔墙表面绘满壁画（见图4-3-2）。

洞外天然崖体塌陷形成的平台基岩上覆盖着泥土，平面呈不规则半圆形，东西宽约9米，南北长约10米，平台上四座现代佛塔（尊胜塔）。平面为正方形，边长0.8米，通高1.2米。西侧崖壁残存壁画一铺；西南角临崖处立全国重点文物保护标示牌；东南侧崖壁及北侧崖壁有四则晚期藏文题记，主要是三皈依类祈愿文。洞窟内以片石砌筑的隔墙及塔，将洞室空间分隔为三个部分，隔墙、塔经过多次维修。

洞内前室地面较平坦，空间相对宽敞，平面呈不规则矩形，东西宽约4.1米，南北长约6.9米。三座现代佛塔位于入口隔墙内两侧及供台中间，呈品字形分布，规格与洞外佛塔一致。前室中心有片石砌筑的早期佛塔一座。

中室地面较陡，空间极其狭小，平面呈不规则形，东西宽约2.36米，南北长约3.8米。有片石砌筑的隔墙，隔墙呈上、下二阶。下阶宽1.08米、高0.63米，上阶宽1.15米、高0.72米。由天然岩体分割为东、西两部分，东侧宽1.15米，西侧宽1.2米。原有木门已残损，宽0.41米，门口有片石垒砌的石梯通向后室。门东侧石砌隔墙顶部已垮塌，长0.4米、宽0.8米、残高1.48米。

后室平面呈梯形，前宽后窄；地面为坡状，坡状地面渐收至北端，上下闭合；最宽处2.53米，长10.46米。入口处建一道隔墙，局部垮塌，长0.91米、厚0.46米、残高1.12米，隔墙内插木棒一根。根据与入口的位置关系推测，此隔墙是具有照壁功能的挡墙，为的是将后室独立出来，增强修行所需隐私性。挡墙

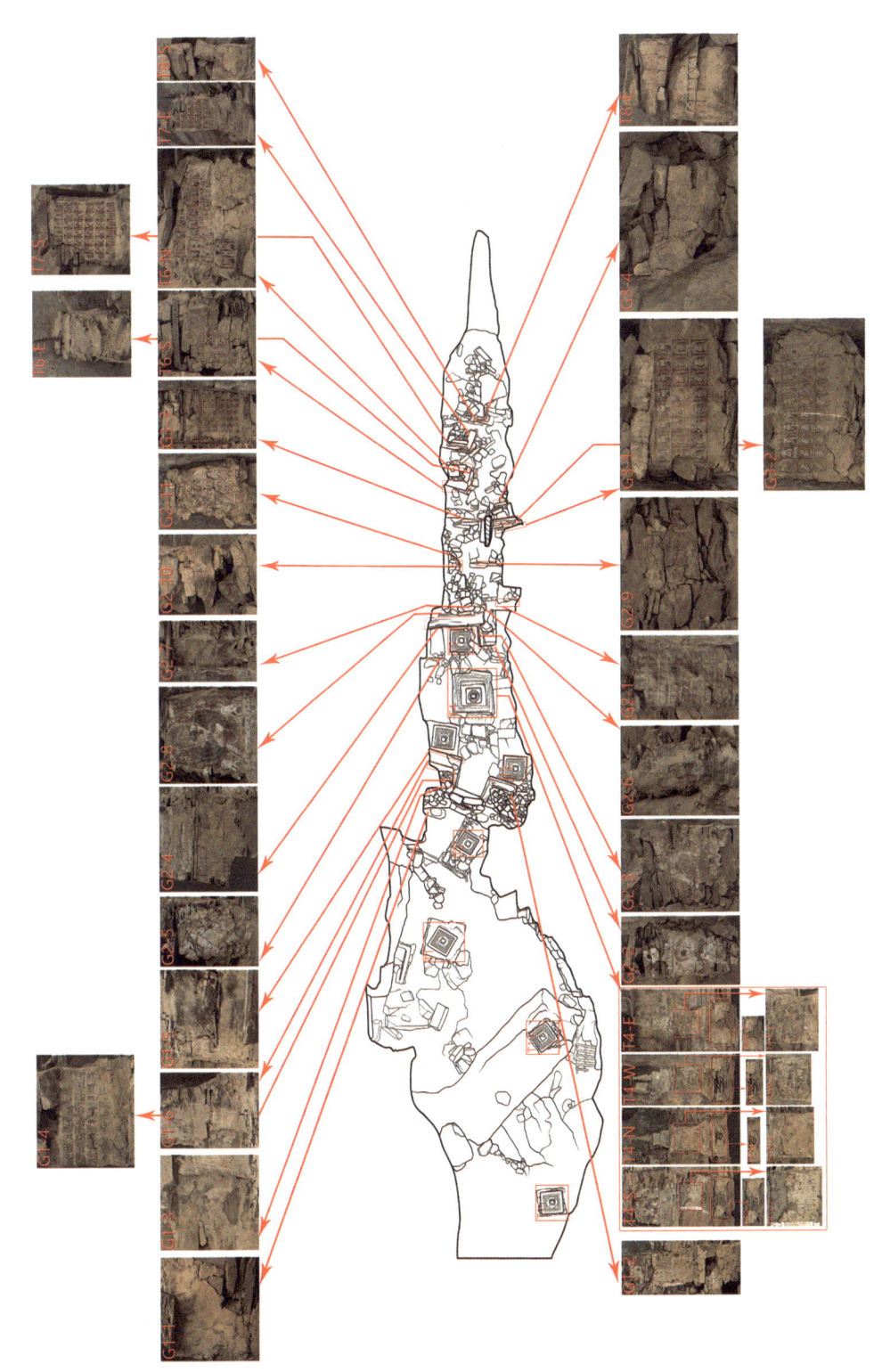

第四章　四川中西部及南部地区石窟窟前建筑　227

图4-3-2　阿坝甲扎尔甲石窟平面及壁画分布图（四川省文物考古研究院提供）

北侧纵向分布早期佛塔两座。

据观察，洞窟应为一处功能完善的宗教活动场所，洞外平台为日常活动空间，洞内三室的功能依次是瘗埋、礼拜、修行（闭关）。

洞窟内壁画附存位置与方式分三类（见图4-3-3、图4-3-4）：一是绘制在隔墙上，称为隔墙壁画；二是绘制在前室、后室残存的佛塔上，称为佛塔壁画；三是绘制在洞口西壁和洞内东壁自然崖面上，称为崖壁壁画。经统计，隔墙上有壁画9.28平方米，佛塔上有壁画5.78平方米，崖壁上有壁画12.46平方米，总计27.52平方米。壁画内容有无量光佛、释迦牟尼佛、空行母、本生胜乐金刚、十二臂胜乐金刚、祖师、莲花生大师等，内容与藏传佛教宁玛派有一定关系。

洞窟内壁画以密集排列的千佛方式绘制密教的本尊神，如胜乐空行海众、本生胜乐金刚、喜金刚、时轮金刚、舞蹈姿空行母，显教的释迦牟尼佛等图像。有少量的五方佛、大持金刚以及藏传佛教的祖师像。护法神较少，主要出现在前室中心塔的塔基部分。壁画大量使用红、蓝、白等强对比色调，以棋盘式对称布局为主，是明代吸收尼泊尔风格的绘画特征与当地文化元素结合的体现，与调查中发现的小金、金川地区苯教洞窟的明清壁画时代一致，显示出极浓的多元文化融合特征。

由于洞窟位于陡峭山崖高处，洞口平台以外一年四季风很大，因此，虽然处于南方，环境并不潮湿。洞窟前低后高的结构，使洞窟内外有自然的防水功能，无须窟前建筑。这座明清时期修整天然洞窟而形成的佛教石窟与河西走廊上甘肃永靖炳灵寺有420年题记的第169号窟形成原理相同：以自然洞窟稍加修整而成，无须窟前保护设施，也从来没有修建过保护设施。

三、小结

甲扎尔甲石窟洞内的人工砌筑石墙将其分隔为前、中、后三室。洞内有矿物颜料彩绘壁画及石砌大小佛塔，是该地区目前发现的内容最丰富、面积最大

北←—→南

图4-3-3 阿坝甲扎尔甲石窟洞窟剖面防水结构及壁画分布（四川省文物考古研究院提供）

图4-3-4 阿坝甲扎尔甲石窟洞内结构及壁画（四川省文物考古研究院提供）

的石窟壁画，为研究藏传佛教在该地区的传播、汉藏文化交融和发展提供了实物资料，也是多元文化在此交融的物证。其于明末清初形成，一直到现代都有新增建筑。结合多次调查情况看，洞窟内的主要壁画极可能绘于清代，且与洞窟附近白湾乡清代修建的东波寺有关。

大石凼村的民居和布局与其他地区嘉绒藏族建筑一样均系"垒石为室"，这与甲扎尔甲洞窟内的修筑方法相同，说明了修建者就是当地居民。洞窟以自然山洞为基础，前高后低，有自然防水效果，没有修建过保护设施。

第四节　乐山大佛

乐山大佛位于今乐山市市中区篦子街街道篦子社区，东距乐五公路1千米，位于岷江东岸凌云山沿江崖壁之上。大佛坐东面西，周围已编号的石窟、摩崖造像、题刻有200多个（见图4-4-1）[1]。

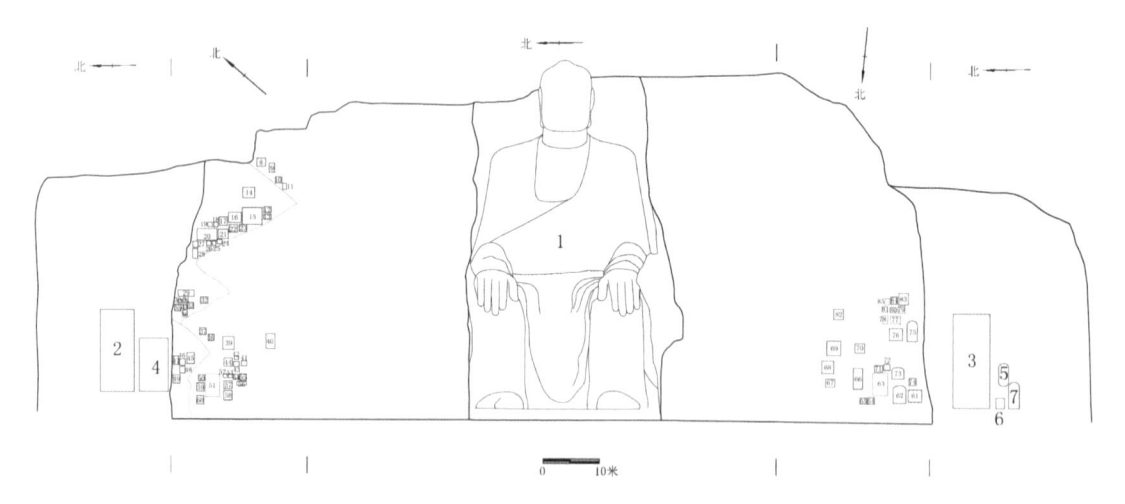

图4-4-1　乐山大佛立面图（乐山大佛石窟研究院提供）

---

[1] 四川省文物考古研究院：《乐山大佛摩崖造像群考古调查报告》待刊稿，乐山大佛石窟研究院提供，2013。

一、既往研究

目前乐山大佛最早的照片是1898年英国人立德夫人所摄，20世纪早期有多张照片留下来，乐山大佛石窟研究院收集到了大部分照片。从这些早期照片可见，1948年以前，乐山大佛破败不堪，没有任何保护设施，几乎完全被荒草湮没。新中国成立以后，乐山大佛被公布为全国重点文物保护单位，并设立了保护管理机构。

历代地方志和文人对乐山大佛及大像阁多有描述，后人关于大佛的历史研究多依据唐代刻于大佛右下方崖壁上的《嘉州凌云寺大弥勒石像记》。新中国成立后乐山大佛最早的维修是1962年，罗孟鼎先生对施工内容等情况进行了较详细的梳理[1]。1969年大佛右手指在龙卷风中受损，1972年进行了培修[2]。目前已刊布的较全面的大佛相关资料最早见于四川文物考古研究所等《治理乐山大佛的前期研究》、罗孟鼎《世界关注乐山大佛》。《治理乐山大佛的前期研究》比较全面梳理了20世纪之前乐山大佛的沿革、修缮历史[3]，由7个单位、23位科研及工程技术人员完成，是当时川渝地区石窟保护工程进行前置科学研究的榜样，可惜并没有进行前期考古调查，对大佛早期保护设施的遗迹缺乏关注与记录。《世界关注乐山大佛》对乐山大佛自新中国成立至2001年以前的几次维修都有记录[4]，虽比较简单，但刊布的几张维修照片使我们对维修时所见大佛的排水设施有所了解。2001年以后的维修都有较完备的工程档案，可惜都没有涉及大佛环境、保护设施及相关遗迹研究。

现代学者中对乐山大佛历史研究较有代表的是干树德先生，他对乐山及其

---

1 罗孟鼎编著：《世界关注乐山大佛》，巴蜀书社，2002，第128—132页。
2 罗孟鼎编著：《世界关注乐山大佛》，巴蜀书社，2002，第133页。
3 四川文物考古研究所、乐山大佛乌尤文物保护管理局：《治理乐山大佛的前期研究》，四川科学技术出版社，2002，第3—10、62—79页。
4 罗孟鼎编著：《世界关注乐山大佛》，巴蜀书社，2002，第128—133页。

周边，尤其是乐山大佛领域耕耘颇深，发表了《乐山大佛建造始末及其造型特征》[1]、《韦皋〈大像记〉碑史迹考略》[2]、《韦皋〈大像记〉三碑的碑文》[3]等文章，其所据资料重点仍然是《嘉州凌云寺大弥勒石像记》。2013年，四川省文物考古研究院配合大佛保护工程第一次对大佛及周边造像进行了考古调查，第一次弄清了大佛周围大量摩崖造像的数量、分布状况，并对龛像进行了科学记录[4]。此外，乐山大佛并没有引起过考古及历史文化学者太多关注。2023年西南民族大学的调查亦仅是对部分重要点位进行了观察。以下是2023年的观察结果。

二、乐山大佛窟型及相关遗迹观察

绝大多数观者认为乐山大佛是露天大佛，开凿者直接将一座山雕刻成了一尊佛，"佛是一座山，山是一尊佛"。仔细观察会发现，大佛其实位于类似于一座无顶的石窟内，石窟原有少许前壁，形成了两侧向中间稍稍合围的大佛窟口，在窟内左右壁大佛腿以下对应的位置还可以看到向前合围的前壁；前壁与左右壁呈直角转折向前合围形成窟口，当然，此"前壁"是否为了修建大像阁时"立柱"而留，目前不能确定，但客观上形成了无顶大佛窟的前壁。窟内只雕了一尊大佛，大佛充满了整个石窟，这一点与中原北方地区最早的皇家石窟云冈石窟第一期的特征相似。除历次大像阁留下的槽孔、施工架槽孔外，大佛窟内两壁极少有造像龛。而在合围形成的窟口外右侧崖面（北侧）上，则从底部到顶部雕满了造像龛，并开凿了九曲栈道及很多建筑留下的斜向凹槽、榫孔等遗迹（见图4-4-2）。

---

[1] 干树德：《乐山大佛建造始末及其造型特征》，《乐山师专学报（社会科学版）》1990年第1期，第10—15页。
[2] 干树德：《韦皋〈大像记〉碑史迹考略》，《中华文化论坛》1996年第4期，第57—67页。
[3] 干树德：《韦皋〈大像记〉三碑的碑文》，《文献》1994年第3期，第279—285页。
[4] 四川省文物考古研究院：《乐山大佛摩崖造像群考古调查报告》（2013年，待刊稿），对造像分布范围进行了分区、编号，对每龛造像数量、形象进行了描述，是乐山大佛首次科学的考古工作，为2023年的调查奠定了基础。

第四章　四川中西部及南部地区石窟窟前建筑　233

　　从窟口右壁（北侧）前部可以看到，大大小小的摩崖造像龛主要集中在九曲栈道外侧（西侧），内侧（东侧）只有上部开了几个小龛。这些摩崖造像龛因位于大佛开凿后形成的窟口壁面上，是大佛开凿后陆续形成的。开凿于九曲栈道内侧上部的几个小龛是唐代末期至北宋初期的造像风格（如第10号龛），而且在大像阁存在期间其所在位置会被阁顶遮挡，因此，它们应该是在大像阁已无存的情况下开凿的小龛。从大佛左侧（南侧）山顶上可以清楚观察到，右壁上这些龛所在位置其实是大佛窟窟口外的壁面，并非位于大佛所在的窟内。大佛所在的窟内壁面上几乎没有开凿摩崖造像龛。同时从摩崖造像龛分布图及右壁模型上还可以看到，现存九曲栈道的转拐正好将窟口的右侧崖面分割成了七个三角形区域，其中从下至上第三个三角形区域壁面上部及第四个三角形区域壁面上没有开凿摩崖造像龛；结合这里有众多榫孔，以及多道向外、向下的斜向凹槽等遗迹，并与左侧（南侧）对应位置观察（见图4-4-3），没有开凿造

图4-4-2　乐山大佛右侧壁崖面（2023年，雷玉华拍摄）

图4-4-3　乐山大佛左侧壁崖面（2023年，雷玉华拍摄）

像的这些区域正是大像阁梁架构建及遮挡的区域；从梁架遗迹看，此区域正是大像阁檐开始的位置。在九曲栈道分割出的从下至上第七个三角形壁面处有高低两块平台，应该是大像阁顶部承托梁架立柱的位置，在左侧（南侧）壁上部对应位置也有相似平台。左侧壁面历史上崩塌严重，因此残损严重。

大佛窟左壁（南壁）上部崖壁因崩塌，原状已失。窟口壁面外侧上部严重崩塌后留下的内侧部分崖面呈方形立柱状，立柱状崖面上有多道向外、向下的斜向凹槽，结合右壁对应位置的相同凹槽，很容易观察出是大像阁建筑遗迹。立柱状崖壁内侧有一个长方形平台，平台上方有一个巨大的方孔，是窟内梁架遗迹，2023年11月曾在此处发现数片灰色板瓦。立柱状壁面外侧崩塌的崖面上露出了一个中心柱窟（第76号窟），此窟前壁和左壁无存，但中心柱及中心柱正面造像龛保存完整。中心柱窟平面略呈椭圆形，半圆形立柱，背后有通道绕窟内一周，保持了中原北方地区中心柱窟的基本形制。中心柱窟左壁临江，左壁崩塌后露出了背后通道。中心柱正面开圆拱形龛，龛内造阿弥陀三尊及五十二菩萨像。大佛窟口左壁下部，晚期开凿了较多摩崖小龛，风化严重。下部除风化残损外，似无崩塌。

从大佛位于无顶大窟内的情况推测，极大可能是自大佛开成，即以大像阁代替窟顶，形成顶上的木构阁顶与四面石壁共同构成的大佛窟的独特结构。大佛需要有庄严的形象，因此，在雨多且极容易生长植物的红砂岩上雕造佛像，不可能设计为露天无遮护形态，头顶一定有保护设施。

三、关于九曲栈道的观察

现在使用的九曲栈道是20世纪用水泥加固、增加了铁栏杆形成的，人们大多以为系唐代开凿大像时同步开凿。仔细观察发现，现在使用的梯道护栏外侧还有一条与现存步道平行的梯道，局部尚保存完好，且比现代梯道略宽（见图4-4-4）。现代水泥梯道内侧，紧贴崖壁有另一条梯道，仅在第14、15号龛前可

第四章　四川中西部及南部地区石窟窟前建筑　235

见少量遗迹。很明显，此梯道开凿时破坏了第14、15号龛前底部崖壁。同时，从第14、15号等龛前崖壁上的凿痕可以看出取条形石材的凿痕，这些凿痕使崖面上的摩崖造像龛底部变薄，说明取石材的时间晚于这几个大龛的开凿时间，很可能与开凿晚期栈道同时进行。

从上往下，九曲栈道开始处有一个大龛，编号8，中间主尊及左侧崩塌无存，仅存右半部分，底部悬空，龛内为千菩萨、千佛或阿弥陀佛与五十二菩萨造像已不能确定。从残痕可以推测这是一个盛唐以来流行的佛帐形龛，右上角龛柱尚存。此龛为大佛窟外右侧、九曲栈道内侧唯一与大佛同向的造像龛，仅从位置观察，是此崖面上唯一可能与大佛同时或更早开凿的摩崖造像龛，而其他龛全部位于大佛开凿之后形成的崖面上。其龛内右上方被一个方形小龛打

图4-4-4　乐山大佛九曲栈道外侧阶梯遗迹（2023年，雷玉华拍摄）

破，此方形小龛编号8-1，龛内造八尊坐像，从造像风格上看可能是晚唐前后雕刻。第8号龛底部崖壁崩塌悬空，从位置看极可能是最后一次开凿九曲栈道导致的崖面崩塌。

第8号龛下方的第10号龛，龛前部无存，龛口左侧像仅存部分，且底部悬空，明显系现代水泥加固栈道之前最后一次向崖壁内掏、开凿栈道时凿掉了其底部崖壁。龛内主尊为戴风帽的地藏，此类地藏造像在川渝地区主要流行于唐末以后，以五代、北宋最多。由此推测，现存此段栈道拓宽或重新开凿的时间最早只能在唐末五代以后，甚至更晚。目前此段栈道现代增补的栏杆又有部分悬空，证明崖壁仍然在风化残损中，其风化残损速度快于同时期其他位置。且此段栈道从大佛窟内转向江面方向时（从东转向西），转拐处有后来向崖壁内掏拓宽的痕迹，很可能正是此次向内拓宽，将上述第8、10号龛附近崖面损坏，以致崩塌。

从大佛窟口右侧崖壁上初步可以观察到，从早到晚至少有四个时间段的遗迹：一是大佛、大像阁遗迹、现代水泥加固栈道栏杆外侧的第一次栈道；二是包括第14、15号龛在内的摩崖造像龛；三是第14、15号龛前仍然可见的、打破了龛前壁面的第二次栈道遗迹，第8、10号龛下方栈道转角处向崖面内二次拓进的痕迹，第14、15号龛等前部的取条形石材的遗迹，继续开凿的摩崖造像龛；四是在第二次栈道基础上开凿的、现在仍在使用的第三次栈道。每个时间段的几种遗迹又各有相对早晚。

从大像阁留下的各类梁架孔、凹槽遗迹观察，大佛窟口右侧崖壁所有摩崖造像龛全部开凿于大像阁遮挡之外，甚至可以清楚看到九曲栈道是在大像阁外侧开凿。九曲栈道边第10号龛左侧即大像阁顶部梁架立柱的平台，现在此梁架平台下部因崖面崩塌已悬空。大佛窟左侧崖壁上对应位置也有平台遗迹。同时，此立梁架的平台与第10、15号龛之间内侧是九曲栈道转角处（从东转向西），此处栈道在原有基础上第二次向崖壁内拓展的痕迹明显（见图4-4-5、图4-4-6）。

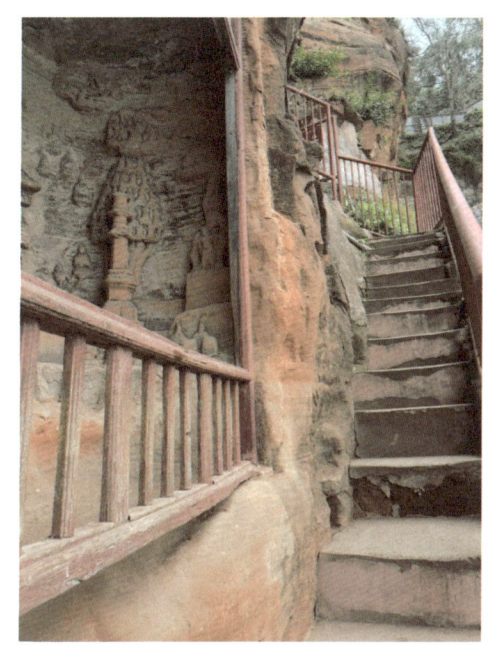

第四章　四川中西部及南部地区石窟窟前建筑　237

图4-4-5　乐山大佛九曲栈道及内侧阶梯遗迹（2023年，雷玉华拍摄）

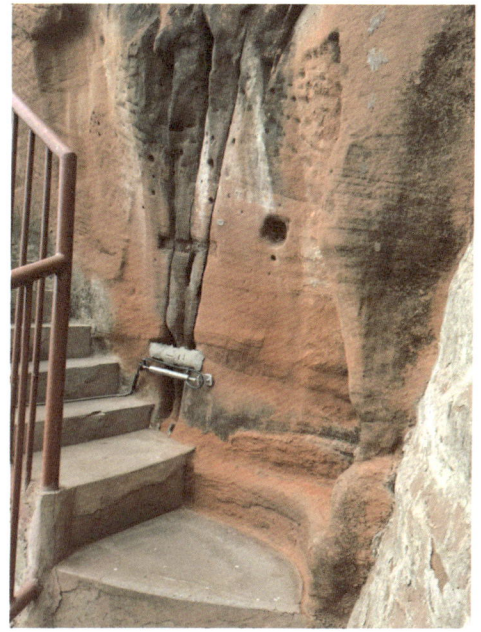

图4-4-6　乐山大佛九曲栈道转角处二次向壁面内掏扩展遗迹（2023年，雷玉华拍摄）

四、乐山大佛左右侧壁造像相关遗迹观察

从乐山大佛的模型图上可以清楚地看到，大佛左右壁均有摩崖造像分布。

（一）大佛右侧立面

大佛窟右壁上有大量摩崖造像龛，而且主要集中在窟口壁面前部，后部及窟内极少。从大佛窟右侧立面上可以清楚看到造像龛集中于九曲栈道外侧大像阁遗留的梁架孔、凹槽外侧（东侧），有大像阁遗迹的崖面几乎没有造像龛，大佛窟内也极少有造像龛。大像阁外侧造像题材多样，主尊多为阿弥陀佛、观音、弥勒佛等，组合形式多见一佛二弟子二菩萨、三佛二菩萨二力士、阿弥陀佛与五十菩萨、地藏、天宫楼阁式净土变等内容，其中与乐山大佛同姿势的倚坐弥勒佛像最多。开龛位置随着时代变化有所不同，除第8-1、10号龛等极少数小龛可能开凿于唐末至北宋初期外，绝大多数为唐代中、晚期开凿。

（二）大佛左侧立面

大佛窟内整个左侧崖壁保存较好，大佛左膝以下对应的窟壁上长方形平台保存较完好，平台上方壁面上有巨大的横梁孔，平台以下崖面风化严重，后代开了"天洞"等遗迹，现代又开凿了隧洞以与九曲栈道形成游览大佛的环道出口。窟内壁面上几乎没有开凿摩崖小龛像。窟口壁面上部外侧崩塌后露出了一个中心柱窟（第76号），内侧与右侧窟口壁面上梁架凹槽、孔洞对应位置有相同遗迹。下部后期开凿了较多小龛，但风化极严重。

（三）大佛外立面

大佛外立面左右两侧遗迹不多，现存左右两侧各有一尊毗沙门天王像（右侧者编号2，左侧者编号3）、一方摩崖碑刻（大像碑）、两个小龛遗迹。两尊天王像龛各自有后代单独修建的人字形木构龛檐遗迹。

五、小结

从上面的遗迹观察可以得知，大佛位于一个无顶、有少许前壁的大石窟中，大石窟的形式特殊：有合围的前壁，无顶，而以木构的大佛楼阁遮护大佛顶部。窟内则沿袭了北方石窟大佛几乎充满整个空间的传统。大佛窟口两侧崖壁有崩塌，但两边大像阁留下的梁架孔、槽遗迹清楚，且对称分布。大佛窟口左侧的九曲栈道位于大佛阁之外，经过多次开凿，现在能观察到三次以上开凿痕迹。在现代水泥加固栈道之前最后一次开凿时破坏的小龛最晚的应为10世纪（唐末至北宋初），并在崖面上留下了清晰的取石材的錾凿痕迹。现在能看到的最早的栈道位于现代水泥加固栈道栏杆外侧，中间一段保存尚好。大佛窟口两侧从唐代开始即开凿了大量摩崖造像龛，目前所见最晚的应开凿于唐末至北宋初，其全部位于栈道两侧、大像阁不能遮挡的崖面上，由于栈道紧邻大像阁外沿开凿，因此摩崖造像主要位于栈道外侧。

现存遗迹虽不能确定大佛与最初的栈道是否同时开凿，但是可以清楚地看到，现存第二、三次栈道晚于大佛窟口的摩崖造像龛群开凿，且对它们有不同程度的打破，大佛窟口的摩崖造像龛有意避开了大像阁的遮挡。

第五节　川西、川南散见小型摩崖造像点

一、夹江千佛岩

夹江千佛岩位于四川乐山夹江县城西约3公里的青衣江边，江边开凿出的石梯道斜向穿过崖壁，是洪雅至乐山的一条古道，古道至今仍在使用。崖前古道旁有现代引水渠。造像分布于古道石梯两边崖壁上，现存100多个唐代摩崖造像龛。大多数造像龛分布在内侧崖壁上，一些小龛分布于道路外侧下方低矮的石包上。路旁崖壁中间有一小块平台，现在其上建有防护栏及供游人休息的亭台。

从崖面遗迹观察，除了开凿时结构设计上有防水考虑外，分布于路旁的造像龛群崖壁顶部也凿出了大范围的石檐，最初大多数造像龛应当以此方法防水（见图4-5-1、图4-5-2）。至今崖顶石檐残损的情况下，绝大多数龛内并无水害。道路外侧低矮石包上的小龛龛型结构也有防水功能，但因地势低且潮湿，许多龛有水蚀和生物病害现象，但并非雨水或地表水所致，而是因为所处位置低，被大量植被覆盖，又靠近河边，下方又有水渠等。

从崖面上观察，崖面上曾经有过人字形龛檐（见图4-5-3），但从现存龛檐遗迹位置与范围观察，龛檐都不是为某一龛单独修建，而是覆盖了下部多个并非统一规划开凿的小龛。其覆盖的小龛从龛型结构、大小、位置等方面观察，不是统一规划开出的组龛，因此现存的人字形龛檐遗迹均非开龛之初所建，而是后代形成，修建年代不详。

图4-5-1　夹江千佛岩入口（岩穴下的造像龛无须龛檐）（2020年，雷玉华拍摄）

图4-5-2　夹江千佛岩河边栈道及石檐（乐山市美术馆提供）

图4-5-3 夹江千佛岩石檐及两组人字形木构龛檐遗迹（乐山市美术馆提供）

二、邛崃石笋山摩崖造像

石笋山位于邛崃市大同镇景沟村，山背后即是小金县，崖前道路是古代通往小金的道路，今已废弃不用。崖壁正中最早开凿了大佛龛，大佛顶部岩石有防水效果（见图4-5-4）。之后大佛龛两侧依次开凿了30多龛摩崖造像。崖对面平地边缘有一个石包，形如竹笋，因此名为石笋山。

从崖壁对面观察，可以清楚看到大佛两侧小龛上方崖顶有经过修整的大石檐，虽然一些地方残损了，但还可以清楚观察到。陡峭的崖壁对面有一块平地，平地上有现代小寺庙，从地形和位置观察，也可能是古代寺院所在，因造像崖壁前没有修建任何建筑的余地，也没有如大型石窟开凿前那样斩山。

大佛右侧一个大造像龛有唐大历三年（768年）造像题记，大佛左侧崖壁最边缘的千手观音造像则是唐末雕刻，证明石笋山摩崖造像全部开凿于唐代后期。

图4-5-4　邛崃石笋山山顶有保护大面积造像龛的整体石（2001年，雷玉华拍摄）

三、眉山中岩寺摩崖造像

中岩寺位于眉山青神县东南9公里的瑞峰镇中岩村岷江东岸一个山湾中，区域面积达26平方公里，是著名风景区。这里是唐代蜀中著名僧人柳本尊的活动地点之一，当地亦有关于苏东坡的传说。

山湾内有上、中、下三寺，统称中岩寺，至今寺院遗迹尚存，是唐、宋时期的蜀中名寺，有许多宋代以来的摩崖题刻。沿山湾两侧至山顶有游道，山湾中游道旁有多处摩崖造像。其中山湾顶部造像龛位于巨大的岩穴下，无须保护设施。沿途路边的摩崖题刻及小龛造像均将崖顶修整作檐，或利用岩石的自然倾斜度保护造像龛，无须另建龛檐防雨。其中有较大造像龛的地方，崖壁中间进行修整，凿出规整的仿木构建筑重檐状的石檐，重檐下往往有一组造像龛

（见图4-5-5）。与川北巴中等地将佛龛雕成有佛帐形状的重檐不同，巴中的重檐佛帐仅限于内层龛，主要是龛的形制需要，实用与观赏功能兼具，而此处重檐是在崖壁上造像龛上方将崖壁凿成檐状，主要是功能性的，与真正的"屋檐"一样，有防水作用，目前仅见于眉山中岩寺。这些大石檐下的造像龛均开凿于唐代后期，龛中造像多为泥塑彩绘，与沿路的小龛像不同。在泥塑像龛内往往有石砌台座等遗迹。同一石檐下组龛之间的隔柱也有用石条加固现象。

图4-5-5　眉山中岩寺的一组有共同石刻重檐的造像龛（晚唐）（2021年，雷玉华拍摄）

四、眉山广慈庵摩崖造像

广慈庵摩崖造像位于四川眉山青神县白果乡五嘉坝村五组广慈庵，分布在马儿山西侧一条山涧小溪沿线崖壁上，散布于深丘地貌中。该处属四川盆地西南边缘，岷江中游龙泉山脉尾段，周围植被茂密，灌木、藤蔓丛生。造像始建于宋代，现存3个洞窟、7则题记。现无窟檐及附属建筑，东面距一村民家房屋约300米，造像下方（南面）约20米处有一条山涧小溪由东向西流过。摩崖造像附近有广慈寺遗址，雍正八年（1730年）创建，乾隆三十年（1765年）重修，今寺无存。

第1号龛坐西北向东南，宋代开凿，现为空龛；龛楣装饰连续如意云纹，龛楣与龛柱刻匾额及楹联，早年被凿毁。第2号龛为宋代开凿的十六罗汉龛，坐东北向西南，以三个连续的拱形门形成窟前统一廊道，同时结构上也具备了防风避雨的功能（见图4-5-6）。拱形门内弧壁平顶，通高290厘米、总宽1230厘米、深180厘米。龛内造19尊像，残存装彩痕迹。窟左侧题刻"罗浮馆"，正壁残存《宋端平乙未中秋前吉/资郡龙水史大震作像》《嘉靖十三年四月》两则

图4-5-6　眉山广慈庵第2号龛的廊檐（未小妹提供）

题记。距其西侧（窟右）约20米岩壁上残存《广慈庵》《龙泉阡》《罗浮山》等大型题刻。第3号窟是位于山顶的中型石窟，坐东南向西北，宋代开凿。洞窟立面呈横长方形，平面呈甲字形，直壁平顶，前室高193厘米、宽约600厘米、深340厘米，窟底距地面360厘米。洞内有天花藻井装饰，正壁中间开长方形龛1个，残存浮雕仿木窟檐雕刻，左壁开3个龛，右壁现存2个龛。洞内残存15尊造像。洞内原有保存较好的宋代造像22尊（有童子、侍女等形象）、题记8则，2006年被盗，后追回部分文物，现存于县文物保护中心。山脚沟口处还有零散小龛和题刻。

据现场观察，此处造像龛和山顶石窟开凿较深，且都利用了预留石柱支撑（窟）龛顶部岩体。虽然目前石柱均出现不同程度的风化崩解，直接影响窟（龛）的稳定性，窟（龛）内部也出现了裂隙渗水、微生物滋生、石材表面风化等多种病害，但至今雨水、地表水无法进入窟（龛）内，所以原来规划开凿时，窟（龛）的前廊结构设计就解决了雨水、地表水问题，至今也没有发现其他保护设施遗迹。

五、小结

四川中西部及南部除成都平原之外以山地为主，造像崖壁陡直的地方往往如夹江千佛岩一样以崖顶岩石凿成整体石檐，再于其下造像。虽然造像不是统一规划，但在开凿山顶石檐时，显然留有稍后开龛造像的余地，即在一处崖面上计划出一个时期内陆续有人来开龛造像的位置，最早开凿的造像龛位置居崖壁条件最好、最容易开凿处，后开凿者向两侧、上下崖壁陆续发展。

调查发现，四川中西部及南部有大量的小型摩崖造像点，所有造像龛在开凿时都有防水设计，而且一些传统设计至今仍然被工匠们采用。其中，利用自然岩石做檐的最多，其次是龛外辅助设施。例如，邛崃石笋山现存30多龛造像，除了1窟大佛外，其余全部系将山顶岩石整体修整成大石檐以保护摩崖造像。眉山中岩寺等则是雕凿整体大石檐、几个龛一组共雕出一个如屋檐状的石檐、借助自然岩穴等多种方法兼用。其中直接在岩穴下造像、无须龛檐者,非常普遍。

一些以石作檐的造像龛至今不需要新建保护设施,仍然无水害。眉山中岩寺的石檐是在山崖中间专门为一组造像龛凿出形如双层屋檐的石檐,类似重檐,但它与大多数地方利用崖壁顶部岩石,以自然形状稍加修整形成一个大石檐不同。

因此,以岩石作龛檐又分两种:一是将整个崖壁顶部做成一个整体或者可以保护数个造像龛的通檐,檐与造像龛的龛型无关。二是为单个龛或一组龛单独作石檐。这个情况又分为两种:将外龛上层做成檐状,檐是龛结构的一部分;在龛上面将崖顶做成檐,檐与龛型及龛的结构无关。

第五章
四川东部地区石窟窟前建筑

四川东部地区以安岳境内石窟和摩崖造像最多。安岳位于四川盆地中、东部丘陵地带，东依重庆潼南区，北与遂宁安居区相邻，西连资阳雁江区、乐至，南接内江东兴区，地跨涪江、沱江两江流域。安岳有佛教道教摩崖造像200多处，是四川摩崖造像地点最多的县。四川东部地区的摩崖造像大都在平缓山坡或田间地头低崖上，窟（龛）的开凿环境相似，保护设施基本相同。在进行了全面调查的基础上，我们选取分析安岳圆觉洞和卧佛院两个点位，它们分别代表两类开凿环境，同时对其他造像较少的全国重点文物保护单位的保护设施状况略做介绍。

第一节 安岳圆觉洞

一、圆觉洞概况

圆觉洞位于四川安岳县城南云居山[1]上，在安岳大量的唐宋石窟和摩崖造像

---

[1] 云居山，根据圆觉洞第69号龛题记，五代称灵居山。北宋太平兴国年间（976—983年）乐史《太平寰宇记》卷87《安岳县》作"灵居山"。王象之《舆地纪胜》卷158《普州》仍作"灵居山"（第5册，中华书局，1992，第4291页）。此后，方志中皆作"云居山"。圆觉洞，王象之《舆地纪胜》卷158《普州》云"灵居山……其上为真相寺，有千佛龛"（第5册，第4291页）。又云"千佛院，在城东灵居山，寺上有圆龟（觉）洞、葛仙洞、翼然亭，今名真相寺，皆镌石为佛像，形容奇古"（第5册，第4289—4290页）。据此，圆觉洞原称千佛院，北宋大观二年（1108年）前后改称真相院（见第14号龛题刻），南宋庆元四年（1198年）左右已改称"真相寺"（见第9号龛题记）。

中，圆觉洞是最重要的地点之一。

圆觉洞现存1个洞窟，71个摩崖造像龛，造像题材丰富，其中多龛造像有纪年，是唐、五代、宋代四川佛教、道教石窟和摩崖造像的代表。依现存窟（龛）的特征与造像风格，结合纪年题记，其造像可以分为唐、五代、宋等几个时期，各个时期风格特征明显，且主要造像的性质有所不同。这些造像不仅反映了唐、五代、宋三个阶段该活动场所宗教性质的变化，也反映了当时儒释道三教在民间信仰中的状态。

云居山峰顶平面略呈三角形，长边呈东西走向，造像主要分布在山顶东北面和南面山崖上（见图5-1-1）。东北面山崖陡峭，以宋代龛像为主；南面山崖相对平缓，以唐、五代龛像为主。编号从东北面山崖西端开始，然后从西向东经造像区东端绕到南面，再从东向西至南崖西端结束。现存龛像、题刻等共编72个号，南崖造像分为上下两层。

图5-1-1　安岳圆觉洞环境图（2021年，雷玉华拍摄）

第五章　四川东部地区石窟窟前建筑　249

对安岳圆觉洞的调查始于20世纪50年代，吴觉非《四川安岳县的石刻》简要介绍了圆觉洞的基本情况[1]。20世纪80年代初，郭相颖等对安岳石刻进行考察，除对圆觉洞重点窟（龛）造像有简要记录外，还抄录了部分碑刻铭文[2]。此后，胡文和、陈昌其、王家祐、邓之金、傅成金、唐承义、刘长久等多位学者对圆觉洞进行过考察[3]。受条件限制，或因调查者关注点不同，这些资料及相关研究都不够全面或有讹误。2002年，在四川省文物局的支持下，北京大学佛教考古研究生班在四川举办，并选择安岳圆觉洞作为实习地点之一，学员们历时近两个月，对圆觉洞进行了较详细的调查记录与考古测绘。带队教师李崇峰先生在此基础上完成的《安岳圆觉洞窟群调查记》[4]，对圆觉洞现存最早洞窟、南崖聂公像、北崖东部金峰长老真身龛，以及圆觉洞的开凿年代进行了考证，特别是对圆觉洞开凿年代的考订，纠正了过去人们对铭文的误读。2013年，雷玉华、王剑平整理并公布了研究生课程班学员的调查成果[5]，将圆觉洞造像分为盛唐至晚唐、五代、宋代三个阶段，明、清、民国时期则主要是装彩、题刻、改刻、修补等活动。2007年，中德合作开展了圆觉洞第10号龛保护项目，以保护

1　吴觉非：《四川安岳县的石刻》，《文物参考资料》1956年第5期，第47—50页。
2　郭相颖：《安岳石刻考察记实》，见重庆大足石刻艺术博物馆、大足县文物保管所编《大足石刻研究文集》，重庆出版社，1993，第308—338页。
3　主要有胡文和、陈昌其：《浅谈安岳圆觉洞摩崖造像》，《四川文物》1986年第1期，第22—25页；胡文和：《论地狱变相图》，《四川文物》1988年第2期，第20—26页；王家祐：《安岳石窟造像》，《敦煌研究》1989年第1期，第45—53页；邓之金：《安岳圆觉洞"西方三圣"名称问题探讨》，《四川文物》1991年第6期，第34—36页；傅成金：《再识安岳圆觉洞摩崖造像》，《四川文物》1991年第6期，第36—40页；傅成金、唐承义：《四川安岳石刻普查简报》，《敦煌研究》1993年第1期，第37—52页；刘长久主编：《安岳石窟艺术》，四川人民出版社，1997。
4　李崇峰：《安岳圆觉洞窟群调查记》，见重庆大足石刻艺术博物馆编《2005年重庆大足石刻国际学术研讨会论文集》，文物出版社，2007，第565—577页。其中第9号窟（圆觉洞）过去多根据清代《安岳县志》认为是北宋庆历四年（1044年）开凿，此次调查，确定系南宋庆元四年（1198年）开凿，即圆觉洞开凿的时间正是大足宝顶大佛湾工程进行之时。
5　成都文物考古研究所、北京大学中国考古研究中心、安岳县文物局：《四川安岳县圆觉洞摩崖石刻造像调查报告》，见四川大学博物馆、四川大学考古学系、成都文物考古研究所编《南方民族考古》第九辑，科学出版社，2013，第365—449页。

项目为依托编写了《安岳石窟圆觉洞保护研究》[1]文集，涉及圆觉洞的环境、岩石条件、保护材料及部分题材研究。2019年，四川省文物考古研究院再次对圆觉洞进行了考古调查，在前人调查的基础上，以现代科技手段重新测绘了全部龛像图，公布了更清晰的照片资料[2]。

二、圆觉洞造像开凿的时代及场所性质

中国南方摩崖造像往往有佛道融合，甚至三教融合的情况。考古调查研究发现，圆觉洞不仅有佛道合一摩崖造像龛，而且整个场地随时间变化，其性质也不同，这在已知的石窟和摩崖造像点中并不多见。

（一）盛唐至晚唐时期

圆觉洞最早的龛像为盛唐时期开凿，现存南崖第71号龛开凿于开元二十四年（736年），系当地沙门玄应受地方官员黎令宾之托为黎父开凿的道教天尊像；东北面崖现存的第4号龛为宋塔，宋塔东侧（右侧）打破了至少两个小龛（第4-1和4-2号龛）。第4-1号龛是道教造像龛，与第71号龛像风格相似，应系同时开凿，即唐代开元时期所凿。该龛现仅存右壁三尊像痕迹和龛口外之力士，其中右壁三尊像最外侧者可以看出为一女冠像。第71、4-1号龛均为外方内圆拱形龛，龛楣上有浮雕六曲葵形花瓣，是安岳盛唐时期龛楣和造像头光上的典型装饰纹样。二龛造像内容均为道教造像。沙门玄应同期在安岳城东的千佛寨造有佛像龛，施主同样是黎令宾。从这些资料看，圆觉洞开创初期以道教造像为主，很可能是道教场所。第71号道教天尊像造像铭文书写者玄应却是"上座沙门"，说明四川民间佛教僧人并不排斥道教活动。在卧佛院还有玄应的刻

---

[1] 四川省文物局、德国慕尼黑工业大学、成都文物考古研究所编著：《安岳石窟圆觉洞保护研究》，科学出版社，2015。

[2] 四川省文物考古研究院、西北大学文化遗产学院、安岳县文物保护中心：《安岳圆觉洞——四川安岳圆觉洞石窟考古调查报告》，文物出版社，2019。

经及题记，证明僧人玄应既可以造道像，也可以造佛像佛经；黎令宾一家既是佛教造像的功德主，也是道教造像的功德主，从中可见开元时期四川民间信仰中佛道融合的状况。同时，从现存石窟和摩崖造像资料可知，唐代开元时期，安岳县城附近有两处重要公共文化活动场所：一为佛教场所千佛寨，一为道教场所灵居山（即圆觉洞）。因为佛教僧人沙门玄应在当地地位高、影响大，当地的佛、道二界活动他都会参与。从现存造像状况、规模，以及千佛寨、圆觉洞与县城的距离等情况，甚至可以推测，唐代开元时期圆觉洞与千佛寨分别是安岳县最重要的道教和佛教名山。

王象之《舆地纪胜》卷158《普州》云"灵居山……其上为真相寺，有千佛龛"[1]，又云"千佛院，在城东灵居山……今名真相寺"[2]。以现存遗迹观察，其中"千佛龛"很可能是指南崖下层正中并列的两个大龛——第42、47号龛，其开凿时间约在晚唐，下限可能至五代。第42号龛内为千佛，第47号龛内为千菩萨，均是西方净土题材[3]。第42、47号龛是圆觉洞南崖最大龛，且并列位于南崖中间最好位置，显然开凿期间这里是佛教场所，同期不见道教造像。从第42、47号大龛开凿的规模、位置等情况看，晚唐时期圆觉洞已改为佛教场所了。

（二）五代时期

五代时期，东北崖上仅有第11、12、13号等几个造像龛。南崖上层全部及下层大部分大型龛均开凿于五代，主要有第21、22、23、26、33、34、35、37、40、43、56、58、59、60、62、63、65、67、69号等龛。其中，多龛有明确纪年：第22号龛为前蜀天汉元年（917年），第69号龛为武成二年（909年），第58号龛为广

1　（南宋）王象之：《舆地纪胜》卷158《普州》，中华书局，1992，第4291页。
2　（南宋）王象之：《舆地纪胜》卷158《普州》，中华书局，1992，第4289—4290页。
3　西方净土造像常以阿弥陀佛与五十菩萨或天宫楼阁及众多菩萨为特征，其实《佛说无量寿经》中也有千佛的内容："又众宝莲华周满世界，——宝华百千亿叶，其叶光明无量种色，青色青光，白色白光，玄黄朱紫光色亦然……华中，出三十六百千亿光，——光中，出三十六百千亿佛，身色紫金相好殊特，——诸佛，又放百千光明，普为十方说微妙法。"（曹魏）康僧铠译：《佛说无量寿经》卷上，见《大正新修大藏经》第12册，影印本，新文丰出版公司，第272页。

政四年（941年）等。造像题材有大悲观音、白衣观音、十六罗汉、地藏十王、西方三圣、毗沙门天王、三世佛、佛道合龛、揭谛明王等。从数量和规模上看，五代时期是圆觉洞造像最兴盛的时期。其中第12号龛是五代禅宗高僧金峰长老的灰身塔，有铭文"金峰长老真身宝龛"[1]。第13号龛内造三头六臂明王像，系明德四年（937年）僧令瑢雕造的揭谛明王神[2]。第21号龛为三教合龛造像。第22号龛系前蜀天汉元年（917年）社首赵义和带领邑社成员开凿的三世佛、白衣观音、七佛等。第42号唐代龛内，于五代时期补凿了一龛骑牛菩萨和五头牛（包括主尊坐骑），根据大足北山第209号龛相同造像的题记，可知其为解冤结菩萨[3]。十六罗汉是五代时期最多的题材，第33、39、40、63、69号龛均是，其中第69号龛开凿于武成二年（909年）。晚唐、五代时期有多位画家在成都的寺院中绘制过十六罗汉图像，如卢楞迦、张南本、张玄、丘文播、李怀让、杜子瓌等，可证晚唐、五代时期十六罗汉图像在四川很流行。已经发掘的成都邛崃龙兴寺遗址中，宋代就有了专门的罗汉殿，通过圆觉洞的十六罗汉造像或可大略窥见当时画像之情形。

五代时期，圆觉洞佛教内容题材居多，是一处佛教场所，但有佛道合龛造像，反映出当时至少在民间思想及信仰层面上二教的确已经融合。

（三）宋代

宋代造像全部分布在东北面，最重要的有第4号塔，第7、10、14号龛及第9号窟（圆觉洞）。开凿最早的可能是位于崖壁正中的第10号龛，其次是第10号龛右侧的第14号龛（开工于1099年，完工于1107年，1108年立碑记其事），再次是第10号龛左侧的第7号龛，最晚的是南宋庆元四年（1198年）的第9号窟

1　李崇峰：《安岳圆觉洞窟群调查记》，见重庆大足石刻艺术博物馆编《2005年重庆大足石刻国际学术研讨会论文集》，文物出版社，2007，第570页。

2　王家祐：《安岳石窟造像》，《敦煌研究》1989年第1期，第45—53页。

3　大足北山第209号龛外石壁有"囗无大圣解冤结菩萨壹身"题刻，参见重庆大足石刻艺术博物馆、重庆市社会科学院大足石刻艺术研究所编：《大足石刻铭文录》，重庆出版社，1999，第22页。宋代安岳千佛寨、灵游院摩崖造像中都有解冤结菩萨。

（圆觉洞）。第10号龛处于崖面中间较好的位置，往东崖面有一道大裂缝，第14号龛位于裂缝以东，现在其东侧（右侧）龛壁已大部分塌落。第10号龛中释迦造像与第14号龛中之观音造像虽风格相似，雕刻年代和手法相近，但第14号龛造像铭记中并未提及第10号龛，所以二者应不是同时开凿的。从崖面位置和保存状况看，第10号释迦龛是东北面崖壁造大像最好的位置，其选择位置的时间应比第14号莲花观音龛早。第7号净瓶观音像与第10号龛之间有一个自然转折，第7号龛位于崖壁相对向内凹进的位置，龛底部明显低于第10号龛，龛内供养人也不像第14号龛那样立于规整的小龛中，整体看不如第14号龛规划整齐，因此，很可能第7号龛开凿的年代在第14号龛开凿完成的1108年之后。

位于南崖下层的第47～54号龛所在壁面雕刻的山峦、云纹，与大足宝顶山牧牛图等处的表现方法和形式非常相似，且此处雕刻的"图南仙迹"等题刻应是后人对五代、宋初著名道教人物陈抟活动地点的追述，很可能系南宋或更晚时期雕刻。

宋代圆觉洞造像全系佛教内容，而且有碑刻记其寺名为"真相寺"，明确属于佛教场所。

（四）宋代以后

明代的题刻有"龟鹤"二字，清代题刻主要有立于第12号龛内的光绪四年（1878年）碑，第15、18、19号题刻，第20号石龟可能也是这一时期雕刻的。东北崖的第12号龛内有光绪四年（1878年）重装真相寺碑铭，铭文内容记录了目前知道最晚的一次较大规模装彩活动，当时仍然叫真相寺，现在东北面大像上以蓝色为主色调的彩都是那次装彩留下的遗迹。南崖部分造像上留有以白色和黑色为主色调的装彩遗迹，证明民国时期亦有过装彩。

现代对圆觉洞的修补主要集中在东北崖和山顶西端，东北崖的第4号塔、第6号龛、第9号窟（圆觉洞）、第14号大龛，山顶西端第68号造像龛等，于20世纪80年代进行了修补。

三、圆觉洞窟前建筑遗迹

五代、宋代、清代的装彩或修补题记可视为圆觉洞早期的保护工程资料，离现代最近的有记录的一次大规模重修与装彩是光绪四年（1878年）。之后在20世纪八九十年代对其部分龛像进行过修补，在东北崖前平地上兴修了廊道，但无工程档案，最主要的修补与建设就是北崖的第14号龛右半壁、第9号窟（圆觉洞）中的像、第4号塔崖前参观廊道和第9号窟（圆觉洞）的窟前建筑。2007—2008年，中德合作开展的圆觉洞第10号龛保护项目，清除了崖面上的杂草，得以进一步观察崖面遗迹。调查发现，山顶有寺院建筑遗迹，从残存的一尊护法像的风格判断，上限不会超过明代，很可能是清代重修时的遗迹。2012年，在圆觉洞环境整治中对上山及参观环道等路面进行了全面重铺，对崖前路旁树木进行了置换，环境虽有所改变，但地形地貌、崖面情况等没有改变。遗憾的是这些工程在施工前与施工过程中并没有做相关考古调查。

（一）东北崖保护设施遗迹

圆觉洞摩崖造像以山顶为分界线，分布在山顶东北和西南两面。第1~14号造像位于东北面山崖上（第4~14号窟（龛）见图5-1-2），东北面主要是第4号塔，以及第7、10、14号三个摩崖大龛及第9号窟，它们是宋代圆觉洞（当时称真相寺）的主要区域。

从崖面上可以清楚看到（见图5-1-3、图5-1-4），第4号塔，第7、10、14号开凿于宋代的摩崖大龛各自都曾经有过独立的龛檐；第9号窟是圆觉洞唯一的

图5-1-2　安岳圆觉洞东北崖第4~14号窟（龛）（韦荃提供）

第五章　四川东部地区石窟窟前建筑　255

石窟，开凿于南宋，现在窟前仍有20世纪80年代修建的水泥仿木构龛檐（见图5-1-5）。五代开凿的第12号龛等虽然规模不大，但有独立的龛檐痕迹，根据铭文，第12号龛实际是五代时期金峰长老的瘗龛。

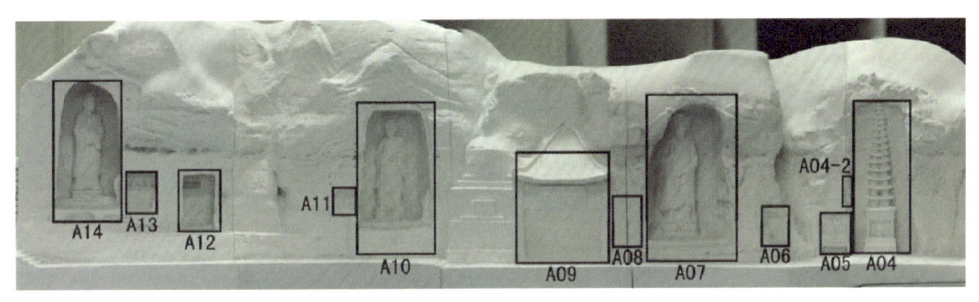

图5-1-3　安岳圆觉洞东北崖造像（模型）（韦荃提供）

图5-1-4　安岳圆觉洞东北崖龛檐遗迹示意图（模型）（陈晓宁提供）

图5-1-5　安岳圆觉洞第9号窟窟前建筑（2022年，雷玉华拍摄）

第4号塔位于东北崖西端，龛内造一座四面十三层楼阁式塔，背面与崖壁相连（见图5-1-6）。纵长方形敞口龛，龛口底宽顶窄。龛顶呈圆弧形，正中向上凹入岩体，以容纳塔之相轮部分。龛顶距地表8.1米，龛外右侧立面上部有三道斜向沟槽，沿沟槽有5个方形椽孔；左侧立面中部坍塌，立面上部有两道斜向沟槽，沿沟槽也有5个方形椽孔。从龛前保护建筑痕迹观察，很可能系依壁修建的三层檐楼阁，两侧斜向的沟槽、椽洞应该是楼阁式檐留下的遗迹。从右壁中下部可以看到开凿塔龛时破坏了唐代开凿的第4-1、4-2号龛。

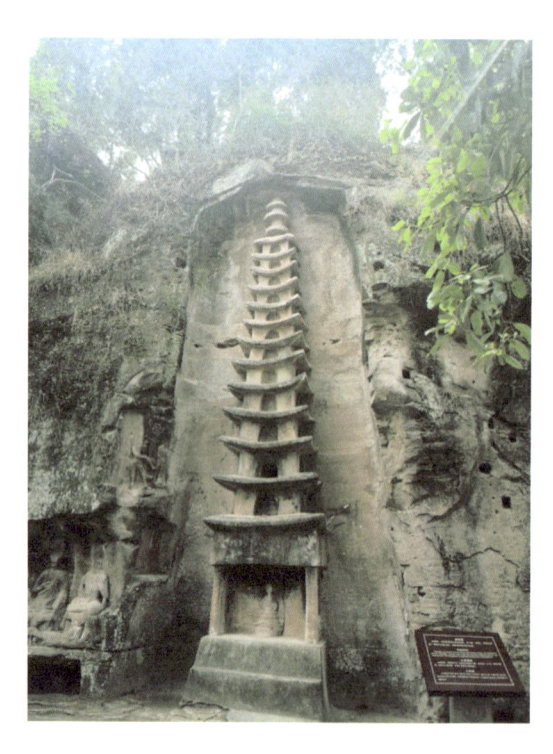

图5-1-6 安岳圆觉洞第4号塔及保护龛檐遗迹（2022年，雷玉华拍摄）

第7号龛（见图5-1-7）东与第9号窟相距2.26米，西与第6号龛相距1.65米。大形敞口券顶龛，龛顶距现在地面8.1米。外立面中、上部崩塌。龛外上方崖面上有两道人字形沟槽，上面一道，一种可能为挡水沟，但参考旁边第10号龛的情况，是人字形龛檐的可能性极大。下面一道沟槽明确显示出木构龛檐遗迹，左右崖壁上各有一处梁孔位于人字槽顶部和一个椽孔位于人字槽两边，可以大致看出原来人字形龛檐的梁架形状。大龛立面为纵长方形，平面呈不规则横长方形，龛顶平面呈略隆起的抹角圆形。左壁中上部内收，右壁略平直内收，后壁中上部向前倾斜，左壁与后壁相接处呈圆弧状，使龛顶内部很深。从外侧看，顶部像蘑菇一样，从龛内抬头看，顶部像伞一样完全罩住了造像；且龛口崖壁经过修整，山顶即使有水流下，也不能进入龛里，所以现在没有龛檐，但龛内从来没有进过水，龛型设计上考虑了防水功能。龛内后部有一个长方形坛，坛中部置两个相连的莲台，龛内造菩萨立像一尊，双脚各踏一莲台。

从现存遗迹观察，第7号大龛可能至少有过两次龛檐，但不能确定龛像开凿之初是否设计过龛檐。目前在没有龛檐的情况下，水是不能进入龛内的，也没有水害。从现状观察，开凿之初有保护性防水设计，即顶上利用岩体形状发挥龛檐的作用，像伞一样罩住大像，龛底部有抬高并向外倾斜。

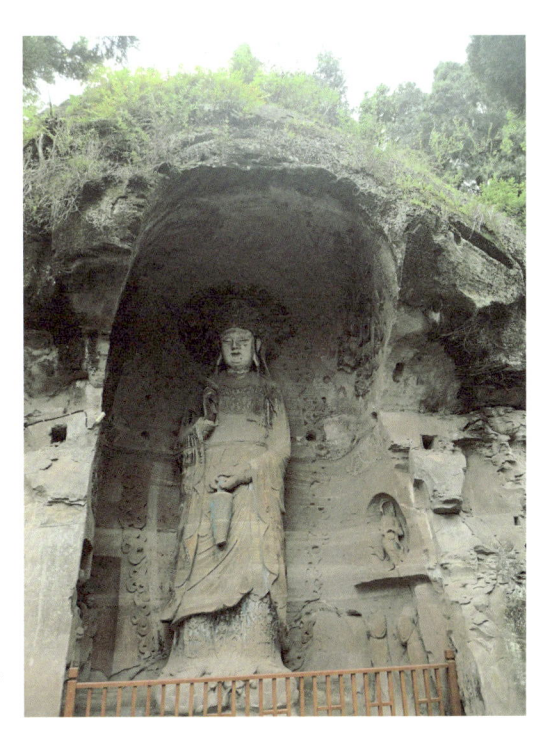

图5-1-7 安岳圆觉洞第7号龛正面（2022年，雷玉华拍摄）

位于东北崖中部的第10号龛现在是一座立面呈纵长方形的大龛，顶上方有两道平行的人字形槽，两道人字形槽都有与之相配的榫孔，下方两侧还有梁架留下的榫孔，左右可以连出梁架的形状与位置（见图5-1-8）。两层人字形槽的顶尖处都有一个圆形孔，显然是檐顶正中梁的位置，即梁孔。两层人字形槽都形成了同样的尖顶遗迹，证明它们不是一次修建龛檐所致，应该是两次修建龛檐的遗迹。这是圆觉洞龛檐遗迹保存最完整的一龛。第10号龛龛口崖壁经过修整，在无龛檐保护的情况下山顶地表水与雨水同样进不了龛内。

第14号龛位于云居山东北面东端，龛底距现在地面2.9米，西与五代开凿的第12、13号龛相邻。立面呈纵长方形，拱形顶，平面呈长方形，龛高710厘米、宽400厘米、深350厘米。龛右侧崩塌，20世纪80年代以石块重新修砌。现存外立面上部有沟槽和榫孔，龛口部崖壁经过修整，龛内左侧壁面上有若干榫孔，左侧外立面上也有榫孔。龛口上方崖壁经过修整，龛口底部有地栿槽。左侧从

图5-1-8 安岳圆觉洞第10号龛人字形龛檐痕迹（2022年，雷玉华拍摄）

上到下现存两排（4个一排）梁架榫孔遗迹，最上面的榫孔被下面一道人字形槽破坏，说明它们不是一次性修建的龛檐遗迹，分别是两次龛檐遗迹，应该是下面一道人字形槽开凿时间比上面一道人字形槽晚，第二次修建的龛檐顶低于第一次修建的龛檐。龛内后壁有凹字形叠涩坛，坛上雕左侧身持莲观音一尊。正壁右侧原立有北宋大观二年（1108年）《普州真相院石观音像记》碑。从现存孔、槽等遗迹观察，外立面上部的沟槽和榫孔应系人字形龛檐遗迹，龛内壁面上的孔洞则应系历代施工搭架遗迹。与第7号龛一样，至今第14号龛至少有数十年无龛檐保护，但从来没有雨水或山顶地表水进入龛内，表明开凿之前设计的龛型本身具有防水功能。《普州真相院石观音像记》碑系开龛题记，其中只讲了造像及像成后的活动，并没有提及楼阁、龛檐或其他与龛有关的建筑设施，证明开龛时可能并没有修龛檐。后来第14号龛虽然曾与第7、10号龛一样至少曾经有过两次人字形龛檐，但应该都不是开凿之初修建的。

  参考大量清代、民国时期保存下来的龛檐或窟（龛）前建筑，东北崖第7、10、14号三个大龛现存明显的两次龛檐修筑遗迹都应该是川渝地区流行的穿斗式人字顶或仿楼阁式建筑，且建檐时间很可能就是明清两代。

  整个东北崖虽然崖面笔直陡峭，但崖前有一块宽敞的平地，20世纪80年代在平地北侧边沿修了一排廊道，至今仍然是游人观光时休息、观看佛龛的最佳位置。廊道距造像崖面有数米远，不是保护设施，而是参观服务设施。2002年，笔者曾访问20世纪80年代参与修复圆觉洞佛像的安岳县原政协主席邓先生，得知这块平地一直都存在，并非现代开拓出来的，洞前游览廊道也是以前就有的，他们只是做了恢复。2012年重新对崖前平地、通道进行了修整，但地坪高低、范围并无变化。

  东北崖除以上几个主要大龛外，还有第6、11、12、13号等相对较小的龛，这些龛顶上崖面也都有人字形槽，两侧有许多榫孔，证明有过独立的人字形龛檐。

东与第7号龛相距1.65米的第6号龛，龛内平面呈马蹄形，顶部略呈弧形，顶大部分及右壁残，但龛外崖壁上方距龛口约1.5米、0.5米处分别各有一道斜向凹槽、数个方形和不规则形的榫孔，下层凹槽连接两个方形榫孔。龛残宽200厘米、残高160厘米、残深116厘米。左侧壁残存龛沿14厘米，下部有长条形凹槽。左壁与正壁交接处，下距现在地面约124厘米处有一个长方形榫孔。左壁距龛沿0.85米处有一块磨光的壁面，壁面长24厘米、宽17厘米，近龛口处有粗糙的凿痕。龛内地面像座右侧有一个方形凹坑，像座前地面上有一个长方形凹坑。龛内正壁造像仅存须弥座和绘于壁上的圆形大头光。雨水与地表水至今不能进入龛内，龛内干燥，无生物病害。这些现象说明，此龛原有人字形龛檐，龛像破坏系崖壁崩塌所致，并非水害所致。

第11号龛距第10号龛右下侧约0.2米，龛底距现在地面2.65米。龛外上方崖壁上有三条间距0.5米的斜向排水沟，两侧外立面上有十余个方形和圆形的榫孔。龛内平面呈长方形，敞口，单面坡顶，直壁，龛口处高102厘米、宽125厘米、深48厘米。正壁、右壁各雕一尊菩萨像。正壁菩萨像头残，残损处有一个圆孔，圆孔内残存木质榫头，证明头部曾经补接过。

第12、13号龛（见图5-1-9）开凿于五代。两龛顶上山崖明显被修整成了石檐，人工整理崖壁形成石檐后，在檐下开龛，但两龛并非统一规划开凿。石檐至今仍有很好的防雨效果。石檐下方有一排横向排列的小孔，极可能是第12、13号龛的一面坡式龛檐。横排小孔下，第12号龛上方壁面上还有一道人字形槽及与之相对应的孔洞，是第12号龛曾经的人字形龛檐遗迹。第12号龛的人字形龛檐遗迹，以及第12、13号龛共有的山崖修整出的石檐都被其右侧北宋开凿的第14号大型菩萨立像龛打破，证明这些遗迹都早于北宋第14号龛开凿时间。第12号龛是瘗龛，龛内除藏骨灰的洞之外，并无造像。第13号龛与第14号龛相邻，龛底高于现在地面2.8米，龛外立面上方、左右壁有多个榫孔及人字形沟槽，是人字形龛檐留下的痕迹。方形平顶，龛高210厘米、宽160厘米、深140厘

第五章　四川东部地区石窟窟前建筑　261

图5-1-9　位于石檐下的安岳圆觉洞第12、13号龛（2022年，雷玉华拍摄）

米。龛内地面中间近龛口处有长方形凹槽，左右壁靠近龛口距地表1.15米处各有一个长方形榫孔，榫孔分别长4厘米、宽2厘米、深2厘米。地面的长方形凹槽证明此龛不但有檐，还可能有可以开闭的门。

因此，第12、13号龛比较清楚的木构龛檐遗迹至少属于两次修筑：一是两龛上方崖壁上有一排小圆孔，呈一字形拉通排列，很可能是两龛曾经共用的一面坡式龛檐遗迹；二是第13号龛上方壁面上人字形浅槽及槽下方的多个小方孔，应该是第13号龛独立的人字形龛檐遗迹。三者之中，石檐最早；一字形龛檐次之；最晚的人字形龛檐只遮护了有造像的第13号龛，没有遮护无造像的第12号瘗龛。

第12号龛右侧坛上立有后人移入的光绪四年（1878年）石碑，碑高145厘米、宽90厘米，碑文中云：

真相寺古刹也，访薛烂之残碑，创于宋代，寻苔封之胜迹，名著熙朝。历时废兴，钟铭石记，□/百年于兹矣。……乙亥夏，周君显峻以□/远年湮，霜催雨蚀，约集同人，鸠工葺补；换金身之佛相，宝塔增辉；壮华观之庙颜，禅室振彩。□/摧残者维新，而倾圮者亦整。……庶几灵山名胜，不至风雨飘摇；法像光明，匪特栋楹鲜豁矣。

这说明在光绪四年（1878年）维修之前，南宋《普州真相寺新建圆觉洞记》中，僧人了月他们所见到的"为一州之佳处也"的境况早已被人遗忘。当时人们已不知此寺的历史，从找到的残碑上才知道此寺创于宋。这与宋元战争过后，川渝各地人口长期没有得到恢复，直到明代后期至清代渐渐得以恢复，一些摩崖造像及寺庙至清代晚期才再次被人发现、重修的大历史背景吻合。第12号瘗龛及第4号塔所破坏的唐代道教造像龛在宋代、清代显然都不再是主要参观或礼拜的对象，大多数时候应该没有人注意了。三尊大像及第9号窟（圆觉洞）是明清时期重点维护、参观的对象。

因此，东北崖现存大龛都曾经修筑过两次以上独立的龛檐，即便在没有龛檐保护的情况下，其龛口、龛内结构的设计使雨水与地表水都进不了龛内。我们将第10号龛现状（2010年）与档案资料中1957年的照片做比较就可以看到，龛内情况变化很大，最大的变化就是龛内造像本体及壁面上装彩大面积风化脱落，但生物病害并不严重（见图5-1-10）。对比历史照片及观察现状，能证明这些龛像的病害主要是岩体失稳、阳光和风。所以对今天南方地区中小型石窟和摩崖造像龛中类似圆觉洞东北崖的龛像来说，保护性龛檐除防水之外，设计中更应该考虑避免阳光直接照射及风蚀等因素。

（二）南崖保护设施遗迹

南崖山坡比东北崖平缓，造像分上下两层。上层顺崖壁的参观道路虽然狭窄，但仍可通行。第15~24、58~68号造像龛位于上层，其余位于下层。上层造像龛均开凿于五代，有时代不明的瘗窟和明清时期的石龛等雕刻；下层全部为唐末、五代开凿的龛像，宋代及以后遗迹因崖面崩塌等残损严重，而且很可能其为破坏了唐、五代龛像之后而雕刻。

第五章 四川东部地区石窟窟前建筑 263

图5-1-10 安岳圆觉洞第10号龛1957年与2010年保存状况对比（韦荃提供）

上层东段，从西至东，第15号龛为明代"龟鹤"题刻；第16、17号龛为空龛，从形状和位置看，可能为瘗窟。第16号与第17号龛之间还有一个未编号的空龛，同样为瘗窟。第18号龛为一方晚期碑刻，第19号龛为明代"福寿"题刻，第20号龛为一个圆雕大石龟，均系宋代以后的晚期雕刻遗迹。第21～23号龛为一组五代大龛；第24号龛未雕凿完工。

下层东段，从东至西，第27、28号龛已崩落于道路下方，为残龛。第27号龛仅存后壁小部分，像已风化；第28号龛仅存残痕。另有两小龛与第26号龛处于同一石包上，为未完工之碑刻。第29号龛位于第33号大龛外左侧，龛中刻一方碑，应为与第33号龛相关的题记碑，碑文漫灭。第45、46号龛位于南崖下层中部，第45号龛为现代水泥改建，第46号龛仅存龛后壁。下层西部许多龛不完整，内容不详，证明崖面曾发生过大面积崩塌，亦导致了上层龛前参观、礼拜通道中部中断不连贯。

南崖上层参观道路从第19号龛明代"福寿"题刻（见图5-1-11）开始。"福寿"题刻以崖顶岩石凿成石檐，防水效果非常好。位于第20号大石龟右侧的第21号龛，坐北朝南，方向170°。龛外上方崖顶呈缓坡状，并伸出龛口范围，伸出的岩体被修整成龛顶部遮檐，深22厘米，部分已残损，龛口左、右壁也有残损。遮檐下开圆拱形敞口龛，龛底前部凿一级台阶，经台阶进入龛内后，正壁起坛。坛上正中开凿圆拱形浅龛，龛内正壁造大悲观音像。龛顶与两壁虽有残损，但至今防水效果仍然明显。第21号龛底前部地面虽有崩塌，但顶部却保留了原状，其顶上崖壁呈缓坡状，有三道人字形凹槽，其下还有一道横向凹槽，最上层人字形凹槽顶尖处有圆形梁孔，证明这里与东北崖大型摩崖龛一样，修建过多次龛檐。因为龛顶上方崖壁呈缓坡状，防地表水也很重要，因此推测南崖上下层的大龛都各自有过龛檐，第21号龛顶上方三道人字形凹槽中有一道应该是防地表水的引水槽。

图5-1-11 安岳圆觉洞南崖上层道路及有石檐的龛（2022年，雷玉华拍摄）

第21、22、23号龛呈一字排列，第21号为大型龛，第22、23号均为有前室的小型窟。第22号龛开凿于前蜀天汉元年（917年），位于南崖上层西端第21号与第23号龛之间，龛口朝南，方向175°，由前室和主室组成。前室平面呈横长方形，稍残，口部宽214厘米、高190厘米，前室左右壁底部崖壁有崩塌痕迹，整窟外立面不完整。第23号龛口向南，方向185°，由前、后室组成。前室为一个狭窄的前廊，外室顶上崖壁向前伸出，平顶，有浅浅的右侧壁，右侧壁上宽下窄，已残。前后室之间有短甬道，甬道高118厘米、宽119厘米、深26厘米。后室平顶，内高外低，敞口，底部平面接近方形，地面底部正中稍向下凹。第22、23号龛崖壁外立面有崩塌，已非原貌，看不出窟前建筑遗迹。观察保存较好的第21号龛顶情况，有独立的人字顶保护龛檐遗迹，而第21、22、23号是并列的一组五代大龛，它们并没有规划统一的龛檐，证明上层崖面上没有形成过统一的龛檐。同样，龛内至今无水害，证明开凿之初其结构上考虑了防水功能。

上层参观礼拜的龛前通道在第23号龛右侧（东侧），因崖面崩塌中断，现在需从下层绕至上层西段。因此，造像编号至此接下层东部龛像。

因南崖中部有大面积崩塌，所以许多龛所在外立面遗迹无存，一些崖面保存稍好的龛可以看到利用崖壁自然凸起修整出的石檐，一些龛则有木檐遗迹。

第33号龛位于南崖下层东段，矩形敞口龛，外龛左右壁靠近内侧处各有一个圆形榫孔。内龛平顶，平面呈长方形，顶部外高内低（有防水作用）。龛外上方有三个外方内圆拱形双层小龛，均残破。三个小龛上方共有一个人字形沟槽，沟槽下部与第30～34号龛顶部之间有13个榫孔，从位置及形状来看，应为木构龛檐遗迹。相邻的第37号龛左侧外立面上有两个孔洞和一道沟槽，亦可能是龛檐遗迹。因多龛不是统一规划完成，这些龛檐遗迹也应该是后期形成的。

第41号为"希夷炼丹处"题刻，此处崖壁曾经历过大面积崩塌，周围有

"图南仙迹"[1]题刻（见图5-1-12），还有莲座、龛底等遗迹，看不出原来保护设施的情况。崩塌不仅使上层龛前通道中断，从位置和残存龛底痕迹观察，下层一些龛也崩塌无存。

图5-1-12　安岳圆觉洞南崖下层崩塌过的崖面及晚期补刻"图南仙迹"（第48号）（2022年，雷玉华拍摄）

第42号龛是位于南崖中部的大型龛，外立面上有若干孔洞，龛上方有一条排水沟。龛口呈长方形，龛内平顶，平面呈椭圆形。龛高398厘米、宽412厘米、深230厘米。从现存凿痕分析，龛内第二层坛以下部分为后来凿成，第二层坛以上部分为最初凿成。第47号龛位于南崖中部，为与第42号龛并列的大龛，两侧分别被第46号和第48号龛打破。龛顶外立面上距龛口0.8米处有一条人字形沟槽，龛顶前部、左右壁均坍塌，左壁无存，右壁尚存少许。龛现存部分为敞

---

[1] 陈抟系五代、宋初著名道教学者，字图南，自号"扶摇子"。其出生地有多种说法，其中宋人王象之有"又《野传》一编，乃钦真观道士谢道缘所传，其徒相传盖二百余年矣，亦以先生（陈抟）为崇龛寨人"，或许崇龛乃其祖籍。见（南宋）王象之：《舆地纪胜》卷158《普州》，中华书局，1992，第4301页。

口平底，立面呈横长方形，正壁面呈弧形，底部后期向下深凿。正壁底部有梯形二层坛，坛上造像。南崖正中的第42、47号两个唐代后期大龛顶部及外立面不完整等现象明确显示了南崖下层龛所在崖壁曾经历大面积崩塌，这也是上层现存参观道路狭窄的原因，上层龛的参观道路原从这两个大龛顶部经过。两个大龛顶部有崩塌，在至今残破且无任何保护的情况下，雨水、地表水都不能进入龛内，显然其结构上有防水设计；龛顶部都有沟槽，虽然可能是排水沟，但也极大可能是龛檐建筑遗迹，参考上层第21号龛及北崖几个大龛的情况，笔者认为是开凿之后晚期形成的龛檐遗迹的可能性更大。

第48～54号龛位于南崖中部，为统一规划完成的一组龛像，东邻第47号龛，西邻第55号龛[1]。第48号为一方碑，第49～54号为从东至西依次排列的两层雕刻。第50、51、52号龛位于上层；下层崖壁较平，第49、53、54号龛位于下层。第48号为"图南仙迹"摩崖题刻。第49号龛底部呈横长方形，龛下方刻出长方形桌案形状，桌案下方浅刻山形纹，龛中无像。第50号为空龛，残存半圆弧形平底，右壁残，龛外下方壁面上刻出流云形纹。第51、52号现为露天摩崖残像。第51号摩崖造像，头残，下半身残失，左下侧与第50号龛之间有一尊半身像；第52号摩崖造像仅存中段。显然这个区域系经过大面积崩塌后形成的，参考大足宝顶山大佛湾牧牛图等崖壁上山水云气的雕刻方式，可以推测现在残存的桌案、山形纹是宋代摩崖雕刻风格，这些遗迹很可能破坏了更早的雕刻，其两侧的唐、五代时龛像虽然风化严重，但龛型、题材比较清楚，原来的保护设施状况不明。

位于造像区南崖下层西部的第55、56、57号三龛相邻。第56号龛为五代开凿的地狱十王龛，外龛立面呈横长方形，顶部将岩石凿成檐，且出檐深，檐是龛结构的一部分（见图5-1-13）。檐下造像，敞口龛，龛顶部有风化脱落，底

---

1 第54号与第55号龛之间有两个圆拱形敞口龛，龛形残破，龛内无像，故未编号，疑为瘗龛。

图5-1-13　安岳圆觉洞南崖有石檐的第56号龛（2022年，雷玉华拍摄）

部呈窄窄的长条形，内龛立面呈横长方形，平顶，壁面略呈弧形，顶部及左侧局部残损。第57号龛所在崖壁大部分崩塌，右侧用水泥柱支撑部分岩体，现存部分为敞口，顶部微微起券。龛内顶部前低后高，龛底部平面大于龛顶，底部内高外低，从外至内分三级：内层最高，底平面呈半圆形，略向外、向下呈倾斜状；中层略低于内层平面，边缘有不规则凿痕，其外侧有一级阶梯；阶梯之下为最外层横长方形龛，平底。由于崖面残损，无法确定原来有无保护设施，但通过对第57号龛结构的观察，其龛型设计有很好的防水效果。

第58号为五代开凿的聂公龛[1]，位于南崖中部上层，右侧与第59号龛相邻。

---

[1] 此龛有题记，从所处位置及内容判断，应是《舆地纪胜》卷158所记《聂公真龛记》："聂公真龛记，在灵居山，军事判官何光远撰，广政四年建。"广政四年即941年。见（南宋）王象之：《舆地纪胜》卷158《普州》，中华书局，1992，第4303页。

第五章 四川东部地区石窟窟前建筑 269

龛前部、顶及右壁残，右壁及龛底前部残损部分现代用条石修砌，左侧外立面上有上下两个长方形梁孔，很可能是龛檐遗迹。其旁第59、60号龛崖面都很残破。第61号龛左与第60号龛相连，龛向101°，龛口上方崖壁上有一条人字形凹槽，凹槽下方有三个方孔，凹槽左侧被第60号龛破坏。龛沿右侧有一道纵向凹槽，纵向凹槽上部与龛口上沿平齐处有两个榫孔。敞口龛，龛内平面呈凸字形，分内外两层，外龛底部低于内龛底部。外龛大部分残损，但仍可以观察出龛型设计上有防水功能，且后期曾经有龛檐。第66号龛为一方残碑，文字不存。

四、小结

圆觉洞东北崖和南崖西端在盛唐时期已经有道教造像开凿，但因崖面被破坏，唐代的保护设施已无法观察。南崖中部的唐后期和五代造像龛结构上有防水设计，后期又有过龛檐。五代时期，东北崖现存遗迹仅有金峰长老瘗窟和几个较小的佛教造像龛，崖面上有榫孔和凹槽，证明它们各自有过独立的龛檐。宋代，东北崖的主要参观礼拜的点位应该是占崖壁主要位置且均匀分布的第7、10、14号龛及第4号塔，虽然它们的开凿时间与功德主都不相同，但开成后，第7、10、14号龛长期被视为一佛二菩萨组合造像，南宋时增加了第9号窟（圆觉洞），且整个景区后来以此窟为名。从现有遗迹可以推测，第7、10、14号摩崖大龛各自都修建过两次以上的人字形龛檐，每次都是各自独立的穿斗式梁架龛檐，但都不应是开凿之初的龛檐，至今无龛檐的东北崖的所有龛像并无水害。第9号窟（圆觉洞）至今仍有20世纪80年代修建的塔亭式窟檐，穿过窟檐才能进入窟内，无法观察外立面，现存窟檐很可能沿袭了原有窟前建筑的做法，但原有建筑样式不确定。从窟旁的开窟题记可知，南宋僧人了月选此开窟造像时，这里已是一处早已有名的佛教寺院"真相佛宫"，且风景优美。从第10号龛的模型（见图5-1-14）上可以看出龛檐的大致高、宽范围，有檐的时候并不影响观看佛像的视线或光线，建筑下面应该有宽敞明亮的空间。

图5-1-14　安岳圆觉洞第10号龛模型（韦荃提供）

南崖造像分上下两层：上层主要为五代造像龛，全部是佛教或佛道融合造像龛，有明清时期题刻等遗迹；下层中部现存遗迹以唐后期的第42、47号两个大型佛教造像龛为中心，西端有两个盛唐时期的道教造像残龛，中部与东端之间及东端为晚唐至五代时期佛教造像龛。由此可证明，南崖唐代造像龛位于下层西部及中部，五代时向上层及东部发展。上层造像龛的参观礼拜道路有明显崩塌现象，改变了下层龛顶及上方外立面状貌，破坏了一些小龛。下层中部第42、47号两个唐代晚期的大龛两侧有方形榫孔，虽看不出龛檐形状，但从位置和形状观察应该是原有龛檐遗迹。上层崖面虽有崩塌，第21号龛顶外立面仍然保存较好，人字形凹槽和两侧的榫孔能清楚显示出人字顶龛檐的形状。

由于大面积崩塌，南崖下层中部龛外立面几乎看不到原状，看不到保护设施遗迹。因龛顶上方崖壁呈缓坡状，防地表水也很重要，由此推测南崖上下层大龛都各自有龛檐。以上层崖顶保存较好且有独立的人字形龛檐遗迹的第21号龛为例来观察，上层崖面上应该没有形成过统一的龛檐。下层在中间位置的第42、47号大龛开凿后补凿过一些小龛，第42、47号龛很可能曾经有过独立的龛檐，因龛顶为上层参观道路所在，又有过大面积崩塌，是否修建过统一的龛檐以保护这两个龛，从目前遗迹现象观察，不能确定。但在局部区域，如第33号龛上方的三个小龛，有过统一的龛檐。

因此，南崖与东北崖一样，各个大龛都有过自己相对独立的龛檐，除上层五代时期开凿的第21号龛等少数龛檐是人字形外，其他龛檐形状不能确定。因所有的龛不是统一规划开凿，而是先后陆续开凿，龛型结构设计考虑了防水功能，而且防水效果很好，所以最大的可能是龛檐都是后期修建的。

第二节　安岳卧佛院

一、卧佛院概况

卧佛院位于安岳八庙乡（2019年更名卧佛镇）卧佛村七、八社交界处，东北与遂宁东禅镇相邻，是我国南方规模最大的一处石刻佛经所在地，同时还有造像和墓塔等遗迹。卧佛与刻经洞窟开凿于琼江河跑马滩水库段西岸，当地人又称此段为跑马河，窟（龛）主要集中于河边一条东西向冲沟——卧佛沟内的南北山崖上。

卧佛院现存127个窟（龛），主要集中分布在卧佛镇卧佛沟内，沟对岸遂宁东禅镇的月亮坪、菩萨岩亦有少量窟（龛）（见图5-2-1）。

对卧佛院的调查始于20世纪80年代。1982年大卧佛被发现，当地文物管理所工作人员即开展了调查并刊布资料，但都比较简单。之后，卧佛院日渐进入

图5-2-1　安岳卧佛院环境航拍图（张荣提供）

学者视野，有研究者对卧佛院的部分题材内容进行了讨论[1]。其中彭家胜发表的《四川安岳卧佛院调查》及李良、邓之金以第二次全国文物普查资料为基础编写的《安岳卧佛院窟群总目》对一些窟（龛）的尺寸、刻经洞窟等进行了简要描述，但不全面，且两文所记内容亦有差异。2007年，成都文物考古研究所、北京大学中国考古学研究中心和安岳县文物局联合进行了调查，公布了安岳卧佛院考古调查与研究等系列调查研究成果[2]，厘清了卧佛院现存造像与刻经的分布、年代等基本状况。

---

[1] 例如：胡文和、李官智：《试论安岳卧佛沟唐代涅槃变相图》，《四川文物》1984年第4期，第35—39页；胡文和、李官智：《安岳卧佛沟唐代石经》，《四川文物》1986年第2期，第20—25页；彭家胜：《四川安岳卧佛院调查》，《文物》1988年第8期，第1—13、30页；傅成金、唐承义：《四川安岳石刻普查简报》，《敦煌研究》1993年第1期，第37—52页；李良、邓之金：《安岳卧佛院窟群总目》，《四川文物》1997年第4期，第38、40—46页等。

[2] 例如：成都文物考古研究所、北京大学中国考古学研究中心、安岳县文物局：《安岳卧佛院调查简报》，见成都文物考古研究所编著《成都考古发现（2006）》，科学出版社，2008，第352—408页；秦臻、张雪芬、雷玉华：《安岳卧佛院考古调查与研究》，科学出版社，2014。

第五章　四川东部地区石窟窟前建筑　273

根据地形地貌情况，卧佛院石窟和摩崖造像可以分为三个大区：北崖区，主要有第1~24、123~125号窟（龛）（见图5-2-2）；南崖区，包括第25~94、126、127号窟（龛）；月亮坪区（含菩萨岩），包括第95~122号窟（龛）。其中南崖区分布线较长。

图5-2-2　安岳卧佛院北崖（2022年，雷玉华拍摄）

2007年的考古调查厘清了卧佛院窟（龛）的年代、窟（龛）类型与性质、分布规律、开凿顺序与方法等，并准确统计了刻经目录与数量。北崖的大卧佛位于崖壁最好的位置，因此是北崖最早的雕刻[1]。位于大卧佛脚部以西的第1、2号刻经窟处于崖面边缘，证明其选择崖面位置时，崖面中间已无空间，应晚于大卧佛开凿。大卧佛头部以东的第18、19号龛等雕刻位于崖壁东部靠近边缘部

---

[1] 秦臻、张雪芬、雷玉华：《安岳卧佛院考古调查与研究》，科学出版社，2014，第14页。

位，其中第19号龛未完工，也晚于大卧佛。从造像风格看，这些小龛系唐晚期雕刻。大卧佛下方的五十三参等小龛处于崖面下部边缘，崖壁风蚀严重，应是最后选择造像的崖面，题材、题记、造像风格等方面同样印证了这些小龛比大卧佛晚，全部系宋代雕刻。其中第4号龛主尊头光上的铭文"师祖慈海"的信息在南崖第81号窟内崇宁二年（1103年）碑、第51号窟内一尊可移动造像铭文中均有提及，印证了他是宋代卧佛院的一位重要僧人，以及大卧佛下方造像龛亦雕刻于宋代。

2014年出版的《安岳卧佛院考古调查与研究》[1]一书根据崖面状况将南崖造像区分为A、B、C、D、E、F六段，我们以此为基础进行观察记录。从西端开始，依次为：A段，第26~38号窟（龛）；B段，第39~42号窟（龛）；C段，第43~58号窟（龛），D段，第59~69号窟（龛）；E段，第70~77号窟（龛）；F段，第78~94号等窟（龛）。其核心是南崖中部C段的第46、51、58号三个洞窟，三个洞窟内外、洞窟之间有一些唐、五代、宋形成的晚期雕刻（见图5-2-3）。

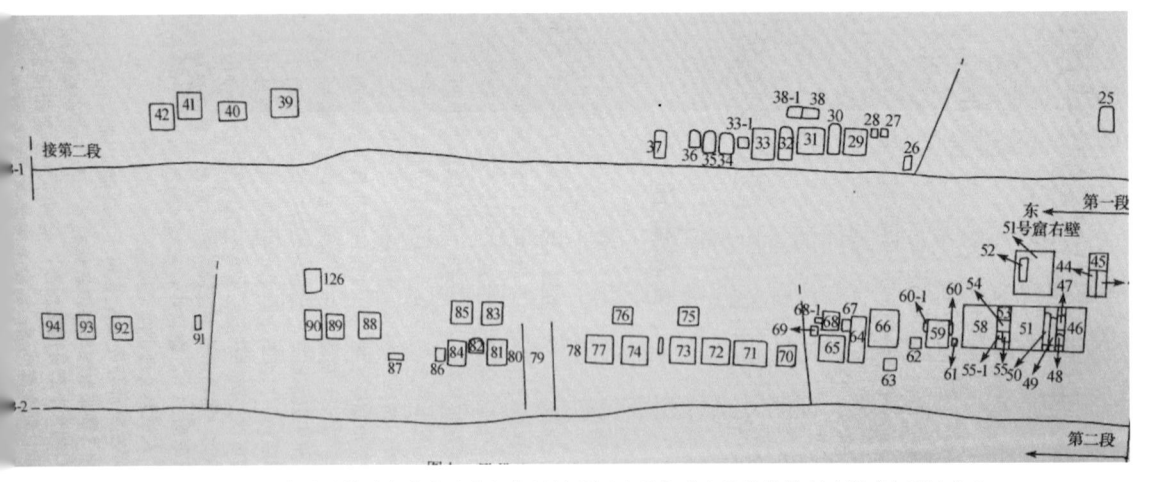

图5-2-3 安岳卧佛院南崖窟（龛）位置关系图（采自《安岳卧佛院考古调查与研究》）

---

1 秦臻、张雪芬、雷玉华：《安岳卧佛院考古调查与研究》，科学出版社，2014，第6页。

卧佛院现存127个编号的窟（龛）中，15个洞窟有刻经，刻经全部完成于唐代，还有大量空窟，以及少量造像龛、墓塔及摩崖线刻。造像龛从唐代开元时期延续到五代、宋。墓塔从体量来看，全部为灰身塔，仅一座北宋小塔有纪年。

总的来看，卧佛院最初重视刻经，造像龛很少，至迟在唐代开元初开凿了刻经窟和北崖的大卧佛。可以确定为唐代开元时期的造像只有北崖的大卧佛和南崖第46号和第51号窟之间的立佛和千佛，而现存15个洞窟内的刻经大多可以确定刻于开元时期，且有两个或三个刻经窟一组的情况。除南崖A、D段在正壁面上有摩崖造像龛外，其他造像多为刻经窟废弃之后补凿。晚唐五代是补凿高峰，补凿后似乎有两个经窟中间补加一个像龛的趋势。

卧佛院地面上曾有可移动佛像及塔、幢构件发现，四川省文物考古研究院曾在北崖前进行过两次小规模发掘，发现有柱础、房基、造像残件等遗迹遗物，虽然没有公布资料，但可以确定的是卧佛沟内唐、五代、宋时有寺院。北崖大卧佛旁曾有倚崖修建的木构建筑，是寺院建筑的一部分，2000年后拆除。

二、卧佛院窟前建筑遗迹

卧佛院刻经与造像主要区域以跑马河边的一条东西向山湾（卧佛沟）为界，分成南北两部分。卧佛沟东北方向另一条冲沟一侧被称为月亮坪，月亮坪有两个刻经窟，即第109号和第110号，还有大量未完工的窟（龛）。卧佛院窟前建筑遗迹主要集中在卧佛沟南北两侧崖面上。

（一）北崖区崖面遗迹

北崖区位于卧佛沟的北面山崖上，刻经和造像集中于山崖西端（第1~24号龛），以大卧佛（第3号龛）为中心。大卧佛脚侧开凿了第1、2号刻经窟，其头侧、身体下方开凿了许多小龛。山崖中部下山道路旁有两个空窟（第123、125号）、一座墓塔（第124号）。其中第1、2号为唐代刻经窟，第3号为唐代涅槃像（即大卧佛），第5～8、10～16、21～23号为宋代摩崖浮雕五十三参故事图，第24号空龛内有一尊可移动僧像（僧伽和尚），第4、18、19号龛为唐代小型造像龛，其余为题记。

第1、2号窟位于北崖边缘大卧佛西侧凸起的崖面顶部，距现在地面约6.5米，所处崖面较平整（见图5-2-4）。第1号窟在右（西侧），第2号窟在左，均为方形双层口平顶窟，两窟形制、大小相同，外层口底部、顶部平齐，窟前底部有连通平台，为同时规划开凿的双窟。由于外立面已非原状，看不出有无保护设施遗迹。第1号窟窟口保存尚好，第2号窟外层窟口风化严重，虽然近窟口处几乎不存，但右侧上部尚存有80厘米深，证明其外层口很深。两窟内均刻《妙法莲华经》，内容前后连贯。以第2号窟为例，外层方形窟口主要是为内层窟口整理出平整的崖面，同时具有防水作用。窟顶平齐，内窟高260厘米、宽226厘米、进深205厘米，平顶；窟内左、中、右三壁有刻经，三个刻经面四方均有留白。窟内干燥，无水害痕迹，但风化严重，窟口形状已不规整，外层窟

图5-2-4　安岳卧佛院北崖第1、2号刻经窟崖面（2007年，雷玉华拍摄）

口底部已无存，窟内底部原来的地坪几乎风化无存，仅窟后左右角保存了一小块原来的地坪，比现存地面高约10厘米；现存右壁外口最深处达80厘米。这些现象说明，窟型结构设计具有防水功能，洞内至今无水害，洞窟破坏最直接且最重要的原因可能是风蚀。

第3号龛位于北崖区崖面主要位置，是卧佛沟规模最大的一龛，龛内大卧佛头东脚西，左胁而卧。大卧佛前为石砌参观平台，顶上有20世纪90年代末修建的水泥仿岩石龛檐（见图5-2-5），实际上是龛顶就崖壁出檐，制作工艺为石窟顶部钻孔配筋、现浇做旧而成，体量较小，整体协调性和观感较好。顶部虽做了出檐，十多年之后由于有水从崖面中间渗出，滴到大卧佛胸腹之间，2007—2008年曾揭开顶上土层，封堵山顶渗水，并重新补修了龛顶水泥仿岩石龛檐，起到了较好的防水作用。龛檐下岩石有崩塌，大卧佛下方崖面（即大卧佛左臂下）内凹并有裂隙，岩石质地疏松，起层脱落严重；大卧佛右臂风化严

图5-2-5 修建了水泥龛檐的安岳卧佛院第3号龛（2007年，雷玉华拍摄）

重，双腿间有裂隙，一直延伸到胸部。龛形随崖壁条件呈刀形，宽21.3米，高约11米。大卧佛下方及两侧分布着很多晚期遗迹，有许多凿孔，推测为后代修建崖前建筑时留下的孔洞。从孔洞大小、排列位置等情况推测，曾有过数次修建，但根据现存凿孔连接不出建筑形状。通过访问文物管理所老同志得知，大卧佛崖前参观平台修建时，地面上也曾发现有柱洞、凹槽等遗迹。2000年笔者前往调查时，大卧佛西侧第1、2号窟下方有依壁修建的房屋，且有一户人家居住。据村民介绍，大卧佛前也曾有依壁修建的房屋，民国年间守庙人曾在此居住，至今大卧佛头部仍有当时的烟渍。2007年笔者再次前往调查时，北崖已无任何建筑。

从现存大量孔洞位置观察，大卧佛前的建筑似乎并不是大卧佛的保护设施，更像是寺院的普通用房，且修建时对大卧佛有遮挡和破坏作用。大卧佛最初开凿时很可能与川渝地区大量的摩崖造像一样，就是利用崖顶岩石作龛檐，不排除后期有过保护檐。

（二）南崖区崖面遗迹

卧佛沟南侧山崖上造像从西向东编号，为第25～94、126、127号窟（龛）。2007年，笔者根据崖面自然转折，从西向东将刻经洞窟和造像分为A、B、C、D、E、F六段进行观察记录。有两段未开凿完工的窟（龛）：一是B段的第39号窟及第40、41、42号组窟，二是位于F段的第81、84、88、89、92、93、94号三组窟。两段未完工窟（龛）所处位置的岩石质地都不好，且处于南崖两端最边缘区域。另外，2008年完成了南崖石窟窟檐建设，南崖大部分造像龛修建了木质一面坡顶小龛檐（见图5-2-6）。由于卧佛院开凿在环形的山凹里，受风影响不大，窟（龛）位置较低，保护效果明显。2024年12月，笔者再次前往，发现第71～77号窟（龛）崖面所建木檐已全部折断掉落。

以下对A～F各段造像的崖面建筑遗迹分别陈述。

图5-2-6　安岳卧佛院南崖A段的新建龛檐（2019年，雷玉华拍摄）

1. A段造像

A段造像（见图5-2-7）包括第26～38号窟（龛），开凿于南崖最西端一块岩包上。A段造像以第29、33号刻经窟和第31号造像龛为中心，位于岩包崖面最好位置，其余小龛开凿于这三个龛两侧（见图5-2-8）。第30号大佛位于第29、33号刻经窟之间的崖面上，系第29、31、33三个窟（龛）完成后开凿。岩包上部有风化形成的裂缝层，裂缝层上方岩体略伸出，形成了天然的"檐"。岩包东端造像区岩壁风化内凹，几乎形成了"岩穴"，其中第29～33号窟（龛）上方有横向挡水沟，因此整个区域即便没有龛檐，也不受雨水与地表水侵扰（见图5-2-9）。

第26号龛位于南崖西端边缘，岩石质地差，风化严重，底部埋于现在地面中。龛左右壁未磨平，似未完工，龛上方左侧均有风化裂缝，没有龛檐遗迹。第27、28号龛位于南面山崖西端第26号龛右上方，仍然位于崖壁边缘，上下方均有裂隙。两龛共一外龛，外龛敞口平顶，形制相同，造像内容一致。内龛圆拱形，

图5-2-7　安岳卧佛院南崖A段造像（2007年，雷玉华拍摄）

图5-2-8　安岳卧佛院南崖A段第29～33号龛（2019年，雷玉华拍摄）

图5-2-9　安岳卧佛院位于岩穴下的第27～31号窟（龛）（2007年，雷玉华拍摄）

龛内弧壁、底部平面呈梯形。龛内三壁有低坛，龛前下方壁面上有人工凿痕，不见龛檐遗迹。裂缝上方凸出的岩块实际上形成了一个天然的"檐"，龛下部人工修整的崖壁、龛内低坛等从设计上形成了后高前低的结构，防止雨水进入龛内。

第29号窟处于岩包中间崖面较好位置，其顶部自然风化的裂缝的上方岩石形成了天然的"檐"，窟前下方有人工凿出的平台。上面的"檐"和窟前平台使得上面的地表水、雨水及地面上溅起的雨水均不能进入窟内。窟外左右侧均有后代补凿的龛像，龛像也以顶部裂缝上方的岩块为"檐"，未见明显木构窟檐遗迹。此窟为单层方形敞口平顶窟，窟口左侧依山岩走势，右侧经后期修整，窟宽204厘米、高221厘米、深230～244厘米。窟内刻满经文，正壁经文下半部分风化严重，字迹不清。近窟口、窟内左下角风化严重，右壁近窟内右上角、右下角大部分被风化侵蚀，窟口近似三角形的壁面风化最严重。窟后部保存有原来的地坪。右侧窟口内有上下排列的13个小孔，应为窟门遗迹。右侧窟口经修整后刻有《般若波罗蜜多心经》，与窟内其他壁面所刻经文不同，内容不连贯，为稍晚补刻。

第30号龛位于崖面最好位置，在第29号经文窟右侧。其实为利用第29、31号窟之间空隙壁面凿成的一尊等身摩崖大像，像顶部崖面略凿成弧形，占壁宽137厘米、高310厘米。壁面上高浮雕一尊接近圆雕的坐佛像，壁面略显局促，佛像双肩略耸起，好像硬挤进两窟之间一样，鼻上有过去补修留下的两个方形榫孔。第30号龛仍然依靠顶上岩体形成的自然石檐避雨，无木构龛檐遗迹。

第31号龛位于崖面最好位置，在第30号龛右侧，其左侧和龛外上方有裂缝，龛前底部凿出两级台阶。双层龛，外龛方形，平顶略呈后高前低的斜坡状。龛内底部中间有坛，坛上造像。龛上方有一个方形榫孔，龛柱上方崖壁上有一个圆孔。主佛倚坐于须弥方座上，面部被凿毁，有修补时留下的方形榫孔。外龛右侧与第32号龛之间的龛柱上补凿了许多小龛小像。龛上方的方形榫孔不能确定是否龛檐遗迹，但在2007年末修龛檐之前，雨水与地表水均进不了龛内。

第32号龛也系利用第31、33号龛之间崖面凿成的摩崖圆雕坐佛像，占壁面宽153厘米、高360厘米、深45～52厘米。其顶部自然裂隙上方岩体形成石檐，未见木构龛檐遗迹。

第33号窟位于崖壁较好位置，在第32号龛右侧，石质较好，窟顶外大裂缝上方岩体形成石檐（见图5-2-10）。方形双口平顶窟，窟内平面呈方形，三壁凿平刻经，内层距窟口40厘米处与外窟之间有一级高2厘米的台阶（见图5-2-11）。两壁近窟门处刻经多风化，正壁仅余左上角较清晰。窟口有现代安装铁门及石板，窟外左右侧壁面上有后代补凿龛像。从整体观察，未见窟檐遗迹，窟前部台阶、双层口设计具有防水效果。

第34～38号均为小龛（见图5-2-12），处于崖面边缘，石质差，崖面内凹，岩石风化呈粉状脱落，是A段最晚雕刻的一批小龛，年代下限已至北宋。其中第34～37号龛排列于崖面内凹形成的岩穴中，顶部突出的崖体有自然的防雨作用；位于A段东侧最末端的第37号龛，为依崖壁凿成的单口方形平顶龛，

第五章　四川东部地区石窟窟前建筑　283

图5-2-10　安岳卧佛院有石檐的第33号龛（2019年，雷玉华拍摄）

图5-2-11　安岳卧佛院第33号龛前的阶梯（2019年，雷玉华拍摄）

图5-2-12　安岳卧佛院南崖A段第34～38号龛内凹的崖面（2019年，雷玉华拍摄）

上部深，下部浅，龛高135厘米、宽82厘米、深3～47厘米，龛内雕"癸卯淳熙十年六月"所造墓塔一座，风化较严重。

2. B段造像

B段造像位于A段造像向东的区域，有4个未完工的刻经窟，编号为第39～42号。其中，第39号是一个独立的小窟，位置略高于其他三窟，为双层口方形窟，窟外上方崖壁上有三个圆孔、一个方孔，有可能是后来的遗迹。第41～42号窟虽都未完工（第41号龛见图5-2-13），但三窟位置紧邻，口部大小一致，处于崖壁上同一高度，可视为同时设计的一组窟。第39～42号窟下方均有排列整齐的一排小圆孔，很可能为施工工作面遗迹。第39号与第40、41、42号组窟位于崖壁上同一层面，推测可能因开凿过程中发现岩层不利于刻经而放弃。看不出有无防水设施，但其上下壁面上的孔洞可以帮助我们了解开凿过程中留下孔洞遗迹的原因，纠正了过去笼统将其认作龛檐遗迹的错误认识。

图5-2-13　安岳卧佛院B段未完工的第41号龛（2019年，雷玉华拍摄）

3. C段造像

C段造像位于B段造像以东，包括第43~58号窟（龛），主要以第46、51、58号三个大型刻经窟为中心，三个大窟内外有唐、五代、宋等历代补凿的多个小龛和题刻等。

第46、51、58号窟位于南面山崖中部一块崖壁上，三个大窟为一组洞窟，第51号窟居中，东侧（右侧）是第58号窟，西侧（左侧）是第46号窟。三个窟有共同的前廊（见图5-2-14），前廊地面上两侧各雕刻一个方形凹槽，第51号窟窟口外靠左侧（西侧）的地面上有一个方形柱础石，组成了前廊完整的地面立柱遗迹，说明它们前面曾经有共同的木构廊檐，年代不明。窟口外两侧壁面上有许多方形、圆形榫孔，左侧（西侧）还有一道斜向下的沟槽，证明前廊外有木构廊檐，并经过不同时期的重建。这三个刻经窟是卧佛院最大的三个洞窟，也是卧佛院的中心，虽然现在是一组，也是唯一有共同前廊结构的组窟，但从现存的廊顶遗迹观察，现存的前廊并非整体规划开凿，前廊上方曾经可能

图5-2-14 安岳卧佛院C段第46、51、58号三窟共有的前廊（2019年，雷玉华拍摄）

有过的廊檐也不是最初规划修建的（见图5-2-15、图5-2-16）[1]。

图5-2-15　安岳卧佛院C段第46、51、58号三窟外立面（2019年，雷玉华拍摄）

图5-2-16　安岳卧佛院C段第46号窟左侧外立面（2019年，雷玉华拍摄）

---

[1] 秦臻、张雪芬、雷玉华：《安岳卧佛院考古调查与研究》，科学出版社，2014，第65—75页。

第46号窟窟口有卧佛院最早的题记，系唐代开元时期安岳重要僧人"沙门玄应"的题记；第51号与第58号窟之间隔墙正面有五代广政年间造像，而第46号与第51号窟之间隔墙正面则是开元十一年（723年）雕刻的千佛和大立佛；第46号窟口有宋代题刻，第51、58号窟未完工，且第58号窟内有宋代补刻罗汉像等。这些遗迹证明这一组三个大窟并非同时开凿。唐代开元时期开凿了第46号窟，而第51、58号窟仅凿出了窟形，还没来得及打磨壁面，五代、宋代时期才在后面二窟中有补刻。三窟顶上排水沟多半部分在第46、51号窟顶上，未完全达于第58号窟顶，因此三窟并非同时统一规划开凿，第58号窟可能是三窟中开凿最晚的。从现存遗迹分析，刻经先从第46号窟开始，接着是第51号窟，第51号窟右壁磨平并刻了一部分就停工了。最后开凿的第58号窟内并未磨平，更没有刻经，其前廊虽然与第51、46号窟连在一起，但顶部排水沟并没连在一起。第58号窟顶部的排水沟还没开凿就停工了，窟壁完全未打磨。至宋初，有人准备在第58号窟内刻一周罗汉像，仍然未完工。

三窟共有的前廊宽1015厘米，进深与顶部则不统一。其左侧第46号窟处前廊进深136厘米，与第46号窟内外有门道分隔；右侧与第58号窟右壁连通，共进深461厘米。第58号窟左壁深300厘米，前廊与第58号窟没有内外分隔。三窟前廊顶部不同：第46号窟前廊顶部低，后代向上凿成人字坡状，凿痕粗大；第51、58号窟前廊顶部一致，平顶，整体高于第46号窟前廊顶部，第46号窟前廊向上凿之后与第51、58号窟前廊的分界线仍然很明显。因此，第51、58号窟的前廊很可能是一体的，第46号窟的前廊与第46号窟一样早于第51、58号窟开凿，第58号窟又晚于第51号窟开凿。开凿第51、58号窟之后才将三窟前廊连为一体，可惜第51、58号窟又半途而废。目前三窟前有一块平地，第46号与第51号窟隔柱外有一个在窟口底部基岩雕刻出的柱础，窟门口有现代安装铁门的条石门槛。在2008年的保护工程施工中发现，三窟崖顶有两条横向大挡水沟槽，两条沟上方还有一条斜下方的引水沟，三条沟槽明显是为防止山顶地表水进入窟内。窟口外左右两侧崖壁上有许多圆孔，显然是多次修建窟前木构建筑时所留。窟左侧紧靠窟口处有一列六个榫孔，其外侧还有一些散乱的榫孔，底部地面上有一个在窟口底部基岩刻出的方槽，可能为立柱用。第58号窟外右侧地面上有与之对称的痕迹，现已残。第58号窟右侧崖面底部有一道方形凹槽，与左侧第46号窟凹槽相对称，应为前廊安立柱用。前廊中部地坪上第46号与第51号之间隔柱前亦存有方形柱础石。三窟之间的隔墙上，第46号窟前廊左壁，第51、58号窟内均有后代的造像或题刻。

20世纪中后期，三座洞窟与东侧D段的第59号窟一道成为一户农民的住房，后来又改成牛圈。第58号与第59号窟之间壁面被打出了宽58厘米、高约165厘米、深24~11厘米的方洞，形成门道。几个洞窟内地面有居住时留下的沟、洞等遗迹，第59号窟后壁和左壁前部有烟熏痕迹。

4. D段造像

D段造像位于C段造像以东，是卧佛院造像龛最集中的区域，包括第59~69号窟（龛）（其中第60~69号龛见图5-2-17）。卧佛院的造像龛多集中在这里，也是后代补凿小龛和大像最集中的崖面。其中，第59号窟与C段的第58号窟紧邻，是卧佛院唯一几乎完工了的刻经洞。刻经与造像龛可分为明显的两组：第59、66号刻经窟与第62号造像龛为一组，即两个经窟中间夹一个造像龛；第65号窟及其周围小龛为一组，以造像龛为主。

第59号窟位于第58号与第66号窟之间。敞口方形平顶窟，窟内后高前低，地坪呈向外倾斜的斜坡状，结构上有防水作用。窟内后部宽250厘米、高251厘米，前部高246厘米、宽209厘米，左侧进深251厘米，右侧进深285厘米。窟内地坪上前部有两个方坑、一道沟槽，近右壁处有两个圆孔，后部有三个成排的方孔。左壁面近口部有三个榫孔、一道沟槽，其中一个方形榫孔与右壁同一位置榫孔对称。左壁、后壁上亦各有一个方形榫孔，这些都是20世纪80年代前洞窟被当作牛圈时留下的遗迹。三壁中部均有自然孔隙，左壁后部有近代开的门

第五章　四川东部地区石窟窟前建筑　289

图5-2-17　安岳卧佛院南崖D段第60～69号龛崖面（2007年，雷玉华拍摄）

洞与第58号窟相通。窟外下部崖壁风化内凹，形成岩穴，导致窟底部很薄，崖壁上有许多后代凿痕，并有现代居民居住时开凿的阶梯，未见到窟檐遗迹。窟口有现代安装的铁门，安门时底部垫有石板。

第61号龛利用第59号窟外左侧崖壁雕刻，其上方到第59号龛左壁有一道排水沟，不见龛檐遗迹。外方内圆双层龛，龛内造七尊像，主尊、二弟子、二菩萨、二力士、二狮头均残，头正中各有一个修补时留下的圆孔。

第62号龛位于第59号窟右侧，所在崖面向外凸出，龛口外崖面保留山体原样，龛顶有排水沟，左右壁分别有一个榫孔。龛下崖面风化内凹，形成岩穴，并有大量凿痕。窟口外侧壁面有凿孔，很可能是木构龛檐遗迹。

第63号龛位于D段崖面下层，处于第66号窟下崩塌内凹的崖面处（见图5-2-18），下有裂隙，石质较差。龛上方崖体外凸，形成"檐"。浅浮雕双层方形平顶小龛，外龛仅余龛顶，可见龛顶上方有弧线形排水沟。左右两侧有两个线刻浅龛外形，推测当时计划在第63号龛左右各凿一个小龛。龛下及左侧崖面有晚期凿脚坑，方便行走。此小龛利用凸出的崖体和排水沟解决雨水问题，不见龛檐遗迹。

第64号龛位于第65号与第66号窟之间，距离现在地面约3米。长方形平顶大龛，高370厘米、宽135厘米、深80厘米。龛顶上方有一道斜向排水沟，上部岩石风化明显，下部崖壁风化内凹，上部和右侧仍可见榫孔。龛外两侧崖面上有凿孔，很可能是木构龛檐遗迹，时代不明。窟内三壁布满凿痕，有佛像一尊，双手未完工。

图5-2-18　安岳卧佛院南崖D段第66号窟底部崖面内凹（2007年，雷玉华拍摄）

第65号窟位于第64号龛右侧、第68号窟下方，所处崖面位置较好，距现在地面约2.5米。方形平顶敞口窟，高230厘米、宽216厘米、深220厘米。窟底下方崖面风化内凹，窟口略风化残损。两侧壁布满开凿时的凿痕，窟底中部有一排三个圆洞，中间圆洞稍向前，且略大于两侧者，应为三尊像位置。龛口两侧有晚期木构建筑凿孔，现在可见右侧两个、左侧与第64号龛之间两个、上方一个。

第66号窟位于第62号与第64号龛之间，窟底距现在地面约4米。双层方形平顶窟，外窟仅余左壁和窟底少许。该窟开成后并未刻经，而是在窟壁上补开了两个小龛之后才刻经，刻经时三壁统一规划。窟口地面有一道后代凹槽，左右壁上有榫孔，窟口处有现代安装门时留下的一道沟槽。窟外左侧崖面凸起，窟顶有排水沟，排水沟经第62号龛顶和左侧崖面向下，距窟底30～40厘米处崖面风化内凹。窟外两侧崖面有晚期木构留下的凿孔，右侧崖壁上有雕凿的两层台阶，方便从第64号龛前登上第66号窟。

第67号龛位于第64号龛右上方、第68号龛左侧。龛外右侧崖面被凿平。方形龛，龛顶有坍塌痕迹，右侧下方有凿痕，左壁被第64号龛破坏。龛高73厘米、宽65厘米、深10厘米。龛内凿菩萨像二尊，右侧菩萨像头残损处正中有一个修补时留下的圆孔。无龛檐遗迹。

第68号龛位于第65号窟上侧，处于该段崖面右侧较高位置，距现在地面约5米。外方内圆双层龛，龛底有三层台阶，从外往内第一层进深26厘米，第二层进深30厘米，第三层进深45厘米，双层龛口与龛底台阶设计有很好的防水作用。龛顶及左右侧崖壁上均有木构建筑凿痕。从凿痕看应是与第64、65、67号等龛共用的建筑，应为这一区域某个时期统一的龛檐，因这些小龛并非统一规划开凿，所以这些遗迹并非开凿之初的龛檐。外龛左壁有广政二年（939年）装修的铭文，装修时不知是否同时为这组小龛修了龛檐？

第69号龛位于D段崖面的边缘，第68号龛右下方，距现在地面4～5米。崖壁下部有风化裂隙，龛外右侧有崩塌痕迹。双层龛，外龛方形，敞口平顶，结合崖面条件，顶深底浅，形成自然避雨石檐。内龛高88厘米、宽90厘米、深43厘米。外龛左壁龛口靠下有一个穿鼻孔，孔内壁留有较粗糙的凿痕，系施工遗迹，无木构龛檐遗迹。龛内造像经过晚期装彩，头部残痕中有晚期修补时凿的圆孔。

5. E段造像

E段造像位于D段造像以东，包括第70~77号窟（龛）。E段造像与D段造像之间有一个自然裂隙，裂隙内凹处崖壁上有许多人工开凿的脚窝，应为从D段通往E段的通道。E段大致分成两排，第71、72、73、74、77号窟位于下排，是此区崖面最好的位置，下部崖壁风化内凹严重，岩石质地差［第70~74号窟（龛）见图5-2-19］。因受崖面条件限制，各窟底部高度并不一致。其中，第72号窟下方崖壁内凹最严重，窟底很薄，因此早已崩塌。第75、76号窟位于上

图5-2-19　安岳卧佛院南崖E段造像崖面［第70~74号窟（龛）］（2007年，雷玉华拍摄）

排,崖壁石质较好,但两窟靠近底部的崖面上有一道风化裂隙贯穿左右。从位置和窟型看,第70号龛为下层边缘补凿的像龛;可能第71、72号,73、74、77号、75、76号分别为原计划的三组刻经窟。

第70号龛处于第71号窟左侧凸出的崖壁上,是E区大块崖石的边缘,位于第71号窟左侧,其左侧(西侧)隔一条大裂隙与第65、69号窟等相邻,龛底距现在地表约3米。龛口所在崖壁平整,龛外上、下及左侧崖壁均有较大的风化裂缝,龛下方崖壁上开凿出一块内高外低、向外倾的平面,平面上凿排水沟,左右贯通。双层龛,内龛底部有长方形龛基,内龛右壁有三个榫孔。内龛龛基上造一佛二弟子二菩萨二力士像,造像头部多有残损后修复遗留的圆孔,为后代修补痕迹。龛左壁刻题记:

修妆释迦牟佛部众一龛/修造遮佛龛厦舍一面/弟子冯崇夫妇同发心为女弟子/刘氏小女石□求获平善希获平/善开宝七年十一月八日设斋表/庆了/永章福祚/

铭文中"修造遮佛龛厦舍一面"证明在北宋初年,冯崇夫妇不仅装修了此龛造像,还修了龛檐。

第71号窟位于第70号和第72号窟之间,窟底距现在地面约2.3米。窟顶上方有一道自然风化裂缝,下方崖壁风化内凹严重,顶上裂缝与第73、76号窟之间风化裂缝贯通。窟口上方崖面上有开凿的栈道残痕,同时也是第75、76号窟前通道。窟下方有许多崖面崩塌后再次开凿的人工凿痕,有阶梯通向窟内。方形平顶窟,窟左侧刻出双口。内窟高221厘米、宽254厘米、左壁进深220厘米,外窟左壁进深260厘米。窟右半部分崩塌。窟内左壁刻有《金刚般若波罗蜜经》和《般若波罗蜜多心经》,正壁及右壁除晚期补凿造像龛之外,壁面有较多粗糙凿痕,证明该窟原本并未完工。窟内唐末补凿了一尊倚坐佛像,窟内正壁及右侧壁断面上有晚期补刻小龛。

第72号窟为未完工的刻经窟，位于第71、73号窟之间，窟底距现在地面约2.5米。平顶方形窟，高235厘米、宽275厘米、右壁进深197厘米。左壁及左侧窟底崩塌不存，崩塌后与第71号窟连通；右壁与第73号窟在同一条裂隙上，裂隙呈倒N形延至窟底，有崩塌危险。右壁有晚期开龛造像。窟外上方崖面有第75号与第76号窟之间的栈道凿痕。

第73号窟位于第72号与第74号窟之间，在第75号窟下方。窟口所在位置较好，窟底距现在地面约2.5米，窟下崖面风化内凹。平顶方形窟，窟口高222厘米、宽218厘米、右壁进深264厘米。窟顶和窟底均向下倾斜，窟内后高前低，窟顶有粗糙的凿痕，窟口右侧略有残损。窟内正壁和左壁刻有《合部金光明经》，左壁刻经有"开元十五年镌了"和"开元二十一年"题记。左壁中间有一条横贯的Z形裂隙，窟顶有一道贯通前后的裂隙。窟外崖面上有凿孔，可见上方两侧各一个，左右对称，右侧中部一个，左侧下部一个。窟口右侧崖面留有凿痕。窟口上方，第75号窟口下方有晚期栈道凿痕，与第71、72号窟顶部栈道凿痕相连，第72、73号窟隔墙正面有一条水平裂隙。两窟窟型结构与大多数刻经窟一样有防水功能，从位置观察，两侧凿孔很可能系施工遗迹，非窟檐遗迹。

第74号窟为未完工刻经窟，位于第73号与第77号窟之间，在第76号窟下方，窟底距现在地面约2.5米。窟前半部分崩塌严重，正壁有晚期（仍然是唐代）凿龛造像，晚期龛像保存完整。窟下有崩塌的岩石，其左侧和第73号龛之间有一条裂隙，所在崖壁崩塌严重。平顶方形窟，窟高227厘米、正壁宽234厘米、左壁残进深67厘米，壁面布满凿痕。其左侧凸出崖面上有题记"广政廿四年八月一日"。

第75号窟为未完工刻经窟，位于第76号窟左侧，第73号窟上方，窟底距现在地面约6米。窟外下方崖壁上凿有通道与第76号窟相连。窟外崖面上有凿孔，左右各三个，不能确定是否系窟檐遗迹。平顶方形窟，窟口较窟正壁窄。窟正壁高192厘米，宽196厘米、窟口高195厘米、宽180厘米，左壁底部深196厘米、顶部深185厘米，壁面中部进深199厘米。

第76号窟位于第75号窟右侧，第74号窟和第77号窟上方，窟底距现在地面约6米。窟外左侧崖面上有晚期木构建筑凿孔，窟口右侧和窟底有崩塌痕迹。窟外下部崖壁上凿有通道与第76号窟相连。所处崖面和下侧第77号窟与第73号窟崩塌后的崖面平直，与第73号窟之间底部有自然风化裂隙。平顶方形窟，窟高200厘米、宽198厘米，左壁进深230厘米。左壁下方靠近窟口处刻有《合部金光明经》卷第三《陀罗尼最净地品》第六。

第77号窟位于第74号窟右侧，第78号窟左侧，第76号窟下方，窟底距现在地面约2米。左壁大部分及窟底崩塌不存，从残痕看，此窟凿成后不久即崩塌。从现存状况看应是方形平顶窟，窟正壁高247厘米、宽254厘米，右壁现存进深180厘米。与第74号窟窟型、大小及方向接近，原计划应为一组刻经双窟。右侧崖面向外凸出，系后期左壁崩塌后形成。崩塌后在原窟正壁凿圆拱龛，龛内造像仅完成初坯，龛像底部后来又一次崩塌。

6. F段造像

F段造像位于E段造像以东，包括第78~94、126号窟（龛），位于南崖最东端，主要有一组线刻像和四组窟（龛）。第78、79、80号为一组摩崖线刻图像。四组窟（龛）分别为：一是第81、84号刻经窟，中间有一个造像龛（第82号龛）；二是第83、85号窟，位于崖壁上部，均为双口平顶方形窟，两窟并列，形制、大小相似，窟前凿出通道相连，刻经内容前后连续，为一组双窟；三是第88、89号窟；四是第92、93、94号三个未完工的刻经窟。第126号龛位于崖壁上方，距其他窟（龛）较远，为一座小型灰身塔。

第78、79、80号为一组摩崖阴线刻像。第78号所处崖面位于第77号右侧凸出山体的正面，距现在地面约2米，崖面平整，石质较好。左侧像身崩塌不存，右侧保存较好，略有风化。佛像坐于仰莲台座上，通高188厘米。右侧崖面有晚期木构凿痕,像下有横向刻线。第79号摩崖阴线刻像位于第80~86号窟(龛)崖面左侧转折面,与其相隔一道自然裂隙,刻像结跏趺坐于仰莲圆台上。左下侧线刻一座小房屋,高43厘米。崖面下方有三个晚期木构建筑凿孔,长方形,打破像身。第80号位于第81号窟窟口左侧外立面,利用第81号窟口左侧崖面雕凿,开凿晚于第81号窟,其左侧与第79号摩崖线刻之间有裂隙,随崖面走势,阴线刻一尊立像。

第81号窟位于第82号龛左侧,与第82、83、85号等窟(龛)同处于一块较平整的崖面上,为未完工空窟,方形,右壁呈弧形,窟口窄,正壁宽。窟口高230厘米、宽181厘米、深175厘米。窟口上有小块风化崩塌,两壁布满细密凿痕,正壁有晚期刻宋碑一方。第81号窟与第84号窟为一组刻经双窟,均未完工,仅凿出窟形;两窟之间的隔墙正面为第82号龛。窟外崖面上有木构人字形龛檐遗迹,窟口外立面有方形及圆形凿孔。窟内正壁有宋代刻《诚誓贼盗火烛祛除邪祟神碑》,从碑文知道卧佛院当时已叫"卧佛院"[1]。

第82号龛位于第81号与第84号窟之间,龛底距现在地面3~4米。龛顶外有人字形凿槽及方孔,是卧佛院现存最明确的龛檐遗迹(见图5-2-20)。单层圆拱形龛,正壁设高坛,两侧壁坛有上下两级阶梯,两级阶梯高差15厘米。龛顶外立面有残损,龛口左侧略有风化。龛内主尊头光正中有一条横向裂隙,龛内造像的五代装彩已剥落殆尽。龛外下方崖面正中有后蜀广政年间装彩题记。

第83、85号窟位于第81、84号窟上方,两窟左右相邻,窟底距现在地面约7米,位于崖面较高位置,崖面平整,石质较好。两窟共用一长方形外口,和下方的第81、84号窟等同在一处平直崖面上,上下窟之间有晚期木构建筑的凿槽和榫孔。第83号内窟口高212厘米、底宽194厘米,正壁高226厘米、底宽210厘米,左壁窟底进深304厘米、窟顶进深284厘米,右壁窟底进深317厘米。窟外左

---

[1] 秦臻、张雪芬、雷玉华:《安岳卧佛院考古调查与研究》,科学出版社,2014,第104页。

图5-2-20 安岳卧佛院南崖F段第82号龛龛檐痕迹（上层为第83、85号，下层为第81、82、84号）（2007年，雷玉华拍摄）

右侧壁均有自然裂缝。窟内仅左壁靠近窟口处刻有《合部金光明经》，与第66号窟右壁经文相接。右壁靠近正壁的转角处和第85号窟凿一方洞相通，洞口为长方形。内层窟口底部及两侧壁上有凿槽和方孔。窟外左侧崖面上有晚期木构凿孔两处，与右侧的第85号窟外凿孔为同一次木构建筑的凿痕。

第85号与右侧不远的第88号窟之间有一条大裂隙。双口长方形窟，外层窟口与第83号共用，二窟之间有隔墙。内窟长方形，窟内后高前低，左壁底部进深320厘米，窟口高210厘米，正壁高229厘米、宽193厘米；右壁进深310厘米，窟口高212厘米，正壁高242厘米。窟内正壁平整，未见刻经；左右壁有刻经，左右壁靠近窟口处有凹槽，左右对称，呈"「"形，高度和窟顶同，打破了两壁经文。该窟后代曾有人居住，凹槽应为居住时安装木门的遗迹。正壁两上角各有一个方形凿孔，左壁靠近正壁处有通向第83号窟的方洞，打破了第85号窟左壁经文。左右壁靠近正壁处有对称凿槽，左侧与打通两窟之间的洞口齐平，右侧至窟壁中部。窟口底部壁面被第82号龛木构龛檐打破。窟外右侧崖壁上下有两个方形木构建筑凿孔。

第84号窟所处崖面较平整，窟底距现在地面3~4米。单口方形刻经窟，未完工。窟高218厘米、宽167厘米、深136厘米，窟内正壁底宽250厘米。窟口外上部崖面上有木构凿槽。窟底与第81号窟底平，两窟形制、大小接近，原来可能计划为一组刻经双窟。窟口外侧崖面有方形和圆形的木构凿孔，孔的位置与第81号窟外的凿孔对称。窟口上部与第81号窟口上部各有一道沟槽，构成第82号龛的人字形龛檐，与窟口外立面的方形、圆形凿孔可能为同期所凿。结合现状及窟内刻经观察，第82号龛系在第81、84号两个窟之间崖壁上晚期补刻的像龛。第81、84号两个洞窟原本是一组刻经窟，但未完工，第82号龛修建人字形龛檐时，打破了两窟顶上方崖面，宋代在第81号窟内刻了碑。从现存遗迹观察，也有另一种可能：第82号龛的人字形龛檐遗迹左右侧分别被第81、84号窟打破，第81、84号窟开凿晚于第82号龛及其人字形龛檐建造时间。第81号窟内刻有北宋时期碑，第84号窟未完工，时间顺序上也合理。若如此，则第82号五代造像龛的龛檐在北宋时期就已修建，造像龛开凿于五代，因此此龛檐可能是开凿之初就有；而此龛较浅，结构上并无防雨功能，但至今无龛檐的情况下并无雨水侵害。在跨第81、82、84号三个窟（龛）的人字形龛檐下方，可以观察到第81号窟顶部壁面有少许崩塌，崩塌处正好有三个较大的圆孔痕迹，三个圆孔呈三角形排列，右侧圆孔斜向下方的连线上还有一个同样的圆孔，显然这也是一次人字形龛檐遗迹，同样被第81、84号窟顶部破坏，此龛檐也早于第81、84号窟。所以，从第82号龛现存的两次人字形龛檐遗迹观察，第82号龛开凿之初，很可能就有单独的木构人字形龛檐。其崖前地面较平缓，且比其他造像窟（龛）前宽阔，有较好的修建地面保护檐或其他设施的条件。

第88、89号窟位于第83、85号窟右侧崖面上，可能为一组刻经双窟，距现在地面约5米。窟口所在崖壁内凹，呈片状风化脱落，第88号窟外左侧凿出通向第85号窟的脚窝。第88号窟口高244厘米、宽205厘米、深160厘米。窟上部未凿完，窟口两侧有风化。窟外上方左右有两个方形孔。第89号窟未完工，单口方形窟，窟口上部崖面较下部崖面突出。窟口外左侧顶部即将崩塌，窟口右侧与第90号龛的隔墙正面有一方一圆两个不同形状的槽孔。

第90号龛龛底距现在地表约5米。龛下有两层台地，所处崖面为岩石垮落后形成，较平整。尖拱形摩崖浅龛，龛边不规整，龛左上角崖面和龛边风化并崩塌。龛高240厘米、宽120厘米。龛左侧与第89号窟隔墙正面有上下两个不同的榫孔。龛内正中造五级塔一座，水蚀风化严重，从形状和风格看，为宋塔。

第91号龛位于南崖东段西面，实为两个有打破关系的圆拱形浅龛，两龛共一龛底平面。右侧龛稍高，龛形相对完整，开凿于突出崖壁的西侧壁上。龛外崖壁上有无数凿痕，右下方有三个圆孔。龛外左侧有一个圆孔和一道深槽，似曾经打算于此开龛，但崖面石质极差，可能因此废弃。龛外右侧有一方形榫孔，未见有龛檐遗迹。

第92、93、94号三窟呈一字排开，位于第91号窟右侧，窟外崖面呈片状风化，窟口所在壁面内凹，窟前凿有一道共同的窟基线，开凿出窟形后即废弃。第92号窟，单口方形平顶平底窟，宽182厘米、深183～204厘米。壁面粗糙，未经打磨。窟口两侧依崖壁而内凹，正壁呈纵向内弧，窟口左侧崖壁有一个方形榫孔，龛口右侧中部偏上有一个类似榫孔，崖壁外左侧有一个圆孔。第93号窟居于三窟中间，单口方形平顶窟，窟内平底，因崖面内凹使窟口两边侧视为内凹的弧形，窟内壁上下呈弧形，壁面正中略凹进，三壁、顶部转角明显有凹棱，壁面十分粗糙，开凿出窟形后即废弃。现在窟内后壁有后代补凿的两个方形小龛，小龛内造像。左壁有六个方形榫孔，中部上方的两个稍大。窟口自上而下四个榫孔稍小，随崖壁呈弧形排列，从上往下第三个略靠外。右壁共有四个榫孔，中部上方与左壁相对位置有两个并排稍大的榫孔。窟口自上而下有两个：顶端一个稍大，与左壁顶端榫孔一致；下面一个与左壁窟口第二个位置一致。第94号窟位于三窟最右侧，为方形单口平顶窟，未完工，窟口因风化而内凹（见图5-2-21）。正壁两侧壁面和下部向内凿进，中部大幅壁面突出，靠近左侧又凿出一道凹槽，说明还准备向内凿进。正壁的五个横长方形孔为后代遗迹。窟前壁上有许多后代凿的脚窝、方孔等，以供上下。地面有一道排水沟流向窟外。

（三）月亮坪区（含菩萨岩）窟前建筑遗迹

月亮坪区（含菩萨岩）（见图5-2-22）主要是以刻经为目的的开窟，但绝大部分窟并未完工，开至一半或刚开出即废弃。刻了经的只有第109、110号窟，有少数窟如第116、119号窟废弃后不久又补刻造像，从龛型和造像风格看均为晚唐到五代造像。

第109、110号窟位于卧佛院月亮坪区丁家岩北崖，两窟处于同一崖面上，高度一致，为有计划统一开凿的刻经窟（见图5-2-23）。两窟左右紧邻，所处

图5-2-21　安岳卧佛院南崖F段第94号窟外立面（2007年，雷玉华拍摄）

图5-2-22　安岳卧佛院月亮坪远景（2007年，雷玉华拍摄）

图5-2-23　安岳卧佛院第109、110号窟外立面（2007年，雷玉华拍摄）

位置较高，崖面较平直。左侧为第110号窟，右侧为第109号窟，距现在地面约4米。窟前壁面统一凿平，两窟形制相同，窟底平齐，隔墙宽40厘米，窟内均刻《大方便佛报恩经》，内容前后相连。第109号窟为方形窟，窟口风化严重。左壁刻有《大方便佛报恩经》卷第一《序品》第一，右壁刻有《大方便佛报恩经》卷第三《论议品》第五和《大方便佛报恩经》卷第四《恶友品》第六。第110号窟为方形窟，窟口宽206厘米、高214厘米、深197厘米。左壁刻有《大方便佛报恩经》卷第四《恶友品》第六与《大方便佛报恩经》卷第五《慈品》第七。经文距洞底地坪15~23厘米，窟口底部略低于洞内地面，有防水效果。右壁布满凿痕，尚未磨平即停工。两窟近洞口处和壁面下部风化严重，两窟均未发现窟檐遗迹。

三、小结

经过对安岳卧佛院现存各类遗迹现象和铭文进行梳理，发现唐代开元时期此地便开始开窟刻经并造大卧佛，同期有了寺院。唐代、五代、北宋都有开龛造像、装修活动。两宋时期有造像外，还有较多墓塔修建。

卧佛院在五代时有较多造像和装修活动，北宋时已是"梵刹古迹"，当时已称"卧佛院"。北宋时期一位主持僧惠文病逝，新任主持僧法宗到任后，认为卧佛院风水不好，进行了大规模重修："窃次斯院，山罡西□，转水枕东流，四神有似威严，土地每招鬼贼。礼云，凡神之德也，其感矣乎？易云，阴阳莫测之位，神也。但法宗住持，后来改故修新，自舍囊钵，起立厅堂、僧房、厨灶，悉皆周备，实□甍瓦如□，徘徊迨迎，栋梁椽柱，皆悉涣然。"[1]崇宁二年（1103年）立碑记其事，并没有提及龛像保护设施修建。

除法宗这次大规模改建、新建寺院建筑外，两宋时期的小龛小像开凿、装

---

[1] 秦臻、张雪芬、雷玉华：《安岳卧佛院考古调查与研究》，科学出版社，2014年，第104页。

修等活动不断，但其间明确修龛檐或房屋的很少见。铭文中明确修了作为佛龛保护性设施的题记也极少，仅第70号龛中有北宋开宝七年（974年）冯崇夫妇"修造遮佛龛厦舍一面"的记载。

20世纪90年代，卧佛院北崖的大卧佛上方用水泥修了龛檐，2007—2008年揭顶加固、封堵山水之后重新修补了水泥龛檐。20世纪80年代，川渝两地曾为多处摩崖造像修建过水泥仿岩石龛檐。2008年汶川特大地震灾后重建中，因考虑到水泥龛檐增加了崖顶承重，陆续拆除了部分水泥龛檐；有些地方，若岩石条件允许，则重新对石檐进行了修补或新增，例如安岳卧佛院第3号大卧佛、重庆大足石门山等大量的小型摩崖造像点。

从现存遗迹看，卧佛院北崖大卧佛原本有岩石雕刻的龛檐，同时崖面上有大量木构建筑留下的榫孔。20世纪大卧佛前观景平台处还有建筑，四川省文物考古研究院曾做过考古发掘。崖前发掘建筑遗址中出土遗物最早为五代、宋代时期，因此很可能唐代开凿大卧佛时，大卧佛前并无木构建筑，但至迟五代时期大卧佛前已开始有建筑。2000年3月，笔者第一次去调查时，卧佛院前仍有一户村民居住。访问村民得知，20世纪大卧佛前曾有建筑，现存大卧佛所在崖面的孔洞有些为20世纪中期拆除大卧佛前民居所留，还可以看到崖面上有厨房留下的烟苔痕迹。2002年我们再次去调查时，第1、2号刻经窟下方的民房还在，从结构上可以看出是寺院房屋转为民居，房屋坐西向东，紧靠北崖修建，两个刻经窟在房顶上方，该建筑并不是刻经窟的保护设施。

卧佛院大量佛像头上、双手上都有圆形孔洞，它们是过去维修留下的遗迹（见图5-2-24）。

卧佛院南崖造像顺着从遂宁至成都的古道开凿，现在的参观道即原来的古道。南崖整个崖面并不连续，因受崖面条件限制，除第46、51、58号三个并排的大窟有后期形成的统一前廊，前廊前柱础、梯道保存较好，证明它们曾经有统一的木构窟檐外，其余窟（龛）都没有统一窟（龛）檐。第26～36号

图5-2-24　安岳卧佛院造像头上的维修遗迹（2019年，雷玉华拍摄）

窟（龛）位于A段崖面风化内凹的岩穴下，上部突出的崖体形成共有的天然龛檐，其余造像龛外立面顶部或独立，或几龛共有防水沟槽，部分小龛的人字形龛檐遗迹还很清楚。它们并不是开凿龛像时就同时设计的保护檐，与川渝大量摩崖造像龛一样，龛型结构有防水效果。卧佛院确知的最早的龛檐是北宋开宝七年（974年），冯崇夫妇为刘姓女子装彩第70号龛时，一并"修造遮佛龛厦舍一面"，完工后还举行了斋庆。"一面"说明其很可能与现代修的卧佛院龛檐一样，是一面坡式挑檐。

2000年春季笔者去调查时，北崖第1、2号刻经窟下方还有民国时期寺院的房子，由一户农民居住。南崖前的石板古道连着河边的简易码头，码头上方有一户人家经营食店。从码头乘船（见图5-2-25）可至八庙乡（现更名卧佛镇，原来古码头的候船室现改为镇政府食堂）。整个卧佛沟全是农田，沟口两侧均有民居，其中南侧有两户人家（有一家经营餐食），北侧有一户人家，沟后方有几户人家；南崖西端前有一口古井和一棵黄桷树，古井是沟内所有居民的饮用水

图5-2-25　2007年往来八庙乡（卧佛镇）至安岳卧佛院的客船（2007年，雷玉华拍摄）

源。观察沟内、沟后及大卧佛前的民居等，其早期应为原来寺院房屋的一部分。现在沟内居民已全部迁出，南崖西端修了管理房，北崖前被改建为一个观景平台，环境发生了很大变化。现在河边人家已搬迁，沿河修了公路通往卧佛镇。

　　2012年，南崖大部分造像龛修建了木质一面坡顶小龛檐，由于龛檐离龛口很近，加上崖面风化松软，设计者可能考虑到龛顶崖壁承重等，出檐较浅。直观地看，龛檐有一定防水作用，但大多数龛因龛口设计的特点，雨水原本不容易飘入龛中，即便是2012年未修这种小龛檐前，崖面风化或崩塌后的窟（龛）飘进雨水者也是极个别现象。一些小龛开凿于崖壁风化形成的内凹穴部位，外突的崖顶形如屋檐，有天然的避雨作用，如第34~38号龛。而这种位于风蚀形成的内凹岩穴中的小龛虽然没有雨水的侵害，也非常干燥，但却是风蚀最严重的区域。因此，可以明显看到，造成崖壁风化内凹的风对龛像的破坏同样很严重。新近修建的以防雨为目的的龛檐对抵御风化意义不大。

同时，除四川省文物考古研究院两次发掘外，卧佛院地面历年采集到20多件与寺院有关的可移动文物，有石塔残件、柱础、刻经残石、单体造像等，从唐代至明代均有，其中一件背屏式圆雕像背面有两段铭文，从右至左为：

/……永为供养/……延长此世来生当同/……寿禄举家长命各保/……六畜孳渗公私道泰
/……和四年七月二十七日/□谭彦宗夫妇等同镌造/……士杨德和德舜德皓镌匠/……男□善友父子施手/僧　慈海　写记[1]

这些可移动文物同样证明了从唐至明，卧佛院寺院一直存在。

现存遗迹现象表明，虽然卧佛院窟（龛）所在崖面与开凿时期相比较可能已经发生了较大变化，有的崖壁崩塌，但经过前面的遗迹现象分析，仍然可以推测，卧佛院历代保护设施大致可以分为三类。一是依崖修建的房屋类建筑，如大卧佛前曾经有过的房屋对大卧佛及其下方造像有保护作用。二是大量窟（龛）并非统一规划开凿，所以没有统一的窟（龛）檐，但部分窟（龛）有过单独的窟（龛）檐，如第70、82号龛；部分窟（龛）虽然在开凿时没有统一的窟（龛）檐，但之后在一个时期曾形成过共有的窟（龛）檐，如第29～33号窟（龛），第46、51、58号窟，第64～69号窟（龛），第81、82、84号窟（龛）等。三是一些龛像利用崖体形成的风化岩穴发挥龛檐的作用，无须再设计龛檐，如第32～37号龛等；一些小龛仅利用龛内外结构，解决排水问题，如第38号龛等。

1　原报告对此条铭文释读顺序有误，参见秦臻、张雪芬、雷玉华：《安岳卧佛院考古调查与研究》，科学出版社，2014，彩插101。

2018年以来，卧佛院开始了新的环境整治保护规划（见图5-2-26），未来卧佛院的环境因旅游开发会进一步发生改变。为适应旅游发展，2023年再次改造了卧佛院环境，沿原古道外侧拓建了游步道，形成了现状，原来的崖前石板古道和进入第46、51、58号窟的窟前石梯等不复存在。

图5-2-26　2022年安岳卧佛院保护规划图（张荣提供）

第三节　安岳地区其他石窟

四川东部安岳地区大量的石窟和摩崖造像是佛教在乡村广为传播的产物，功德主均为当地人，不像川北、川西造像那样有大量南来北往、来自中原等地的各类功德主，所以每个点位造像数量不多，大多数规模都很小。几乎所有的摩崖造像或石窟点位就是古代寺庙的所在。

一、安岳毗卢洞

毗卢洞位于安岳东部石羊镇旁厥山上，属石羊镇二组，造像区北部为油坪坡，东面为紫竹湾，南邻黄岭坳，北侧30米有公路通往石羊镇，向西、向东有安岳通往重庆大足区的公路。崖壁坐西向东，东面崖壁上开了6座造像窟（龛），外围有14座未造像的洞窟。崖壁顶部较平，崖前东、南、北有小道环绕，东侧有茂林修竹。其因"紫竹观音"而声名远扬，是安岳的一张名片，现为安岳县著名古迹，平日游客较多。

摩崖造像所在就是寺院，原来可从崖前东面（正面）石梯进入寺院，20世纪80年代在山崖北侧修建了保卫室，因此入口改到北侧门卫处。造像全部位于崖壁东面，依壁修建的保护建筑就是佛殿。除其中的观音殿内是可移动石造像外，其余全是摩崖造像。从北侧依壁往南，依次编号，自柳本尊十炼图开始，至紫竹观音结束，除一龛清代造像外，其余全部开凿于宋代。

第1号龛柳本尊十炼图在开凿时将崖顶岩石修整为石檐，以石檐保护造像不受水侵，与重庆大足宝顶山大佛湾同类造像的保护措施相同。石檐风化残损后，20世纪90年代又以水泥进行了修补，至今防水效果很好（见图5-3-1）。2021年，在危岩加固工程中揭开崖顶泥土，发现原来顶部开凿有挡水沟，20世纪修补水泥石檐时也在顶部增加了水泥挡水墙（见图5-3-2）。

第1号龛前的莲花石（见图5-3-3）是崖前的一块独立岩石，其顶部宽、底部窄，岩体一周雕有造像，原来有建筑保护造像，20世纪60年代建筑垮塌，至今没有保护设施，但岩石顶宽底窄的形状对造像有一定的保护作用（防雨），20世纪80年代对岩体下半部分进行了加固。

柳本尊十炼图南侧是一个敞口摩崖大龛，龛外有建筑，系依壁修建的穿斗式木构建筑，既是寺院的正殿，也是这个大龛的保护设施（见图5-3-4）。此殿再往南为观音殿，观音殿是唯一不倚崖壁的建筑，系穿斗式木构建筑，殿内

第五章　四川东部地区石窟窟前建筑　309

图5-3-1　安岳毗卢洞柳本尊十炼图（第1号龛）新建的水泥龛檐（2021年，雷玉华拍摄）

图5-3-2　安岳毗卢洞柳本尊十炼图（第1号龛）顶部的拦水沟与挡水墙（2021年，雷玉华拍摄）

图5-3-3　安岳毗卢洞第1号龛前的莲花石（2021年，雷玉华拍摄）

图5-3-4　安岳毗卢洞正殿大龛（2021年，雷玉华拍摄）

造像系可移动石造像。观音殿往南为著名的紫竹观音（即水月观音），紫竹观音所在位置是崖壁前凸出的一块大石，紫竹观音系将这块凸出的岩石东面（正面）修整平齐，崖顶岩石凿成宽大的石檐，石檐下有依壁雕出的摩崖刻像。由于石檐出檐较宽，有崩塌的危险，20世纪80年代在檐下支了两根水泥柱子以防石檐崩塌，在崖壁旁边砌了石护壁，以保护凸出崖壁的紫竹观音所在岩块（见图5-3-5）。2021年，在危岩加固的过程中曾将石檐顶部泥土揭掉，发现石檐顶上非常平整，似经人工修整，顶面几乎与山顶地面平齐，顶面上有数道顺山崖方向（南北向）的引水槽（见图5-3-6、图5-3-7）。这证明开凿之初崖顶岩石是完全暴露于外，后来才慢慢被泥土覆盖。开凿时以引水槽的方式将顶上可能有的水引向两边，防止造像前面形成水挂。引水槽与顶上遗迹相衔接。紫竹观音所在崖石右侧崖面上仍然有几道从顶上斜向下方的引水槽，至今仍然在发挥作

第五章 四川东部地区石窟窟前建筑 *311*

图5-3-5 安岳毗卢洞有单独石檐的紫竹观音及2021年危岩加固过程中清理出的龛侧引水槽（2021年，雷玉华拍摄）

图5-3-6 危岩加固过程中揭露的安岳毗卢洞观音殿背面崖壁（2021年，雷玉华拍摄）

图5-3-7　安岳毗卢洞2021年危岩加固过程中清理出的崖顶引水槽（2021年，雷玉华拍摄）

用。没有发现建筑遗迹。

　　从紫竹观音左侧绕到背后，开凿了一座坐南朝北的敞顶大石窟千佛洞。千佛洞平面形如凹字形，有门道，门道内三壁起台阶，台阶之上正壁（南壁）雕一佛二菩萨三尊大像，其窟内两壁、门道上刻满了小佛像。因是敞顶大窟，原来应该有建筑保护。20世纪80年代，在窟上修建了木构保护建筑，从门道处看似排楼状（见图5-3-8），窟内门口的排楼与三壁的檐顶合围，形成天井（见图5-3-9）。窟内合围的四壁出檐接住崖顶地表水与雨水，然后滴到中间天井中，落下的水滴在窟内三壁台阶之下，窟中间地面后高前低，落到天井中的水可以顺势流出，不会积水，保护效果较好。

　　千佛洞与观音殿之间有几个洞窟，原来以为是崖墓，实为方形禅窟，窟前有石梯通向窟内，窟内有小灯龛，方顶或稍呈覆斗形顶，无龛檐遗迹。

图5-3-8　安岳毗卢洞千佛洞保护建筑排楼状入口（2007年，雷玉华拍摄）

图5-3-9　安岳毗卢洞千佛洞内四壁出檐形成的天井（2021年，雷玉华拍摄）

二、安岳华严洞

华严洞石窟由华严洞和大般若洞两个洞窟组成，位于资阳安岳东部石羊镇华严洞村十组。造像位于西距石羊镇5公里的箱盖山东南侧山腰上，是四川盆地中部沱江与岷江流域之间的丘陵地带，西距安岳县城51公里，东距重庆大足区36公里。箱盖山大致呈圆锥形，是周围地形的制高点，造像崖面约呈东北—西南走向。依东面垂直崖壁开凿了两个洞窟，北侧为华严洞，南侧为大般若洞，两洞相距16米。现在两个洞窟前面均有清代乾隆年间修建的木构大殿，实为两座洞窟的窟前建筑，也是寺院的主要建筑（见图5-3-10、图5-3-11）。

两洞之间和两侧还有7座崖墓，崖壁上的引水槽可证明曾经有过倚崖修建的木构建筑，它们应该是寺院建筑的一部分（见图5-3-12）。

图5-3-10 清代修建的华严洞山门（2021年，雷玉华拍摄）

第五章　四川东部地区石窟窟前建筑　　315

图5-3-11　华严洞与大般若洞的窟前建筑（2021年，雷玉华拍摄）

图5-3-12　华严洞与大般若洞之间崖壁上的建筑遗迹之一（2021年，雷玉华拍摄）

1949年以后，崖前原有寺院和洞窟被分配给当地村民居住，20世纪80年代住户迁出，形成独立的保护区。现在崖前东南缘建有围栏，是寺院原来的围墙。华严洞前倚洞口崖壁修建的木构大殿修建于高高的阶基上，主梁上存有乾隆二十八年（1763年）修建记，是寺院正殿前的建筑，石窟则为寺院的正殿。窟前木构部分大殿内两侧设条石砌筑的长方形佛坛，位置相对，大小一致，是寺院正殿前的"护法殿"，护法殿上一级台阶即进入石窟中。护法殿正前方8.3米处有乾隆五十六年（1791年）修建的石质山门，山门东侧为进出景区的石阶道。以华严洞窟内主尊为中心的中轴线贯穿窟口、木构护法大殿、殿基、殿前台阶、山门和山门前石阶。洞窟前地表散落数十件宋、明、清时期的造像、经幢、塔顶、柱础石等构件。原来从石羊镇来到山脚下，经石板小道爬上山，由西南侧经崖前小路到达东侧的山门前，由山门面向华严洞内为寺院的中轴线。现在造像区东、西侧分别修建了当代建筑，西侧为卫生间和储水池，东侧为保护用房和观景台。东侧下方还有停车场，有水泥道路通向镇上，这在一定程度上改变了寺院外围环境（图5-3-13）。

华严洞开凿于崖壁东侧北端。窟口呈方形，平面接近长方形，窟室宽10.9米、高6.1米、深9.4米。窟底平整，基岩地面，未经铺设。窟内三壁造像，正壁佛坛宽10.5米、高0.7米、深1.72米，坛上造一佛二菩萨二弟子像。窟口底部中央置石雕香炉一个，香炉雕刻于明景泰元年（1450年）。造像高浮雕与圆雕结合，虽屡经后代装彩，仍然挡不住岁月的痕迹，如今蓝、绿、红、黑、白等矿物颜料早已斑驳，但仍能显出昔日的辉煌（见图5-3-14）。

与华严洞相邻的大般若洞是以中央的释迦牟尼佛为中心形成的儒释道三教组合造像窟。洞窟始凿于南宋嘉熙四年（1240年），明代万历年间（1573—1620年）扩增洞窟并开凿造像，造像时经统一规划，窟口有清代木构建筑保护洞内造像（见图5-3-15）。

大般若洞位于崖壁东侧南端，东距华严洞16米，其木构窟前建筑与华严洞

第五章　四川东部地区石窟窟前建筑　317

图5-3-13　华严洞洞外新修的保护用房（房屋一侧崖壁上有人字形檐顶遗迹）（2021年，雷玉华拍摄）

图5-3-14　华严洞内（2021年，雷玉华拍摄）

图5-3-15 大般若洞内（2021年，雷玉华拍摄）

窟前建筑同时修建于清代乾隆年间（1736—1796年）。与华严洞前木构大殿不同的是，此窟前建筑没有高阶基，主体为两层干栏式，窟口位于第二层，与下层有木梯相通，窟前木构建筑为窟口前方的礼佛等活动提供了空间。窟口上窄下宽，左壁内侧相对较深。窟宽4.33米、高5.08米、深5.54米。窟楣刻"大般若洞"四字匾，落款是南宋"嘉熙庚子年"（1240年）。窟顶中央浅浮雕出一块圆形壁面，直径2.25米；圆形壁面中央刻写正、反两个巨大"人"字，字径1.46米。因窟楣上刻有"嘉熙庚子年"（1240年）纪年和"大般若洞"题名，此窟长期被认为开凿于南宋晚期嘉熙年间。矛盾的是，大般若洞内造像风格、着装样式、雕刻技法和题材内容，与仅十余米之遥、明确开凿于南宋时期的华严洞和邻近数公里范围内的毗卢洞、大佛寺、孔雀洞、茗山寺等南宋时期造像相去甚远。2013年，四川大学的考古调查才厘清了原委：宋代开窟题字，明代补像，清代修建窟前建筑。

三、小结

四川东部地区的小型摩崖造像点，无论所在区域，所有造像窟（龛）在开凿时大都有防水设计，而且一些传统设计至今仍然被工匠采用。其中，利用自然岩石做成石檐作为保护措施的情况最多；其次是龛外修建辅助保护设施，同时补充窟（龛）前面活动空间的不足。许多小型造像点依壁修建大殿，摩崖造像或洞窟内造像就是殿中供奉的神像。保护窟（龛）檐往往规格很高，甚至有高高的阶基，实际真正发挥的是"佛殿"的作用，规格按真正的佛殿修建，如安岳华严洞。

第六章
重庆石窟窟前建筑

重庆石窟和摩崖造像以大足点位最多、最集中，因此，我们以大足为代表，梳理、分析重庆地区的石窟和摩崖造像窟（龛）前建筑情况。

大足位于四川盆地东南、重庆市西部，与四川安岳相邻，自古为成渝交通要道上的重要节点，境内有大量石窟和摩崖造像，是川渝地区石窟和摩崖造像最重要的分布区域之一。以北山、宝顶山、石篆山、石门山、南山等石窟为主要代表的大足石窟[1]，其内容和形式与四川安岳境内的石窟和摩崖造像有密切关系。现以大足境内全国重点文物保护单位北山、宝顶山、石篆山、石门山、南山等石窟为主要对象，介绍大足石刻保护性设施的调查与研究状况。

大足石刻始建于初唐，经晚唐、前后蜀，至两宋达到鼎盛，尾声延及明清，历时千余载。据"大足区全国石窟寺专项调查"成果统计，大足境内保存有1911年前开凿的石窟及摩崖造像141处，包括全国重点文物保护单位7处，重庆市文物保护单位6处，大足区文物保护单位62处。其中，北山、宝顶山摩崖造像为第一批全国重点文物保护单位，1999年，以北山、宝顶山、石篆山、石门山、南山石窟为代表的大足石刻列入《世界遗产名录》[2]。

---

[1] 因以连环画式雕刻最具特色，因此被称为大足石刻。
[2] 北山、宝顶山石窟于1961年被公布为第一批全国重点文物保护单位。南山石窟、石篆山石窟、石门山石窟、多宝塔于1996年被公布为第四批全国重点文物保护单位。其中，石门山石窟归入宝顶山石窟，南山石窟、石篆山石窟和多宝塔归入北山石窟。2019年，妙高山、舒成岩石窟被公布为第八批全国重点文物保护单位，归入北山石窟。

大足石刻以佛教造像为主，兼有道教、儒教造像，以及释、道合一和儒释道三教合一造像；有唐宋石窟43处（唐代4处、宋代39处，包括北山、宝顶山两座大型石窟），明清石窟28处（明代13处、清代15处），民国石窟1处。它们是石窟中国化、地方化之后的典型代表，是中国石窟的最终呈现形式。

　　大足石刻营建时间长，分布地域广，造像题材多样、铭文内容丰富，史料价值高，在石窟营建、建筑形制、造像组合、题材内容、雕塑艺术、铭文刻写等方面具有相应的时代特征。晚唐时期为大足石刻第一个造像高峰期，唐代4处石窟营建自初唐至晚唐，跨时两百余年；本时期该区域内石窟主要分布于北部、西部和东部，呈散点式布局。前后蜀时期是大足石刻营建的第二个高峰期，造像窟（龛）多达100余个，是同期川渝石窟造像数量最多的区域；此期造像主要集中分布于境内北部的北山石窟（包括佛湾及其周边的营盘坡、佛耳岩等小型石窟）内，境内其他地区未见前后蜀造像。两宋时期为大足石刻营建的顶峰期，主要集中于北宋元丰（1078—1085年）至南宋淳祐（1241—1252年）年间；此期石窟数量多达40余处，分散布局于境内西部、西北部、西南部和北部10余个乡镇；其间建成了以北山、宝顶山石窟为代表的大型石窟群，以及以石篆山、石门山等石窟为代表的数十处中小型石窟；除佛教造像区外，还营建了道教造像区、佛道合一造像区和儒释道融合造像区。明清时期为大足石刻营建的延续期，造像散点分布，石窟数量达30余处；此期多小型石窟，题材内容庞杂，多民俗造像。

第一节　大足北山石窟

　　大足北山石窟以佛湾为中心，四周有观音坡、营盘坡、佛耳岩等三处小型石窟及多宝塔等。佛湾位于大足城区以北1公里的北山西侧半山腰，始建于唐景福元年（892年），经前后蜀至南宋绍兴年间（1131—1162年），历时两百余年方建成现有规模。石窟沿山崖立面、顺山势起伏曲折开凿，造像崖壁高约7米，长300余米，窟（龛）密如蜂房，分为南、北两区，通编共290号。第1~98号位于南区，第99~100号位于南北区中间过渡地段，第101~290号位于北区。

一、文献信息中的窟前建筑

北山石窟宋代以来遗存的碑铭史料较丰富，包括造像题记、妆绘记、培修记、游记、诗词、各类题刻等，其中部分碑铭对石窟的保护培修有记载和反映。

（一）碑铭史料

（1）第243号龛蹇知进造千手观音龛镌记[1]。铭文有"敬镌造大悲千手观音菩萨壹龛……以天复元年五月十五日就院修□□□□鸿□永为供养"。

铭文记载了天复元年（901年）蹇知进造千手观音像，并"就院"举行法会，此"院"即指寺院。截至目前，这是北山石窟关于寺院建筑最早的记载。

（2）第247号龛左壁画妆镌记[2]。铭文有"□佛子张文信□□发为男天保就院画妆救苦观音菩萨□□以咸平六年十月廿八日修讫"。

第243号龛位于第245号龛外左侧竖直壁面，第247号龛位于第245号龛外右侧竖直壁面。铭文中提及张文信"就院"妆绘造像的事实。由此推测，至迟在北宋咸平六年（1003年），以第245号龛为中心的窟（龛）群就处于同一寺院建筑保护之下。

（3）第176号窟吕元锡等避暑记[3]。铭文有"吕元锡同弟元牧数来此避暑煮饼瀹茶弈棋赋诗□为终日留淳熙丁酉夏"。

---

[1] 重庆大足石刻艺术博物馆、重庆市社会科学院大足石刻艺术研究所编：《大足石刻铭文录》，重庆出版社，1999，第15页。

[2] 重庆大足石刻艺术博物馆、重庆市社会科学院大足石刻艺术研究所编：《大足石刻铭文录》，重庆出版社，1999，第73页。

[3] 重庆大足石刻艺术博物馆、重庆市社会科学院大足石刻艺术研究所编：《大足石刻铭文录》，重庆出版社，1999，第65页。

此则铭文刻于窟左沿上部。淳熙丁酉（1177年）夏季某一天，吕元锡等人来北山避暑。由此推测，在1177年左右，北山佛湾或许有遮挡光照的建筑物，否则吕氏等人不会在此地休闲一整天。

（4）第136号窟张莘民造观音像记[1]。铭文有"左朝散大夫权发遣昌州军州事张莘民谨发诚心就院镌造观音菩萨一尊……壬戌绍兴十二年仲冬二十九日题"。

铭文中提及张莘民"就院"造观音像，由此推测，在绍兴十二年（1142年）左右，第136号窟就处于寺院建筑内。

（5）第110号龛张辉造药师佛龛镌记[2]。铭文有"昌州在郭正东街居住奉善弟子张辉刘氏夫妇膝下男……命工开岩镌造妆銮药师琉璃光如来菩萨药叉神将共一龛……以岁次癸囗叁月初贰日奉囗就院斋囗囗表庆"。

此条铭文记载了张辉镌造药师佛龛，并在寺院内举行法会的事实，推测第110号龛隶属此寺院。

（6）第102号教孝碑[3]。铭文有"……葺廊三楹覆以素瓬缭以朱阑颜其额曰教孝……"

此则铭文记载，清光绪二十八年（1902年），在第103、104号所在崖壁前方修建了三开间的廊道建筑加以保护。

（7）第123号胡鑫甫等募建送子殿宇镌记[4]。铭文有"……募修天王殿功竣余有木料囗瓦囗钉囗胡君鑫甫……神像风雨不蔽……爰约同人订簿募建囗囗终

---

[1] 重庆大足石刻艺术博物馆、重庆市社会科学院大足石刻艺术研究所编：《大足石刻铭文录》，重庆出版社，1999，第31页。
[2] 重庆大足石刻艺术博物馆、重庆市社会科学院大足石刻艺术研究所编：《大足石刻铭文录》，重庆出版社，1999，第34页。
[3] 重庆大足石刻艺术博物馆、重庆市社会科学院大足石刻艺术研究所编：《大足石刻铭文录》，重庆出版社，1999，第58页。
[4] 重庆大足石刻艺术博物馆、重庆市社会科学院大足石刻艺术研究所编：《大足石刻铭文录》，重庆出版社，1999，第75页。

□□□年春落成……百年后培修有更廓大其规模辉煌庙貌……"

此则铭文记载，在第122、123号所在位置的原有殿宇倾颓，信士胡鑫甫等募资重修。

（二）历史照片

1935年，《东方杂志》刊登的"四川大足之古代石刻"8幅照片中，有4幅为北山石窟的造像[1]。该杂志公布的照片为迄今所见大足石刻最早的历史照片，但皆为窟（龛）造像，未出现保护性建筑物。

1940年1月，中国营造学社梁思成、刘敦桢、陈明达、莫宗江等四人考察北山石窟，拍摄了较多的窟（龛）造像及附属遗迹。在北山佛湾南区第49～55号照片中，出现了独立岩体上方建筑的北侧山墙和少许屋顶（见图6-1-1）。在北山佛湾北区第136号转轮经藏窟右壁造像的局部照片中，于窟外右侧出现了保护建筑的南侧山墙和少许屋顶（见图6-1-2）。

图6-1-1　大足北山佛湾南区局部（大足石刻研究院提供）

图6-1-2　大足北山佛湾北区第136号窟及其北侧（大足石刻研究院提供）

---

[1] 仲足编：《东方画报》，《东方杂志》第32卷第5号，1935年3月1日，图版栏。

1945年，杨家骆率大足石刻考察团实地考察北山石窟，考察团成员吴显齐撰写的日记记录了北山佛湾的部分保护建筑[1]。此外，考察团绘制的反映窟（龛）分布情况的《大足龙冈唐宋石刻部位图》中，有五处位置出现建筑物（见图6-1-3）。

第一座建筑位于佛湾南区第20号后侧坡地位置，图中绘制了建筑的山墙。该建筑为木构，悬山式屋顶，山墙进深似为五开间。2008年，在开展北山石窟保护长廊维修工程时，于此建筑所在位置出土2尊圆雕造像残件，证明该建筑内可能另有供奉的神像。

第二座建筑位于佛湾南区独立岩体南侧上方，图中仅绘制了建筑南侧一立柱和少许屋顶，建筑具体情况不明。此建筑位于第一座建筑西侧偏南位置，水平相距较近，但缺少考古发掘资料支撑，两者关系不明。现场观察，独立岩体顶部现存对称布置的柱础，从柱础分布来看，此建筑物应能将独立岩体全部遮覆。部位图中的其他细节也可以证实，如在第9号千手观音龛外上方下垂一盏灯笼，此灯笼应该悬挂在独立岩体上方的建筑屋顶上。

第三座建筑位于佛湾北区第117~123号所在崖壁位置，其中，在第119号龛右上方的崖壁顶部显露出建筑的少许屋顶，在第123号龛右侧绘有立柱和屋顶。此建筑物应该是胡鑫甫等于民国时兴建。

第四座建筑位于佛湾北区第137号如意轮观音窟左侧与第168号五百罗汉窟左侧，其中，在第149号窟左侧绘制有立柱1根和少许屋顶，在第168号五百罗汉窟亦绘有1根立柱和屋顶。

第五座建筑位于佛湾北区第192号右侧与第260号右侧所在崖壁上方，其中，在第192号右上方崖壁中上部绘有立柱1根和少许屋顶，在第260号右侧上部

---

1 吴显齐记载："摄影的时候，因为千手观音窟、孔雀明王窟和观无量寿经窟都藏在殿堂里，光线暗淡……"吴显齐：《大足石刻考察团日记》，见郭鸿厚、陈习删等编《民国重修大足县志·卷首》，中国学典馆北泉分馆，1945，第1—14页。

名勝圖說 國朝康熙
帝南巡圖
稿本

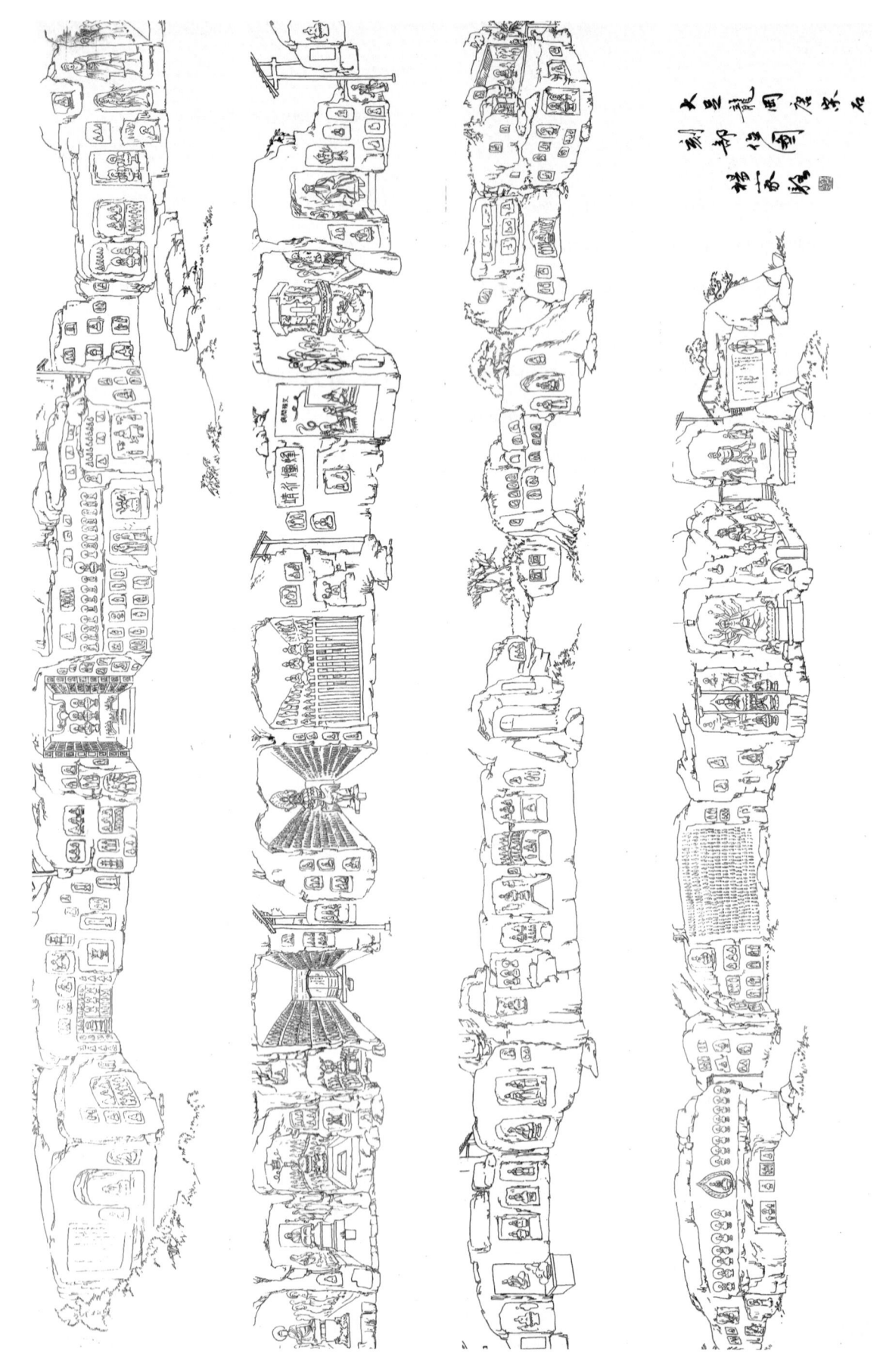

绘有1根立柱和横枋。

此外，在佛湾南区第10号窟内绘制了立柱两根，应是支撑窟顶所用。在南区独立岩体东面的巷道北端出口处有一根立柱，柱上有简易的屋顶，此处位置狭窄，该立柱应该是安装进出此区域的门所用。

综上所述，20世纪40年代早中期，北山佛湾石窟区内仍散点分布有五处建筑物，这些建筑物能遮挡雨水、光照，对石窟造像起到了较好的保护作用。

二、现有保护建筑和窟檐

（一）现有保护建筑

1952年6月至1953年7月，西南文教部拨专款，沿南、北两区石窟前新建保护长廊，并对石窟开展培修。保护长廊为砖木混合结构，总面积约2146平方米，其中南区长廊立面展开宽约50米，北区长廊立面展开宽约150米（见图6-1-4、图6-1-5）。长廊前檐柱用青砖砌筑，下做柱础石，上搭木梁架，交接部分没有相应的构造处理措施。前檐柱础与造像崖壁底部水平相距2~8米。梁架的主体结构为抬梁式，局部为穿斗式。梁架多直接搭接在窟檐、窟壁或岩体上，个别梁尾直接插入造像窟（龛）附近岩体内，将造像窟檐作为抬梁承重体系的一部分。屋顶形式为传统前后檐做法，即板椽上直接铺小青瓦，脊做灰质塑化。局部屋顶搭接于石窟或石窟后坡砌筑的石墙、砖墙或砖柱上。

保护长廊修建之际，分别于佛湾南区第9号千手观音龛前建六角亭一座，北区第103号孝经碑、第104号蔡京碑龛前建八角亭一座，北区第155号孔雀明王经变相窟前建六角亭一座，北区第245号观无量寿佛经变龛前建大四角亭一座。长廊建成后，多次进行维修和改造。1956年将南区第9号龛前的六角亭改建成重檐六角亭。1991年维修北区第103、104号龛前的八角亭，1992年将八角亭改建为混凝土结构。1995年6—11月，长廊外柱增设钢条围栏，沿长廊后壁用砖、石堵塞通道、缺岩，以加强北山佛湾石刻的保护管理。2008年，对长廊进行了全

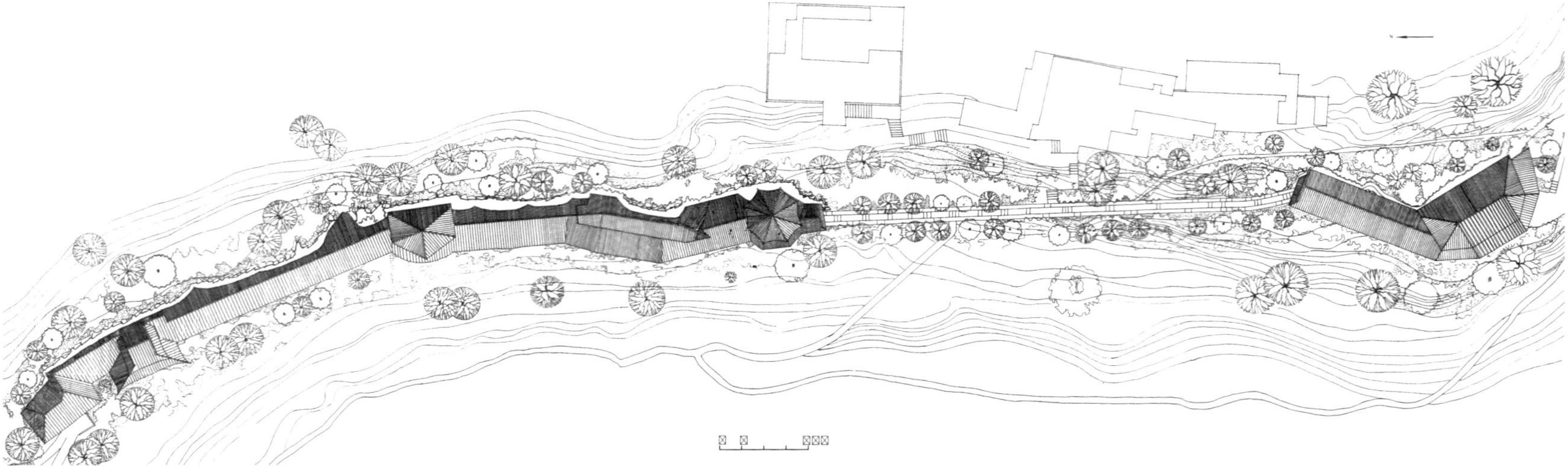

图6-1-4 大足北山佛湾保护长廊俯视图（大足石刻研究院提供）

南区石窟

北区石窟

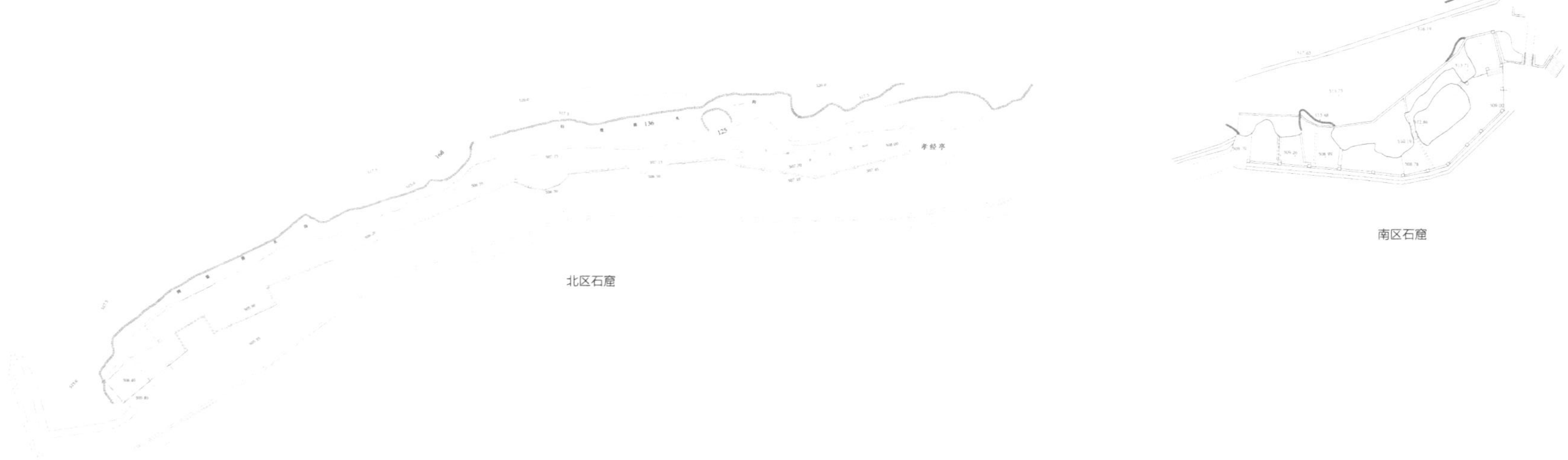

图6-1-5 大足北山佛湾保护长廊平面图（大足石刻研究院提供）

面的整体维修。2019年，长廊的钢条围栏替换为铁质格栅。

保护长廊局部梁架跨度较大，结构混乱，构造复杂，屋顶转折面较多，且个别梁架未做榫卯连接，但从保护角度看，初建之时，檐柱间不施栏杆、格栅，内部空间高敞，整体采光、透气功能较好，有效遮挡了日光和风雨。客观上说，保护长廊的修建改善了北山石窟的保存环境，至今仍然对我国石窟保护设施的建设具有重要参考价值。

（二）石质窟檐

北山佛湾没有窟（龛）在其外部雕凿出仿木建筑结构，大量窟（龛）檐是自然岩体外挑形成，窟（龛）檐底部打磨平整，顶部则未加处理，为自然状态。此种窟（龛）檐是经设计建设而成，即窟（龛）在开凿之初，于自然崖壁表面向内凿进，开出横长方形或竖长方形的界面，再于界面向内凿进形成窟（龛），界面上方的自然岩体外挑于窟（龛）上方，形成檐。此类檐在表现形式上可以分为两种：一种是独立的窟（龛）檐，即单个窟（龛）开设独立的窟檐（见图6-1-6）；另一种是组合式窟（龛）檐，即成组窟（龛）统一开设的檐

图6-1-6　大足北山第36号龛龛檐（大足石刻研究院提供）

(见图6-1-7)。形式的差别,与崖壁立面情况、窟(龛)布设位置和营建时间早晚等有直接关系。如果崖壁立面竖直,其顶部开设有外挑较深的窟(龛)檐,则该壁面无论布设几层窟(龛),也无论营建时间早晚,所有窟(龛)皆不开设独立窟(龛)檐;如果某个窟(龛)最先独立开凿于一面崖壁上,则需开设独立的窟(龛)檐。反之,如果崖壁立面有起伏或转折,且布设多层窟(龛),就要根据实际情况,因地制宜地进行设计和建设窟(龛)檐。

图6-1-7 大足北山第50、52、53号龛龛檐(大足石刻研究院提供)

三、崖面建筑遗迹

北山石窟窟前遗址未经发掘清理,致窟前建筑情况不明,我们仅对崖壁和造像窟(龛)内的建筑遗迹进行了调查。目前,佛湾南区和北区多处造像窟(龛)内及其周围崖壁仍遗存大量方形或圆形孔洞、方形槽口等遗迹(见图6-1-8)。从分布和组合情况看,部分孔洞成组出现,对称布置,有明显组合关

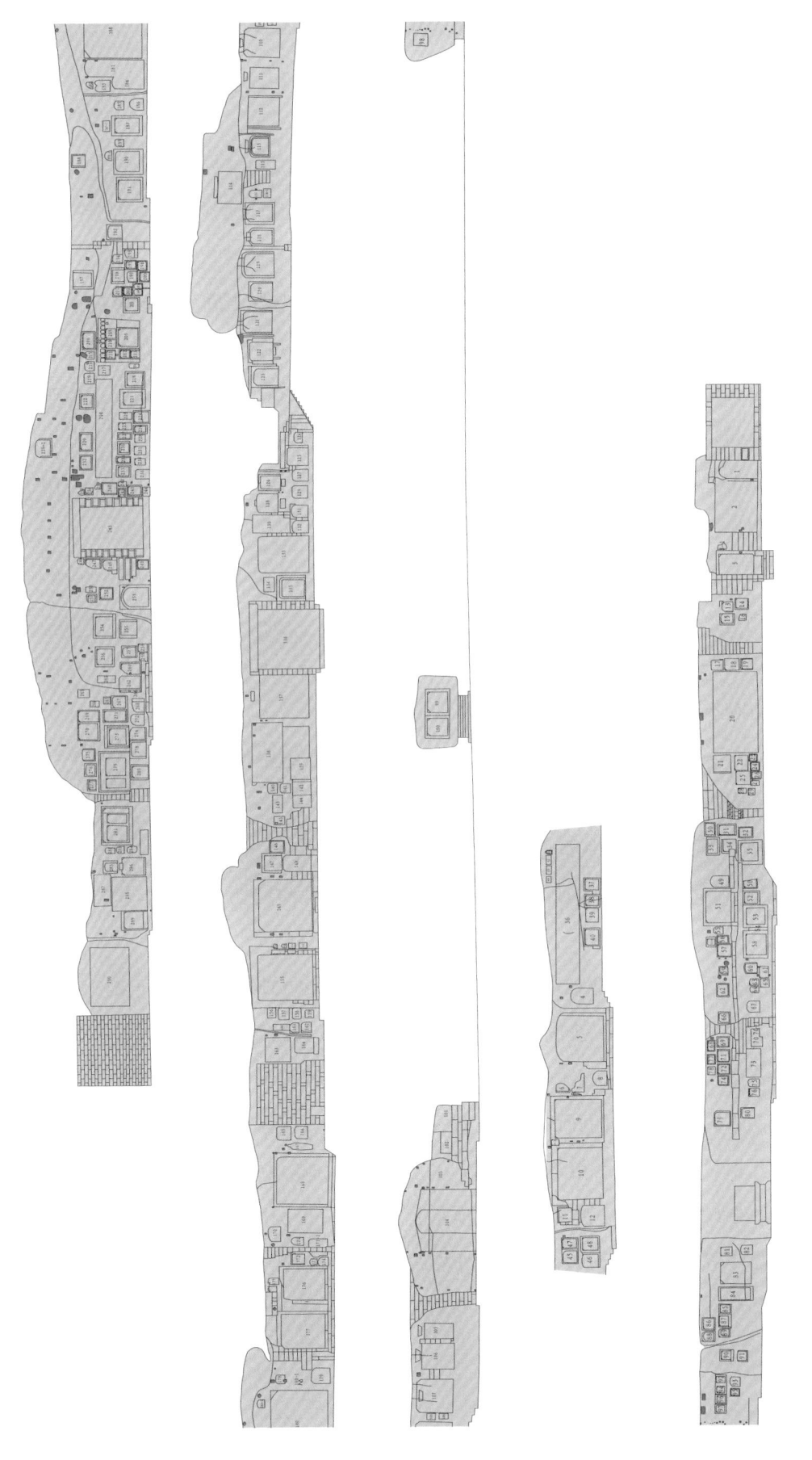

图6-1-8 大足北山佛湾崖面建筑遗迹分布图（大足石刻研究院提供）

系，显然为统一规划开设，其用于架设保护建筑的用途较明显，另有部分孔洞的功能则不明。现按窟（龛）编号依次记录如下。

第2号，龛右侧中下部存有两个方孔，左侧孔与龛底之间为一个竖向凿痕平面，凿痕面底部有槽口；在两方孔竖直上方的岩体顶部亦有一槽口，碑身左侧中上部因后世以条石修砌，现仅存左侧下部一个方孔。推测本龛前原搭建有保护建筑。

第3号，龛左沿中下部有一个小方孔，孔高3厘米、宽2厘米、深3厘米，用途不明。

第4号，龛外左上方26厘米处凿有一个枋孔，与南区巷道右侧壁面所凿的枋孔相对，似为构架门枋遗迹。

第5号，龛外右侧岩体壁面残毁处存有纵向布置的两个长方形槽口，龛外左上方存有一个长方形槽口，三个槽口用途不明。

第9号，龛外左右上角各存一个枋孔，龛左右沿中部各凿有上下两个枋孔，左右对称。推测这些枋孔是搭建保护建筑所凿。

第10号，龛左沿中部凿有方形凹槽，长15厘米、宽8厘米、深14厘米；右沿残毁，后世以条石补砌，原应凿有对称凹槽。推测第10号龛前应建有保护建筑。

第13号，龛外左侧12厘米处凿有一个方孔，边长13厘米、深10厘米。第20号，龛顶左上方凿有一个圆形梁孔，直径14厘米、深25厘米，右上方有一方形梁孔，梁孔与南侧独立岩体东壁上方的梁孔相对，两孔水平距离180厘米，龛顶中部上方约20厘米处的断面底部凿有一个方形梁孔，梁孔与独立岩体东壁上方的梁孔相对，两孔水平距离190厘米。右上方梁孔和龛顶中部梁孔推测为修建保护建筑架设横梁所凿。第28号，龛顶左上角凿有一个圆形小孔，用途不明。因此，总体观察，第13、20、28号龛外均凿有梁孔或枋孔，且第13、20号龛外侧的梁孔与对面独立岩体上的梁孔相互对应，显然，在南区独立岩体（包括U形巷道）的上方曾修建过建筑。这些崖面建筑遗迹正是1945年民国大足石刻考察团绘制的北山石刻部位图中建筑的遗存。2008年南区后侧坡地曾出土过前后蜀圆雕造像，因此，至迟在前后蜀时期就有崖前建筑，而且建筑内供奉有可移动造像。

第45号，龛右沿下部凿有一个孔洞，长约16厘米、宽17厘米、深16厘米，推测是架设门枋所凿。

第47号，龛外左侧上方8厘米处凿有一个枋孔，长14厘米、宽6厘米、深11厘米。此孔单独开凿于岩体边缘，附近崖壁无其他对应遗存，用途不明，推测是后期在龛像前搭建保护建筑所凿。

第51号，龛外左右侧壁面上部对称各凿有一个圆形小孔，直径皆为4.5厘米、深5厘米，孔内有木屑残留；中下部对称各凿有一道槽口，大小相近，长7厘米、宽20厘米、深2厘米。

第55号，龛外上方有一个梁孔，应为1952年开凿，现在的保护长廊的梁头仍然架设于此孔内。第57号，龛外右侧约10厘米处凿有两个枋孔，上下布置，大小相近，长约10厘米、宽5厘米、深2厘米。第58号，龛外右侧纵向凿有两个枋孔，大小相近，长11厘米、宽5厘米、深3厘米。第59号，龛外左下侧凿有一个不规则方孔，长22厘米、宽28厘米、深17厘米；龛外右侧纵向凿有两个圆孔，大小相近，直径约15厘米、深18厘米。第61号，龛外左上方凿有一个枋孔，长8厘米、宽8厘米、深7厘米；龛外右上方凿有一个枋孔，长12厘米、宽9厘米、深10厘米；龛外右下侧凿有一个枋孔，长10厘米、宽7厘米、深11厘米。第51号龛位于岩体西向壁面，第55~61号等7个龛位于岩体的西北向壁面，大致呈三排布置，崖壁上现存的枋孔、圆形梁孔等遗迹表明，7个龛并非统一规划开凿，但此7个龛前曾搭建过统一的保护建筑。

第68号，龛外左侧凿有一个方形梁孔，长17厘米、宽10厘米、深13厘米。第78号，龛外右侧凿有一个梁孔，长16厘米、宽10厘米、深13厘米。此孔与第

68号龛左侧梁孔相对应，表明在第68～78号龛所在壁面曾修建过保护性建筑。

第94号，龛上方壁面仅崖顶位置有两个方形梁孔，水平布置；第97号，龛右侧存10余个不规整孔洞，大小不一，纵向布置，表明其所在壁面前曾修建过简易的保护性建筑。

第101、102号，两龛位于北区南端，完全裸露于外，北山佛湾石窟中只有这两个龛不在保护长廊建筑之内。两龛水平布置，皆有外挑的龛檐，龛檐残脱处后世以水泥补接。

第103、104号，分别为两通碑刻，无单独形制，实为雕刻在有方形人字顶龛内外的两通碑。1952年，在修建北山佛湾石窟保护长廊时，于两龛外建八角亭一座。1991年八角亭落架维修时，改建为混凝土结构，重檐攒尖顶，平面作八边形，通高1430厘米。第102号龛内"教孝碑"上记载，清光绪二十八年（1902年）在崖前建有三开间的保护建筑，现龛内外壁面仍遗存了该建筑的构造遗迹：一是在龛左、右侧壁上部外端对称布置一对较大槽孔，孔长30厘米、宽33厘米、深11厘米；二是在龛外上方存有横向布置的两排方形枋孔，上排两个较小，下排四个较大；三是在龛外左右平整面纵向对称布置两列枋孔，外侧各两个，内侧各四个，其中相互对应的枋孔大小相近；四是在龛外上方55厘米处横向凿有较浅的沟槽，横跨龛口，全长约540厘米。

第106、107号，两龛之间的壁面上部有一个枋孔，现代保护长廊的横梁梁头仍然沿用此孔。

第111号，龛外左右壁面纵向对称布置三个枋孔，对应的枋孔大小相近；左侧最上端枋孔的上方还另存一个较大枋孔。推测第111号龛前曾建有保护建筑。

第112号，龛左侧壁上方残毁处存有三个大小不等的孔洞，右壁上部毁损，推测亦凿有对应的孔洞。因龛顶毁损，推测为保护龛内造像，曾搭建有建筑物，左壁上部的孔洞是在修建保护建筑时所凿。

第116号，龛左右外侧中部对称布置一个枋孔，长6厘米、宽3厘米、深5.5

厘米。推测龛外曾设保护设施。

第121号，龛左右沿内侧平整面中部和底部凿有上下两个枋孔，对应枋孔大小相近；上孔长8厘米、宽4厘米、深2.5厘米，下孔长11厘米、宽3厘米、深2厘米。推测龛内曾设保护设施。

第122号，龛左右沿内侧平整面上部对称凿有上下两个枋孔，龛外上方凿有横向凹槽，凹槽水平向左延至第121号龛右上角，再竖直向上折向岩顶。第123号，龛外上方及左侧凿有垂直相接的凹槽，龛外右侧亦凿有纵向的凹槽。推测龛前曾设保护设施。从1945年绘制的北山佛湾部位图可知，第122、123号两龛位于同一座保护建筑之内。两龛内外现存的枋孔、凹槽等遗迹证明，在1945年之前，两龛曾搭设过保护建筑。

第125号，龛口内侧上端和底端，各凿有大小相近、位置对应的方孔。推测在此龛龛顶塌毁后曾搭设保护性设施。

第126号，龛外左侧凿有纵向凹槽，凹槽下起自龛下岩体，上至岩顶；龛外右下方亦凿有类似凹槽，长约65厘米、宽15厘米、深2厘米。两凹槽用途不明。龛外左右凹槽内对称凿有上下布置的两个枋孔。推测龛前曾搭建保护设施。

第128号，龛上方崖壁凿有一个枋孔，目前仍然被保护长廊横梁沿用。

第136号，窟左右侧壁内侧龛与中间龛之间各凿有一个圆孔，大致对称；孔大小相近，直径5厘米，深2.5厘米，用途不明。

第137号，龛左上方凿有一个梁孔，内置保护长廊横梁。龛外中部上方凿有一个竖向枋孔。第138号，龛壁面中部凿有一个梁孔，内置保护长廊横梁；壁面左上角、右外侧上方各凿有一个枋孔，对称布置，大小相近；碑面中部外侧对称凿有一对枋孔，左侧枋孔上方另凿有一个相同大小的枋孔。第140号，龛外右上方凿有一个枋孔。第145号，龛壁面右侧上方凿有一个枋孔。因此推测，第137～145号龛所在崖壁上留存的梁孔、枋孔应是历史保护建筑的遗存，中国营造学社于1940年拍摄的照片就有此保护建筑的南侧山墙和少许屋顶。

第147号，龛外上方凿有一个枋孔，内置保护长廊横梁。

第149号，窟左右沿中上部各凿有纵向的两个枋孔，其中，左沿下孔和右沿两枋孔均以水泥填补。

第155号，窟沿左右内侧平整面存有对应布置的枋孔。

第163号，龛外左侧转折壁面存有上、下两个枋孔。

第168号，窟口左上方存有一列三个枋孔，右沿毁，后世以条石修补，推测与左沿对应位置亦凿有枋孔，可以确知，此窟窟前曾搭建保护性建筑。

第170号，龛底前端中部凿有方孔，龛外上方存有一个方孔，与龛底方孔上下对应；龛右壁上部凿有方形梁孔，内置保护长廊横梁。

第176号，龛外左上方存有一个枋孔，第176、177号龛之间崖壁上方凿有枋孔，内置保护长廊横梁。

第177号，龛口右侧毁损，现以条石补砌，推测与第176号龛外左侧对应位置亦凿有枋孔。

第178号，龛壁面右下方凿有一个枋孔，长20厘米、宽12厘米、深15厘米。第180号，窟口左右角外侧各凿有一个方形梁孔，相对设置，内置横梁，梁孔外侧各另存有一个枋孔；窟口右侧中上部凿有一个枋孔，此枋孔与第178号龛右下方枋孔相对应。推测崖壁前曾搭设保护建筑。

第187号，龛左右沿上端外侧各凿有一个方形浅孔，对称布置；龛左沿下端外侧凿有一个方孔，右沿下端外侧毁损，推测与左沿对应位置亦凿有方孔。

第188号，龛外右侧凿有一个圆形梁孔，直径约34厘米、深26厘米。

第190号，龛左右沿外侧上方各凿有一个方形小孔，对称布置。

第192号，龛外下方凿有两个较浅的孔洞，龛外右上方凿有一个较深的孔洞。

第196号，龛外左侧19厘米处凿有一个圆孔。

第197号，龛正壁右上方凿有一道方形凹槽，下沿中偏右位置竖直凿有两个方槽，应皆为搭设保护建筑所凿。

第203号，龛上方凿有一个枋孔，正壁左下方凿有一个枋孔，下沿右端与地坪间凿有纵向的凹槽。推测龛前曾搭设保护建筑。

第205号，龛右沿中部和底端各凿有一个不规则的孔洞，龛外右上方亦凿有一个孔洞，此三个孔洞大致呈纵向布置。

第208号，龛外左侧凿有一个枋孔。

第211号，龛下方凿有一个枋孔。

第215号，龛顶上方凿有一个圆形梁孔。

第216号，龛壁左上部凿有一个方形枋孔。

第220号，龛底中部偏左处凿有一道凹槽，龛底右端下部凿有一个枋孔。

第222号，龛外左右上角各凿有一个方形小孔。

第227号，龛外上方凿有一个枋孔，龛外左右侧壁面上部对称各凿有一个枋孔。

第235号，龛外左上角凿有一个圆孔，龛外右侧中部凿有一个枋孔。

第245号，此龛及其南北两侧的数十个龛（第197～275号）大致开凿于晚唐至前后蜀时期，该批龛像所在崖壁立面大略竖直，局部向后倾斜，且龛室空间较浅。综合分析，营建之初或建成后不久，崖前就已修建保护建筑，前面述及曾发现有五代造像等遗存，推测此保护建筑建于天复元年（901年）左右。第197～275号等龛的龛前地坪在北山佛湾北区中位置最低，20世纪50年代所建保护长廊的屋顶较高，横梁梁头搭设在壁面上部的梁孔内，从左至右大致有八列纵向梁孔，每列梁孔数量不等，最多者有四个。从崖面遗迹看，在保护长廊横梁插入崖壁位置附近，皆纵向分布有梁孔，这些梁孔大致呈上下两排布置，面阔七间，明间布置于第245号龛位置。此外，在第245号龛檐上方岩体下部左右端，各向内开凿有一个槽孔；岩体上部现存六个凿孔，从右至左，分别相距77厘米、81厘米、77厘米、80厘米、74厘米。

除上述建筑遗存外，在第237～249号等龛外亦存有部分建筑遗迹。其中，第245号龛上沿左右外侧梁孔内各插入一根横梁，右横梁左上方开一个圆形凿孔，右侧有一个竖长方形凿孔，两孔相距约13厘米；左横梁左上侧开一个竖长方形凿孔，在该凿孔顶部开凿了一个较小的方形凿孔。龛左沿内侧平整面上部、中部分别凿有一个竖长方形枋孔，右沿内侧平整面对应位置亦凿有枋孔。第245号龛外左侧壁面上分布有第237～244号等8个龛，龛外右侧竖直壁面分布有第246～249号等4个龛。其中，第243号龛外左侧凿有一道竖直凹槽，下端略左折后又向下凿有一段较窄的小槽；第244号龛外左下方靠近现在地坪位置凿有一个枋孔；第246号龛外上方凿有一个圆孔；第248号龛下方左右各凿有一个枋孔，右下方近崖壁边缘位置共凿有三个枋孔，上部两个枋孔紧邻布置，下部一个枋孔位于现在地坪位置。这些遗迹证明，在第245号龛前曾修建有保护设施。

第251号，龛外右上方凿有一个圆形梁孔。

第252号，龛外左侧中下部近壁面转折处凿有一个圆形梁孔和一个方形枋孔。

第253号，龛口左上角存有方形枋孔，左下角存有方形枋孔。

第256号，龛上方及右侧壁面开凿有横向和纵向的梁孔、枋孔。

第260号，龛正壁中部右侧凿有一个枋孔，枋孔上方凿有一列七个孔洞，延至龛外上部，孔洞布置不甚规整。

第261号，龛外左侧中部25厘米处凿有一个枋孔。

第264号，龛口上方凿有一个枋孔。

第287号，龛右侧中下部凿有一个较大的梁孔。

第289号，龛左右沿分别纵向凿有一列较小的方形、圆形孔洞。龛外上方凿有人字形沟槽，沟槽下部凿有方形孔洞，左右分布，推测曾用来搭设保护设施。

四、排水设施

北山佛湾排水设施包括崖壁立面排水设施、地表排水设施和地下排水设施三大类。崖壁立面排水设施多为散点分布，主要为浅表性排水沟槽，用以解决局部窟（龛）内部及外立面水害问题。地表排水设施主要分布于崖壁后侧坡地和保护建筑后檐位置，形式多为明沟和排水槽，用于解决地表雨水的堵疏问题。地下排水设施主要分布于佛湾北区地表下，形式多为排水隧洞，用于解决地下水渗流问题。

（一）崖壁立面排水设施

北山佛湾北区第146~290号龛所在崖壁分布有五条大的竖向构造裂隙，分别位于第145号与第146号、第164号与第165号、第171号与第172号、第184号与第185号、第192号与第193号等龛之间的崖壁上，构造裂隙处皆以条石砌成排水沟。佛湾南区第47、48号龛外左侧凿有一条细长的沟槽，上起自岩顶，下至岩体底部，推测是后期为保护龛像、排浚流水所凿。开凿时间不明，推测是在独立岩体上部修建保护建筑时开凿。

佛湾北区第118、119号龛之间铺设有排水管道，上起自崖顶，下至地坪，全长约308厘米、宽15~20厘米；下端近地坪处以两级条石封护。

第122号，龛外左侧与第121号龛所在壁面相接处凿有纵向排水浅沟，向上延至岩顶，下端距地坪88厘米；全长约229厘米、宽约8厘米、最深处8厘米。

第136号，窟底左右侧各开一条排水浅沟，部分以石板、水泥封护。

第168号，窟底左右端及前端开有通壁的浅沟。

第171-1号，龛壁中部后世以条石铺设一条排水沟，自岩顶纵向延至地坪，全长约470厘米、宽23~50厘米。

自第182号龛上方崖顶向右斜向开凿一条排水沟，经第187-1、190-1号龛上方后，沿第191号龛右侧壁面延至地坪。

第183号，龛右侧凿有一条纵向浅沟，其上端位于龛右上方，下端与地坪相接，全长约368厘米、宽10~15厘米、深2~17厘米。

第245号，龛檐上方岩体底部内侧凿有一条排水沟，横向延至左右崖面，沟宽23厘米、深20厘米。龛外上方开凿了一条排水沟，水平向左延伸至第197号龛左下方，水平向右延至第263号龛左侧，再竖直向下延伸至第262号龛右侧。此排水沟跨度大，为统一规划设计开凿，与其配套的窟前保护建筑覆盖区域应与排水沟所跨区域大致相当，此保护建筑地面遗迹未经发掘，具体情况不明。

第260、262、266号，三龛外侧31厘米处凿有一条纵向排水沟，排水沟顶端岩体残损，下端与后世补砌的条石相接，全长206厘米、宽30厘米、深20厘米。

（二）地表排水设施

1952年6月至1953年7月，在造像崖壁顶部后侧坡地设排洪明沟一条，直贯南北，明沟深、宽各1米，共计长130多米，并于保护长廊后侧檐口前设排水沟，有效解决了造像区排水问题。1956年在南区、北区后坡以石板及条石砌筑水沟，长230米。1990年，沿南区、北区窟（龛）后部及保护长廊后檐修建排水沟，全长290米。

（三）地下排水设施

1991—1992年，在实施北山石窟治水工程中，改造保护长廊后坡出檐，安置钢筋混凝土排水槽70米，在佛湾北区东侧坡地开挖88.4米的排水渠。在距第136号窟后壁6米，距第155号窟后壁5米处开凿一条南北向的排水主隧洞，同时分别在第124、145、163号龛处各开挖一条支隧洞为出入口；主隧洞和支隧洞全长共157米，断面高2.5米、宽1.5米。隧洞内排水沟最高点低于石窟地面40厘米；为充分扩大排水面，在隧洞顶部布设孔径42厘米、孔深3~6米的放射钻孔170个。

五、崖前道路

北山佛湾石窟位于大足城区北约1公里处，开凿于佛岩坡西侧半山腰之崖壁上，造像区呈南北走向。进入石窟区主要有两条道路：一条是沿北山西脚过山王庙至石窟区，为古今通达石窟区之主路，1996年已改建为旅游专用公路。另一条是沿北山南麓过望城坡、桐梓湾，蜿蜒而至石窟区。此路原为小道，20世纪70年代末改建为石梯大道。1986年北山佛湾东侧及西侧坡地内修建了700余米的石板道路。

1952年未建保护长廊前，窟（龛）前为高低不平的田土，农民在土地上耕种。1952年保护长廊建成后，局部地坪铺砌石板；1974年再次铺砌石板；至1980年，长廊地坪全部铺完。现窟前道路铺设平整，不同地段有高低升降之变化，在升降变化位置皆设石阶过渡。

南区独立岩体东侧巷道地坪略高，巷道南北两端的出入口分别设石阶以供进出。北区第105~123号龛前道路在北山佛湾中的水平位置最高，道路西侧边缘建飞来椅，既可解决行走时可能发生的安全隐患，又可供游人休息。在北区第114号窟口与地坪间凿有不规整的多级梯步，通高约180厘米、宽65~111厘米。此梯道为北山佛湾石窟中唯一一条纵向供人上下石窟崖壁的路。

六、附属建筑

1973年，北山佛湾第136号窟安装铁栅栏，1995年重新制作为金属防护栏。截至目前，第136号窟仍然为北山佛湾石窟中唯一封闭管理的洞窟，有效保护了洞窟安全，避免了因开放参观带来的安全隐患。

1978年9月，新建佛湾石窟南、北门厅及通达石窟区的道路。1979—1980

年，为便于北山佛湾石窟的保护管理，在距石窟200～500米不等的外围修建高3米左右的围墙，全长约2000米。1997年下半年至1998年上半年，石窟围墙西段中部新建门厅，为三开间重檐歇山式仿古建筑，建筑面积为108平方米。

目前，北山石窟保护利用设施较完善，可以为南方中小型石窟保护利用提供参考。同时，北山石窟位于川渝潮湿的环境中，又被高树灌木环绕，部分石窟和摩崖造像面临霉菌侵害，这对在砂岩上开凿的北山石窟和摩崖造像是极大的威胁。

第二节　大足宝顶山石窟

宝顶山石窟位于大足城区东北约12公里处，以大佛湾、小佛湾为中心，包括其四周2.5公里之内的龙头山、三元洞、大佛坡等17处宋代小型石窟造像及寺塔建筑，是一座宏大的石窟造像群。石窟大致营建于南宋淳熙至淳祐年间（1174—1252年）。宝顶山大佛湾石窟沿U形山湾的东、南、北三面崖壁，并依其高低起伏，环崖顺势开凿，造像崖壁长约500米（见图6-2-1）。按照崖壁形状和自然走势，分为南崖、东崖、北崖三部分。造像通编共32号。其中，南崖西段包括第24～32号，中段包括第1～6号，东段包括第7～10号及第9-1号；东崖包括第11、12号及12-1号；北崖东段包括第13、14号，中段包括第15～19号，西段包括第20～23号。

一、文献信息中的窟前建筑

宝顶山石窟遗存的碑铭史料及其他文献资料等对历史上的多次保护培修，皆有一定记载和反映。

图6-2-1　大足宝顶山大佛湾平面图（大足石刻研究院提供）

(一) 碑铭史料

（1）刘畋人撰《重开宝顶石碑记》[1]。铭文中有"……于是历载以来重修毗卢殿阁石砌七佛阶台重整千手大悲宝阁兴修圆觉古洞……"

据铭文可知，永乐十六年至二十二年（1418—1424年），僧惠妙重修第14号毗卢洞前殿阁和第8号千手观音前的建筑物，也重修了第15号父母恩重经变相前的石阶和平台。铭文中出现的"殿阁"和"宝阁"，分别指第14号毗卢道场

---

[1] 重庆大足石刻艺术博物馆、重庆市社会科学院大足石刻艺术研究所编：《大足石刻铭文录》，重庆出版社，1999，第212页。

窟、第8号千手观音两处位置的保护建筑，其建筑式样分别为殿堂式、阁楼式。

（2）黄朝题培修圆觉洞记[1]。铭文中有"……四川省重庆府大足县二尹官舍黄朝同缘苏氏睹宝顶圆觉洞发心买木命匠修门以遮风雨……正德十四年正月上元日吉示"。

据铭文可知，明正德十四年（1519年），黄朝夫妇为第29号圆觉洞窟修建木门，遮蔽风雨。

（3）僧有久修装圆觉洞、万岁楼等处佛像记[2]。铭文为"四川重庆府大足县米粮里宝鼎山住持僧有久徒心超……同心募化修装圆觉洞满堂佛像立四柱塑金龙四条造化钱炉一座……乾隆二十五年岁次庚辰仲夏月廿八日吉旦立"。

据铭文可知，清乾隆二十五年（1760年），僧有久等人在第29号圆觉洞窟内立柱子四根，对第29号窟窟顶起到了一定的支撑作用。

（二）历史照片

1935年，《东方杂志》刊登的"四川大足之古代石刻"8幅照片中，其中有4幅为宝顶山石窟[3]，但皆为窟（龛）造像，未出现保护性建筑物。

1940年1月，中国营造学社梁思成、刘敦桢、陈明达、莫宗江等四人考察宝顶山石窟，拍摄了较多的窟（龛）造像及附属遗迹。在南崖局部场景的照片中，有第8号千手观音龛前的歇山顶保护建筑（见图6-2-2）。在北崖第13号孔雀明王经变相龛前有石质保护建筑，照片中还出现了正前方的两根立柱及部分屋顶。

在1945年杨家骆先生等组成的大足石刻考察团拍摄的第29号窟照片中，窟底居中位置有两根龙柱（见图6-2-3）。

---

[1] 重庆大足石刻艺术博物馆、重庆市社会科学院大足石刻艺术研究所编：《大足石刻铭文录》，重庆出版社，1999，第253页。

[2] 重庆大足石刻艺术博物馆、重庆市社会科学院大足石刻艺术研究所编：《大足石刻铭文录》，重庆出版社，1999，第256页。

[3] 仲足编：《东方画报》，《东方杂志》第32卷第5号，1935年3月1日，图版栏。

第六章 重庆石窟窟前建筑 345

图6-2-2 大足宝顶山大佛湾局部（1940年）（大足石刻研究院提供）

图6-2-3 大足宝顶山大佛湾第29号窟局部（1945年）（大足石刻研究院提供）

从20世纪50—80年代的老旧照片中可以看出，宝顶山大佛湾有一些保护建筑物或构筑物。1955年，在蒋美华的《四川大足县石刻》一文中收载的宝顶山大佛湾局部照片上，在北崖东端，即第15号父母恩重经变相龛前有保护建筑（见图6-2-4），该建筑于1956年拆除[1]。在1957年刘荣夫、范文龙拍摄的宝顶山大佛湾局部照片上，有北崖第17、18号龛前的道路和护栏（见图6-2-5）。在1962年四川美术学院雕塑系编《大足石刻》收载的第20号地狱变相龛局部照片上，反映了局部造像雕刻，同时在中部前方设置有平台和石板护栏（见图6-2-6）。在1985年白自然编《中国大足石窟》收载的宝顶山大佛湾原入口照片上，有了石窟进口道路情况（见图6-2-7）。

图6-2-4　大足宝顶山大佛湾北崖局部（1955年）（大足石刻研究院提供）

1　王庆煜：《大足石窟维修保护概况》，《大足石刻研究》2002年第1期，第60页。

第六章　重庆石窟窟前建筑　347

图6-2-5　大足宝顶山大佛湾第17、18号龛前路道和护栏（1957年）（大足石刻研究院提供）

图6-2-6　大足宝顶山大佛湾第20号地狱变相龛局部（1962年）（大足石刻研究院提供）

图6-2-7 大足宝顶山大佛湾原入口（1985年）（大足石刻研究院提供）

　　1945年，大足石刻考察团实地考察宝顶山石窟，在考察团绘制的反映窟（龛）分布情况的《大足宝顶宋石刻部位图》（见图6-2-8）中，有三座建筑物及崖前路道、护栏等遗迹。

　　第一座建筑物位于南崖东段第7～9号位置，以第8号千手观音为中心，绘制了木构保护建筑。此处建筑有左右两个屋顶，左侧屋顶下部绘制了立柱，立柱似置于第6号龛左侧的岩体上；右侧屋顶左右端下方亦绘制有立柱，立柱皆立于崖顶位置。

　　第二座建筑物位于在北崖中段的第15号父母恩重经变龛前，图中于龛顶上方绘制了木构保护建筑屋顶。该建筑仅绘制出崖顶上方的两坡屋顶和少许立柱。

　　第三座建筑物位于南崖西段第27号龛右侧至第30号龛左端之间的崖壁上方，图中绘制了三个屋顶，从左至右，屋顶高度渐次升高。现在第27号龛右侧

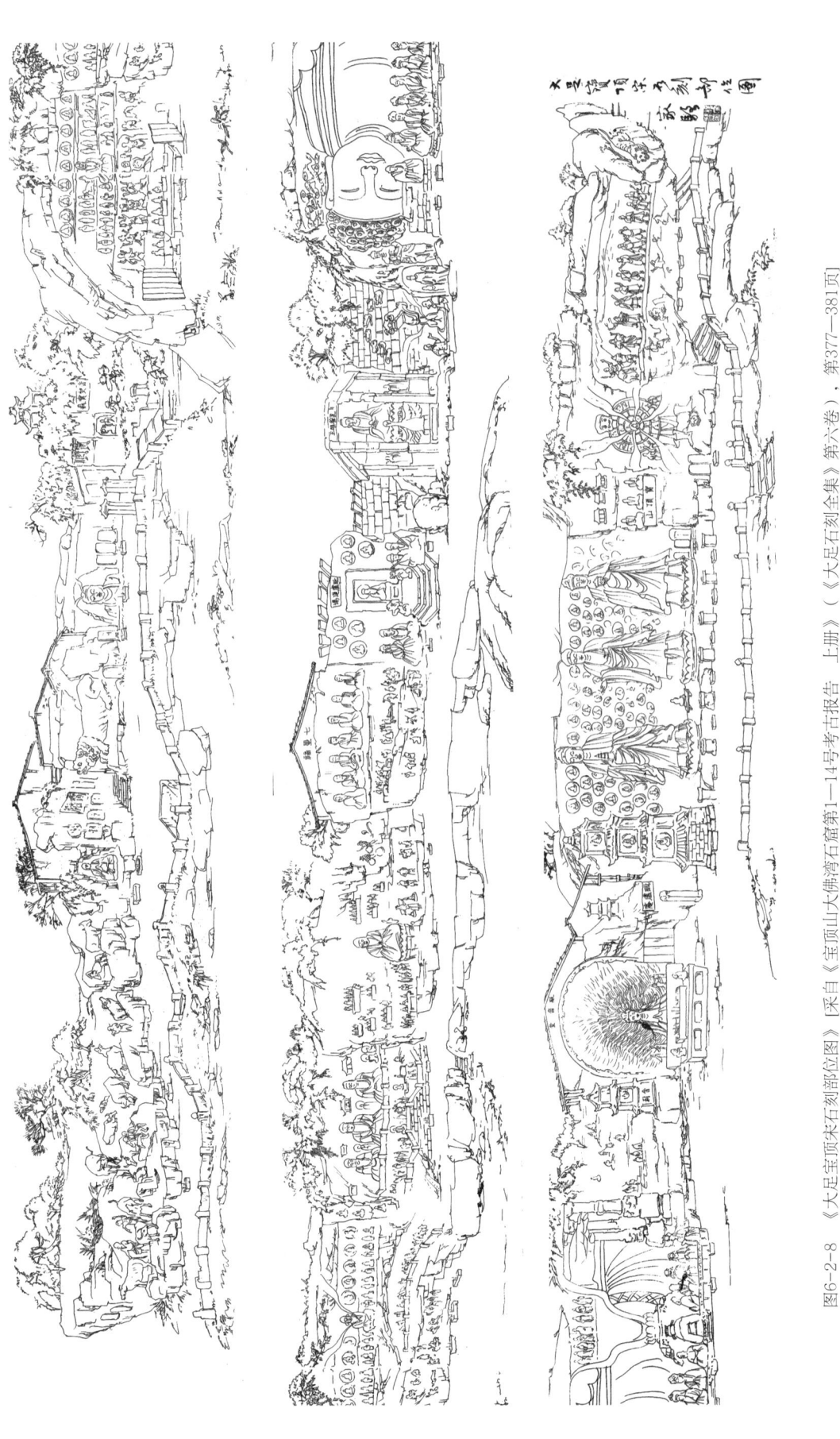

图6-2-8 《大足宝顶宋石刻未部位图》[采自《宝顶山大佛湾石窟第1—14号考古报告 上册》(《大足石刻全集》第六卷),第377—381页]

崖壁上仍保存了多个枋孔，应是搭建该座建筑所用。1956年修建的保护设施牧牛亭建筑群左端正好处于该建筑所在位置，但修建前未经发掘，没有记录原建筑基础遗迹。

此外，在北崖东段第13号孔雀明王经变相龛前绘制了石质保护建筑。南崖、北崖部分龛前的地坪边缘绘制了石板护栏，如于南崖西段的西端至中段的右端位置，即第25号天父地母龛至第6号舍利宝塔龛所在崖壁前方地坪边缘，绘制了连续的路道和护栏。在北崖西端第21号柳本尊十炼图龛下方地坪中部位置绘制了佛案，案上放置圆雕像和香炉，在佛案左右侧设置了板式护栏。

二、现有保护建筑和窟檐

（一）现有保护建筑

大悲阁（见图6-2-9、图6-2-10）位于南崖第8号千手观音龛前，依崖而建，坐

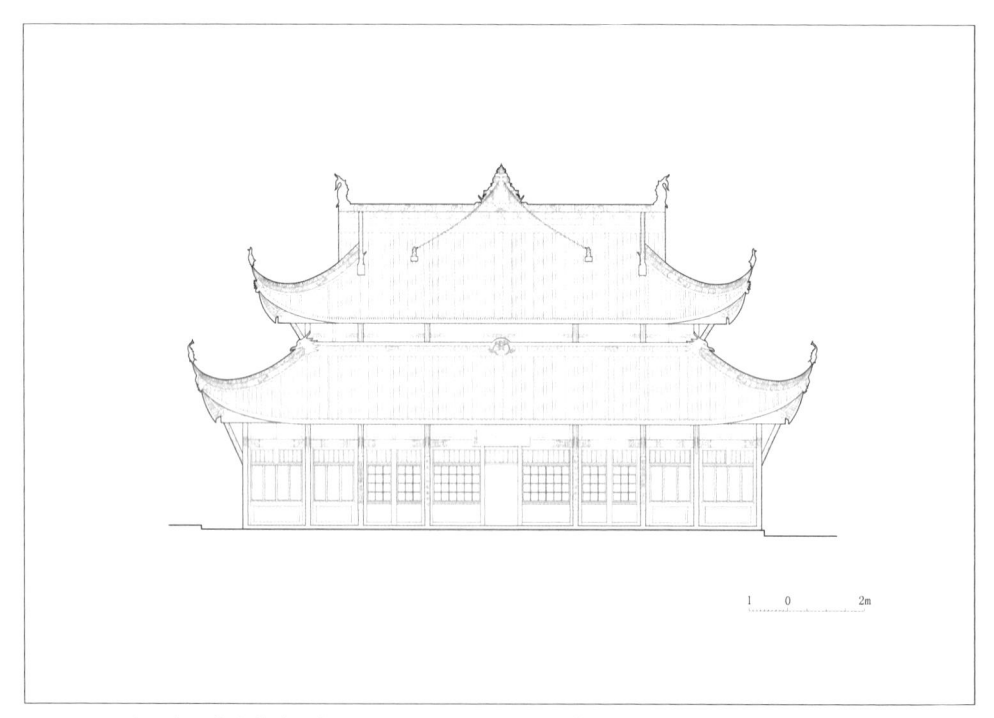

图6-2-9 大足宝顶山大佛湾大悲阁立面图（大足石刻研究院提供）

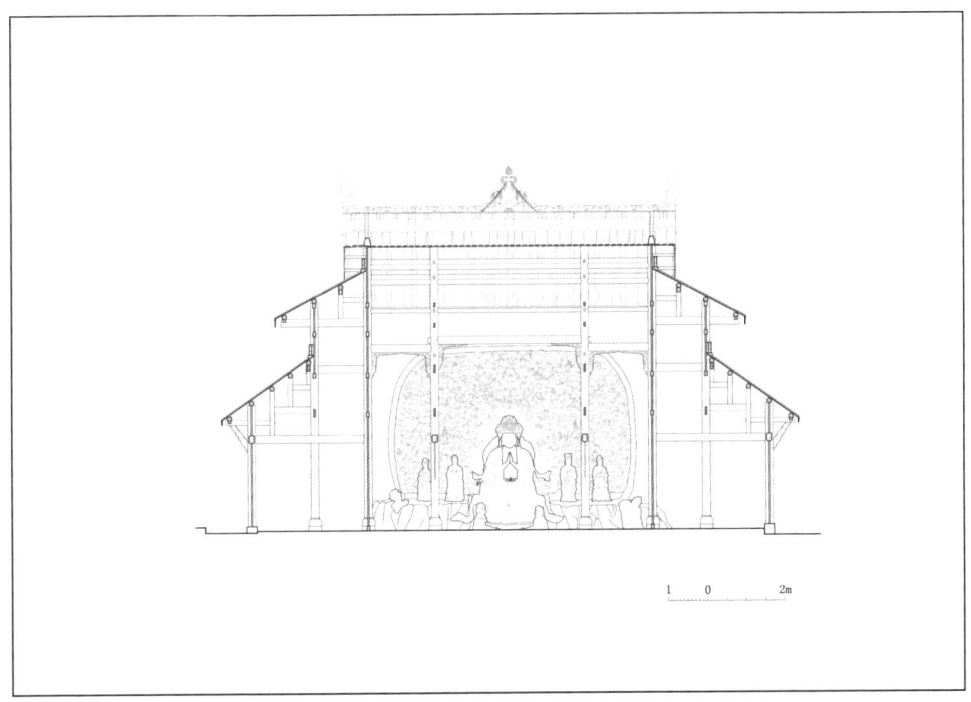

图6-2-10　大足宝顶山大佛湾大悲阁剖面图（大足石刻研究院提供）

东南向西北，为重檐歇山顶殿式建筑，通高约13米，占地约193.8平方米。底层屋身面阔七间，通面阔20.4米、进深9.5米。明间中间设大门，明间、次间为抬梁式结构，柱间无扇面墙和隔断墙，形成礼拜厅堂。梢间和尽间为穿斗式结构，砌筑墙身；其后部屋檐与岩檐相接，屋身后壁与龛壁之间相距约2.2米，形如廊道。上层屋身低矮，面阔五间，屋顶为歇山式，翼角微翘，檐口略显平直，屋面铺设小青瓦。正脊中部设宝鼎，左右脊端饰鸱尾，垂脊端头设蹲狮，戗脊装饰鳌头和立式仙人像。整座建筑始建于明，其后曾多次维修，最近一次维修为2020年。

牧牛亭（见图6-2-11、图6-2-12）位于南崖第30号牧牛图龛上方，为一组合式建筑群。1956年，为保护造像不受风雨侵害，于第30号龛上方修建。该建筑因山就势，随崖壁走势布局，两端分别建六角亭一座，中部为游廊五间。廊下设两重檐，挑枋内侧压于廊柱下，其外侧不在崖壁立柱，屋檐悬挑。游廊之上

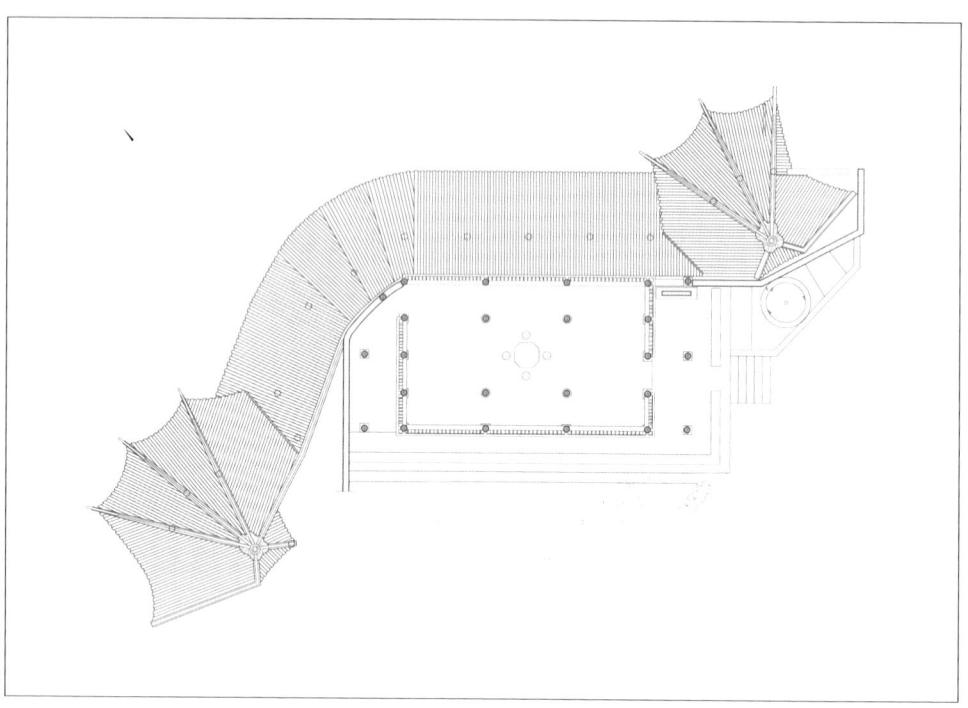

图6-2-11　大足宝顶山大佛湾牧牛亭平面图（大足石刻研究院提供）

图6-2-12　大足宝顶山大佛湾牧牛亭立面图（大足石刻研究院提供）

建单檐歇山式殿宇，平面长方形，面阔五间，宽约1360厘米、进深624厘米。整座建筑群外观优美，设计匠心独具，建筑体完全遮覆其下方裸露崖面，使第28、29号窟甬道及第30号造像免受风雨、光照侵蚀，保护与利用效果极佳。

（二）石质窟檐

宝顶山大佛湾所在位置呈U形山湾状，东、南、北三面均为崖壁，造像崖壁顶部至山湾底部最大高差约30米。在32个编号窟（龛）中，除第14、26、29号三个为洞窟外，其余皆为摩崖造像。摩崖造像从形制上分为两大类：第一类，连环画式雕刻摩崖铺像，共29龛。第二类，分界清晰的方形龛，包括第23、24、25号等三龛。这类龛皆刻出独立的龛形，也有独立的龛檐。大佛湾的大型摩崖铺像，最明显的特征是在崖壁上由表及里凿进后，在上方形成挑檐式龛顶，龛顶内高外低，略有倾斜（见图6-2-13）。各窟（龛）的窟（龛）檐在

图6-2-13　大足宝顶山大佛湾局部（2024年，雷玉华拍摄）

水平线上高低参差，但各窟（龛）保持了连续的共檐关系。这种迹象充分证明，大佛湾窟（龛）的排列布局遵循着总体的规划设计，崖顶石檐与崖面上的造像系统一规划开凿，同时完成。

此外，大佛湾所有挑檐在其外缘均塑作锯齿形（三角形）滴水，较好防止了勾漫水回流对造像产生的侵蚀。其中第5、11、13、14、16、17、18、19、20、21、24、25、26、27号等窟（龛）的檐，有20世纪八九十年代以来以钢筋混凝土、水泥加固修补等遗迹。

三、崖面建筑遗迹

宝顶山现存龛像周围有许多建筑遗迹，在南崖、东崖、北崖等三面崖壁上遗存较为丰富（见图6-2-14）。

第5号，龛顶现存七个方形孔洞，其中，外侧居中水平布置两个，内侧弧形布置五个，几乎横贯龛顶。孔洞大小相近，边宽约20厘米。

第7号，龛壁中下部存有纵向布置的一列三个枋孔，龛外左侧与第6号龛相交的弧壁中部亦存有一列三个枋孔，推测系搭建木构建筑的遗存。枋孔大小不一，最大者长约15厘米、宽9厘米、深7厘米，最小者长10厘米、宽4厘米、深4厘米。

第8号，龛左沿中部至上方有岩檐，纵向凿有一列十二个枋孔，最大者长20厘米、宽10厘米、深8厘米，最小者长7厘米、宽2厘米、深4厘米。龛左右低坛上两立像之间最下部壁面上各凿有一个枋孔，二枋孔下方，即坛台底部与龛底相接处亦各凿有一个枋孔，左右对应布置。四个枋孔形制相近，长13厘米、宽6厘米、深3厘米。龛左下方与第7号龛之间的壁面上纵向凿有一道凹槽，上端始自第7号龛匾额右下角，下端与地坪纵向凹槽相接。壁面上的凹槽长250厘米、宽22厘米、深20厘米。地坪上凹槽长250厘米、宽20厘米、深18厘米。

第9号，龛壁面左侧边缘自上而下凿有三个方孔，分别相距70厘米、100厘米。上孔长20厘米、宽8厘米、深21厘米，中孔长16厘米、宽5.5厘米、深10厘米，

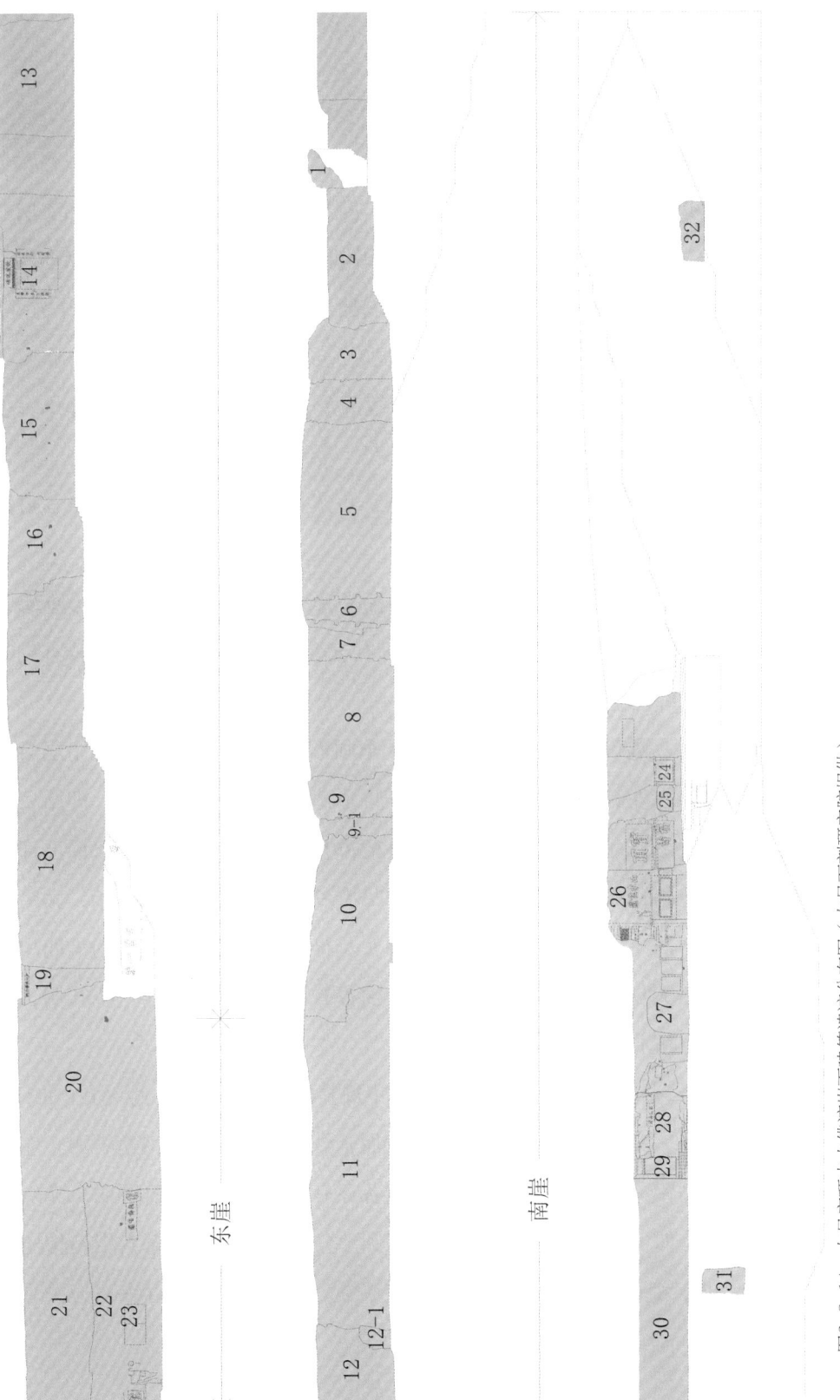

图6-2-14 大足宝顶山大佛湾崖面建筑遗迹分布图（大足石刻研究院提供）

下孔长10厘米、宽9厘米、深8厘米。龛外右侧壁面边缘中部纵向凿有一列六个方孔，大小不一。从下至上第一层造像中，左殿阁下方凿有一个方孔；第二层左侧楼阁左下方凿有一个半圆孔，第二层楼阁中部右下角凿有一个方孔；第四层左侧建筑下方7厘米处凿有一个圆孔，第四层右侧建筑屋顶上方中部凿有一个方孔。

第9-1号，第二级塔身正面中上部凿有一个方孔，长18厘米、宽7厘米、深17厘米。第一、二级塔身左外侧纵向布置两个方孔，上下相距约235厘米，上方孔洞左侧紧邻凿有一个略小的方孔。

第12-1号，龛口上方凿有一道凹槽，长约390厘米、宽7～22厘米、最深处约20厘米，凿成时间及用途待考。

第14号，窟门左右门颊外侧边缘各凿有一道纵向凹槽，长290厘米、宽3～5厘米、深2厘米。窟门西侧壁面上部有五个枋孔，大小不等。窟檐补砌时间为1965年，凹槽和枋孔开凿时间不明。

第15号，龛顶底部左右端各存有一个圆形柱孔，对称布置。龛中层第二组和第三组造像外侧下方有对称的两个长方形凿孔。龛顶底部左侧，即第一、二身佛像之间上方存有三个横向等距布置的方孔。龛外右侧外凸的壁面上部存有一个不规整圆孔和一个方孔，方孔下方另有一个方形梁孔。1945年，大足石刻考察团绘制的《大足宝顶宋石刻部位图》及蒋美华于1955年发表的《四川大足县石刻》一文收载的照片中，第15号龛前都有木构建筑，现存这些孔洞，应该是1956年拆除木构建筑后的遗存。

第16号，龛壁上部右侧保存有两个不规整的方孔，水平相距约150厘米。

第17号，龛主尊佛像左肩外侧约20厘米处有一个方孔，用途不明。左侧壁上部第一则铭文所在平整面下部左右侧各存有一个方孔，用途不明。龛左侧壁"序品"造像下部平台台面存有三个椭圆形柱洞，龛右侧壁第六组造像中的立佛下部和左天王像外侧各存有一个圆形柱洞，左右侧壁柱洞存在对应关系，但用途不明。

第六章　重庆石窟窟前建筑　357

第19号，龛内主尊座台下方存有一个方形凿孔，主尊座下狐狸造像身下存有两个方形凿孔，用途不明。

第20号，龛内存有少量较明显的孔洞。其中，第三层造像壁面左端凿有一个方孔，长36厘米、宽25厘米、深34厘米。第三、四层之间龛壁右侧凿有一个圆孔，直径28厘米、深20厘米。第四层造像左侧"截膝地狱"题刻下方凿有一个方孔，长11厘米、宽16厘米、深17厘米。第四层造像右侧"粪秽地狱"右下方壁面凿有一个圆孔。龛壁第三层与第四层之间的平台中部及右侧边缘存有十二个方孔，宽20厘米、深12厘米，应为安置护栏立柱遗存。

第26号，窟外北壁外立面中部左侧存有两个方孔，相距约148厘米，左孔上方另有两个纵向布列的小孔，用途待考。

第27号，龛口左右缘各纵向分布一列三个长方形凿孔，左右对应，孔洞大小相近，其中，左缘中孔内残存一截木料。龛外左壁左起第一通方碑上方凿有纵向四个长方形孔洞。孔洞最小者长6厘米、宽3厘米、深5厘米，最大者长15厘米、宽11厘米、深17厘米。龛外左壁左起第二通方碑下缘中部凿有一个圆孔，直径21厘米、深17厘米。推测该龛曾搭设过木构建筑。

第29号，窟外左壁中部及左右侧各纵向分布一列方形凿孔，左右侧一列各三个，中部一列两个。孔洞左右对应，最大者长27厘米、宽8厘米、深14厘米，最小者长12厘米、宽6厘米、深10厘米。窟外石狮左侧崖面转角处存有八个长方形凿孔，布列不规整。最大者长29厘米、宽16厘米、深24厘米，最小者长13厘米、宽11厘米、深11厘米。此凿孔应为窟外搭建保护建筑遗存，此建筑1945年左右仍存，前文已述及。第29号窟甬道左右壁中部纵向对称开凿一列五个方孔，大小一致，自上而下第一个方孔长22厘米、宽11厘米、深9厘米，第二个长22厘米、宽13厘米、深5厘米，第三个长24厘米、宽10厘米、深9厘米，第四个长14厘米、宽7.5厘米、深12厘米，第五个长22厘米、宽9厘米、深11厘米。甬道左右壁下部近地坪处，水平对应各凿有两个方孔，相距约44厘米，大小一致，孔长36厘米、宽7厘米、深9厘米。甬道右壁上部存有两个方孔，上下布置，相距约40厘米。上孔长12厘米、宽15厘米、深14厘米，下孔长11厘米、宽7厘米、深7厘米。窟内亦分布有孔洞遗迹。如窟左壁下部案台台面中前部存有两个圆形孔洞，相距144厘米，孔洞大小相近，直径25厘米、深2厘米；右壁案台台面被水泥涂抹平整，推测原本亦有对应孔洞。甬道两侧的孔洞是乾隆时期搭设木门所凿。

第30号，龛内造像残毁处大多凿有圆形或方形孔洞，系后世修补造像所留的榫孔。

四、排水设施

与北山石窟相似，宝顶山大佛湾的排水设施包括崖壁立面排水设施、地表排水设施和地下排水设施三大类。崖壁立面排水设施多，呈点状分布，主要为浅表性排水沟槽，用以解决局部窟（龛）水害问题。地表排水设施主要分布于崖壁上方和崖壁前面位置，形式多为明沟和蓄水池等，用于解决地表雨水的堵疏问题。地下排水设施主要分布于崖前地坪下方，形式多为暗沟，用于导引各类来水。

（一）崖壁立面排水设施

在第1号龛左前侧崖体上开凿有一道纵向排水深沟，长300厘米、宽45厘米、深35厘米。1955年，于深沟下部造漏穴，承接深沟来水，并于崖前地坪之下开暗沟，直通下方石砌小水池。此外，漏穴左侧开凿一道横向排水沟，左向延至壁面边缘，沟长约430厘米、宽23厘米、深27厘米。

第5号龛前居中位置的地坪石板路下设一道暗沟，上部连通主尊佛像足前荷叶下部的渗水点。龛底低坛左侧凿有一道排水沟，全长770厘米、最宽19厘米、深约20厘米，左端起自坛左侧与壁面相接处，右端与主尊佛足前的排水沟相接。

第17号龛右侧壁中下部坍塌处以条石砌筑排水沟（1974年修建），以疏导第17、18号龛交接处的渗水，排水沟经崖前地坪下方将水引排至石砌堡坎外。

第20号龛"拔舌地狱"造像顶部，即"五官大王"和"阎罗天子"造像下方的空白壁面上凿有排水小沟。龛壁第三层"拔舌地狱"造像左侧，比邻条石修补处，纵向修建一道排水暗沟，显露部分高约176厘米、宽14厘米。该排水沟右前方地坪上亦开凿一道横向的排水浅沟，自"锉碓地狱"至"拔舌地狱"造像，全长约490厘米、宽6厘米、最深处约14厘米。龛壁第四层"截膝地狱"造像前方外凸崖体上纵向设置一道排水暗沟，后侧与龛壁相接，前侧延至地坪，沟全长约90厘米、宽26厘米，现用石板封闭。

（二）地表、地下排水设施

1956年，在大佛湾北崖上方修建130米长的条石水沟，在东崖和南崖上方修建长160米的排水暗沟。两条排水沟现在均位于地面之下。同年，于第30号龛上方牧牛亭廊的后檐处修砌一道护坎壁，坎下设排水明沟。

第8号龛顶上方崖顶边缘，开凿有一条近东西向的排水沟，以疏导大悲阁屋顶的雨水和上部山体的来水。排水沟全长约1055厘米，断面呈上宽下窄的梯形，上宽27～50厘米、下宽7～39厘米、深8～68厘米。

第10号龛前地坪右侧砌筑一方扇面蓄水池，水池上宽约300厘米、下宽约140厘米、高约254厘米；第11号龛前地坪设一条弯曲的排水沟，沟长约4500厘米、宽27～35厘米；第12号龛前设半圆形蓄水池，最大直径340厘米。扇面蓄水池、排水沟、半圆形蓄水池三者相互连通。

第29号窟顶上方右侧坡地上有一条排水沟。1974年发现的铭文记载，此排水沟建于明洪武二十一年（1388年）左右[1]。第29号窟底东、南、西侧边缘与龛壁相接处均凿建排水浅沟，相互连通，沟宽8～14厘米、深4～9厘米。其中，西侧浅沟以石板封盖，东侧、南侧浅沟存有粗大的斜向凿痕。

---

[1] 邓之金：《大足石刻维修工程四十年回顾》，见重庆大足石刻艺术博物馆、四川社会科学院大足石刻艺术研究所编《大足石刻研究文集2》，重庆出版社，1997，第575页。

五、崖前道路

通往宝顶山石窟的古道有五条：第一条位于大小佛湾东面，第二条位于南面，第三条位于西面，第四条位于西北面，第五条位于东北面。宝顶山大、小佛湾周边区域造像即分布在上述五条古道旁。

大佛湾历史上为进入香山场镇的必经之地，行人从佛湾西面的佛缘桥下方进入，经谷底向上，最后于佛湾南崖中部第1号龛与第30号龛之间进出。1959年2月，此路改道，从大佛湾北崖后坡修建一条道路，自此之后，行人绕开大佛湾进入香山场镇，南崖中部则成为大佛湾的入口。1974年将南崖中部入口的石梯道改为之字形。1981年，在大佛湾南崖西端，新修大佛湾入口大门和进入佛湾的梯道，梯道总落差21米，石梯116级，原大佛湾南崖的入口弃用。

大佛湾造像崖壁底部的道路由乱石堆积而成，自1952年开始对崖前道路进行修整和拓宽。1955年，修建南崖中段第3号六道轮回图龛崖侧的上下石梯，铺设南崖东段第8号千手观音龛前"大悲阁"左侧至南崖西段第26号宝顶题刻之间的护坎和护栏，拓宽并贯通"大悲阁"至第30号牧牛图龛之间的路段。1956—1957年，铺设大佛湾内参观道路石板路面，安砌条石栏杆。1985年，采用钢筋混凝土加宽南崖西段第30号牧牛图至第27号正觉像、北崖中段第18号观无量寿佛经变相至北崖西段第21号柳本尊十炼图等龛像崖前的参观道路。1986年，在大佛湾部分龛像前设置钢管防护栏，其后多次改置。1991年，在"大悲阁"左外侧新建"大悲桥"，以拓宽参观道路。

第三节　大足石篆山、石门山、南山石窟

石篆山石窟位于大足三驱镇佛会村，开凿于北宋元丰五年至绍圣三年（1082—1096年）。石窟造像包括子母殿、罗汉湾、佛会寺等三处。石篆山石

窟系儒释道三教合一造像区，在中国石窟艺术中较为罕见，主要题材有孔子及十哲、三身佛、太上老君、地藏十王、文殊普贤、诃利帝母、志公和尚、长寿王、药王等。石窟附近另有石塔、摩崖造像、碑碣等。子母殿区造像分布于长130米、高3~8米的石壁上，通编共9号。罗汉湾造像位于子母殿造像区东南面，接续子母殿区编号，编为第10~13号。

石门山石窟位于大足区石马镇石门村，开凿于北宋绍圣至南宋绍兴二十一年（1094—1151年），清代有少量增刻，为佛道合一造像区。主要题材有药师经变、释迦佛、水月观音、西方三圣、十圣观音、四大天王、孔雀明王经变、诃利帝母像，以及道教的玉皇大帝、千里眼、顺风耳、独角五通、三皇、东岳夫妇像等。石窟布置于山顶东侧、西侧和南侧三个相对独立的岩块崖壁上，造像崖面全长73米、高3.2~4.5米。窟（龛）像及碑碣题记等通编共22号。

南山石窟位于大足城区南约1公里处，始凿于南宋绍兴年间（1131—1162年），明清陆续有雕刻，主要为道教题材。除造像外，另有宋代至清代的摩崖碑碣十余通。造像及碑碣分布于山顶略呈椭圆形的岩体上，岩体高3.5~10.2米，南北最长约100米，东西最宽约80米，从西崖至南崖再至东崖，通编共21号。

一、文献信息中的窟前建筑

（一）碑铭史料

1. 石篆山石窟

（1）《警人损动诸尊像及折伐龛塔前后松柏栽培记》[1]。铭文有"释迦如来灭度于今二千三十九年……二者龛堂塔前后各十丈地不架屋宇而专植松柏及花果者……"

---

[1] 重庆大足石刻艺术博物馆、重庆市社会科学院大足石刻艺术研究所编：《大足石刻铭文录》，重庆出版社，1999，第326—327页。

据此可知，北宋元祐年间（1086—1094年）即石篆山石窟建成之际，龛像前未曾修建保护建筑，功德主严逊仅在造像崖壁周边种植松柏及花果。

（2）刘纯斋撰修治庙貌神龛记碑[1]。铭文有"……与高僧志安者偕至佛岩重有感焉……吾乡同人相约捐化公资始为春秋祭祀并修治庙貌神龛……大清同治六年季冬穀旦立"。

此碑立于第6号孔子龛左前方，据碑文可知，清同治六年（1867年），刘纯斋等人募资对早年修建在龛前的庙宇建筑和造像进行了维修。

（3）僧圣质《题岩窝古楼》诗[2]。铭文有"题岩窝古楼/飞峰合抱一楼台树笙椽高云/缈徊……"

据考证，此则铭文题于光绪七年（1881年），为七律。诗中出现的"楼台"，因未作考古发掘，位置待考。现第1号龛内外均存有较多枋孔遗迹，推测曾搭设过保护建筑。

2. 石门山石窟

（1）邓栐纪行诗碑[3]。铭文有"……盘数大石凿为洞府因石高下周以屋室盖黄冠栖息之所……"

南宋淳熙九年（1182年），昌南郡从事邓栐在石门山看见造像区内建有诸多建筑。历史上未对造像崖顶及崖前地坪开展考古发掘，所以原有建筑布局不明。这是最早记载石门山保护建筑的一则碑铭。

（2）游石门山记[4]。清道光年间（1821—1850年），李型廉游石门山，至山

---

[1] 重庆大足石刻艺术博物馆、重庆市社会科学院大足石刻艺术研究所编：《大足石刻铭文录》，重庆出版社，1999，第335页。
[2] 重庆大足石刻艺术博物馆、重庆市社会科学院大足石刻艺术研究所编：《大足石刻铭文录》，重庆出版社，1999，第340页。
[3] 重庆大足石刻艺术博物馆、重庆市社会科学院大足石刻艺术研究所编：《大足石刻铭文录》，重庆出版社，1999，第359页。
[4] （清）李型廉：《游石门山记》，《道光大足县志》卷1《舆地志·山川》，见《中国地方志集成·重庆府县志辑》编辑委员会编《中国地方志集成·重庆府县志辑》第7册，巴蜀书社，2016，第297—298页。

门处即见第13号"山王土地"造像龛,再自山门进入,见西侧的造像岩体"上覆以屋……凡四龛……横悬一匾曰通明殿",并详细记载殿内"玉皇、药师佛、释迦佛、观音"等4个龛像的位置关系和基本内容,此四龛即现在的第1~4号龛。

3. 南山石窟

南宋王象之《舆地纪胜》中有"南山在大足县南五里,上有龙洞醮坛",除记载造像外,另录诗两首[1],但未有保护建筑的记录。元、明两代缺乏史料记载,无从考察。

清代碑铭对南山石窟状况有少许记载。其中《张澍重九日偕友登高记》[2]中有"……寻仙下凿毁三字出洞摸左石壁为屋樹遮拥甚黟黑……"

题记反映出清嘉庆二十三年(1818年),大足知县张澍看到南山石窟附近的南禅寺已"刹宇荒凉,僧房卑庳",待他进入南山石窟区内则见到第5号三清古洞被建筑物遮覆,崖壁上的铭文因光线暗淡较难辨识。可见清嘉庆年间(1796—1821年)南山石窟有保护建筑,此建筑就是第5号窟前的三清殿。

(二)历史照片

石篆山、石门山、南山石窟的早期图片资料较少,目前所见最早的照片拍摄于20世纪50年代,即蒋美华先生于1955年在《文物参考资料》所载《四川大足县石刻》一文中刊发的南山石窟第15号龙洞的照片。20世纪五六十年代,四川美术学院雕塑系编《大足石刻》图录时,拍摄了几处石窟主要窟龛,该书于1962年由朝花美术出版社出版,收录了南山第4、6号等龛的照片。20世纪80年代,第二次全国文物普查和个别专业摄影者拍摄了三处石窟部分窟(龛)造像。上述时段所拍摄的照片多为局部场景,石窟保护设施信息则未专题反映。

---

1 (南宋)王象之:《舆地纪胜》卷161《昌州·景物上》,中华书局,1992,第4363、4377—4378页。
2 重庆大足石刻艺术博物馆、重庆市社会科学院大足石刻艺术研究所编:《大足石刻铭文录》,重庆出版社,1999,第303页。

二、现有保护建筑和窟檐

（一）现有保护建筑

1. 石篆山石窟

石篆山石窟仅子母殿区修建有保护长廊（见图6-3-1）。该保护建筑建于2000—2001年，位于第六、七块岩体前，即第6~9号龛所在区域。长廊为穿斗木屋架，墙身密闭，小青瓦屋面，两坡排水，建筑面积为155.05平方米[1]。长廊东西端设门以供进出，东侧连接休憩廊。2020年对长廊进行改建，墙身设窗棂，以使内外空气流通。

图6-3-1 大足石篆山石窟保护长廊（大足石刻研究院提供）

---

[1] 大足石刻研究院工程档案资料《石篆山石窟保护廊工程》，档案号：2—137、2—138。

2. 石门山石窟

南宋淳熙年间（1174—1189年），石门山石窟内已建有保护建筑，元明时期未见有培修题记。清时僧俗曾先后砌筑券拱、修葺庙宇和妆銮造像。石窟区内现在仅存石砌券拱，建于乾隆五十四年（1789年），券拱位于西侧和南侧岩体之间的巷道顶部，拱高128厘米、宽235～263厘米、长1000厘米；拱外围以方形条石砌筑墙体，墙体长1058厘米、宽487厘米、高190厘米（见图6-3-2）。20世纪60年代，券拱上方覆盖的瓦屋亭阁改为矮亭，1985年拆除。

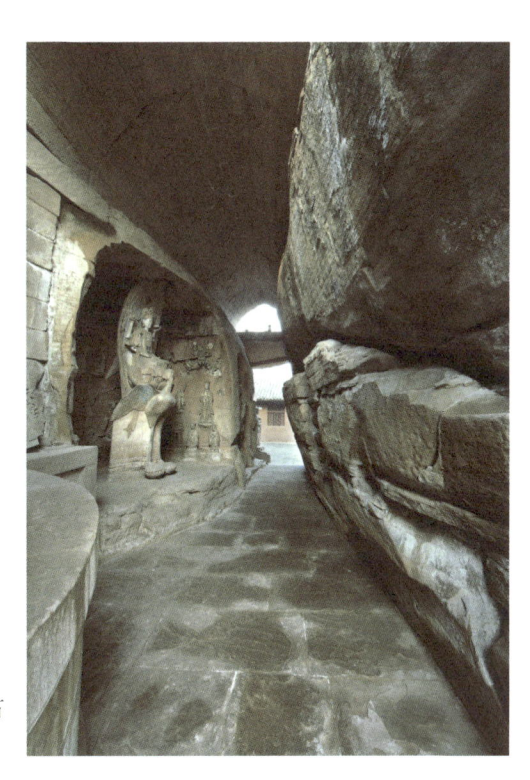

图6-3-2 大足石门山石窟甬道及顶部（大足石刻研究院提供）

3. 南山石窟

该石窟区内主要有三清殿、太清亭、碑廊等三座保护建筑。

三清殿（见图6-3-3）位于第5号窟前，为重檐歇山式屋顶，面阔四柱三间，宽12米；进深三柱两间，深7.1米；两山墙外分别接建屋室。三清殿下方建筑为玉皇殿，于1992年在原中轴线上向前迁移。玉皇殿为单层歇山式屋顶，面阔四柱三间，宽10.7米；进深三柱两间，深5.7米。

太清亭（见图6-3-4）位于第6~8号龛前方，为重檐歇山式屋顶，面阔四柱三间，宽8.3米；进深四柱三间，深5.4米。

碑廊（见图6-3-5）位于第9~13号龛前，建于1992年，为钢筋混凝土结构、碑廊长16.7米、宽5米，小青瓦屋面，单坡排水；廊内地坪铺设石板，边缘设置条石栏杆。

（二）石质窟檐

1. 石篆山石窟

在子母殿区内，第2、5号龛外上方为自然悬挑的岩檐，同北山石窟相同，龛檐底部打磨平整，顶部为自然状态，未加处理。其中，第2号龛檐外挑约210厘米，第5号龛檐外挑125厘米。第7、8号龛为大足石刻中仅有的两个凿出仿木

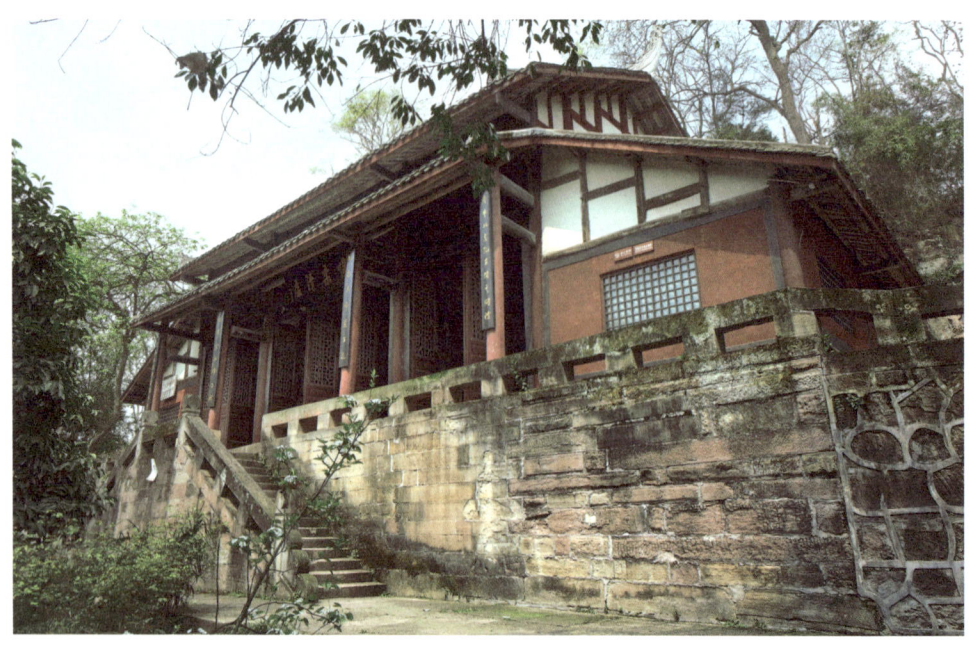

图6-3-3 大足南山石窟三清殿（大足石刻研究院提供）

第六章　重庆石窟窟前建筑　367

图6-3-4　大足南山石窟太清亭（大足石刻研究院提供）

图6-3-5　大足南山石窟碑廊（大足石刻研究院提供）

建筑结构龛檐的造像龛（见图6-3-6、图6-3-7）。第7号龛口左右侧各刻一根龛柱，柱础为双层仰莲台，其下刻蹲跪的力士像；柱身呈八边形，收分，面宽6～10厘米；柱顶上承栌斗，通高15厘米；斗口左右出横拱，拱上下高6厘米，左右宽7厘米；横拱上方为横枋，上下高11厘米，现存左右两端少许，再上结构未刻出。第8号龛左右外侧刻仿木龛柱，左龛侧柱中上部毁损，残高120厘米，柱身方形、抹棱，面宽约18厘米；右龛柱中下部毁，柱身形制与左龛同，柱顶刻栌斗，大部分残损，通高20厘米、宽18厘米、厚约13厘米。其余则未建龛

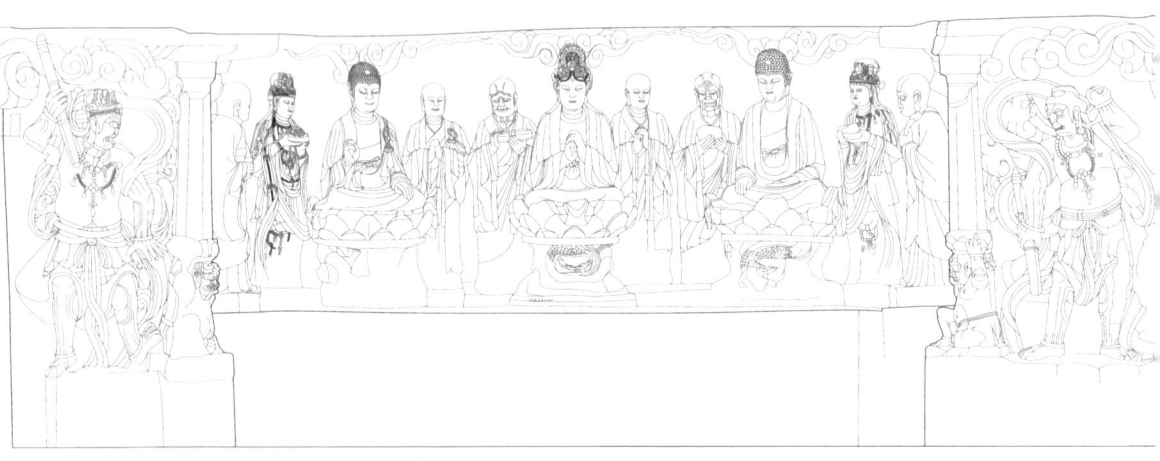

图6-3-6　大足石篆山石窟第7号龛外立面图（大足石刻研究院提供）

图6-3-7　大足石篆山石窟第8号龛外立面图（大足石刻研究院提供）

檐。在罗汉湾区内，第10~12号龛于2003年重新清理出土后，由当地民众修建了砖石结构的保护建筑；第13号龛前亦由当地民众搭设了简易的木瓦结构保护建筑。

2. 石门山石窟

石门山石窟的第6、10号为洞窟，未建龛檐；第11、13号为自然悬挑的岩檐；其余龛檐皆为后世改建。1985年，在第1号龛至第5-1号龛上方建造钢筋混凝土龛檐，左端起自第1号龛上方岩顶，右端止于第6号洞窟左上方，全长1330厘米，最宽外挑出岩体约150厘米。

3. 南山石窟

1992年，为防止雨水对南山石窟造像的直接危害，在第1、2、3、4、14号等龛外上方壁面新建钢筋混凝土仿石檐。其中，第1号龛的龛檐距龛口68厘米，檐高17厘米，外挑岩壁50厘米，最宽440厘米；第14号龛的龛檐距龛口36厘米，宽215厘米，深20厘米，向外凸出崖壁65厘米。

三、崖面建筑遗迹

（一）石篆山石窟

石篆山石窟共有8个龛的龛外崖壁及龛内存有建筑遗迹（见图6-3-8）。

第1号，龛左右外侧平整面下部各凿有一个枋孔，大小相近，对称布置，长15厘米、宽5厘米、深4厘米。龛左壁外侧上部凿有一个圆孔，直径5厘米、深3厘米。中部凿有纵向排列的两个枋孔：上孔长5.5厘米、宽6.5厘米、深10厘米，下孔长8厘米、宽4厘米、深2厘米。右壁外侧对应处亦凿有相同的圆孔和枋孔。龛口内侧左边平整面中部和下部各凿有一个枋孔，大小相近，长11厘米、宽3厘米、深3厘米；内侧右边平整面仅保存下部对应的枋孔。龛内低坛左右外端各凿有一个枋孔，大小相近，高7厘米、宽3厘米、深2厘米。龛口外侧左边中部14厘米处向左凿有宽95厘米的平整面，该平整面右上方纵向凿有三个枋孔，

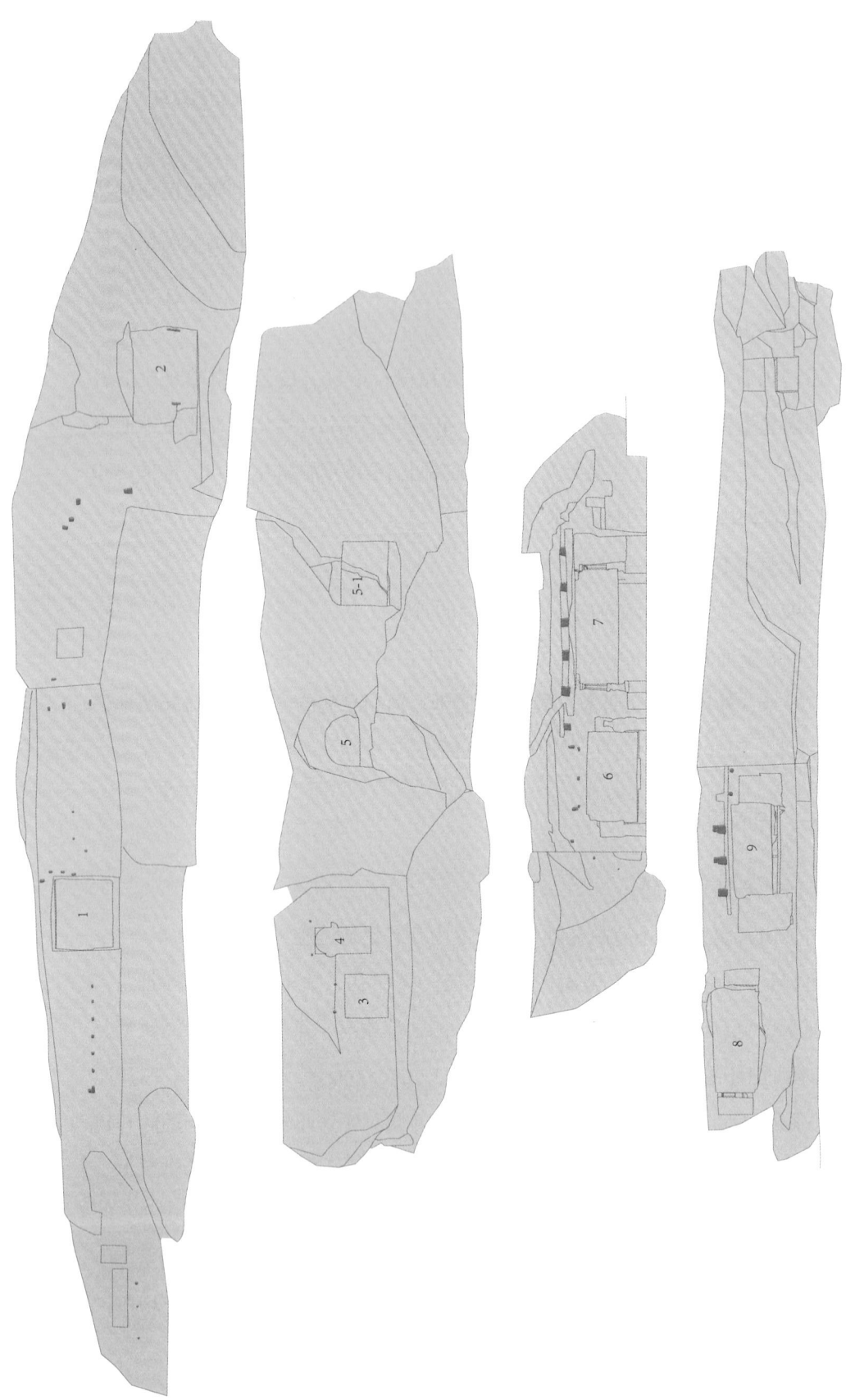

图6-3-8 大足石篆山石窟崖面建筑遗迹分布图（大足石刻研究院提供）

大小相近，长12厘米、宽5厘米、深7厘米。龛口左右上方21厘米处各凿有并列的三个枋孔，对称布置。整龛保存建筑遗迹较丰富，证明历史上曾搭建有保护建筑。

第2号，龛左右壁下部对称凿有一个方形槽口，左槽口长45厘米、宽6厘米、深12厘米，右槽口长33厘米、宽6厘米、深11厘米。

第3号，龛口部上方约34厘米处凿有两个方孔，左右布置，间距约88厘米；大小一致，孔长8厘米、宽6厘米、深约10厘米。

第3、4号两龛相邻。第4号，龛口部左右上角约10厘米处各凿有一个孔，左侧孔呈圆形，直径7厘米、深6厘米；右侧孔呈方形，边宽4厘米、深7厘米。两龛位于统一修整后的崖壁中下部，崖面平直，上方无挑檐遮挡，两龛遗存的孔洞证明，历史上曾搭设过保护建筑。

第6号，龛左右侧壁外端上角对应各凿有一个方孔，边宽3厘米、深4厘米。龛顶前端左右各凿有一个圆孔，大小相近，孔径13厘米、深11厘米。龛口左上角外侧20厘米处凿有一个方孔，长12.5厘米、宽12厘米、深17厘米。龛口右角上方凿有一个不规则孔洞，平面呈三角形，孔长12厘米、宽11厘米、最深处7厘米。龛外右侧碑上方75厘米处凿有一个方孔，长15厘米、宽10厘米、深11厘米。龛外上方凿有上下两道横向凹槽，龛口与横向凹槽之间的壁面布置有上下两排方孔，两道槽口的左侧另有一道斜向凹槽。

第7号，龛口部横枋上方10厘米处横向凿有凹槽，横跨龛口，中部残损。凹槽长约650厘米、高20厘米、最深处31厘米。凹槽上部横向置有五个粗大的方孔，间距93厘米，大小相近，孔长28厘米、宽28厘米、最深处40厘米。凹槽下部近龛口位置，凿有一排六个横向方孔。

第8号，龛顶中部前侧凿有两个圆孔，大小相近，孔径4厘米、深5厘米。

第9号，龛口上方约18厘米处凿有一道凹槽，大致横贯龛口，凹槽长500厘米、宽10厘米、最深处22厘米。凹槽上方凿有一排六个方孔，均匀布置，间距约83厘米；孔大小相近，长25厘米、宽30厘米、最深处32厘米；左右端两个方孔被石块、水泥填塞。龛左侧浅龛上方26厘米处凿有两个圆孔，间距78厘米，大小一致，孔径12厘米、深12厘米。

（二）石门山石窟

石门山石窟共有12个窟（龛）内及其外侧崖壁存有建筑遗迹（见图6-3-9～6-3-11）。

第1号，龛口上方约6厘米处凿有两个方形小孔，形制相近，孔宽3厘米、长5厘米、深4.5厘米。

第2号，龛口左右上角外侧30厘米处各凿有一个方形孔洞，对称布置。左孔长6厘米、宽5厘米、深9厘米，右孔长8厘米、宽6厘米、最深处11厘米。龛口下方21厘米处弧形壁面上凿有两个方孔，两孔处于同一水平线上，大小相近，宽2.5厘米、长4厘米、深4厘米。与第1号龛之间的壁面上纵向凿有五道明显的凹槽，大小不一；最大者长33厘米、宽6厘米、深8厘米，最小者长7厘米、宽5厘米、深4厘米。

第3号，龛口下方平整壁面上左右端均改刻为凹槽。左端凹槽长23厘米、宽6厘米、深9厘米，右端凹槽长22厘米、宽8厘米、深7厘米。左凹槽外侧另凿有一个方孔，部分残损；孔长14厘米、宽5厘米、深4厘米。

第4号，龛外上方5厘米处有一道横向凹槽，长约150厘米、宽9厘米、最深处14厘米。龛口左侧6厘米处有一道纵向凹槽，长178厘米、宽6.5厘米、深5厘米，上端与上方横向凹槽相接。龛口右侧4厘米处有一道纵向凹槽，长163厘米、宽7厘米、深6厘米，上端与上方横向凹槽相接。

从前文所述清代文献的信息推测，第1～4号龛所在崖壁位置的建筑遗迹应是原保护建筑"通明殿"损毁后的遗存。

第6号，窟门内侧有对称的纵向凹槽，长209厘米、宽5厘米、深2厘米。凹槽底部和顶端各凿有一个方槽，对称布置。底部方槽长17厘米、宽10厘米、深

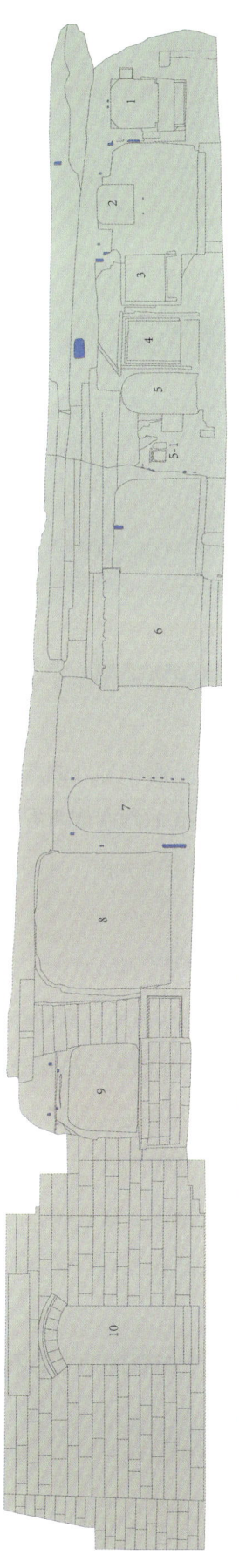

图6-3-9 大足石门山石窟西侧岩体崖面建筑遗迹分布图（大足石刻研究院提供）

图6-3-10 大足石门山石窟南侧岩体崖面建筑遗迹分布图（大足石刻研究院提供）

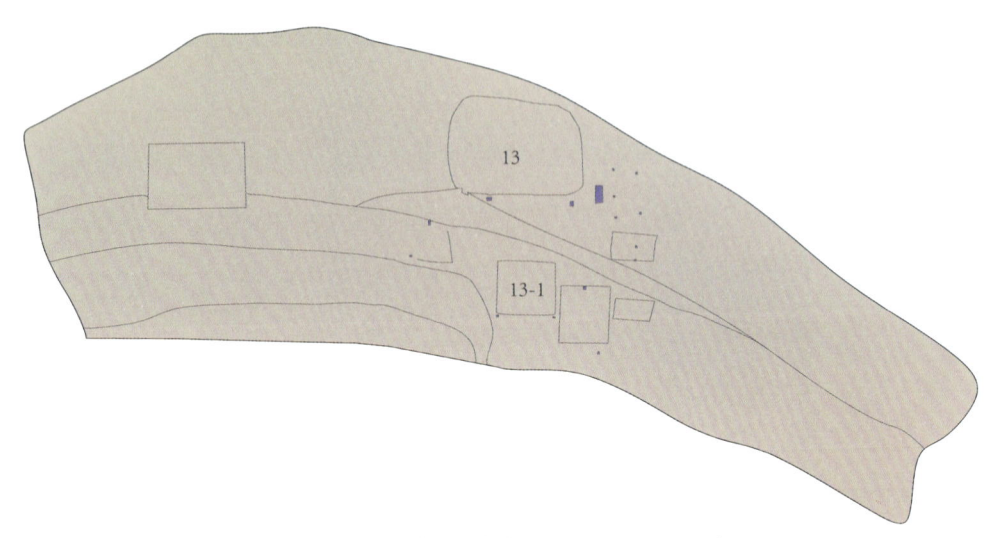

图6-3-11　大足石门山石窟东侧岩体崖面建筑遗迹分布图（大足石刻研究院提供）

6厘米，顶部方槽宽10厘米、长11厘米、深5厘米。凹槽中部外侧凿有对应的枋孔，大小相近，长11厘米、宽5厘米、深2厘米。窟底前端左侧凿有一道方槽，长35厘米、宽23厘米、深6厘米；其右侧亦对应凿有一道方槽，残损过前。推测窟门曾有构筑物。

第7号，龛沿左右上角各刻有一个方孔，长8厘米、宽6厘米、深11厘米。龛右沿中部外侧6厘米处刻有一个方孔，长7厘米、宽6厘米、深4厘米。龛口下部外右侧24厘米处有一道纵向凹槽，残长53厘米、宽6厘米、最深处7厘米。龛口下部左侧外6～10厘米处有一列五个方形小孔，大小相近，孔长7厘米、宽2厘米、深4厘米。龛底右前端有一道凹槽，长15厘米、宽12厘米、最深处13厘米；凹槽内侧有纵横相接的浅凹槽，长约54厘米、宽3.5厘米、深3厘米。

第8号，窟正壁右侧中上部凿有一个圆形小孔，孔径4厘米、深5厘米。右壁中部凿有一个圆孔，孔径13.5厘米、深15厘米。

第9号，龛外上方15厘米处左右端各凿有上下布置的两个方孔，左右对称，大小相近，孔长7厘米、宽5厘米、深7厘米。

第10号，窟左壁低坛前端凿有一个圆孔，部分残损，孔径24厘米、深12厘米。圆孔下部凿有一道凹槽，长16厘米、宽6厘米、深6厘米。左壁下部左起第一尊像头部左上方凿有一个方孔，长18.5厘米、宽6.5厘米、深6厘米，像左下方有一个方孔，与上方孔洞大小相近，上下对应布置。左壁上部左起第三、四组造像之间壁面上凿有一个方孔，长18厘米、宽10厘米、深18厘米。

第11号，龛外右侧中部存有上下两个方孔，上孔长13厘米、宽11厘米、深19厘米，下孔长20厘米、宽7厘米、深11厘米。

第13号，龛外左下方凿有一个方孔，长20.5厘米、宽9厘米、深9厘米。龛下方左端凿有一个方孔，长6厘米、宽4厘米、深8厘米；该方孔下方27厘米处另有一个方孔，部分残损，长6厘米、宽4厘米、深10厘米。龛下方右部凿有一个方孔，长9厘米、宽6厘米、最深处14厘米。龛左下方铭文所在的壁面有一列五个不规则方孔，间距相当，大小相近，方孔均长6厘米、宽3.5厘米、深3厘米。

第13-1号，龛口右上方凿有一个方孔，长10厘米、宽5厘米、深15厘米。龛口左右下端各凿有一个方孔，大小相近，边长4厘米、深6厘米。龛左侧第一则晚期铭文碑中部偏上位置有一个方孔，长7.5厘米、宽6厘米、深3厘米。

（三）南山石窟

南山石窟7个窟（龛）内及其外立面上存有建筑遗迹（见图6-3-12）。

第1号，龛外左上角有两个方孔，上下相距28厘米。上孔略大，长32厘米、宽10厘米、深16厘米；下孔略小，长12厘米、宽6厘米、深9厘米。龛外左下方凿有上窄下宽两道凹槽，上凹槽长115厘米、宽6厘米、深10厘米，下凹槽长71厘米、宽28厘米、深26厘米。龛口右侧平整的崖面中上部存有一个方孔，长5厘米、宽1.5厘米、深4厘米。龛口内侧平整壁面底部各凿对称的一道方槽，形制相近，均长43.5厘米、宽7厘米、深3厘米。推测本龛曾搭设保护建筑物。

第2号，窟外左右上角各开凿对称的上下两个方孔，相距约38厘米。上孔略大，长22厘米、宽7厘米、最深处20厘米；下孔略小，长14厘米、宽6厘米、最深

376　中国南方石窟窟前建筑的考古学研究

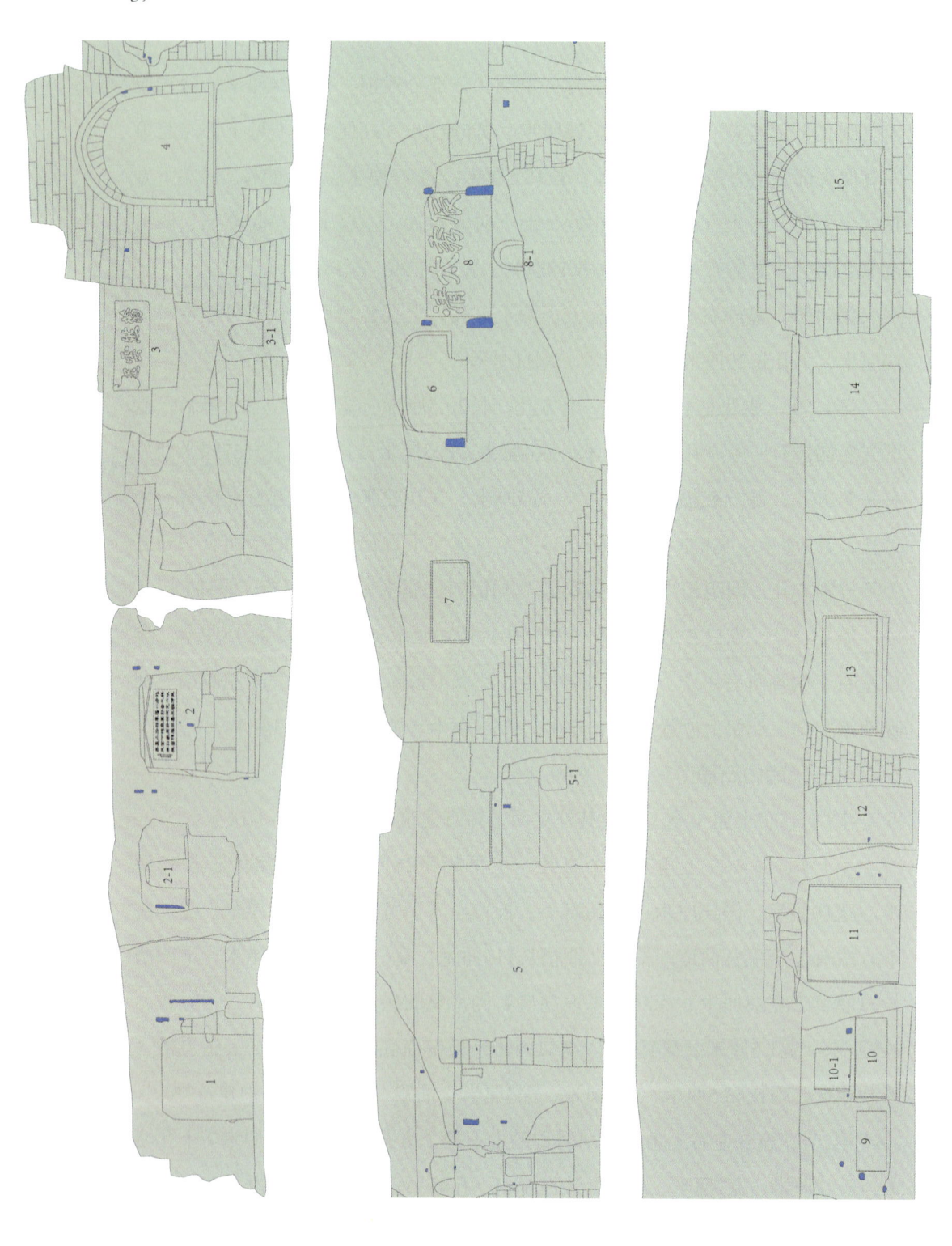

处10厘米。窟内正壁上端凿有人字形浅沟，左右端沿壁面转折横向延伸至左右侧壁外端，沟长约1100厘米、宽5厘米、深2.5厘米。左右壁前侧上部开凿有水平对称的一个圆孔和一个方孔。内侧圆孔直径10厘米、最深处13厘米，外侧方孔长10厘米、宽6厘米、最深处7厘米。外侧方孔下部各开凿纵向对称的两个方孔，形制相近，均长11厘米、宽6厘米、深6厘米。左右壁前侧下部各对称开凿有两个方孔，形制有异，且部分受损；方孔最长13厘米、宽8厘米、最深处20厘米。

第4号，龛外左侧上部存有纵向排列的两个枋孔：上孔长32厘米、宽9厘米、深13厘米，下孔长13厘米、宽7厘米、深10厘米。龛外右侧岩体塌毁，后期以条石修补，原来应该亦有对应的枋孔。

第5号，窟口左右外侧上部对称开凿有三个方孔。上部两方孔较大，水平布置，长65厘米、宽15厘米、最深处20厘米；下部方孔较小，长18厘米、宽9厘米、最深处11厘米。窟口外左壁中部横向开凿有三个略小的方孔，相距约65厘米，大小一致，孔长8厘米、宽5厘米、深10厘米。窟口内左侧崖面上部凿有一个方孔，长18厘米、宽10厘米，内有残损木材，深度不明；中部凿有两个小孔，相距90厘米，大小一致，孔长8厘米、宽4.5厘米、深6厘米；中下部凿有两个方孔，相距约149厘米，大小一致，孔长13厘米、宽6厘米、深6厘米。窟口右侧壁面中部凿有两个错位布置的小孔，上下相距18厘米，孔长11厘米、宽5.5厘米、深6.5厘米；壁面底部另开凿有一个方孔，长17厘米、宽8厘米、深6厘米。这些遗迹证明此窟前曾搭设有保护设施。

第9号，龛外上方及右侧存有三个斜向布置的方孔。从上至下第一个方孔长11厘米、宽10厘米、深13厘米，第二个方孔边宽17厘米、深16厘米，第三个方孔长14厘米、宽9厘米、深8厘米。

第10-1号，碑心底部及碑外左右侧下部横向开凿有四个方孔，大小不一。从左至右，第一孔长17厘米、宽12厘米、深11厘米，第二孔长6厘米、宽5厘米、深4厘米，第三孔长5.5厘米、宽2.5厘米、深2厘米，第四孔长7厘米、宽5厘米、深9

厘米。第一孔上方28厘米处另开凿有一个方孔，长9厘米、宽7厘米、深8厘米。

第11号，龛外左右侧中部各开凿有上下两个圆孔，大致呈对称布置。左侧两孔上下相距50厘米，右侧两孔上下相距30厘米。圆孔大小相近，直径6.5厘米，深9厘米，右侧上孔大部分毁损。

四、排水设施

石篆山、石门山、南山等三处石窟皆为小型石窟，可依靠石质窟檐保护建筑和阻挡雨水，目前保护工程的重点是修建排水设施，除石门山石窟外，另两处石窟未见排水设施遗迹。石门山石窟在西侧和南侧岩体上部修建石质券拱，具有较好的遮挡雨水的作用，其中第9号龛口上方25厘米处有一道横向排水浅沟，沟长约210厘米、宽4厘米、最深处4厘米。

五、崖前道路

（一）石篆山石窟

石篆山石窟造像崖壁大致呈东西走向，全长130余米，岩体间存有明显的裂隙，因构造裂隙、卸荷裂隙和层面裂隙互相交切，导致岩体相互脱离。造像区以裂隙为界，自西向东形成七块岩体。造像崖壁前面地坪宽窄不一。1997年，在造像崖壁下方地坪上铺设了石板道路，横贯整个石窟区，与石窟进口道路相接。其中，在第一块岩体中部前方，以条石砌筑一个平台，平台长约1200厘米、高280厘米、台面宽275厘米。平台左端设石阶，与下方石板道路相接，由石阶底部向东，直至第六块岩体右端（保护长廊右端进出口处）。

（二）石门山石窟

清代进入石窟区的小道位于石窟东北侧，现在仍然有少许石阶保留[1]。后因

1　（清）李型廉：《游石门山记》，《道光大足县志》卷1《舆地志·山川》，见《中国地方志集成·重庆府县志辑》编辑委员会编《中国地方志集成·重庆府县志辑》第7册，巴蜀书社，2016，第297—298页。

修建围合式保护围墙后，改从西侧大铜（大足至铜梁）公路下道向东，沿石板小道进入石窟区。三块造像岩体之间的原始地坪未做发掘观察，现存地坪均铺设石板，较为平整。西侧岩体与南侧岩体呈南北夹峙，形成一个狭长巷道，全长994厘米，地坪宽132～273厘米。巷道两端（西南端和东北端）各设三阶石阶，西南端建一道石门。东侧岩体与西侧岩体之间建八字形墙体，墙体中间开椭圆形门洞以供进出。南侧岩体为一块独立岩体，岩体底部前方地坪除北面为巷道外，其余三面地坪均铺设石板，路面平整。

（三）南山石窟

南山石窟的岩体之下分别为缓坡和陡崖，近年于山脚下以条石修建了围墙，将南山石窟区域全部封闭。自西面山腰停车场南侧沿石板小道向上可直达石窟区。石窟区南面的围墙中部设门厅，门厅至石窟间的缓坡地带设石阶。自造像岩体西北向壁面北端起，至东南向壁面东侧，修建了石板小道；西南向壁面龛像前方地坪设石阶以供上下；南向壁面和东南向壁面相交处，自地坪至岩体顶部设石阶相连，东南向壁面前地坪较为开阔平坦。以上建设对石窟形成了较好的保护。

第四节 近年考古发掘的重庆石窟窟前建筑遗址

一、主要类型

（一）台基遗迹

1. 台基石砌包边相接槽口

这类遗迹是龛前建筑台基的包边条石与崖面相接的槽口，其外轮廓形制与包边条石的形制、垒砌方式保持一致。在合川二佛寺西崖南段的崖壁上就发现有扣合宋、明建筑台基包边条石的槽口（图6-4-1、图6-4-2），其中宋代建筑台

图6-4-1　合川二佛寺宋代建筑台基石砌包边与崖面的相接槽口（牛英彬提供）

图6-4-2　合川二佛寺明代建筑台基石砌包边与崖面的相接槽口（牛英彬提供）

基包边条石发现两层，第二层条石顶部可见有安置上层条石的槽口，同时其端头崖壁上的槽口痕迹也有一截空缺，判断其上应还有一层条石，其顶面对应高度位置的台基内发现有柱础。因此，通过崖壁上的槽口顶面位置可判断出当时的地面高度。从明代建筑台基包边端头崖壁上的槽口来看，其残存的两层包边条石上至少应该还有五层条石。

潼南万佛岩摩崖造像的1号石前发现一座唐代龛前建筑的台基，其北侧的下层石砌包边用长条形石块垒砌，残存两层，叠涩内收。该层石砌包边的东部已被破坏，但其延伸过去的石包崖面的相对位置上就有"⌐"形槽口（见图6-4-3），亦作层层内收状，与台基包边垒砌形式一致，应当就是台基包边条石与崖面的接痕，但其位置要比现存台基包边更高，这应当就标识了台基石砌包边的原始高度，从而也可基本确认当时的地面高度。

图6-4-3 潼南万佛岩唐代建筑台基石砌包边与崖面的相接槽口（牛英彬提供）

2. 地面相接痕迹

台基的地面与崖壁相接处有时会有相应接痕，一般表现为水平或略带斜度的卡槽，其目的是与铺石地面扣合更加紧密。合川二佛寺西崖南段的崖壁上就有多个时代、不同层面的地面接痕，并与考古发现的清代、明代建筑基址的地面相吻合（见图6-4-4）。

图6-4-4　合川二佛寺西崖南段的地面相接痕迹（牛英彬提供）

（二）屋身遗迹

屋身遗迹主要是木结构建筑骨架部分的柱、梁、枋、檩等木构件，有些也会用石质的仿木构件，它们与崖壁相连接时所对应的遗迹包括柱洞、柱槽口、梁孔、枋孔、檩孔等。

1. 柱洞或柱槽口

柱洞遗迹往往分布于有摩崖造像的独立石包顶部，这些柱洞之间及它们与龛前同时代的地面柱础往往有对位关系。重庆江津石佛寺遗址中摩崖造像的5号石顶部有两圈柱洞遗迹（见图6-4-5），它们相连可形成两圈方形，又与5号石周围宋代地面的柱础石基本成排、成行分布，共同构建出龛前建筑的柱网组合（见图6-4-6）。

第六章　重庆石窟窟前建筑　383

图6-4-5　江津石佛寺遗址5号石顶面（牛英彬提供）

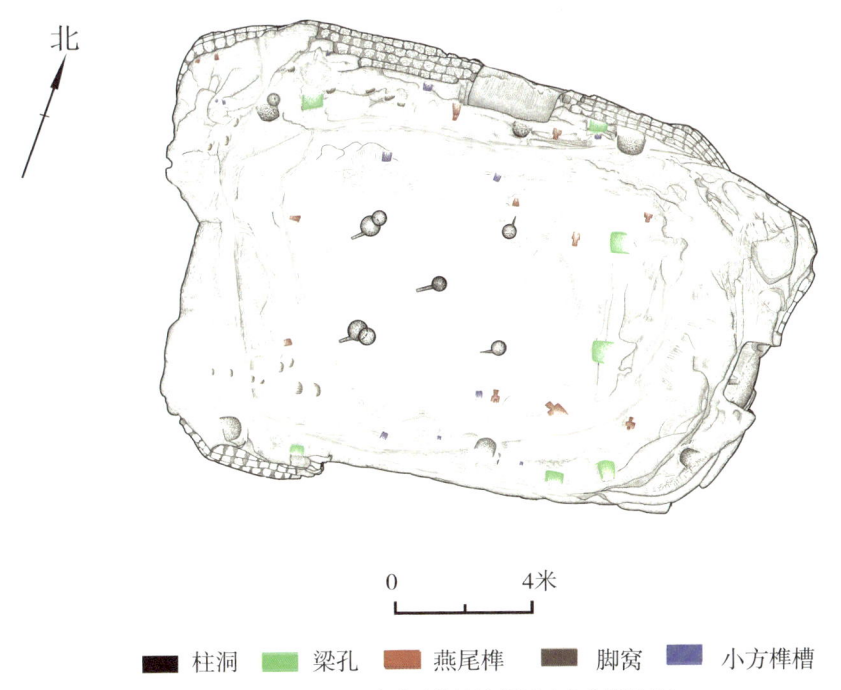

0　　　4米

■ 柱洞　　■ 梁孔　　■ 燕尾榫　　■ 脚窝　　■ 小方榫槽

图6-4-6　江津石佛寺遗址5号石顶面宋代建筑遗迹线图（牛英彬提供）

合川二佛寺摩崖造像的北崖、西崖和南崖顶部均有圆形的柱洞遗迹，特别是我们依据北崖上的部分柱洞，推算出崖壁前地面下的柱位，精准地发掘出了两个宋代柱础。

此外，在一些造像窟（龛）口前的底部两侧开凿有安置柱子的槽口，如荣昌刘家庙第1、8号窟（龛）口两侧的底面上均有方形的槽口，从第8号窟左侧槽口上安置的残断的方形石柱（见图6-4-7）来看，它们有稳固柱子的作用。

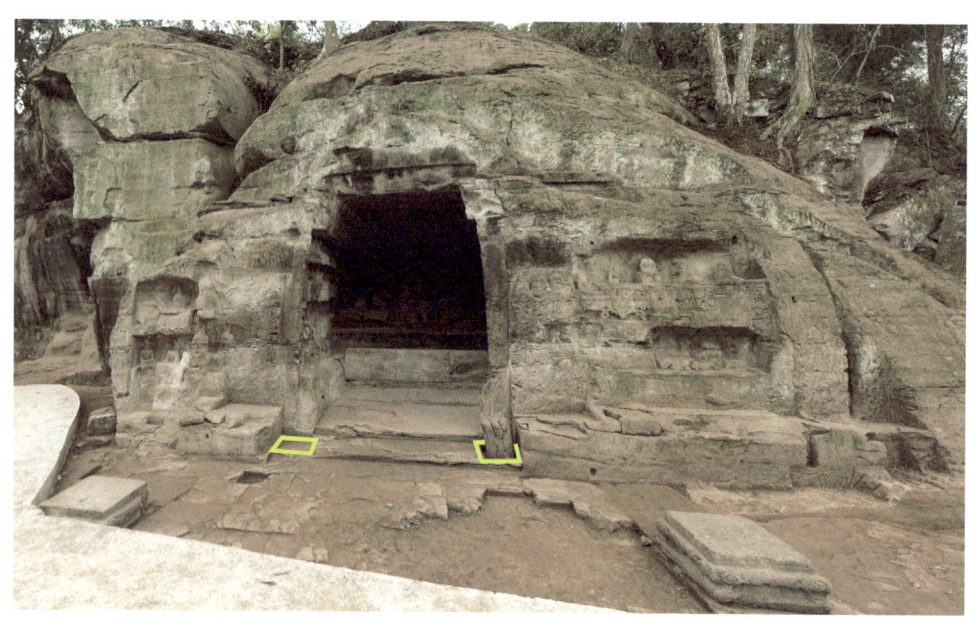

图6-4-7　荣昌刘家庙第8号窟口底部的石柱槽口（牛英彬提供）

2. 榫孔

在崖壁上或石包立面上，有连接前方木构建筑的榫孔（檩、梁、枋等孔洞）。

檩孔仅在合川二佛寺中有发现，二佛寺南崖西壁上的人字形沟槽左侧下方紧邻有三个圆形孔洞，它们应当就是插檩的檩孔，其中一个还位于脊檩的位置。枋孔在合川二佛寺南崖西壁上也有发现，为长条状枋孔（见图6-4-8）。

梁孔主要有两种做法：一种系在崖壁上向内凿进，形成方形或长方形的榫

第六章　重庆石窟窟前建筑　385

图6-4-8　合川二佛寺南崖西壁上的人字形沟槽、檩孔、枋孔（牛英彬提供）

——人字形沟槽　〇檩孔　▭枋孔

洞；另一种是从顶部开槽向下，形成无前缘的竖槽。从结构稳定性上看，显然竖槽顶部缺乏稳固梁尾的力量，因此其梁尾上可能还压有厚重的木构件。前一种在合川二佛寺摩崖造像、潼南万佛岩摩崖造像、荣昌刘家庙摩崖造像、忠县观音摩崖造像等都有发现（见图6-4-9）。后一种在江津石佛寺遗址5号石、潼南万佛岩摩崖造像1号石上多有分布（见图6-4-10、图6-4-11）。其中覆盖江津石佛寺遗址5号石的建筑可能为一座楼阁式建筑，梁上应当还有承托的木质楼板，因此梁孔上稳定梁尾的压力可能就来源于其上承托的楼板。潼南万佛

▭梁孔　〇柱洞

图6-4-9　合川二佛寺大像背后的梁孔、柱洞（牛英彬提供）

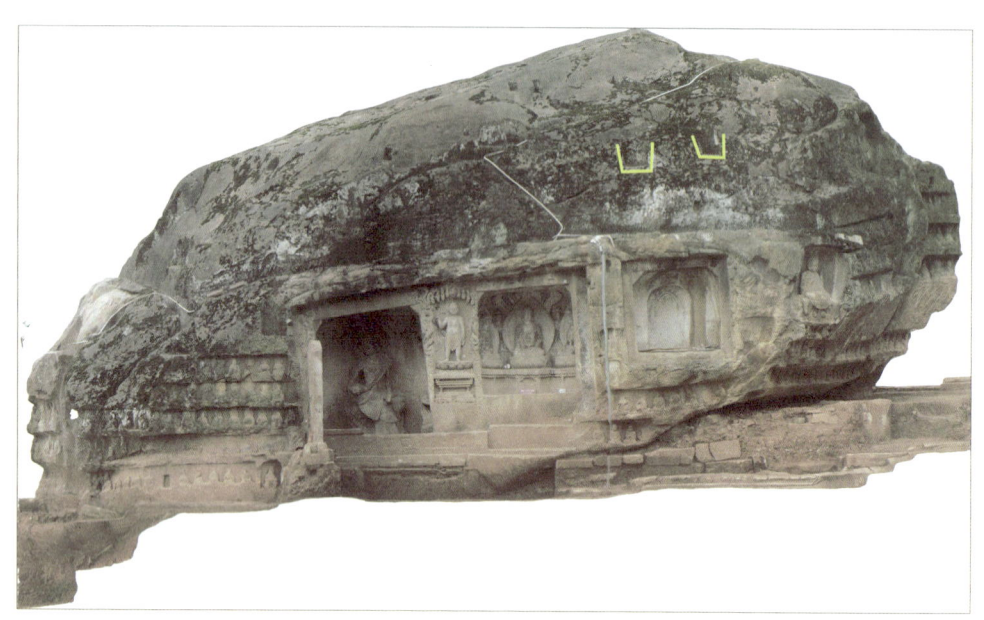

图6-4-10　江津石佛寺遗址5号石南立面上的梁孔（牛英彬提供）

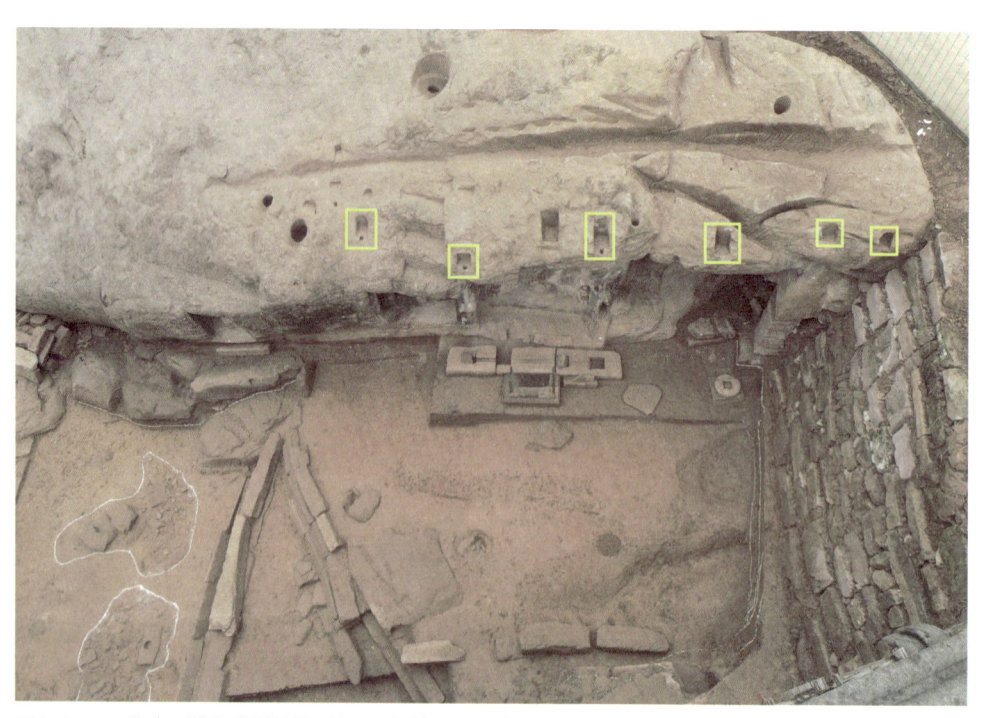

图6-4-11　潼南万佛岩摩崖造像1号石顶部的梁孔（牛英彬提供）

岩摩崖造像1号石上有些梁孔底部还有一个小方形榫孔，可能在当时的梁尾底部设置有凸出的榫头，通过扣合榫头达到稳固梁尾的目的。

燕尾榫均为从顶面开槽形成，平面呈凸字形，无前缘，燕尾头上宽下窄。燕尾榫增强了榫卯结构的力学稳定性，更加稳固地连接了纵向木构件。燕尾榫在江津石佛寺遗址5号石、合川二佛寺摩崖造像上多有发现。如合川二佛寺摩崖造像西崖的六祖等造像底部前的平台边缘就分布有一排燕尾榫，这些燕尾榫咬合了现存清代大殿的二层楼板，而崖前平台应当也是宋代楼面的位置，这些燕尾榫也许在宋代就已开凿，可能也是连接木质楼板所用。另外，江津石佛寺遗址5号石顶面上也分布有一些燕尾榫，但其位置并无规律，应当是用于卡嵌纵向木质屋架的构件。

3. 踏步

在一些楼阁式龛前建筑中，可能还会在崖面上开凿踏步，这些踏步应当还会与木质楼梯相接。合川二佛寺遗址崖壁上发现有较多此类踏步（见图6-4-4、图6-4-8）。

（三）屋面遗迹

1. 人字形沟槽

这类沟槽一般位于造像龛上方，呈人字形。在川渝石窟中多有这种人字形沟槽的存在，其功能一般有两种：一种是单纯将造像上方来水引至两侧的排水沟；另一种不仅有排水功能，而且也作为崖前木构建筑与崖壁的接痕，标识着屋顶两面坡的形状和屋面坡度。对这类沟槽性质的判断，主要取决于人字形沟槽下方是否有屋架结构的孔洞。如合川二佛寺南崖西壁上的人字形沟槽，其下方有檩孔、枋孔等（见图6-4-8）；忠县观音岩唐代摩崖造像第1、2号龛上方有一个大的人字形沟槽，将两龛造像遮护其下，其下方两侧竖向分布有对称的梁孔等，特别是其左侧沟槽并未连贯，中间有一段未开凿，说明其可能为屋面接痕（见图6-4-12）。第1、2号龛上方还各有一个小人字形沟槽，其中右侧小人字形沟槽打破了右侧大人字形沟槽，应系晚期的排水沟。

图6-4-12 忠县观音岩摩崖造像上的人字形沟槽（牛英彬提供）

2. 一字形沟槽

造像上方有横贯的一字形沟槽，沟槽上下较平直，横截面呈⊂形。这类沟槽可能为单面坡屋顶与崖壁的接痕。如荣昌刘家庙摩崖造像第16号龛上方的一字形沟槽（见图6-4-13），其下方、造像龛的左右两侧就有对称的梁孔、斜撑孔等。

图6-4-13 荣昌刘家庙第16号龛上方的一字形沟槽（牛英彬提供）

3. 屋顶形槽口

屋顶形槽口是指造像上方类似屋顶整体形制的槽口（见图6-4-14）。这类遗迹发现于荣昌刘家庙摩崖造像中，其第16号龛上方有庑殿顶形的槽口，槽口上部中央有脊刹。根据龛前发现的石质屋檐残块判断，该槽口应是用于卡嵌石质屋檐的。

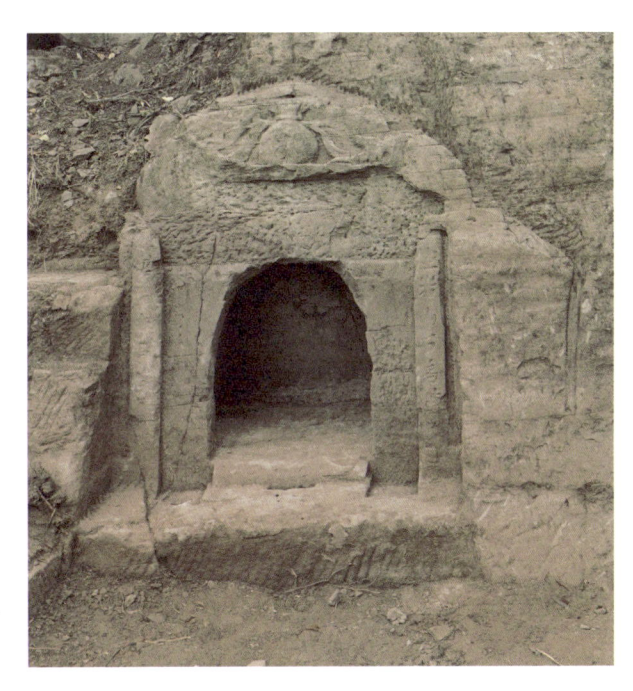

图6-4-14　荣昌刘家庙第1号龛上方的屋顶形槽口（牛英彬提供）

（四）其他痕迹

1. 脚手架孔洞

在一些大型造像的开凿过程中，必须搭建高大的脚手架，而这些脚手架往往会插接于崖壁上（使脚手架更加稳固），从而在大像周围留下一些孔洞。这类孔洞与建筑遗迹的区别是它们无法与周围明确的梁孔、柱网相互对应，并且也比较细小。如江津石门大佛寺水月观音造像两侧（见图6-4-15）、潼南大佛寺大像两侧都有类似孔洞，可能系搭接脚手架的遗迹。

图6-4-15　江津石门大佛寺水月观音造像两侧的脚手架孔洞（江津区博物馆提供）

2. 脚窝

在修造石窟建筑、开凿造像的工程中，特别是在一些独立石包上开凿摩崖造像者，人们往往还会在其石面上凿出一些圆窝。根据现场观察，这些遗迹应是施工人员在上下攀爬的过程中，在石面上有着力点支撑脚或攀爬时有地方抠抓，以稳定身体，如江津石佛寺、合川二佛寺都发现有脚窝遗迹。

需要说明的是，以上这些崖面建筑遗迹类型仅是目前我们开展调查和发掘中发现的一些基本类型，仍然有许多遗迹现象还无法辨识，特别是一些延续时间长的石窟或摩崖造像点的崖面上，历代建筑遗迹纷繁复杂，需要仔细甄别其共时、打破、避让关系，分类、分组区别不同时代的崖面建筑遗迹。

二、整体形态

崖面建筑遗迹是窟（龛）前建筑的重要组成部分，但它不能独立存在，必须与木构建筑、台基、地面等相互对应、相互组合，才能形成完整的建筑形态。窟（龛）前的木构建筑大多已无存，而目前遗留下的木构建筑往往是晚期所为，其与主体窟（龛）造像相同或相近时代所修建的窟（龛）前建筑可能已相去甚远。因此，仅依靠崖面遗迹和现存木构建筑，是不能真实反映建筑的原始形态及其发展过程的，必须找到与崖面建筑遗迹、主体窟（龛）造像同时代的窟（龛）前建筑基址，才有可能将崖面遗迹和地面柱网结合到一起，对窟（龛）前建筑进行复原研究。但往往窟（龛）前建筑的原始台基、地面已埋藏于地下，须经考古发掘才能揭露出来。我们在对江津石佛寺遗址5号石前、合川二佛寺摩崖造像崖壁前现存的清代大殿地面下、潼南万佛岩摩崖造像1号石前的考古工作中，均清理出了与主体造像同时代的龛前建筑基址。

（一）江津石佛寺遗址5号石前的宋代建筑基址

1. 形制结构

5号石是江津石佛寺遗址中摩崖造像的分布点，其上有五代、南宋、明代的摩崖造像。其中，五代时期在5号石的南面开凿了水月观音龛、药师经变龛；南宋时期造像扩展到5号石四面，包括泗州大圣龛、千手观音龛等，以及5号石周遭的五百罗汉像；明代则仅在水月观音龛和药师经变龛两龛中间雕凿了九龙浴太子。5号石近似长方形，在其周围发现了一座南宋时期的建筑基址，基址将5号石包裹其中。该建筑遗存由发掘清理出的建筑基址和5号石上的建筑遗迹共同组成。发掘清理出的建筑基址，南部和东部保存较为完整，西部被晚期建筑破坏殆尽，东北部因山体坡度较大，考虑到有滑坡危险，未进行发掘；已发掘的地面部分基址由台基、柱础、踏道、慢道、铺石地面等组成（见图6-4-16、图6-4-17）。5号石上的建筑遗迹则包括柱洞、梁孔、燕尾榫等。该建筑遗存通长23.2、宽18.4米。

2. 台基

以5号石为中心，形成东、南、西、北四面环绕该石的建筑台基，揭露部

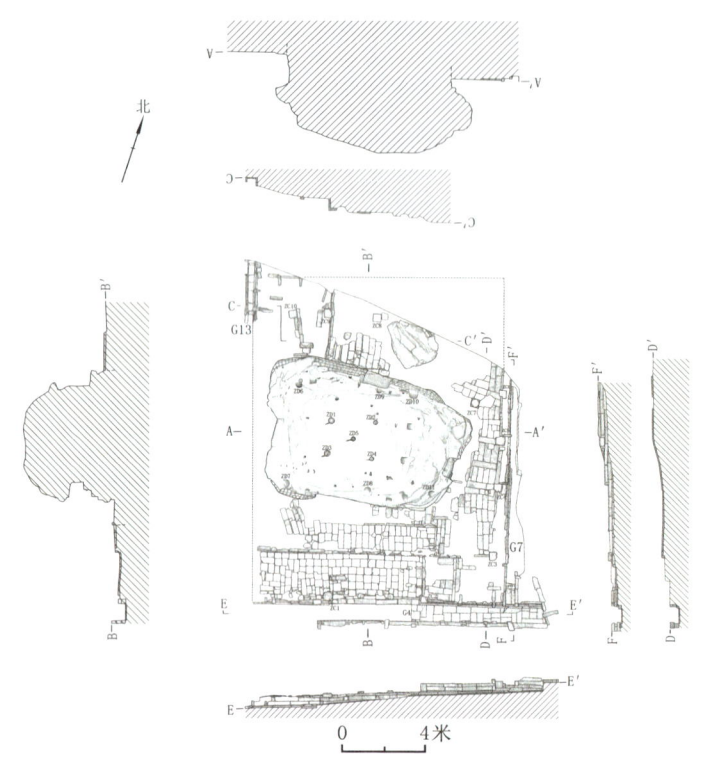

图6-4-16　江津石佛寺遗址5号石前宋代建筑基址的平、剖面图（牛英彬提供）

图6-4-17　江津石佛寺遗址5号石前宋代建筑基址照片（由东南往西北）（牛英彬提供）

分平面呈梯形，东西长18.4米，南北揭露部分长16.6~23.2米。

台基南侧有保存较好的石砌包边，其中西段和东段有差异。南侧西段的露明面修凿平整，内侧多未经修凿，外侧细漉錾痕规整[1]。西段石砌包边采用平砌的方式，右侧可见最下部为土衬石，留有0.1米的金边，其上砌筑两层包边条石，部分条石顶部可见有长方形凹槽，应为卡嵌上层条石榫头的卯眼。中部包边石顶部还残存有压阑石。南侧东段由于台面升高，比西段石砌包边高出0.5米，东段石砌包边采用露龈砌的方式，底部为下宽上窄的双层土衬石，其上有两层条石，第二层条石叠涩内收；部分条石间夹有丁砌条石，丁石出头。

台基东侧的石砌包边保存较好，残存有土衬石及1~3层石砌包边，砌筑方式、加工方式与台基南侧的东段相同；台基北侧的石砌包边仅揭露出一小段，砌筑方式亦为丁顺结合的方式；台基西侧的石砌包边损毁无存。

3. 铺石地面、踏道、慢道

台面的西南部、5号石南侧的台面上有三个层层升高的地面，其中北部比中部高0.12米，中部比南部高0.28米。铺地石表面多经打磨，多无錾痕。南部较低的地面多用近方形或小长方形的石板铺地，部分铺石地面较杂乱。中部较高的地面多用长条形石板竖砌，中部地面的南侧包边底部为土衬石，土衬石露明面为斜面，其上承托包边条石，条石以长条形顺砌石块和L形石块相结合，其中L形石块凸出部分朝外，从而形成类似一顺一丁的外观。其顶部还保留有部分压阑石。北部、5号石第3~6号龛前的地面用长条形石板竖砌，外侧用一层条石包边。

台面东部的地面整体高于台基西南部，台面西南的中、南部两个地面与东部地面间均用踏道相连，其中南部仅残存踏道两侧的象眼，中部用长条形石块砌筑踏步，共3阶。台面东部、5号石东侧多用长条形石板竖砌，其中台面东南

---

[1] 宋代《营造法式·石作制度》有"造石作次序之制有六，一曰打剥，……三曰细漉"，细漉后注曰"密布錾凿，渐令就平"，参见（宋）李诫编：《营造法式》一，中国书店，1995，第5页。

部亦有两个高矮不同的台面，较高台面上的铺地石板已无存，露出下方基岩。台基东部的北侧较高、南侧较矮，两者之间用斜坡慢道相连，慢道亦用两排长方形石板竖砌，两排石板之间及其与南、北两个地面相接处，用横砌的长条形石块做边带，慢道宽1.3～2.2米、长3.8米、高0.72米，坡度为11°。

台面北部、5号石北侧有东高西矮的两个地面，亦为长条形石板竖砌，因受5号石的挤压，部分已倾斜变形。东部地面的西侧有石砌包边，底部为土衬石，其上用三层条石错缝平砌。

4. 柱网遗迹和墙基

台面上残存10个柱础，编号为ZC1～ZC10，柱础形制有覆盆形和方形两种。覆盆形2个，为ZC1、ZC7，均由上部覆盆和下部方形基座组成，覆盆直径0.62～0.66米。方形柱础8个，其中ZC3～ZC6位于台基东侧边缘，呈南北向分布，两两之间均有墙基石相连，ZC3柱心刻有十字形浅槽，ZC4～ZC6一角打凿出缺口，用于卡嵌墙基石；ZC8～ZC10分布于台基的北侧，呈东西向分布，且分布于不同高度的台面上，ZC9压于台面北侧东部台面外的石砌包边下，并卡嵌于两块土衬石之间。方形柱础边长0.53～0.63米。5号石上有9个圆形或半圆形柱洞，编号为ZD1～ZD11，均开凿于石包顶面。ZD1～ZD5位于石包顶面的中部，其中ZD1～ZD4可围合成四边形，ZD5居其中央；ZD7、ZD8、ZD11位于石包顶面的西侧边缘；ZD6、ZD9、ZD10位于石包顶面的北部边缘。柱洞直径约30～50厘米。此外，周围还分布有一些梁孔、燕尾榫和施工脚窝等遗迹。根据柱网分布情况，该建筑可复原为一座正面带有副阶的楼阁式建筑。

（二）合川二佛寺摩崖造像前的宋代建筑基址

合川二佛寺摩崖造像前的宋代建筑基址（见图6-4-18）的发现，为研究二佛寺南宋时期佛教寺院建筑布局与摩崖造像的空间关系提供了重要实证。该遗址主要由F7和F10两组建筑基址构成，崖体与建筑的紧密融合体现了石窟寺院营建的独特风格。

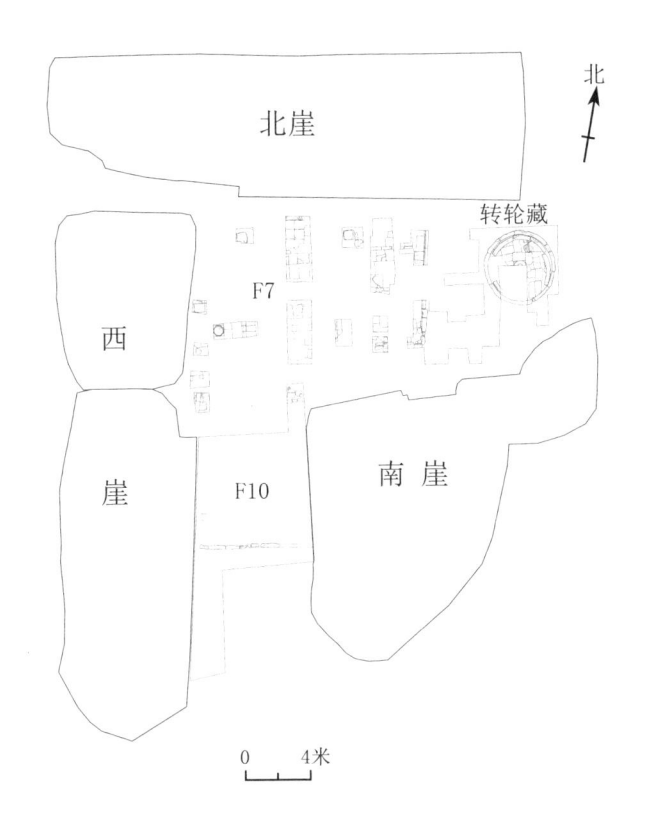

图6-4-18 合川二佛寺摩崖造像前的宋代建筑基址平、剖面图（牛英彬提供）

1. F7区域

（1）形制结构。合川二佛寺下殿背靠鹫峰山崖，利用山前北、西、南三段崖面围合的半封闭巨石崖壁开凿造像，共计1700余尊造像。其上现有清代三层楼阁整体覆盖，北崖开凿佛说法像、千佛、十地菩萨、白衣观音等像，西崖开凿禅宗祖师像、罗汉像等，南崖主要为成行排列的罗汉像、禅宗公案故事、药师像等。根据造像风格和碑刻题记可知，造像集中开凿于南宋早中期。在现存清代大殿的三块崖体围合区域内，通过探坑、探沟方式进行考古发掘，发现了南宋时期的建筑基址，由北崖、西崖、南崖及东部的四个矮台和中央较矮的铺石地面组成。

（2）矮台、铺石地面、转轮藏基址。北崖矮台发现其东南角及部分阶条石和铺石地面，高18厘米；其南侧边用一层长条形阶条石砌筑，表面平缝顺砌方形石板。南崖矮台揭露部分高22厘米，其北侧边亦用长条形阶条石砌筑，从部分损坏区域看，阶条石下有土衬石，土衬石外侧有宽约5厘米的金边，阶条石嵌于金边内侧。西崖前矮台解剖部分仅发现台面铺地石板，其外侧的阶条石及其下土衬石被破坏；东部矮台高20厘米，其西侧边的阶条石保存较好，阶条石外侧下部较宽，中部向内折收成斜面，上部较窄，其顶面外侧有宽5厘米的金边。局部区域发现有铺石地面，该矮台的东部发现一座转轮藏基址。

转轮藏基址（见图6-4-19）平面呈圆形，基坑可见内外两个石圈，可能为两期转轮藏基址外圈。它们由弧形条石拼砌而成，均仅残存一层，朝内侧一面均雕凿规整，外侧粗糙，表面可见有长方形榫槽，其上应当还有垒砌的石圈。基址中央有下方上圆的础石，础石中央有方形榫槽。基址底部由长条形石板铺砌。基址直径4.2、深0.34米。

图6-4-19 合川二佛寺遗址发现的宋代转轮藏基址（牛英彬提供）

（3）柱网遗迹。北崖前矮台上发现2个柱础，编号为ZC1、ZC2，均接近方形。其中，ZC1长66.8厘米、宽57.3厘米，ZC2长60.7厘米、宽58.5厘米。南崖前矮台上发现一个下方上八边形柱础，编号为ZC3，下部边长46厘米，上部八边形边长25厘米。

此外，在北崖佛像肩部背后有一个小平台，平台左右两侧各开凿有一个圆形柱洞，两个柱洞与ZC1、ZC2分别形成对位关系。西崖和南崖顶部也有一些柱洞遗迹，由于崖前建筑基址发掘受限，有些柱位可能也与现存清代大殿的柱位重合，导致目前无法把握平面柱网的整体分布情况。对该建筑基址的形制有两种推测：第一种，整体大殿，与目前现存清代大殿类似，将北崖、西崖、南崖和转轮藏基址整体覆盖于内；第二种，四座独立建筑，北崖、西崖、南崖、转轮藏基址各有一座独立建筑，中央较矮的地面为天井，形成合院式的建筑群。这两种可能的建筑形式，为我们复原合川二佛寺摩崖造像崖前的宋代建筑提供了重要的方向指引，但需要进一步结合地下遗存和崖面遗迹进行建筑考古学的深入调查、发掘和研究。

2. F10区域

F10系利用南崖西壁与西崖南段东壁之间的空间形成的一座进入F7前的建筑，因未对其上叠压的明清建筑基址进行揭露，仅发现建筑台基前方的包边条石，残存两层。西崖南段的东壁前发现1个方形柱础，边长36厘米。F10与F7的地面高差约1.55米，但未发现两者相连接的踏道遗迹。南崖西壁上分布有较多的建筑遗迹，包括枋孔、檩孔、屋面接痕和纵向支撑构件孔槽等建筑遗迹。由于柱网遗迹线索较少，其开间、面阔不详。根据南崖西壁遗迹的形制和高度分析，该遗存可能原为重檐二层楼阁建筑。

（三）潼南万佛岩摩崖造像1号石前的唐代建筑基址

1. 形制结构

潼南万佛岩摩崖造像1号石的西壁上现存三龛唐代中晚期造像（K65、

K66、K67），包括观无量寿经变、千手观音经变等。其崖前发掘出了一座唐代建筑基址（见图6-4-20），仅揭露出部分台基，台基与石包顶部的建筑遗迹共同组成了一座龛前建筑。

图6-4-20　潼南万佛岩摩崖造像1号石前的唐代建筑基址（牛英彬提供）

2. 台基

建筑基址仅揭露出东南部，由上下两层台基组成。上层台基揭露出弧形台基包边，包边所用石块均为长条形，其錾痕较杂乱，保留有四层，以叠涩上垒、层层向内收进方式砌筑。从其走势看，台基呈半圆形，且将1号石包上的三个唐代造像龛环绕其内。台基表面未见铺地遗迹及柱础、磉墩等遗存。

上层台基北侧稍矮处为下层台基，清理出一道长条形的台基包边，现存两层，用长条形石块垒砌，条石上布满规整的錾痕，錾痕有斜向和人字形两种，现存两层条石，叠涩内收。其南侧有一座现代房屋，暂无条件进行勘探、发掘，无法确定其具体的形状。台基外侧有用长条形石板垒砌的沟槽，底部未铺石板，可能系排水沟。

1号石包顶面近西壁前有一排七个梁孔，考虑到建筑基址的台基表面未发现柱网遗迹，因此，石包上和石包前的建筑遗存可能组成了这些摩崖造像龛的悬挑式龛檐。

三、功能推测

（一）保护窟（龛）造像

南方石窟与北方石窟相比，一个最重要的特点是以摩崖造像为大宗，仅有极少量的石窟，其中四川2134处石窟中，摩崖造像有2090处；重庆716处石窟中，702处均为摩崖造像。摩崖造像与石窟相比，缺乏洞窟所营造出的内部空间。石窟保证了其内造像不被风雨日晒侵蚀，也提供了礼拜空间，特别是有些石窟的窟口处还有模仿佛殿外观的石雕仿木结构建筑，仿木构建筑和洞窟构成了一座完整的佛教寺院大殿建筑[1]。川渝地区大量摩崖造像的崖面直接暴露于自然环境中，在龛前修建保护建筑就成为保护造像的重要形式之一，部分造像龛的题记中也指出了龛前建筑的功用，如安岳卧佛院第70号龛题记中提到了"修妆释迦牟佛部众一龛，修造遮佛龛厦舍一面"[2]，表明修造厦舍的目的是遮蔽佛像龛。潼南大佛寺《皇宋遂宁县创造石佛记》中有"协力增建佛阁，通为五层，尽用琉璃，以覆护百尺像"[3]，也说明了佛阁的修建是为了覆护造像。

1　杨鸿：《中国古代佛教石窟的窟前建筑》，《汉唐美术考古和佛教艺术》，科学出版社，2000，第328—332页。
2　秦臻、张雪芬、雷玉华：《安岳卧佛院考古调查与研究》，科学出版社，2014，第93页。
3　重庆市文物局编纂：《重庆市志·文物志（1949—2012）》，西南师范大学出版社，2019，第363页。

（二）提供宗教活动空间

僧侣、信众要在造像前开展礼拜、修行、法事、斋会等活动，龛前建筑为这些活动提供了场所，有些建筑还会通过室内地面高差来区隔不同的功能空间，同时利用踏道、慢道、楼层等来设置参拜造像的路线。江津石佛寺遗址5号石龛前建筑的修建，将5号石整体覆盖于一座建筑之内，为5号石四周提供了充分的空间用于各类活动。特别是在5号石南侧从外向内设置了三个高矮不同的台面，应当是通过台面高矮来区分不同的使用功能区。推测：最内侧靠近造像的最高台面是用来放置供奉用具的空间；中部台面由于其左侧为一段连接5号石南部台面的踏步，因此这一区域在平时应当经常有人员走动，可能参拜主要发生在这一台面上；最外侧最矮的台面为副阶部分，其空间最大，可能是举办较大型宗教活动时人员聚集、参拜的主要场地。南宋时期，该寺被赐额为观音院[1]，可能就是因为5号石上的水月观音而得名，这时水月观音像应当是寺院中最重要的崇奉、礼拜对象之一。因此，在5号石南侧也会有较多的宗教活动举行，副阶的形式就是配合空间的使用功能来设计的。需要指出的是在合川二佛寺、潼南万佛岩都有在造像前修建比地面稍高台面的情况，形成了一个独立的供奉空间，这可能是川渝石窟窟前建筑的一个特点。

江津石佛寺遗址5号石的龛前建筑保留了原始高矮不一的地形，通过设置慢道、踏步等连接各个高度不同的台面，形成可绕5号石观瞻礼拜的通道。佛教有右绕佛像或佛塔的传统，如《妙法莲华经》中明确提及"头面礼释迦牟尼佛，右绕七匝"[2]，甚至还有专门的《右绕佛塔功德经》。从5号石南侧进入殿内后，按顺时针方向依次对南侧的水月观音和药师经变、西侧的泗州大圣、北侧的千手观音等进行礼拜，行进过程中还可以观礼5号石四面的五百罗汉像，绕

---

[1] 牛英彬、邹后曦：《重庆江津石佛寺遗址出土的南宋时期碑刻初步研究》，《江汉考古》2024年第5期，第112—113页。

[2]（后秦）鸠摩罗什译：《妙法莲华经》，李海波注译，中州古籍出版社，2010，第368页。

5号石一周后从其南侧出殿。

合川二佛寺摩崖造像前的建筑依托三块巨石崖壁所围构的区域形成礼拜空间，并通过崖前或转轮藏前的矮台进行建筑空间的分区，以分隔各崖壁上不同种类、功能的造像或寺院设施。同时，还应注意建筑形式、游览路线和造像之间的关系，特别是高大崖壁上的造像位于建筑的不同楼层中，因此在下层观看不到上层的造像，即对造像的观看要逐层开展，于是造像题材、类型和功能就跟楼层设置有密切的关系。如果各崖壁前是独立的建筑，则要考虑上下楼梯的位置，观瞻顺序可能是沿各楼层的楼梯入口方向依次行进；如果几面崖壁前的建筑是一个整体，则还要将同一楼层不同崖壁上的造像进行组合、分类，结合建筑形式，找出其中的观看、礼拜顺序和相互关联性，可为解读造像含义及厘清历代人们对空间利用的关系等提供重要依据。

（三）寺院建筑的组成部分

北方地区的寺院往往是依窟建寺，洞窟间的组合及窟前建筑会形成寺院的主体结构[1]。南方地区以摩崖造像为主，缺乏组合成寺院基本功能单元的空间，显然无法形成像北方地区那样由洞窟组成的石窟寺院。从目前的案例来看，南方地区的摩崖造像有与其他寺院建筑一起构成整体寺院空间的现象，此时摩崖造像和龛前建筑是寺院的重要组成部分。如江津石佛寺遗址中就保存了相对完整的宋代寺院格局，它由地面上的佛殿、法堂、龛前建筑、配殿及石上建筑区的转轮藏、爬山廊、瘗窟及窟上建筑等构成[2]。其中围绕5号石的龛前建筑就是寺院中偏于中轴线一侧的大型建筑，成为寺院基本配置的一部分。5号石上的造

---

[1] 宿白：《〈大金西京武州山重修大石窟寺碑〉的发现和研究》，《中国石窟寺研究》，生活·读书·新知三联书店，2019，第101—116页。魏正中：《区段与组合——龟兹石窟寺院遗址的考古学探索》，上海古籍出版社，2013，第90—105页。

[2] 重庆市文物考古研究院、江津区文物管理所：《重庆江津区石佛寺遗址宋代寺院建筑遗存考古发掘简报》，见重庆市文物考古研究院（重庆文化遗产保护中心）主编《西南文物考古》第一辑，巴蜀书社，2023，第66—85页。

像题材有水月观音、五百罗汉、泗州大圣、千手观音等像，它们均被供奉于一座龛前的楼阁式大殿内。在宋代的佛寺中往往会有单独供奉这些造像的殿阁，如观音阁、大悲阁、大圣殿、五百罗汉堂等[1]。江津石佛寺遗址中，诸多重要的供奉对象被雕刻于一块巨石上，并融合于一座建筑内，创造了宋代佛教寺院格局中的一种独特形式。安岳毗卢寺遗址也有与江津石佛寺遗址相类似的情况，将带有摩崖造像的独立石包及龛前建筑融入寺院格局当中[2]。

合川二佛寺摩崖造像前的宋代建筑虽然暂时还无法确定其具体的建筑形式，但无论是整体大殿，还是各崖壁和转轮藏系各自独立的建筑，结合摩崖造像的类型和龛前建筑基址形制，基本可以确认它由四个区域组成：北崖大像前的佛阁（Ⅰ区）、东部的转轮藏殿（Ⅱ区）、西崖的祖师殿（Ⅲ区），以及南崖以罗汉像、禅宗公案为主要供奉对象的殿阁（Ⅳ区）。或可将南崖造像与南崖西壁、西崖南段东壁之间的建筑连为一体，形成一座入门的殿阁，由此，一座佛寺的基本格局已经清楚呈现。两宋时期的寺院建筑格局一般会沿中轴线依次布置山门、佛殿、法堂，佛殿前方两侧往往会设置对峙的双阁，如钟楼与经楼、转轮藏阁与慈氏阁、钟楼与观音阁等[3]。河北正定隆兴寺便有转轮藏阁和慈氏阁，合川二佛寺的格局与其非常接近，只是佛阁（Ⅰ区）前左侧为转轮藏殿（Ⅱ区），右侧为祖师殿（Ⅲ区）。

---

1 王贵祥：《中国汉传佛教建筑史：佛寺的建造、分布与寺院格局、建筑类型及其变迁》中卷，清华大学出版社，2016，第1331、1336、1360、1370页。

2 陈晶鑫、李飞：《试论川东渝西地区与杭州地区五代至宋地面建筑与石窟混合式佛寺》，《中国国家博物馆馆刊》2023年第3期，第99页。

3 王贵祥：《中国汉传佛教建筑史：佛寺的建造、分布与寺院格局、建筑类型及其变迁》中卷，清华大学出版社，2016，第1496页。

第七章
中国南方其他地区石窟窟前建筑

根据2021年公布的数据，除川渝地区，中国南方石窟数量相对较多的地区还有浙江（87处）、云南（44处）、安徽（36处）、江苏（22处）等[1]。除浙江杭州、新昌，云南剑川，江苏南京等几个区域有南朝至宋元时期的石窟和摩崖造像外，其余绝大多数是明清时期的摩崖造像。此外，广西桂林西山及城内伏波山还珠洞也有唐代摩崖造像。南京、杭州都曾一度成为全国政治经济文化中心，而剑川、桂林则一直是古代交通道路网络中的重要结点及区域文化中心。本章在全面调查的基础上，选取最有代表性的浙江杭州、新昌和云南剑川三地石窟和摩崖造像的保护设施情况进行分析。

第一节　浙江石窟

浙江是中国南方石窟开凿最早的区域，其石窟数量仅次于川渝地区，是中国石窟的重要组成部分，其中又以杭州区域最为集中。我们在全面调查的基础上，选取开凿最早的绍兴市新昌县大佛寺及千佛岩，以及杭州城周的几个点位进行分析。

1　各省数据来源于2024年8月配合"石窟寺保护国际论坛"举办的"中国石窟寺保护成就展"，2024年8月，敦煌。

一、浙江石窟概况

东汉初年佛教初传中国，浙江会稽（今绍兴）就有僧人活动的相关记载。南齐时期，僧护在剡溪（今新昌）开凿千佛像龛与大弥勒像龛[1]。五代初，吴越王钱镠立国杭州，"信佛顺天"，在西湖沿岸开龛造像，此风延续至北宋，西湖周围造像不断。入元之后，又在西湖飞来峰集中开龛造像，及至明清才渐渐衰落，但周边地区仍有余绪。

根据2021年全国石窟寺专项调查统计，在浙江全省87处石窟和摩崖造像点中，杭州有45处，其他42处则分布在除嘉兴、丽水以外的8个地市。其中，宁波5处、温州7处、绍兴9处、湖州2处、金华3处、衢州2处、台州11处、舟山3处[2]。除少数稍有窟型外，大多数为摩崖造像，或者为楼"阁"与"窟（龛）"结合的形式。

浙江石窟主要分为南朝齐梁、五代至宋、元三个时期，其中规模最大、数量最多的是以飞来峰区域为代表的杭州五代至宋、元两个时期的石窟和摩崖造像。浙江省石窟文物保护工程在此区域开展最多，此区域的保护设施状况可以代表五代以来浙江省全域的情况。

（一）浙江石窟的年代

南朝齐永明四年（486年），高僧释法护居于剡溪石城寺，见"寺北有青壁……当中央有如佛焰光之形"，遂发愿"博山镌造十丈石佛，以敬拟弥勒千尺之容"[3]。南齐建武年间（494—497年）始凿，"仅成面朴"。僧护病亡后沙门僧淑继其志，续造大像未成，南梁天监十五年（516年）春，僧祐律师督造功

---

[1] 浙江省文物考古研究所、浙江大学文化遗产研究院编，崔彪、陈晶鑫编著：《浙江石窟造像调查报告》下册，浙江古籍出版社，2024，第99页。

[2] 浙江省文物考古研究所、浙江大学文化遗产研究院编，崔彪、陈晶鑫编著：《浙江石窟造像调查报告》下册，浙江古籍出版社，2024，第2页。

[3] （梁）释慧皎：《高僧传》卷13《僧护传》，汤用彤校注，汤一玄整理，中华书局，1992，第492页。

毕。大佛西北约300米处，有相连的大小两个岩洞，洞内各造释迦佛坐像和众多小佛像，虽经后代装彩改造，但学者根据大洞左右护法像的特点，判断此二洞造像始凿于南齐永明末至建武初年[1]。这是浙江石窟的开端，也是迄今所见中国南方始凿最早的石窟。

隋唐时期，浙江寺院林立，却极少有开窟造像。直到五代吴越国时期，钱氏大力扶持佛教，浙江石窟再度兴盛，但基本都分布在杭州西湖周边。其主要包括圣果寺、资延院（慈云岭）、石龙院、神尼塔院、灵鹫院、石屋院、烟霞院、慧日永明院（净慈寺）、天龙寺、香严院（九曜山）等寺院造像，且多以摩崖造像为主。此风延续至北宋时期。北宋造像主要分布在杭州青林洞、玉乳洞、大佛寺等处；南宋造像则有杭州通玄观道教造像、石佛院、南观音洞，宁波补陀洞天等处。元代，以杭州为中心设置的江淮诸路释教都总统所由西夏人杨琏真迦统领，治所在飞来峰前的永福寺。杨琏真迦支持开凿了飞来峰造像群，这是中国南方石窟晚期较大规模的摩崖造像群。

其他区域在南宋之后开窟（龛）造像不再兴盛。明清时期，浙江主要以三教融合与民间习俗相结合的分散小龛像为主，不再有成规模的石窟或摩崖造像群。

（二）浙江石窟的特点

浙江省内现存石窟中仅南朝时期开凿的新昌千佛岩两个洞窟稍可称"窟"，五代以来大量石窟已变成了摩崖造像龛，或者就在天然溶洞内开凿造像，这与北方石窟完全不同，而与川渝及云南等区域情况相似。这些摩崖造像龛有的仅是某座寺院的从属部分，不再具备"石窟寺"的完整功能；有的则是作为寺院的"佛殿"，窟（龛）与窟（龛）前建筑共同构成了一座佛殿（如新昌大佛），或者窟（龛）的保护建筑就是佛殿，如圣果寺第1号大像龛、兜率院

---

[1] 李裕群：《浙江新昌千佛岩南朝龛像——南朝忏法流行的实物例证》，《文物》2021年第2期，第69—70页。

1号大佛等（见图7-1-1、图7-1-2）。明清时期的石窟造像则呈点状分布开凿在乡村山野之间、道路旁，且大多不再附属于寺院，而是地方民俗文化遗产的一部分。

图7-1-1　圣果寺第1号大像龛［后梁开平四年（910年）］（采自《浙江石窟造像调查报告》上册，第223页）

图7-1-2　兜率院1号大佛［北宋宣和七年（1125年）］（采自《浙江石窟造像调查报告》上册，第3—4页）

浙江早期石窟的造像题材主要是弥勒大像、千佛等。至吴越国时期，除弥勒造像外，增加了各类观世音像、十六罗汉像和圣僧"布袋和尚"像等中国创造的新题材。特别是观音形象中的水月观音、白衣观音、杨柳观音、莲蕾观音、观音三尊等造像极具艺术性，代表了宋代造像艺术的最高水准。其中五代时期的各类观音造像与川渝地区有较多相似之处，应是两区域文化交流的结果，此类题材对云南大理国时期的造像有较大影响。元代飞来峰区域的造像中有大量汉藏艺术融合的代表性作品。明清时期，普陀山成为观音道场，出现了鱼篮观音、渡海观音、送子观音等种类繁多的新题材，与观音相关的造像更加流行，同时大量流行民间民俗造像。

二、杭州石窟

杭州石窟主要开凿于西湖沿岸，有飞来峰、南高峰、九曜山、玉皇山、南屏山、凤凰山、吴山等处。造像开凿于石灰岩山体中，地貌奇石嶙峋，景观宜人。杭州石窟根据所处西湖边的方位，可分为南山、北山两个区域。

（一）西湖北山区飞来峰造像

1. 飞来峰造像历代保护工程情况

飞来峰造像开凿在船山组灰岩上，岩石结构致密，岩性均一，造像利用天然岩洞或山崖开凿，有佛像、菩萨、天王、弥勒、飞天等形象。其以摩崖造像为主，主要分布于青林洞、玉乳洞、龙泓洞、呼猿洞等处，现有造像龛115个，其中青林洞22个（编号1～8、79～92），玉乳洞7个（编号9、93～97、100），龙泓洞27个（编号10～33、98、99、101），冷泉溪南岸38个（编号34～71），呼猿洞6个（编号72～77），飞来峰山顶15个（编号78、102～115）；部分为残像龛或空像龛，存有较多北宋和元代题记。1982年2月，国务院将其列为全国重点文物保护单位。

飞来峰摩崖造像群从五代至今经历了一千多年的时间，在长期自然营力和人为因素的影响下，造像、石刻、题记均已有不同程度的病害，影响了文物的长期保存。2000—2016年，相关部门对飞来峰造像实施了三期以水害治理为重点的综合性保护工程，主要包括危岩体加固、地表防渗、地面排水、山体裂隙灌浆等工程措施，所有保护工程均没有涉及保护性设施。

第一期保护工程从2000年开始进行基础信息采集、方案设计等工作，2005年9月完成了第21～29号龛（龙泓洞造像区）、59～68号龛（冷泉溪南岸造像区）的危岩加固、裂隙灌浆、地表防渗和地面排水工程。2008年启动第二期保护工程，2012—2013年实施，主要在呼猿洞造像区（第72～77号龛）、一线天区（第30～33号龛）、龙泓洞至玉乳洞造像区的连接段（第15～20号龛）进行了危岩加固、地表防渗、地面排水、地下截流导水等工程措施，并在第一期工程范围基础上继续进行危岩体加固和完善防渗排水工程体系。2014年启动的第三期保护工程集中于飞来峰东北端山嘴青林洞区域，涉及摩崖造像23龛（第1～8、79～92、100号龛），仍然是进行危岩体加固、地表防渗、地面排水、山体裂隙灌浆等工程措施。经过三期保护工程的专项治理，飞来峰造像的裂隙渗水问题得到有效治理，排除了造像岩体大规模垮塌变形的安全隐患，整体稳定状态得到提升，造像群的安全状态得到显著改善。但由于各类裂隙切割、岩溶侵蚀引发造像岩体局部开裂，局部岩体失稳隐患仍然存在。2022年，飞来峰造像第四期保护工程列入了浙江省全国重点文物保护单位保护工程计划，项目范围为飞来峰玉乳洞、冷泉溪、无名洞窟和飞来峰顶造像区域，工程内容仍然为水害治理、防风化等。

从飞来峰造像历次保护工程情况观察，都没有涉及窟（龛）檐和其他物理性保护设施建设。

2. 飞来峰造像的保护设施

飞来峰造像主要分两类：一类为开凿于天然溶洞中，此类造像主要在洞口有简单标识，无须保护设施，如青林洞第9号洞窟（见图7-1-3）；另一类为在崖块或崖壁上开龛造像。后者均为摩崖造像龛，在方形、圆弧形龛的上方壁面均有防地表水的凹槽、引水沟等遗迹。如青林洞第2号龛（见图7-1-4），龛

图7-1-3　飞来峰青林洞第9号洞窟（北宋）（采自《浙江石窟造像调查报告》上册，第71页）

图7-1-4　飞来峰青林洞第2号龛（元代）（采自《浙江石窟造像调查报告》上册，第62页）

顶上方崖面上有一道横长方形凹槽，龛左右两侧靠下方位置向下开凿曲线形沟槽，两侧沟槽在龛底下部交会，左右两侧向下的这两道沟槽使整个龛看起来位于一朵冉冉升起的云朵中，漂亮又实用。龛内顶部壁面呈较深的弧形。因此，整龛在设计上防止了地表水从上方、两侧进入龛内的可能。上方崖面上那一道横长方形凹槽有防止上方地表水进入龛内的可能，与整个龛像宛若一朵升起的祥云不太协调，因此此凹槽很有可能是后期增加龛檐后遗留，即它是龛檐与崖面的连接处。

青林洞第9号洞窟和第2号龛的状况可以作为飞来峰造像保护性设施的代表。

（二）西湖北山区兜率院摩崖造像

兜率院第1号龛位于寺院遗址北侧崖壁上，南向，北宋宣和七年（1125年）开凿。龛立面大致呈横长方形，因正壁中间较高，两侧壁随山势下降，使龛形略呈拱形。龛高6.8米、宽18米、深18米。龛内雕有一尊半身大佛像，仅雕出头部与胸部，通高8.7米。头后部有方形榫孔和一层台阶，身体上有数处方形榫孔，右胸处打入一个铁钩，外砌水泥，铁钩头露出，为近代所添加。左肩上方高处有题刻，残存23字[1]。结合题记及文献记载，《浙江石窟造像调查报告》考证该像为北宋宣和四年至宣和七年（1122—1125年）僧思净雕造的下生弥勒半身像，认为"佛像身上密布的小方孔，应为元末寺毁，佛像剥落以后，明代以泥塑修补佛像时留下的榫眼痕迹"。另据该书提供的南宋《西湖清趣图》（见图7-1-5）所绘大佛像可知，南宋时期大佛像主体建筑仅有一间大佛殿，重

---

[1] 浙江省文物考古研究所、浙江大学文化遗产研究院编，魏祝挺、郑嘉励编著：《浙江石窟造像调查报告》上册，浙江古籍出版社，2024，第5页。"比对明代黄省曾《五岳山人集》卷三，可知残刻为黄省曾所作《大石佛赞》，可复原为："如来具三二，智者半庄严。巍／造金色容，妙感瑶光躔。谁谓／应隅方，实乃接大千。霄普济／天有，沉极悯重泉。上表不灭真，／下显无生诠。焕若泛慈航，宛／尔讫青莲。字安俨可辨，珊／舌展有宣。迷海方兹浩，濡／裳故是骞。山其况常寂，石／以昭湛坚。标此不坏躯，皇／图翊万年。／大明……'据李清宇《五岳山人黄省曾年表稿》，嘉靖十七年戊戌（1538年），黄省曾四十九岁，该年春，其与《西湖游览志》著者田汝成有交游唱和记录，大佛寺该处摩崖，应即刻于此时。"

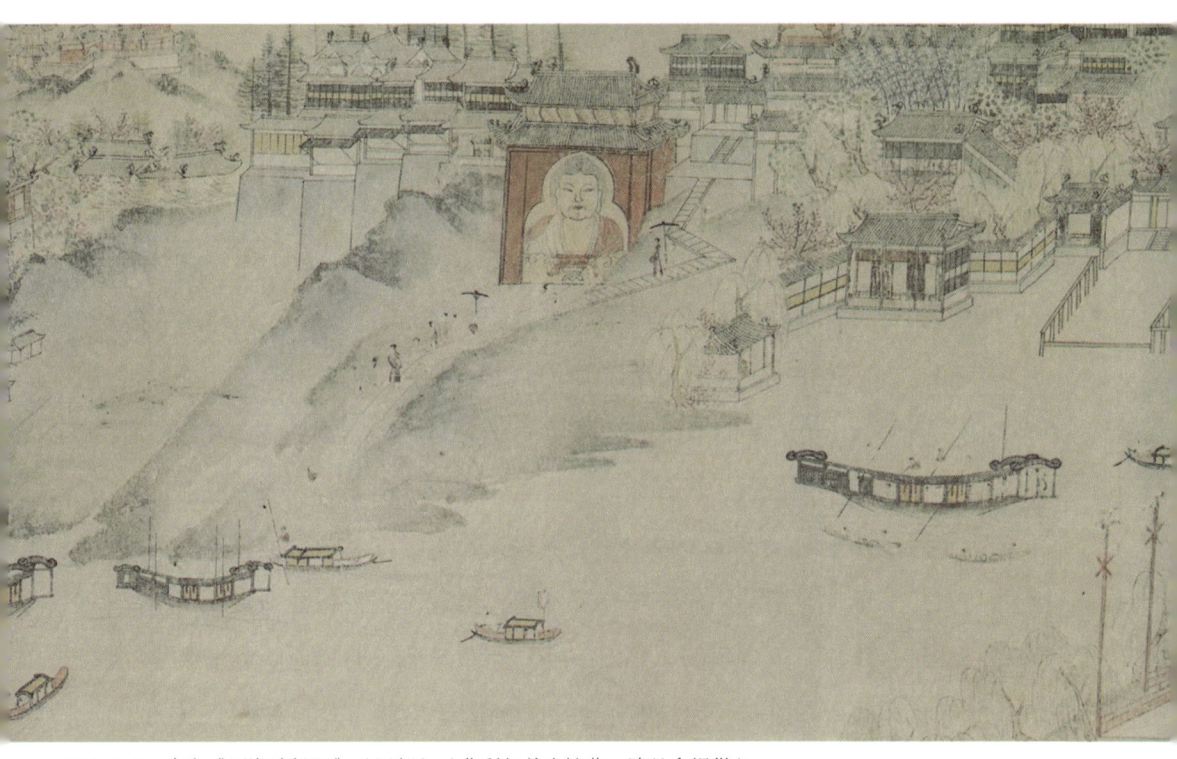

第七章　中国南方其他地区石窟窟前建筑　*411*

图7-1-5　南宋《西湖清趣图》（局部）（弗利尔美术馆藏，陈晶鑫提供）

檐歇山顶、梁柱、墙壁皆为红色，金身彩绘半身弥勒大像从门中露出[1]，保护大佛像的护身佛阁即兜率院的佛殿。

从现存地貌观察，兜率院大佛像开凿之时是一尊露顶大佛像，与乐山大佛相似，不同处是此为半身像，而乐山大佛花了90多年的时间才完成，是一尊全身倚坐像。因为兜率院大佛像为露顶，因此开凿时就有佛阁护身，南宋《西湖清趣图》中所反映的情形应属实。

1　浙江省文物考古研究所、浙江大学文化遗产研究院编，魏祝挺、郑嘉励编著：《浙江石窟造像调查报告》上册，浙江古籍出版社，2024，第6页。

（三）西湖南山区圣果寺摩崖造像

位于杭州上城区凤凰山东麓的圣果寺遗址区现在仍有多处古迹：一个大型摩崖造像龛，一个长方形罗汉群像龛和一尊水月观音摩崖造像，另有"忠实""凤山"等多处摩崖题刻，月岩、通明洞、凤凰池、郭公泉等景点。三个摩崖造像龛所在崖壁为沉积石灰岩，石质坚硬，但较破碎。

圣果寺又称胜果寺、崇圣寺。隋文帝开皇二年（582年）始建，唐昭宗乾宁年间（894—898年）无著文喜禅师重建。后梁开平四年（910年），吴越王钱镠镌三石佛像于寺左石壁。北宋景祐年间（1034—1038年），僧惠然建塔。庆历五年（1045年）仁宗为塔赐额曰"崇圣"。宋室南渡后，改为殿前司衙。南宋末年毁，元至元二十年（1283年）复兴，元末寺院又一次圮毁。明洪武四年（1371年）重建。嘉靖丙辰年（1556年），倭寇进犯，寺院被焚。嘉靖戊午年（1558年）复建，天启年间（1621—1627年）圮毁。清初寺院逐渐恢复，清咸丰年间（1851—1861年）寺院毁于太平天国运动，至今未能恢复[1]。2000年，圣果寺遗址被列为杭州市第三批市级文物保护单位。

三个摩崖造像龛位于圣果寺遗址所在山坡最后两级台地的崖面上，其中第1号龛位于最高处台地上，坐西朝东，后梁开平四年（910年）开凿，是杭州现存最大的一龛摩崖造像。龛内及造像上布满了方形、圆形小孔，证明此像本体经历过多次修补，与上述文献梳理出来的兴废历史相符。大龛顶部略呈拱形，龛高约12米、宽约23米、进深约5.5米，中尊大像高达7米。龛上缘遗留有龛檐木梁榫孔，两侧有排水沟。2017年曾对此进行过考古发掘，在龛外发现了建筑台基及柱础遗存，应为文献记载的"千佛阁"建筑遗址。因龛像高大，遮护这三尊大像的建筑应当比较宏伟，且是寺院最后一重建筑，是寺院的

1　浙江省文物考古研究所、浙江大学文化遗产研究院编，魏祝挺、郑嘉励编著：《浙江石窟造像调查报告》上册，浙江古籍出版社，2024，第221—222页。

第七章　中国南方其他地区石窟窟前建筑　　413

佛殿。

该大龛为摩崖浅龛，位于寺院所在后部最高处，与四川广元皇泽寺第28号大型摩崖大龛及其下方的第38号窟情况相似，其修建时就是寺院佛殿的组成部分，遮护佛龛的楼阁即佛殿，龛中的大像就是寺院佛殿中的佛像，摩崖造像与护佛楼阁共同构成了寺院的佛殿空间。崖面上方和崖壁前的圣果寺遗址就是最好的证明。

第1号龛南侧下一级台地的山崖上是第2号龛（见图7-1-6），元代开凿，龛内为十八罗汉像。因崖面条件限制，龛形不规则，龛高约1米、进深约0.5米。龛顶部岩石略向外凸，因龛型结构，地表水与雨水不能进入龛内。第2号龛往南的崖面上开凿了一尊水月观音像，虽经现代装彩，但仍可从形态上判断其应为五代至宋时雕刻。观音像现位于倚崖修建的保护亭内，保护亭现名忠实亭。据《浙江石窟造像调查报告》考证，此处为妙智阁遗址所在[1]。因此，此观音像也曾经位于建筑内，是寺院建筑及尊像的组成部分。其十八罗汉所在位置代表的

图7-1-6　圣果寺第2号龛（陈晶鑫提供）

---

[1] 浙江省文物考古研究所、浙江大学文化遗产研究院编，魏祝挺、郑嘉励编著：《浙江石窟造像调查报告》上册，浙江古籍出版社，2024，第226—227页。

是寺院的罗汉殿，而水月观音像的所在位置则代表了寺院的大悲殿、观音殿等空间。

可见，圣果寺摩崖造像与寺院有关，而且其保护设施是寺院佛殿的组成部分。

（四）西湖南山区慈云岭摩崖造像

慈云岭摩崖造像位于杭州上城区慈云岭南麓，其所在崖壁为沉积石灰岩。据《咸淳临安志》，吴越天福七年（942年），吴越国王钱弘佐在此创建资延院。资延院立有《新建镇国资延禅院石像之记》碑，并建造了石佛殿。可见，此处摩崖造像龛应该就是建寺时期修造。资延院于大中祥符元年（1008年）改为永寿院，咸淳元年（1265年）改为尼寺。慈云岭摩崖造像于20世纪60年代遭到部分破坏。2006年，以慈云岭造像为名的西湖南山造像并入全国重点文物保护单位。慈云岭摩崖造像共有三龛，有现代保护廊檐，旁有造像记碑，明确了第1、2号龛为吴越国王钱弘俶敕建，其中第1号龛内是弥陀三尊像，第2号龛为浅浮雕的六道轮回图像。从碑中所言"石佛殿"以及残存的柱洞、榫孔等遗迹观察，龛前的大平台应为资延院大殿（北宋时的石佛殿）。大殿坐东朝西，第1号龛即大殿的主像，第2号龛为大殿的右侧造像，而大殿的左侧造像不是在天然崖面上雕刻，已无存。

可见，慈云岭摩崖造像就是佛殿内的造像，是寺院的主要部分。其开凿之初即有木构的佛殿遮护（见图7-1-7）。

杭州西湖周边的摩崖造像大多数与以上所举几例情况相似：一是摩崖造像大龛即寺院的主要佛殿，大佛或大佛龛的保护设施就是佛殿（图7-1-1、图7-1-2）；二是摩崖造像龛是寺院的一部分，寺院另有佛殿建筑（图7-1-7、图7-1-8）；三是摩崖造像龛不属于佛殿，其龛型在设计时就考虑了防水，明清时的小龛多沿用此法（图7-1-6、图7-1-9、图7-1-10）。

第七章　中国南方其他地区石窟窟前建筑　　415

图7-1-7　慈云岭资延院造像［吴越天福七年（942年）］（采自《浙江石窟造像调查报告》上册，第229页）

图7-1-8　天龙寺第1号造像龛（五代吴越）（采自《浙江石窟造像调查报告》上册，第273页）

图7-1-9　宝石山第10号龛（元代）（采自《浙江石窟造像调查报告》上册，第27页）

图7-1-10　宝石山第16号龛（明代）（采自《浙江石窟造像调查报告》上册，第33页）

三、新昌石窟

浙江新昌大佛寺石窟（见图7-1-11）是中国南方始凿最早的石窟，被学者关注最多。其包括新昌大佛石窟和千佛岩石窟，位于浙江绍兴新昌县城西南2公里的大佛寺文化旅游区的石城山和南明山中，两处石窟相距300米，所处环境为低山丘陵地貌，灰白色凝灰岩，呈东南和西北方向分布（见图7-1-12）。

图7-1-11 大佛寺石窟外景航拍图（董华锋提供）

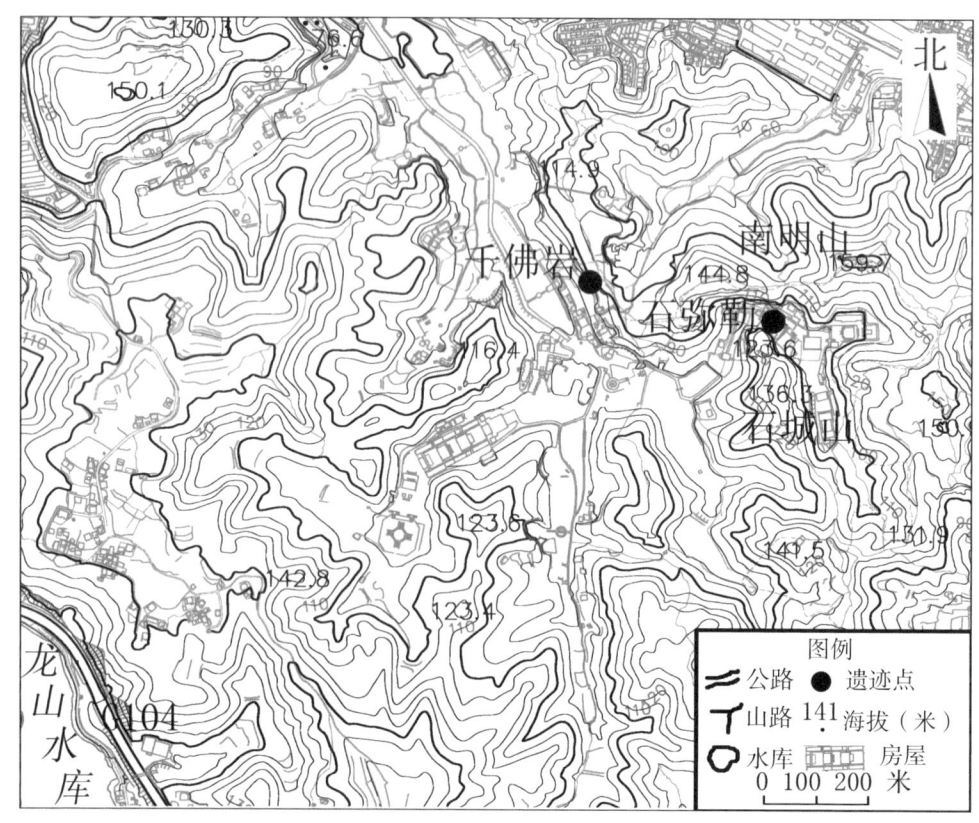

图7-1-12 新昌大佛寺石窟地形图（董华锋提供）

（一）新昌大佛石窟

1954年、1984年、1990年，当地文物管理部门曾先后三次对新昌大佛进行过测量，其中1990年大佛修缮工作委员会在维修大佛之际测量的数据最准确。新中国成立后多有学者对其进行研究，新刊布的成果有李裕群对造像题材性质的研究[1]、浙江省文物考古研究所等的石窟专项调查[2]。

新昌大佛石窟，位于石城山仙髻岩北侧的崖壁上，穹窿顶大窟，平面略呈半圆形。洞窟口前部有明代万历年间（1573—1620年）修筑的券顶形石檐（又

---
[1] 李裕群：《浙江新昌千佛岩南朝龛像——南朝忏法流行的实物例证》，《文物》2021年第2期，第59—71页。
[2] 浙江省文物考古研究所、浙江大学文化遗产研究院编，崔彪、陈晶鑫编著：《浙江石窟造像调查报告》下册，浙江古籍出版社，2024，第84—94页。

称无量桥），檐口外又有清末重修的五重殿阁。窟内正壁凿佛坛，高1.91米，其上雕坐佛一尊。

大佛石窟原有刘勰撰《梁建安王造剡山石城寺石像碑》，详述了大佛雕凿之始末，碑虽无存，但文献上多有记录。从文献及学者考证结果来看，大佛从南朝梁修建完成时就修了佛阁，一直是寺院的一部分。之后历代重修寺院，也多次重修了佛阁。这是沿袭了中原北方石窟前接木构建筑的传统，形成石窟空间与木构建筑空间互补的形式，是石窟寺的变化形式。

（二）千佛岩石窟

千佛岩石窟（见图7-1-13）位于大佛寺西北方南明山南侧崖壁上，为相互连通的大小两个洞窟，窟口方向为西偏南28°。大窟居西，为第1号窟；小窟居东，为第2号窟。

图7-1-13 千佛岩石窟外景航拍图（董华锋提供）

第1号窟平面呈弧形，宽17.95米、高6米、深10.3米，穹窿顶（见图7-1-14）。窟内正壁开一横长方形大龛，大龛中部开尖拱形龛，龛内现存大像为20世纪80年代重塑，左右壁面刻千佛（见图7-1-15）。

第2号窟平面为半圆形，宽6.5米、高6米、深5米，穹窿顶（见图7-1-14）。窟内正壁开一横长方形大龛，龛内雕一尊坐佛，坐佛两侧各雕上下两列拱形小佛龛（见图7-1-16）。

从千佛岩洞窟本身观察，此两窟结构上无须另建防护设施，不会受到地表水及雨水影响。目前两个洞窟口部的窟檐为现代修建，不是为了保护窟内石像，而是为了完善寺院佛殿门口的设施。

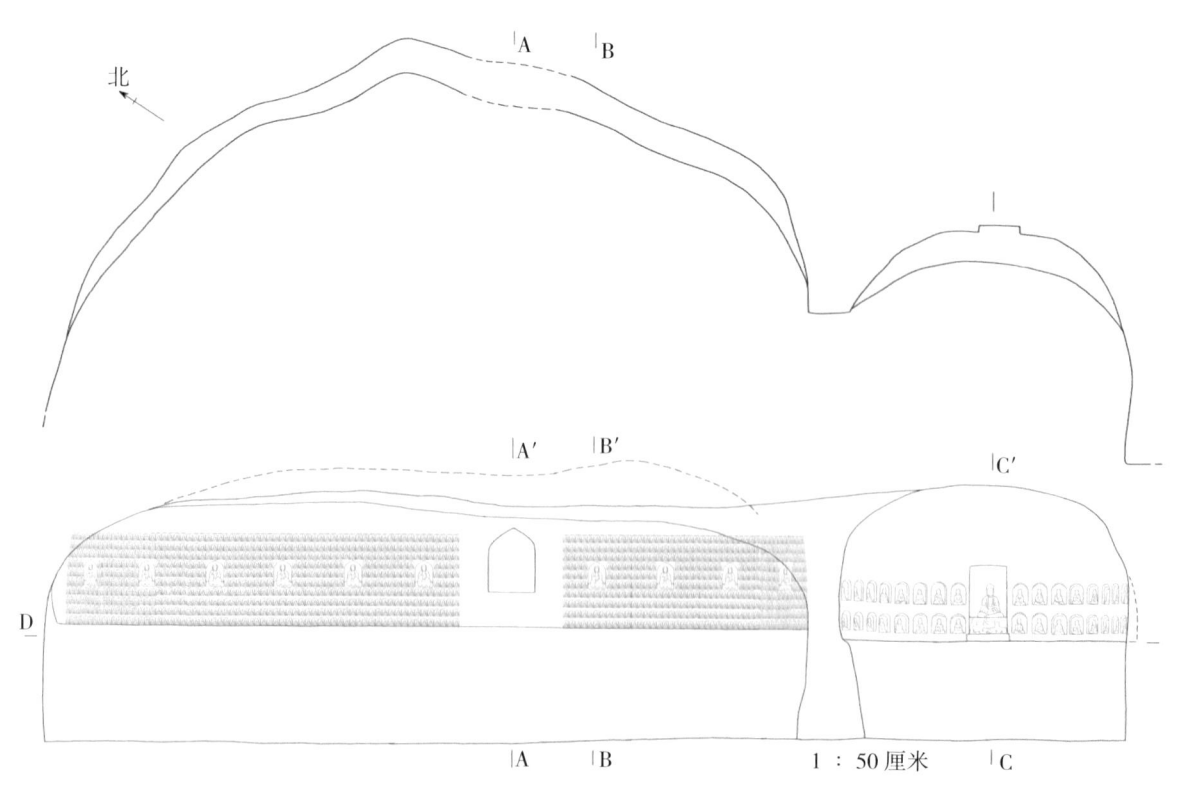

图7-1-14　千佛岩石窟立面及剖面图（董华锋提供）

第七章 中国南方其他地区石窟窟前建筑 *421*

图7-1-15 千佛岩石窟第1号窟内全景(董华锋提供)

图7-1-16 千佛岩石窟第2号窟内(董华锋提供)

第二节　云南石窟

一、云南石窟概况

云南位于我国西南边陲，与四川、贵州、广西、西藏四个省（自治区）相邻，与缅甸、老挝、越南等国连界。云南下辖8个地级市、8个少数民族自治州，境内以高原山地为主，自然风光绚丽，历史文化悠久。相对于中原北方地区，云南石窟在我国佛教艺术传播链条中处于晚期，是我国佛教石窟艺术晚期的代表之一，地方特色浓郁。

云南的石窟和摩崖造像大多开凿于南诏、大理国时期，保存下来的南诏、大理国佛教石窟和摩崖雕刻主要有云南剑川石钟山石窟、安宁法华寺石窟、晋宁石寨山摩崖石刻、剑川金华山摩崖石刻、禄劝密达拉摩崖石刻、保山摩崖造像、大理归源寺摩崖石刻等。四川凉山昭觉博什瓦黑石刻也属于古代南诏、大理国范围。石钟山石窟分布范围大致以统一六诏后的南诏、大理国政治中心大理为中心，东至昆明，西至保山，北到四川凉山，南达剑川境内。

云南石窟的分布完全符合中国佛教石窟和摩崖造像的传播与分布规律，即分布于古道与河流旁。其主要是石窟及摩崖造像、摩崖线刻画。

南诏、大理国的佛教造像艺术有三大特点。一是其在南诏大理国文物中占比大，有极重要的分量。二是造像内容、艺术特征与川渝地区、中原地区佛教艺术保持着密切联系：其早期，6—7世纪佛教造像与巴蜀地区属于同一系统；其晚期（元明以来），佛经、僧人所用科仪仪文等绝大多数来源于蜀地，仍属于唐末至宋代蜀地佛教系统的延续。三是佛教造像艺术表现的内容题材、艺术风格等变化与中原地区佛教发展的大历史背景紧密相关。可以说，云南地区所有的佛教造像题材和内容，从始至终，在汉传佛教区域，在巴蜀地区都可以找到渊源或关联，其发展变化完整、清晰地体现了中华文明五大突出特性——连

第七章　中国南方其他地区石窟窟前建筑　　423

续性、创新性、统一性、包容性、和平性。

我们以其规模最大的石钟山石窟为例，观察其保护设施的情况。

二、石钟山石窟

（一）概况

石钟山石窟又名剑川石窟，位于云南剑川西南25公里的沙溪镇石钟山上（见图7-2-1）。石钟山古称钟山，因有形如巨钟的紫红色丹霞岩石而得名（见图7-2-2）。其石窟和摩崖造像分布在石钟寺、狮子关和沙登箐三个区域（见图

图7-2-1　云南剑川石钟山石窟的位置（秦臻提供）

图7-2-2 云南剑川石钟山形如巨钟的紫红色丹霞岩石（2007年，雷玉华拍摄）

7-2-3、图7-2-4），共18窟（龛）、140尊造像，其中，石钟寺9窟（龛）、狮子关3龛、沙登箐6窟（龛），另有同时期的柱础石1对、石兽1只、造像题记5则、碑碣5通、游人题记40余则。因石窟和摩崖造像主要分布在石钟山，所以通称石钟山石窟，是现存南诏、大理国时期规模最大的石雕艺术群，是云南唯一一处大型佛教石窟及摩崖造像群，也是中国石窟最南端的一环。1961年，国务院公布其为全国重点文物保护单位。

　　石钟山石窟的造像题材主要有弥勒佛、阿弥陀佛、华严三圣、观世音菩萨、地藏菩萨、圣僧像、塔等，绝大多数属于中原、川渝、江浙等区域佛教造像中常见的内容。其中石钟寺第6号窟规模最大，主尊释迦牟尼佛，两旁分列八大明王、大黑天神和毗沙门天王像，被认为是所谓的"密教"造像题材。另有一些题材则被认为是云南佛教石窟特有的，如狮子关第3号龛所雕梵僧带犬化缘

第七章　中国南方其他地区石窟窟前建筑　　425

图7-2-3　云南剑川石钟寺全景（2007年，雷玉华拍摄）

图7-2-4　云南剑川狮子关远眺沙登箐（2007年，雷玉华拍摄）

像，第1号龛内的南诏国王及王后的"全家福"雕刻，石钟寺第1、2号龛中的南诏王阁罗凤、异牟寻及诸大臣群像龛，沙登箐第2号龛中的阿嵯耶观音像等，它们大多数形象和名称都可以在中原、川渝、江浙等地找到根源。其中，被认为具有地方特色的石钟寺第8号龛中雕刻的女性生殖崇拜的"阿秧白"，实际上从龛顶所存墨书题记看，其是观世音菩萨造像被后代改刻所致[1]。

石钟山石窟现存窟（龛）和造像始凿于唐代，盛于五代、两宋时期，个别造像可能晚至元代。南诏时期造像龛仅有沙登箐第1号龛旁的附1-2号小龛，其下方附1-7号龛内有天启十一年（850年）造像题记，天启是南诏第十代君主劝丰祐的年号。其他窟（龛）主要开凿于大理国时期，其中石钟寺第8号窟、狮子关第9号龛均有"盛德四年"〔南宋淳熙六年（1179年）〕题记，"盛德"是大理国第十八代国王段智兴的年号。

（二）研究历史

1939年，李霖灿先生踏查石钟山。这是现代学人对这处石窟所做的第一次学术考察，也开启了他后来在工作中对南诏、大理国佛教文物的关注与研究[2]。

新中国成立以后，宋伯胤先生开启了剑川石窟（石钟山石窟）的调查；1951年，宋伯胤先生受中央人民政府文化部文物局委派前往调查，调查成果先以简报形式刊布，后又以专书发行[3]，使人们第一次全面了解了南诏、大理国时期佛教石窟的基本情况。20世纪90年代初，刘长久重新调查了石钟山石窟，刊布了《云南剑川石钟山石窟内容总录》[4]，这是对石钟山石窟造像、题记内容等

---

1 石钟山石窟的窟龛描述内容主要来源于北京大学考古学系、云南大学历史系：《剑川石窟——1999年考古调查简报》，《文物》2000年第7期，第71—83页。参考了张楠：《南诏大理的石刻艺术》，见云南省文物管理委员会编：《南诏大理文物》，文物出版社，1992，第140—145页；罗世平主编：《云南剑川石钟山石窟》，三晋出版社，2020，第19—149页）。结合本人2007年的调查资料，编写过程中部分细节进行了校正。

2 李霖灿：《剑川石窟和大理国梵像卷》，《大陆杂志》1960年第21卷第一、二合期，第34—39页；李霖灿：《剑川石宝山山石刻考察记》，《中国名画研究》，台北艺文印书馆，1971，第126页。

3 宋伯胤：《记剑川石窟》，《文物参考资料》1957年第4期，第46—55页；宋伯胤编著：《剑川石窟》，文物出版社，1958。

4 刘长久：《云南剑川石钟山石窟内容总录》，《敦煌研究》1995年第1期，第95—109页。

基础资料较详细的记录和注释。一些学者还展开了专题研究，如黄如英的《石钟山石窟》[1]、《南诏大理时期的北方天王石刻》[2]分别介绍了石钟山石窟和讨论了大理国毗沙门天王的性质等问题。这些研究揭示了南诏、大理国佛教文物所反映的内容，蕴含着丰富的中华各民族之间交往交流交融的信息，是从思想上共尊华夏的物证。但当时由于没有系统的考古工作，大多数佛教文物一直没有完整的资料刊布，研究受到一定限制。

1999年，由北京大学考古学系、云南大学历史系组成的剑川石窟考古研究课题组第一次利用石窟考古的方法对石钟山石窟进行文字描述、窟（龛）像实测、照相和墨拓工作。2000年，他们以简报的形式公布了部分调查成果，在造像题材、年代与分期、造像渊源等方面做了具有说服力的论证[3]。

他们认为石钟山石窟的开凿年代可以分为三个时期：第一期，以沙登箐区第1号龛为代表，多为组合不规范的小型龛，雕造手法略显稚拙，可能是小型佛教社团或民间信徒捐资开凿。造像题材比较单一，主要是弥勒佛和阿弥陀佛。第1号龛下层附1-7号龛内造像题记"国王天启十一年"中的"天启"，即850年，是石钟山石窟中现存最早有纪年题记的造像。第二期，大理国时期开凿的主要有石钟寺区和狮子关区窟（龛）像及沙登箐区部分造像，这一期雕造手法较为成熟，造像题材多样化，造像元素趋于复杂，如石钟寺区第6号龛中的八大明王、第3号龛中的地藏、第4号龛中的华严三圣，以及与当地本土信仰有关的第1、2号龛和狮子关第3号龛中的王者像等。根据两处有大理国"盛德"纪年的造像题记判断，盛德年间（1176—1180年）是石钟山石窟的开窟高峰。第三期，元代，石钟山大型开窟工程终止，但作为佛教圣地，其小型造像活动并未

1　黄如英：《石钟山石窟》，《文物》1981年第8期，第80—84页。
2　黄如英：《南诏大理时期的北方天王石刻》，见云南省博物馆编《云南省博物馆建馆三十周年纪念文集（1951——1981）》，1981，第158—164页。
3　北京大学考古学系、云南大学历史系：《剑川石窟——1999年考古调查简报》，《文物》2000年7期，第71—83页。

停歇。沙登箐区第2号的附2-5、2-7、2-8号浮雕佛塔和石钟寺区第8号主龛内两侧壁及龛外的藏传佛教造像是这一时期的作品。这是第一次从考古工作的视角厘清了元朝时期石钟山石窟中西藏与云南佛教文化交融的物证。

他们对石钟山石窟的渊源进行了探讨，将其与中原和邻近四川地区的佛教造像进行了对比，认为南诏时期沙登箐区造像流行弥勒佛和阿弥陀佛，这种题材在汉地佛教造像中流传较广。沙登箐区面相方圆、身宽体壮、着双领下垂式袈裟的造像样式与隋末唐初四川和陕西地区的造像样式颇为相似。因此，南诏时期的造像题材和样式应来自汉地佛教造像系统。考虑到唐与南诏之关系主要是通过四川的成都大都督府及以后的节度使府相联系，使臣之往来亦大多路经四川；加之唐朝与南诏的几次战争，南诏军队几乎攻占成都，又俘虏汉人入滇，则南诏佛教造像受到邻近四川地区的影响也是合理的。这是首次将云南的石窟和摩崖造像与川渝地区的做比较研究，其结论与我们认为崆岈图山古城遗址出土的造像与成都南朝至唐代的造像属于同一系统、应该是一脉相承的认识一致[1]。他们的调查首次从实物上确认了云南石窟与川渝石窟相关联，是中国石窟链条上的重要一环。

同时，他们还认为大理国时期开凿的石钟寺区龛像，如八大明王、地藏菩萨和华严三圣，亦与四川地区的佛教造像有密切关系。观音的信仰本是江南佛教的特色，但成都地区亦同样如此。观音崇拜在南诏、大理国时期盛极一时，亦疑其与四川佛教有关。不过到大理国时期，观音的信仰逐渐占据主导地位，且演化出多种具有当地特色的观音菩萨，如狮子关区第2号龛、沙登箐区第5号龛的"梵僧观世音"、沙登箐区第2号龛的"真身观世音"（阿嵯耶观音）等。另外，石钟寺区第1、2号龛和狮子关区第3号龛以南诏王及其眷属为主像的窟

---

1 雷玉华、仁青卓玛：《云南佛教造像的渊源——从佛教摩崖造像看中华民族多元一体之西南篇章》，《西南民族大学学报（人文社会科学版）》2022年12期，第53—63页。

（龛）亦颇具地方特色。可以说，大理国时期本地因素的明显增加，构成了这一时期石窟造像的独特风貌。元世祖平定云南以后，大理地区佛教更趋发展，沙登箐区第2号龛中的三座喇嘛塔即为元代输入之新样式，石钟寺区第8号龛的总体布局与某些较早的唐卡颇有关联，应是受藏传佛教图像影响。这与我们所述元朝统一四川、云南的历史背景吻合，从另一个视角实证了元代时期多民族文化交流交融的事实。

关于石钟山石窟研究的新成果是罗世平教授主编的《云南剑川石钟山石窟》[1]。这项研究集中了考古、艺术等专业的多位学者，他们应用考古学的传统记录方法、新的三维数据测绘、三维建模等方法来观察、记录石钟山石窟，重新以全方位、综合观察的方式考察研究了石钟山石窟。

（三）窟前建筑调查

石钟山石窟实际上是对分布于石钟山上几处摩崖造像的总称，这些摩崖造像开凿于表面像松果一样的丹霞红砂石岩包上。开凿最早的沙登箐区域有6个摩崖造像龛，位于石钟寺对面山崖上，与石钟寺隔着一道山谷，有现代修建的木构保护龛檐。6个龛都是龛型不太规范的小型龛，虽然很浅，但从现存造像情况观察，龛的结构特别是顶部设计都考虑了雨水和面流水的问题，龛内造像都不曾受到地表流水和雨水的影响。龛型结构与内容题材一样，均与川渝地区晚唐以来遍布山间的摩崖小龛相似。

石钟寺和狮子关是石钟山的核心景区，也是历代文人墨客题咏最多的区域。进入石钟寺大门，两侧建筑与大门、后面建筑形成了四合院，院子中间有一块大石头，似站立的狮子，所以叫狮子关。狮子关上有大理国时期开凿的摩崖造像龛，龛顶上方岩石向外突出，有类似龛檐的避雨功能。摩崖造像的龛型结构在设计之时就考虑了防水功能。

---

[1] 罗世平主编：《云南剑川石钟山石窟》，三晋出版社，2020年，第10—146页。

狮子关建筑背后突起一块表面像松果的大石头,形似石钟,石钟寺因此得名。石钟后面的山崖上有一块巨大的崖壁,崖壁中间有一道自然小沟谷将崖壁分成两半。两边崖壁是石钟寺的主要造像区,分别有修成佛殿一样的廊檐庇护,两处廊檐实际上也是石钟寺的佛殿,摩崖造像龛中的佛像就是寺院主要的佛像。在两个主要廊道式佛殿两侧各有部分崖面,其上有后期的开龛造像。其中右侧崖面上开凿了白族女性的生殖崇拜图像"阿秧白",它实际也是一龛大理国时期的佛造像,后来被改刻成了"阿秧白",改刻痕迹非常清楚,现在位于一座木构保护阁内。观察原佛龛所在崖壁,其仍然与川渝地区大量小佛龛一样,从龛型结构上考虑了防水功能。

石钟寺第1号龛外龛很深(见图7-2-5),顶部与大尺度进深的外龛结构有很好的防雨水功能。石钟寺第9号龛是摩崖雕刻壁画(见图7-2-6),龛型与图像雕刻都非常浅,但即便在没有保护廊檐的情况下,也能以其上方突出的岩石避雨。此龛沿用了川渝大量民间开龛造像的传统——以风蚀形成的内凹崖壁开龛造像,崖顶突出的岩石就是天然的龛檐。

图7-2-5 云南剑川石钟山第1号龛右侧可看到龛的进深(2021年,朱虹拍摄)

第七章　中国南方其他地区石窟窟前建筑　　431

其中沙登箐的第3号龛（见图7-2-7）虽然在现代修建了三开间的木构龛檐，但观察所在崖顶可以发现，其开龛时与川渝地区大量小龛一样，均有以龛顶岩石作檐的传统，龛本身即使在无木构龛檐的情况下，亦无水患。

图7-2-6　云南剑川石钟寺区第9号壁画全景（2007年，雷玉华拍摄）

图7-2-7　云南剑川沙登箐区第3号龛全景（秦臻提供）

第八章
结论与建议

第一节 中国南方石窟窟前建筑的渊源

我们在调查中国南方石窟和窟前建筑的同时，也对石窟发源地及其东传路线上的石窟及窟前建筑进行了观察和研究，发现佛教石窟从发源地印度，经中亚、我国新疆地区，穿过了河西走廊，再从中原传至中国南方地区特别是川渝两地，大量的石窟和漫山遍野的摩崖造像在不同地理与文化区域之间，虽历经两千年左右的时间，其从外形到内容都发生了巨大变化，但我们还是能从其选址和营造、窟前建筑等多方面找到中国南方石窟保护性设施的很多相同元素，或者说渊源。

从前文所揭中国南方佛教石窟和摩崖造像分布规律中已经知道，中国南方的佛教石窟和摩崖造像与印度及其东传中国的丝绸之路沿线石窟一样，主要分布在古道旁的山间河谷。其中数量最多的川渝地区以岷江、嘉陵江、沱江三江流域为主，嘉陵江干流及支流渠江、涪江流域内数量最多，分布最广。南方其他区域，如南京、桂林、杭州、剑川等石窟和摩崖造像，也都开凿在曾经的政治经济文化中心或其附近，或在由这些中心通往中原及其他区域文化中心的古道旁。

中国南方多雨且潮湿，所建石窟不如在印度、中亚那样适合人居住了，因此在南方石窟和摩崖造像的营建与使用中最重要的事情是造像与防水，而不是像印度、中亚，甚至我国西北的敦煌等地那样，还要解决僧人在洞窟内的居住问题。因此，中国南方石窟和摩崖造像龛的营建与功能产生了差异。古代与今天一样，中国南方石窟和摩崖造像龛的最重要功能除了供人礼拜外就是防水，窟（龛）内极少考虑甚至不考虑人员活动，更不必考虑居住问题；而石窟发源地与传播沿途所经之地，因自然地理与气候不同，防雨只是其中一个方面，窟内礼拜活动，甚至居住，在大多数时候都是修建石窟要重点考虑的问题。

因地理环境与气候的变化，石窟的功能与类型、洞窟总体规模、单个洞窟的体量都发生了变化。我们通过广泛调查，发现中国南方特别是川渝两地有大量的小型摩崖造像点，无论哪个区域，所有造像龛在开凿时都有防水设计，而且一些传统设计至今仍然被工匠采用。其中，利用自然岩石做防水檐顶的情况最多，其次是修建龛外辅助设施及龛檐。很多石窟和摩崖造像在开凿之初并没有设计防水窟（龛）檐，但在使用过程中出现了因地制宜的各类窟（龛）檐，即窟（龛）外的保护设施。尽管针对雨水这个问题的保护设施有较多变化，但归纳起来主要有三种方式：

（1）以岩石作檐。一是利用窟（龛）结构，窟（龛）口作防水槽或防水棱，整个窟（龛）前低后高呈倾斜状；二是利用自然岩穴；三是将岩石修整作龛檐。将岩石作成龛檐又分两种：一是将整个崖壁顶部做成一个通檐，檐与造像龛的龛型无关，石檐覆盖崖壁下的一群或一组造像龛，与任何单个龛的结构没有关系。二是单个龛或一组同时开凿的龛单独做檐。这种情况又分为两种：一是将外龛上层做成檐状，檐是龛结构的一部分；二是在龛上面将崖顶做成檐，檐与龛型及龛的结构无关。

（2）将造像开凿于岩穴下或岩穴内。除经人工修整的石檐外，一些小龛选择在岩穴下方造像，或利用岩穴作为天然石檐，或利用自然山洞，从结构上以前低后高的坡度防水。一些岩穴空间宽敞，崖壁条件好，造像保存条件较好。大多数岩穴低矮，要么风蚀严重，要么水蚀严重。

（3）有辅助保护设施的窟（龛）。辅助保护设施，即现存的及考古发现的各类窟（龛）前木构建筑或砖石建筑。有些建筑与崖壁上的窟（龛）一同构成了寺院的"佛殿"空间。

仔细观察，尽管中国南方石窟和摩崖造像的环境和类型与石窟发源地及传播所经之地相比，已发生了巨大变化，但仍能找到一些渊源关系。例如，印度最早开凿的阿旃陀石窟（见图8-1-1）与川渝石窟的选址非常相似，都是在河湾旁山崖边，窟口外顶部山崖上有挡水沟，窟口出檐结构及地面入口阶梯解决了山上地表水与雨水侵蚀问题，历史上虽然可能曾经存在过窟前建筑，但现在没有任何窟前建筑的情况下，窟内也没有雨水和地表水害。再如，中国开凿最早的浙江绍兴新昌大佛与千佛岩等亦是如此。因此，中国南方地区的大量窟（龛）仍然具有印度阿旃陀石窟的这些特点。

图8-1-1　印度阿旃陀石窟外景（李翎提供）

石窟传入我国后首先在新疆西部地区开凿，那里的克孜尔石窟（见图8-1-2）仍然遵循在河畔开凿的传统。外崖面上有进入高处洞窟的栈道，大量洞窟有窟前建筑遗迹。进入新疆以东地区后，石窟开凿的选址仍然是河畔山崖，大量窟前建筑遗址和登临层层洞窟口的历代栈道遗迹也保存了下来，而且经过历代修复延用。敦煌莫高窟中有些洞窟的唐代窟前建筑形式保留了下来，崖壁中、上层洞窟仍然要借助崖壁上的栈道才能达到（见图8-1-3）。天水麦积山石窟的栈道在石窟开凿之时（北魏）就渐渐形成，因受崖壁条件限制，其历代栈道位置变化不大，但窟（龛）前建筑就不可能修建成敦煌一些洞窟那样类似佛殿的建筑，即便有窟（龛）前建筑，也以廊、檐为主，而非佛殿样式。四川广元千佛崖显然沿袭了河西石窟临崖开凿栈道的传统，而且除北魏时期在下层开凿的第226、535、726号窟，唐代在中层拓宽旧窟空间开凿出的第512号窟等几个

图8-1-2　新疆克孜尔石窟外景（2017年，雷玉华拍摄）

图8-1-3　甘肃敦煌莫高窟崖面栈道与窟前保护檐（2014年，雷玉华拍摄）

大窟外，大都不修建龛前建筑。浙江新昌大佛与千佛岩、杭州西湖边的一些石窟和摩崖造像、广西桂林市周围山上的摩崖造像、南京栖霞山石窟等都有类似特点。

因此，中国南方石窟保护性设施的渊源在北方，但有了因地制宜的创造性改变，有的改变很大。例如，四川从唐代开始，大量开凿简单的摩崖造像龛或摩崖题刻，在开凿时仅把龛顶设计为可以挡雨的样式，有的甚至仅简单开凿一道小沟以挡住崖面流水，此做法至今石匠还在使用。又如，四川安岳圆觉洞20世纪80年代的一方摩崖碑上方就只有一道简单的挡水沟，重庆江津石佛寺一个雕刻了一条狗的宋代圆形小龛（见图8-1-4），浙江杭州西湖北山宝石山的第10、16号等明代小龛，也都是用这样简单的一道挡水沟防水。野外大量近代、现代才开凿的小龛和摩崖题刻上的挡水沟槽同样提示我们，一些小龛上方的凹槽仅仅是挡水槽，并不一定是龛檐遗迹，这是中国南方地区普遍存在的一个造

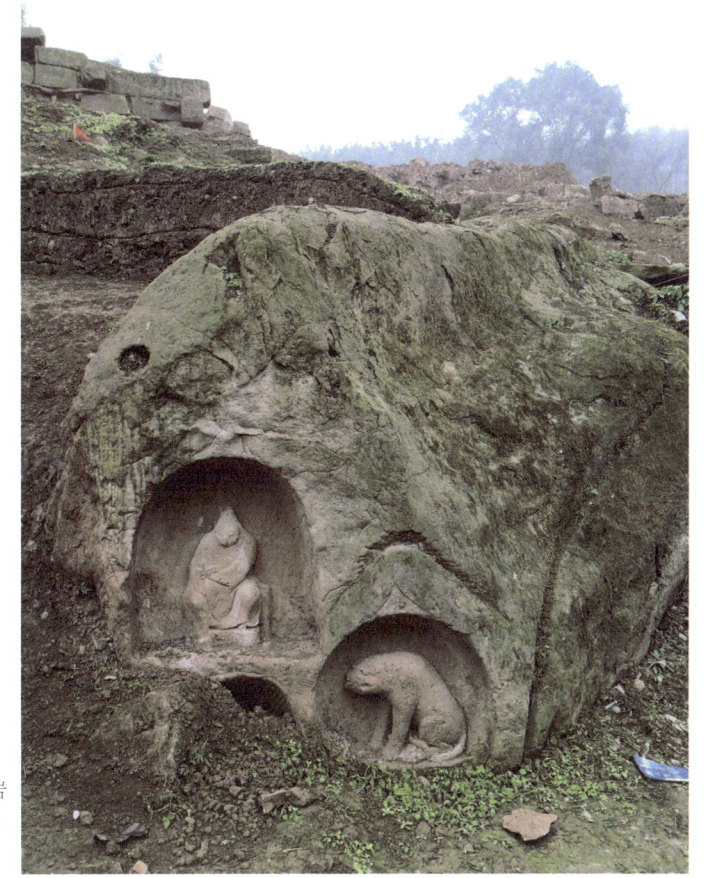

图8-1-4 重庆江津石佛寺岩石上有挡水槽的小龛（北宋）（2018年，雷玉华拍摄）

像传统。同样，崖壁上大量开凿栈道的传统在河西石窟中早已有大量体现，四川广元千佛崖也沿袭了这一传统。一些洞窟前设计了窟前建筑，但更多的是因地制宜，并采用了早在印度就使用的结构防水设计。

中国南方地区窟（龛）前建筑的形式在河西走廊及中原北方地区从古至今都有使用。例如，宁夏须弥山石窟根据古代遗迹修建的窟前廊檐（见图8-1-5）、陕西彬县大佛寺石窟清代复修的窟前建筑（见图8-1-6）等，都是中国南方石窟和摩崖造像保护设施的源头，环境与建筑也都十分相似。甘肃天水仙人岩明代的寺庙全部倚崖修建（见图8-1-7、图8-1-8），与成都大邑药师岩，安岳华严洞、毗卢洞等情形非常相似，借助崖顶岩石及下方岩穴形成的空间，只在正面砌出砖墙及门窗，顺崖壁修建各类"佛殿"，并形成参礼空间，窟内塑像就是佛殿供养像。其上下崖壁的栈道从明代沿用至今，只是做了加固修复，形态、理念等变化不大。

图8-1-5 宁夏须弥山石窟窟前廊檐（2018年，雷玉华拍摄）

图8-1-6 陕西彬县大佛寺石窟窟前建筑（2018年，雷玉华拍摄）

图8-1-7　甘肃天水仙人岩倚岩穴修建的寺院（明代）（2017年，雷玉华拍摄）

图8-1-8　甘肃天水仙人岩岩穴下的摩崖造像与栈道、保护龛檐（明代）（2017年，雷玉华拍摄）

从石窟的起点经传播路线沿途，都可以找到中国南方石窟保护设施的源头，但是中国南方石窟各种形式的保护设施都做了因地制宜的创造性改变，形成了中国自成体系的石窟保护设施与空间利用理念。

川渝地区之外的南方石窟保护设施主要有以下几种方式：一是利用自然溶洞，无须另建保护龛檐，如浙江杭州烟霞洞、桂林还珠洞及杭州飞来峰部分造像等。二是摩崖大龛与木构檐、阁相连，形成完整的石窟寺功能，如浙江新昌大佛寺。三是将摩崖造像作为寺院佛殿，摩崖造像的保护建筑就是寺院的大殿，摩崖造像与保护设施共同构成了寺院的佛殿空间，以满足佛殿功能。如浙江杭州兜率院大佛阁、圣果寺大佛龛、慈云岭摩崖造像龛，云南剑川石钟寺摩崖造像等。四是佛龛属于某座寺庙，但不是主要建筑，甚至不属于某座特定的寺庙，只是当地民俗供奉的对象。这类造像龛大量以龛内外结构形成防水系统，直至明清时期一直沿用。

以上几种类型中，第一种类型因川渝地区受条件限制，天然溶洞不发达，比较少见，目前仅见四川阿坝甲扎尔甲洞窟、阆中石室观摩崖造像等少数点位，无其他发现。第二种类型在川渝地区现存较少见，但从遗迹观察，乐山大佛、荣县大佛等可能历史上属于这种类型。特别是荣县大佛清代加做石券顶的做法与新昌千佛岩明代在洞窟前面修建石券顶窟檐比较类似，目的都是保护佛像不让其成为露天大佛。第三、四种类型在川渝地区最多，是中国南方晚期摩崖造像中最多的两类。浙江地区早期的新昌大佛及千佛岩保留了中原北方地区石窟开窟造像的特点，但窟型、内容、窟内布局等与北方同期的龙门石窟不同。其大佛前接木构大殿来补充洞内空间的形式在中原北方地区早已流行。利用自然岩洞造像在5世纪北方的甘肃炳灵寺内已有，南方的浙江杭州烟霞洞、玉乳洞，广西桂林还珠洞，四川阿坝甲扎尔甲等石窟，虽然时代晚很多，但仍然沿用了北方石窟的此类方法。

同时，值得注意的是，南京栖霞山石窟开凿于南朝梁，实为较深的摩崖造像龛；现存保护设施是在原摩崖深龛前补接了石券拱，而此石券拱亦沿自民国时期（见图8-1-9、图8-1-10）。浙江新昌大佛洞窟前现存有明代万历年间修砌的石券拱，四川荣县大佛龛的顶部系清代修砌的石券拱，处在几个不同区域的摩崖造像龛在不同时期都有类似的保护设施，这些事实证明，这种设施不但有保护效果，而且完全不影响观者参观佛像，耐久性也优于木构檐顶或龛檐。

图8-1-9 南京栖霞山石窟原貌（董华锋提供）

图8-1-10 南京栖霞山石窟修建石券拱后的外景（董华锋提供）

第二节 窟前建筑与石窟保护

通过调查，我们发现修建窟（龛）檐等建筑以保护石窟和摩崖造像并非现代才有，古已有之，新中国成立后仍然沿袭，只是随着时代变化，现代人们对石窟和摩崖造像保护提出了更高的标准、更高的要求。目前中国南方大量中小型石窟和摩崖造像急需得到保护利用，其中窟（龛）檐建设数量大，时间紧，任务紧迫。

一、中国南方石窟保护设施的建设实践

新中国成立以来，自重庆大足北山木构保护长廊修建开始，特别是20世纪80年代以来，文物保护实践中修建了大量保护窟（龛）檐，除前文提及的广元千佛崖重点窟（龛）的保护亭、阁，皇泽寺部分小龛的水泥仿石檐，安岳卧佛院大佛的保护石檐，大足宝顶山大佛湾的石檐和大足北山的保护长廊外，还有安岳毗卢洞万佛堂形似古建筑天井的"出檐"、安岳毗卢洞的第1号龛补接的水泥仿岩石出檐及滴水。这些在实践中修建的形式多样、点位众多的各类保护窟（龛）檐体量较小，造价低，整体协调性和感官效果比较好，虽然大多数都没有以考古调查为依据，但保护效果明显。

中国南方其他地区，如浙江西湖慈云岭、云南石钟山石窟、广西桂林的摩崖造像等都曾修建过檐、廊类保护设施，保护效果非常好。

经过四十多年的不断探索和尝试，文物管理部门发现，一些小型石窟点很适合采用修复、补接原有石檐的做法。近十余年来，一些有条件的地点还新建、改建石檐及木构龛檐，如重庆大足石门山、石篆山、宝顶山大佛湾等，效果非常好，且价格便宜，经久耐用；采用岩石本色经做旧处理后，与环境协调性很好（见图8-2-1～8-2-5）。又如，近年来四川广元千佛崖大量小龛修补了龛口原有的防水石檐，重庆大足大量小型摩崖造像点新修了水泥仿石檐或全覆

盖式仿木构龛檐。一些点位新修建了简单实用的仿木构小檐，如四川成都邛崃磐陀寺、蒲江飞仙阁（见图8-2-6、图8-2-7）等，既经济实用又能满足保护需求。云南石钟山石窟、浙江杭州西湖边的部分石窟则大都仍然沿用传统木构"廊""檐"的传统。

图8-2-1　重庆大足石门山小龛新建的水泥仿石檐（黄能迁提供）

图8-2-2　重庆大足石篆山第8号道教像龛新修全覆盖式龛檐（黄能迁提供）

444　中国南方石窟窟前建筑的考古学研究

图8-2-3　大足宝顶山大佛湾修补后的龛檐与龛前排水沟（2020年，雷玉华拍摄）

图8-2-4　保护效果很好的大足宝顶山大佛湾石檐（2020年，雷玉华拍摄）

图8-2-5　大足宝顶山大佛湾雨后山顶地表水从石檐顶流下（2020年，雷玉华拍摄）

第八章 结论与建议 445

图8-2-6 邛崃磐陀寺新建的仿木构小檐（2020年，雷玉华拍摄）

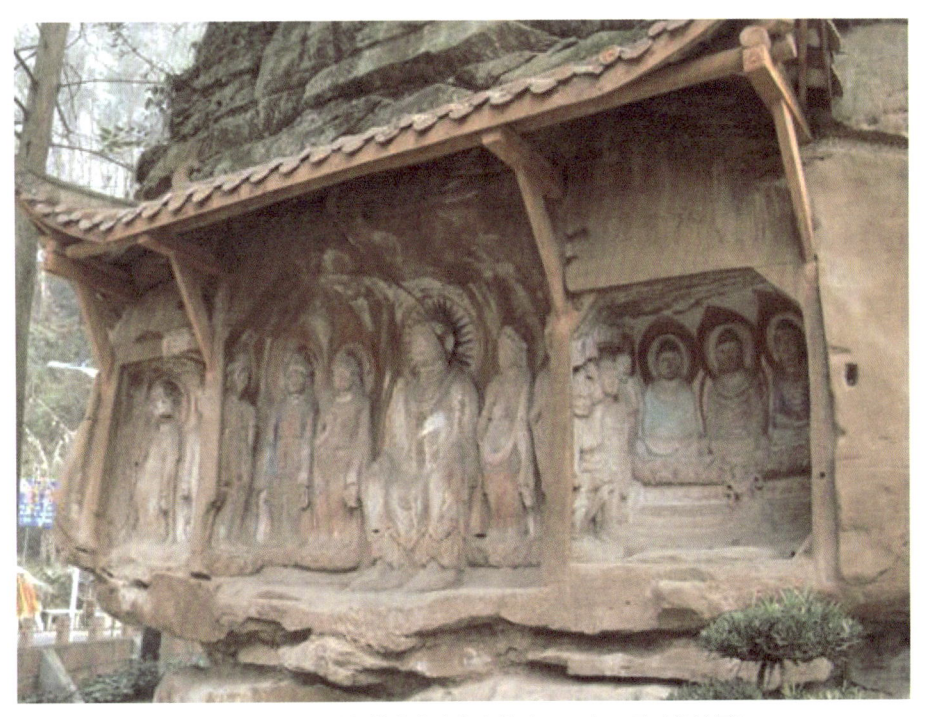

图8-2-7 蒲江飞仙阁参考龛檐遗迹新修的仿木构龛檐（2021年，雷玉华拍摄）

在川渝地区还有一些点位因保护需求，修建了一些保护设施，虽然解决了当时的防雨问题，但又出现了新的问题，如今看来需要纠正。比如，20世纪八九十年代新建的四川荣县大佛的水泥券顶及大佛阁（见图8-2-8）、仁寿大佛保护龛檐（见图8-2-9）等。

图8-2-8　20世纪80年代荣县大佛保护设施修建后的全景（2019年，雷玉华拍摄）

图8-2-9　20世纪90年代修建的仁寿大佛保护龛檐（2020年，雷玉华拍摄）

第八章　结论与建议　447

　　20世纪80年代，为解决雨水侵蚀及风化问题，荣县大佛修建了保护性大佛阁，并在维修大佛顶部时把清代修砌的券拱向外延伸。此举虽对大佛有保护作用，但大佛观赏性受到极大影响，并改变了大佛龛的形制。大佛阁楼层之间形成的缝隙使大佛身上局部受风力度发生改变，至今大佛身躯因风蚀每天有大量石粉脱落[1]，且新建保护设施大佛阁的空间不能满足当前游客量增加、保障游览安全的需求。同时我们还观察到，荣县大佛与前揭资阳半月山大佛一样，头两侧壁面上、身上都有许多孔洞（见图8-2-10），甚至有牛鼻形孔洞，这些并不都是建筑遗迹，大多数是开凿和历次维修搭架遗迹，这也印证了前面各点位的调查结论。仁寿大佛的保护龛檐同样也只是解决了露顶大佛的防雨问题，外观与大佛及环境极不协调，严重影响了大佛的观赏效果。这两个大佛的保护设施符合当时的保护需求，也达到了预设的保护效果，但在今天的保护理念和实际需求下，难以满足现代文物保护利用需求。现代石窟与摩崖造像保护设施工程除了要保证文物安全，其外观与环境的协调性、利用效果等也非常重要。

图8-2-10　荣县大佛佛头两侧壁面上的孔洞（2020年，雷玉华拍摄）

1　我们于2019年12月、2020年6月、2021年8月三次前往调查，发现每天大佛身躯前都会有一堆风化脱落的石粉，其中2020年6月我们做了简单的风力测试，发现从大佛阁楼层之间缝隙吹进的风比开放自然状态下的风要强劲。这可能是大佛身躯风化脱落大量石粉的重要原因，但具体数据还需要进一步精准实验才能获得。2024年7月、11月我们再次前往观察，仍然发现透过楼阁的缝隙风力有增强的现象。

从过去的实践中不难看出，营造相对稳定的保护设施与环境对石窟和摩崖造像保护至关重要，最简单实际的办法就是修建保护性窟（龛）檐。窟（龛）檐的"檐"是借用了古建筑屋顶重要部位的名称，如出檐、挑檐、连檐、塔檐、腰檐等。窟（龛）檐既是古代石窟及摩崖造像常见的保护设施，既能防雨又可以减少风吹日晒对石窟和摩崖造像的损坏，还可以缓解石窟和摩崖造像窟（龛）内小区域温湿度的剧烈变化，也是今天应该广泛采用的一种保护方法。现在的保护设施修建与20世纪八九十年代的最大不同是，其要同时满足石窟利用中参观、游览的需要。

二、当前文物界对石窟保护建筑的重新认识

2013年川渝石窟保护项目启动后，四川省文物局曾组织四川省文物考古研究院、成都文物考古研究院等相关单位对川渝石窟和摩崖造像病害进行过专项调查，并于2015年组织编写了《川渝地区石窟及石刻保护专项立项建议书》，笔者也参与了此项工作。在"石窟岩檐及保护性窟檐保存现状"一节中，我们认为：

> 川渝地区石窟及石刻中大多数窟（龛）本身有岩檐，但许多窟（龛）岩檐较短，部分窟（龛）的岩檐开裂、垮塌。根据窟（龛）周边崖壁上的榫卯口判断，川渝石窟大部分具有一定规模的窟（龛）点在始凿时便架设窟檐。
>
> 现存窟檐分为两种类型：传统形式木结构窟檐建筑和新材料窟檐。传统木结构窟檐包括历史上建造的窟檐，即新建木构檐；新材料窟檐多为近年新建的砖混窟檐，与传统形式在外貌上差别较大。
>
> 窟檐在很大程度上起到了为文物遮蔽风雨和日晒的作用，新建窟檐建筑中部分为本地文物管理部门为了防盗和防雨水而修建，而少部分为村民

自发建设，建造时间较短，存在窟檐建筑层数与建筑风貌不统一，建筑质量差别较大等问题，还存在漏雨或不同程度的安全隐患。

所谓的"窟（龛）本身有石檐"，实际就是我们在考古调查中所言的以结构设计解决防水，或者以外凸的岩石做檐的情况。2021年进行的全国石窟寺专项调查对各个点位窟（龛）檐现存状况进行了专门登记。

川渝石窟和摩崖造像主要开凿于砂岩上，除了水害，风蚀是最大的风险。中国南方其他地区，因石窟和摩崖造像所在岩石多为质地更紧致的花岗岩，风化问题没有川渝地区严重，但水害、岩石裂隙发育对造像的威胁很大。另外，植物根系对石窟造像的破坏风险则在中国南方较为普遍。

三、考古调查的结论

2019年开始，我们在以上调查的基础上根据南方各地区石窟和摩崖造像分布及自然地理环境状况，分片区对南方各地区石窟和摩崖造像的保护设施与环境进行了调查。调查发现，川北地区与中原北方地区石窟环境选址相似，但增加了大量在偏远山区田间地头、低矮缓坡上开凿小规模小型摩崖造像龛的情况。川西、川南地区的造像主要分布在低山、浅丘及田间地头，以小龛小像为主，极少有石窟及大规模的摩崖造像龛群开凿。川东地区则主要是浅丘环境，摩崖造像全部分散于田间地头，即使较大的石窟也是开凿在浅丘缓坡上，很难形成大规模窟（龛）群，出现了大量直接在崖壁立面上雕刻的连环画。除重庆大足宝顶山有集中成规模的摩崖连环画雕刻及两座石窟开凿外，其他地区与川东安岳地区一样，主要散见于丘陵地带的田间地头，并有成规模的连环画摩崖雕刻。云南与川西、川东及川南等区域相似，以摩崖造像龛和摩崖雕刻为主，南方其他较集中的地区如浙江杭州、广西桂林等区域，除少数利用天然洞窟开龛造像外，大多数与川渝地区一样系摩崖造像龛。结合这些特点，我们将南方各地区分为川北、川西及川南、川东、重庆、南方其他地区等几个区域，并对这些区域进行了保护性设施的专项调查与梳理；并且综合调查梳理结果表明，南方各地区石窟和摩崖造像的保护性窟（龛）檐有不同的几种形式。

（一）川北广元地区石窟和摩崖造像的保护性设施

广元是川渝两地最早开凿石窟的区域，在中国石窟发展史上是连接南北的媒介区。我们这次调查，基本厘清了其保护设施与环境的变化。广元石窟和摩崖造像主要有千佛崖、皇泽寺、观音岩，其最早开凿的窟（龛）形制与内容题材、造像形象，均与中原北方地区一脉相承。晚期发展出了具有南方特色的设计龛型，依靠岩穴、修整崖顶岩石等多种方式的保护方式，开凿之初修建窟（龛）檐者很少。

千佛崖崖前栈道是古代中原入蜀的金牛道最险路段之一，唐代开元年间剑南节度使韦抗"凿石为路并修功德"，不但将架木为栈阁的千佛崖崖前道路部分改为陆上通行，还在崖壁高处拓展旧窟，开凿出了至今仍然是千佛崖中心的大云洞（第512号）。经过大云洞，可以到达千佛崖南、北崖面上几乎所有的窟（龛）。崖前的金牛道到元代还有部分是栈道，直到明代洪武年间再次依崖拓路，才彻底改为陆上通行，崖前金牛道上的栈道已不复存在。

千佛崖绝大部分窟（龛）在建造之初都没有在外立面上修建窟（龛）檐，而是在开凿外层窟（龛）时，将外层窟（龛）顶部口沿处设计成低于后部类似"屋檐"的形式，起到遮风避雨的作用。同时，内室比外室小，利用内外室的高差，在底部设计出一个高台或几级台阶，使雨水无法进入窟（龛）内室。内、外室地面向下、向外倾斜，也不会形成任何积水。

皇泽寺摩崖造像前有寺院建筑和塑像，且有中轴线，摩崖造像只是寺院佛殿的一部分。其保护设施分两类：一是依壁修建廊或亭，如写心经洞和五佛亭；二是将保护建筑作为一重佛殿，摩崖造像或石窟中的造像与保护建筑共同构成寺院的佛殿空间，如隋代开凿的第28号龛及大佛楼是寺院中轴线上的最后一重建筑，其下方北魏时期开凿的第38号窟与第28号龛同在一幢楼中，位于大佛楼的底层，在第28号大佛没有开凿之前，第38号窟是寺院中轴线上最后一重佛殿。

广元观音岩则将整个崖顶修整成整体的石檐，其下开龛。同一个大石檐下的龛像虽然不是统一规划开凿，但顶上石檐则是统一开凿形成。崖壁上各个小龛旁及两边的孔洞均为搭架施工遗迹，无龛檐遗迹。

（二）川渝其他地区石窟和摩崖造像的保护性设施

川渝其他地区的石窟和摩崖造像与广元千佛崖一样，在开凿之初没有设计窟（龛）檐的很多，占绝大多数。其主要用三种方式解决雨水及可能出现的积水问题：

一是与千佛崖窟（龛）一样，采用口沿顶部向下倾斜，将岩石开凿成檐的样式，雨水飘不进窟（龛）内；底部因内外龛之间高差，形成一个高台，或者一至多级阶梯，而且底部向外、向下倾斜，落在龛口底部的雨水既不能溅入龛内，也不会形成积水。这种类型最多，各处都有。很多大龛，从顶到底，从口部到后部，都是内高外低整体呈倾斜状，崖面上下来的山水、雨水和底部溅起的滴水均不会进入龛内。

二是利用川渝地区大量崖壁底部风化形成的岩穴，龛像开凿于此类岩穴下，崖顶岩石像伞一样对崖壁中部、底部起到了很好的防风避雨作用，如资中西岩、大邑药师岩、安岳卧佛院等均有这类小造像龛。大量的造像点则是将岩石修整成石檐，檐下造像，如重庆合川钓鱼城悬空卧佛（见图8-2-11）、大足宝顶山大卧佛都是如此，大邑药师岩、广元观音岩等也有类似造像龛。传统中川渝地区时常会有人利用这些自然或稍经人工加工过的岩穴存放柴草，甚至供人居住，一些寺院亦如此，如成都大邑药师岩等至今仍在沿用。

图8-2-11　岩穴下的合川钓鱼城悬空卧佛（2018年，雷玉华拍摄）

三是将崖壁顶部依照自然走势开凿成檐的形状，然后在石檐下方的壁面上雕刻。安岳卧佛院大卧佛，安岳毗卢洞的柳本尊十炼图和水月观音（见图8-2-12），大足大佛湾的柳本尊十炼图和大方便佛报恩经变等雕刻均是将崖壁顶端岩石加工成一个自然的大檐。20世纪八九十年代，四川在石窟和摩崖造像的保护工程中，利用了这类窟檐的原理修建大量保护设施，如在安岳卧佛院、邛崃磐陀寺等地，都曾用水泥增接风化残损了的石龛檐，加强了保护效果。

第三种方式在实践中多因地制宜重建，外形差别很大。大多数是单为某龛或某组龛开凿出石檐后，再于檐下造像；也有许多点位系统一开凿一个大石檐，檐下陆续造像。例如，眉山中岩寺系在崖壁中层凿出整体石檐，同一檐下开凿多个造像龛；广元观音岩、邛崃磐陀寺则将整个崖顶修整成整体的岩檐，其下陆续开龛。这两个地点的龛像虽都不是统一规划开凿，但顶上石檐是统一

图8-2-12 安岳毗卢洞水月观音的保护石檐（柱子为20世纪80年代增加）（2020年，雷玉华拍摄）

开凿的。

调查还发现，部分窟（龛）在开凿之初可能就有了窟（龛）前另行修建的保护设施，如乐山大佛等露天大佛窟，安岳华严洞、大般若洞等石窟直接作为寺院大殿的洞窟，以及安岳毗卢洞第2号龛等以大型龛内造像为寺院主要佛殿像设者。虽然这些窟（龛）的现存保护设施或窟（龛）前建筑为清代或更晚修建，甚至已经无存，但它们或是露天敞顶开凿，或者直接是寺院的正殿。露天敞顶的佛像要保持其庄严的面容，必然要有保护设施；以窟（龛）内造像为寺院大殿造像者，则像设前面要有寺院大殿一样的空间。因此，安岳华严洞、大般若洞、毗卢洞第2号大龛等窟（龛）前的建筑就是寺院的主要佛殿，窟（龛）前建筑与窟（龛）中的造像一起组成了寺院大殿建筑和大殿内像设，共同构成佛殿完整的功能。其中华严洞和毗卢洞第2号大龛分别相当于寺院的正殿——大雄宝殿。大量残存的遗迹显示，这些窟（龛）的保护设施都是窟（龛）前穿斗式木构建筑。一些保存至今的晚清、民国木构保护龛檐的形制很可能是这一传统的延续。

还有一些窟（龛）开凿之初原本没有窟（龛）檐或窟（龛）前其他建筑，但一段时间后，由于崖面风化残损，窟（龛）像需要另行修建保护设施。例如，巴中南龛和北龛、三江一石三座庙、夹江千佛岩等，现存的龛檐遗迹都晚于龛像始凿时间，而且现存龛檐遗迹保护的造像组龛或龛群不是同时规划开凿的。

（三）中国南方其他地区石窟和摩崖造像的保护性设施

中国南方其他地区的保护性设施与川渝两地大体相同：一是在自然洞窟中造像，无须保护设施，如浙江杭州烟霞洞、玉乳洞，广西桂林还珠洞等；二是修整崖壁形成石檐及挡水沟，如西湖北山飞来峰第2号龛，西湖北山宝石山第10、16号龛等；三是窟（龛）前接木构建筑，增加洞窟功能空间的同时，也起到保护建筑的作用，如浙江绍兴新昌大佛寺、杭州慈云岭摩崖造像、云南石钟山石窟等。

（四）中国南方地区石窟和摩崖造像保护性设施的主要形式

目前，中国南方地区石窟和摩崖造像中可见的最早的木质窟（龛）檐修建都很晚，大多数是晚清、民国以来修建的，20世纪80年代以来对其又进行了修补或重建。中国南方地区石窟和摩崖造像的保护性设施主要有以下几种形式：

一为楼阁式。如重庆潼南大佛、大足宝顶山千手观音，四川南部禹迹山大佛、荣县大佛等都有保护性楼阁。虽然崖壁上有很多孔洞可以证明它们在古代就有窟前建筑，但能见到的实物大都是晚清、民国时期修建的，新中国成立后又经过了重修或维修。浙江绍兴新昌大佛寺窟前保护设施石券拱为明代修建，现存的楼阁式大殿系为扩展佛殿空间而建。

乐山大佛两侧崖壁上部分孔洞可以构成楼阁式梁架顶的形状，应该是大佛楼阁的痕迹。关于乐山大佛，历史上曾明确记载有过大佛阁。从实际情况看，虽然大佛可能有楼阁覆盖，但目前仅见于各种文献记载和崖壁上的众多孔洞痕迹，从来没有见过实物。其具体形式，各家理解也有差别，但曾经有过楼阁是不能否定的。笔者也认为乐山大佛曾经有过楼阁，要不然不会有后人所谓的"九层楼阁"之说；同时，那些孔洞除了是多次修建大佛楼阁的遗迹，有些还是开凿及历次维修大佛过程中搭建工作平台所遗留。四川省文物考古研究院曾对大佛龛底部进行过考古调查与发掘，的确发现有建筑遗迹。或许乐山大佛的楼阁可以参考同是唐代大佛的敦煌莫高窟第96号窟大佛楼的外形与结构，两者选址环境相似、开凿时间相近、造像题材相同。莫高窟大佛楼在历代重修中保持了传统，并没有完全改变形态。若乐山大佛历史上的保护楼阁有了依据，则中国南方地区大量的大佛保护性设施均可参考。

二为人字形龛檐。小龛有人字形檐且为开凿之初就规划设计的不多见，至少没有明确证据。晚期补建人字形龛檐者较多，如安岳卧佛院第82号龛上方的人字形龛檐榫孔痕迹非常清楚，因为它很明显且同时庇护住了两侧（并非一起雕刻的小窟的一部分），显然龛檐是后来补修的。而第82号龛开凿于五代，其上方是唐代的两个刻经洞。巴中三江一石三座庙的人字形龛檐遗迹也庇护着四个并非同时开凿的小龛（第1~4号龛）。浙江杭州西湖周边的摩崖造像、云南石钟山石窟中的摩崖造像也有这类遗迹。

有的大型窟（龛）有明显的人字形龛檐痕迹，而且经过多次重建，如安岳圆觉洞第7、10、14、21号等大龛，除第21号龛开凿于五代外，其余三个大龛都是宋代开凿的。圆觉洞第7、10、14号大龛顶部及底部结构都有防水功能设计，宋代的开龛题记中也未提及龛前任何建筑，所以即便是它们最早的龛檐也可能是后期修建的。

三是一字形龛檐。小型浅龛有的上面有一道槽，似乎仅为拦水、排水用。有的是一道槽并有榫孔，可能有一字形檐，还有多龛共用一檐的可能性；多龛共用一檐并统一规划造像的情况也有。例如，通江千佛岩、蒲江佛尔崖和飞仙阁、巴中散见各处的小造像龛等，偶尔有这种统一规划有一字形沟槽和榫孔的小型浅龛，但似乎仅见于唐代晚期及以后，而且并不普遍。

大型窟（龛）中也有较明显的共用石檐者，如安岳卧佛院第46、51、58号窟，此三窟并排开凿于卧佛院南崖中部低崖上，崖壁顶端就有一个稍晚统一规划的一字形凹槽，两侧壁有相应的榫孔。但是，三个窟并非同时规划开凿，而是各自分别开凿，后期才形成一组，所以其上即便有统一的一字形檐，也不是开始就规划修建，而是后来修建的。从凹槽情况看，应该经过了几次修建[1]。

浙江杭州西湖边的摩崖小龛、云南石钟山石窟中的小龛、广西桂林周边的摩崖小龛也多有设计开凿的石檐，形式灵活多变，最初都无须另外修建木构龛檐。

四是廊道式保护檐。其具体做法是在崖壁不高、崖前有平地且造像较集中的地方依崖修建廊道，集中、统一保护某一段崖壁上的窟（龛），并形成一个礼拜及相关活动空间。此类设施最成功、效果最好的是大足北山的保护性廊道，但在造像开凿之初，并没有这样的设计。巴中北龛寺、西龛龙日寺，安岳华严洞、大般若洞、毗卢洞等的保护建筑则是寺之佛殿。其中，安岳华严洞、毗卢洞内的像设类似寺院大雄宝殿中的像设。华严洞窟前建筑修建于高高的石砌阶基之上，与寺院大殿建筑一样；且其建筑低于窟口，其内陈列罗汉及护法神像，明显是地面寺院主要建筑的规格，石窟中的造像就是大雄宝殿中的像设，窟前建筑内的像设则是大雄宝殿前的山门、护法殿中的像设，山门、窟前建筑、石窟正壁造像等位于中轴线上。浙江杭州慈云岭、云南石钟山石窟均是这类保护设施。

---

1 秦臻、张雪芬、雷玉华：《安岳卧佛院考古调查与研究》，科学出版社，2014，第63—64页。

五是在崖前平地上修建佛殿式建筑。例如，大足宝顶山千手观音前面的始建于明代的木构佛殿，将崖壁上的造像变成佛殿室内的像设；浙江杭州西湖兜率院大像也与此类似。

因此，唐代小龛修建龛檐的并不多，只有乐山大佛那样的露顶大像才有可能修建楼阁遮顶，而且开凿规划中并不一定有楼阁。一些大而浅的龛可能有龛檐，如广元千佛崖第86号大龛。崖前有平地的，则可能修建佛殿覆盖，如大足宝顶山的千手观音。唐代晚期及以后，一些小龛才开始在修建时规划小龛檐，但并不多见。

四川阿坝甲扎尔甲石窟则是利用天然洞窟修整而成，以自然坡度解决洞窟防水问题，虽属特例，年代晚至清代，但也是佛教石窟的一种传统，早有先例。河西石窟中于420年开凿的炳灵寺第169号窟（见图8-2-13）就是早期例子。南方石窟中唐代开凿的桂林还珠洞、五代开凿的杭州烟霞洞等都是同样的传统。

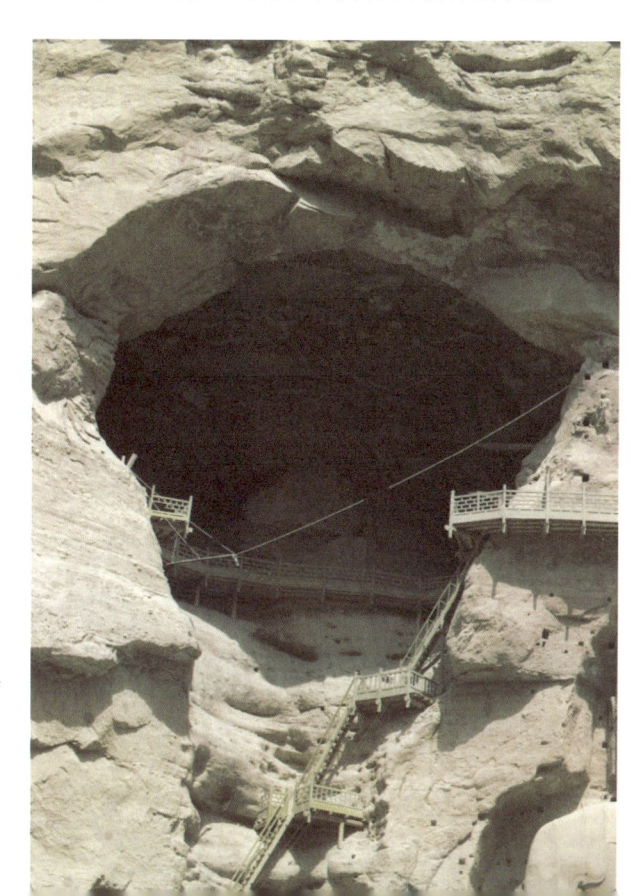

图8-2-13　甘肃炳灵寺第169号窟外立面（2012年，雷玉华拍摄）

第三节　对几个点位保护设施设计的建议

根据考古调查结果，结合中国南方石窟保护目前面临的主要问题，我们选择了争论较多且有代表性的四川石窟中的几个造像点位提出保护设施设计的建议，以期为中国南方大量中小型石窟和摩崖造像点保护设施的设计与修建提供参考。

一、广元千佛崖保护设施设计的建议

（一）建议依据

由考古调查与分析可知，千佛崖于北魏时期（386—534年）开始开凿石窟，大佛窟（第726号）即开凿于北魏，是千佛崖最早的石窟之一。大佛窟位于金牛道边，相对于高处崖壁，这里比较容易开凿；同时，其位置是整个适合开窟造像崖壁下层最中间、最好的位置，从金牛道上不需要太高的梯道就可以直接进入。洞窟形制与中原地区洛阳北魏洞窟相同，有前壁，是真正意义上的石窟。它开凿之后，就是千佛崖的参礼中心。到唐代早期（或更早），崖壁中、上部新开凿了一些大窟，如北段崖壁上的北大佛窟（第138号）、中段上层的神龙窟（第493号）、中段中层的中心柱窟（第400号）等。但是中心柱窟没有完工，其他洞窟又不在中心位置，而且规模都小于大佛窟，内容也简单，虽然都叫窟，实则都是敞口大龛或者接近于敞口的大龛，与大佛窟这种有前壁的真正石窟不一样。因此，大佛窟的中心位置没有动摇，直到唐代开元年间拓展旧窟，开凿出了位于千佛崖中层正中的大云洞（第512号）。

大云洞处在崖壁中层正中央，开凿难度要大于大佛窟，需要修建较高的梯道才能登临到窟前。自它拓展完成以后，历代登临整个崖壁的所有通道都在这里交汇。

目前从崖壁上榫孔分布的情况看，大佛窟（第726号）外立面上方有四个

一排的方孔，可能窟口外立面上有檐或其他窟前建筑，因为没有打破孔洞之间的唐代小龛，证明这组窟前建筑遗迹很可能是开凿之初所修建筑遗留。而唐代开凿这些小龛时，很可能这些榫孔所属建筑还在使用，所以没有破坏它们。因为其上方崖壁已被后来唐代开凿造像破坏，不知唐代开凿造像时有没有破坏一些榫孔，如果没有，则这个建筑很可能就是比较简单的石窟进门处一个可以避雨的类似门罩的檐，可推测其为一字形一面坡式，从规模看更有可能是仿佛殿样式的建筑。如果上方唐代的龛像破坏了一些遗迹，则它的结构与外形就有所不同，参考北魏云冈石窟中楼阁式窟前建筑的特点，同属北魏洞窟的千佛崖大佛窟，其位置与云冈石窟相似，都位于大河边，有类似楼阁的可能性也很大。

大云洞（第512号）在1948年以来的图像资料中都有楼阁遮挡，因此没有办法调查原始崖面状况。通过观察历史照片资料，并访问20世纪八九十年代参加维修千佛崖的老文物工作者得知，大云洞外立面上有很多孔洞，也就是说很可能原来窟口外是有建筑的，但是不是1948年那样的楼阁式建筑，目前不得而知。从千佛崖模型上可以看到，至今大云洞外南北两侧靠上部位置崖壁上有对称的遗迹，北侧是一道纵向的大凹槽，南侧与之对应的位置有一个进深与窟深接近的小平台，它们很可能是大云洞曾经有过更大的窟前建筑的梁架遗迹，而且没有打破任何龛像，证明这座可能存在过的窟前建筑要早于旁边那些唐代造像龛，即大云洞在唐代就有较大的窟前建筑，后代开龛造像也避开了这些建筑。

除大云洞外，开凿于唐代的第86号龛龛顶外立面上有比较对称的榫孔分布，榫孔位于凹槽内，可以连接成人字形龛檐。这个龛檐在历史资料中都没有记录，所有可见的图片资料中也没有，后代维修中也没看见过，而且早已没有栈道可登临到此龛。那么，这个龛檐应该是很早的。从千佛崖一般不作龛檐的情形看，即使后代有装彩、维修者，也很少有专门修建高处某个龛檐的情况，尤其像第86号龛这种距崖壁底部数十米的龛，大多数后代的维护活动都是以装彩为主，不太可能搭建如此高的施工架仅为修单个龛的龛檐，从这个角度讲，第86号龛的龛檐有可能是唐代始凿之时修建的。

以上是千佛崖现存950个窟（龛）中至今可以看到有古代窟（龛）檐痕迹的所有窟（龛）。换句话说，千佛崖的窟（龛）在开凿之初主要是依靠窟（龛）本身的结构设计来避雨，绝大多数没有在外立面上再修窟（龛）檐。同时，千佛崖崖壁上有造像的地方原来均可以登临，现在的参观道路也系在原有登临道路的基础上修整出来的。但现在部分窟（龛）的登临道路早已不复存在，至今没有办法到达了。

川渝地区在20世纪八九十年代曾选择一些重要的窟（龛）修建了保护性窟（龛）檐，三四十年后的今天，当时修建了以遮风避雨为目的的窟（龛）檐或保护性设施的窟（龛），与没有修建保护性窟（龛）檐的窟（龛）相比较，其保护效果非常明显，因此有必要修建以遮风避雨为目的的保护性设施。但过去修建的窟（龛）檐有一些缺点，如新建窟（龛）檐增加了崖壁负荷、破坏了原有遗迹等，广元千佛崖保护性窟（龛）檐在设计时应该避免这些缺点。同时，广元千佛崖既是文物点，也是旅游景点，因此其保护性窟（龛）檐的设计应该满足更多要求。

20世纪八九十年代，由于条件所限，川渝地区常常是选择重要的窟（龛）单独或相邻几个龛共同修建一个小檐或保护楼阁，这在小的摩崖造像点、造像分散分布的地方非常适合，保护效果也非常不错，如广元皇泽寺的五佛亭、大佛楼等。但这种方式在造像密布的地方很不适合，如果满崖分布着大大小小的窟（龛）檐，势必完全改变了崖壁本来的环境，既不美观也不便于参观；同时，对崖壁会造成较多的破坏，有时甚至可能会威胁到龛像的安全。例如，安岳卧佛院近年新建的保护性龛檐，虽然外观与保护效果都比较好，但因受崖壁限制，有的榫孔距龛口太近，榫孔对本来就很脆弱的、有风化危险的岩石稳定性造成了一定威胁。同时，也因受岩石条件限制，有的龛檐出挑尺度不够，保护效果并不理想。更重要的是，修建这些分散的龛檐在崖壁上开凿了很多新的榫孔，对崖壁形成了不可逆转的损坏。这种檐非常不耐用，使用过程中重修与维护成本高，如2008年完成的安岳卧佛院木檐，2024年已有部分因木椽被风吹折而垮落。巴中北龛近年新修建的第27～34号龛的龛檐，因要达到保护效果，出檐太深，增加了崖壁的承重，且外观上有头重脚轻的不协调感等缺点。广元千佛崖的保护性设施设计应该尽量避免目前存在的分散性设计单个窟（龛）檐对崖壁造成的破坏，以及对参观环境的过多改变及影响和其他不足。

有些石窟和摩崖造像因修建了保护性设施，光线变得很暗，登崖梯道变得很狭窄，不便于游客参观，也不能满足现代文物保护性利用的需要。例如，潼南大佛、荣县大佛等在20世纪80年代修建了保护性楼阁以后，不但游客看不到大佛的全貌，还让参观环境变得很阴暗，木质梯道狭窄而且登临时响声很大，不能满足现代日益增长的游客参观需求。潼南大佛的楼阁近年还进行了重修。广元千佛崖是蜀道上的重要景区，修建保护性设施要考虑登临参观方便和容纳不断增长的游客量的问题，同时还要便于游客疏散，保证游客安全。因此，其保护设施应当保证有足够的观赏光线、容纳游客的空间，并有助于优化游览线路及环境。

广元千佛崖大多数窟（龛）原来并无外置的保护性设施，也就是说，并无旧有样式可以恢复或者模仿。现在要增加保护性窟（龛）檐，就要充分利用现代技术和材料，在最少干预原崖壁与龛像环境的前提下，达到最佳的保护与利用相统一的目的。在可能的条件下，窟（龛）檐在修建时要尽量少接触崖壁，不能在崖壁上留置过多的新增孔洞等痕迹，更不能增加崖壁表面的负荷，造成新的、过多的破坏，或产生新的险情，而且新修设施应该是可逆的。

（二）建议

基于以上情况，笔者认为，广元千佛崖修建保护性设施是现代文物保护工作的需要，但没有现存的、适合的古代窟（龛）檐可供参考。广元千佛崖的现代保护性设施设计,一是要满足现代文物保护与利用的需要,二是要避免如上所列已知的一些保护性设施的缺点。因此,笔者提出以下建议:

(1)建议以现代轻质可逆型材料来修建广元千佛崖的保护性设施。保护设施的外部颜色、形态可以根据需要调整,以与山崖、整个石窟和摩崖造像环境相协调。

(2)可以考虑将广元千佛崖保护性设施设计成一个整体,依靠崖壁,但不在崖壁上承重、留痕。我们在调研中发现,现代这类能满足较大人流量需要的设施很多,如英国伦敦国王火车站原有的红色楼房为老房子,其外部弧形大棚是后来增加的(见图8-3-1),这与千佛崖的环境及保护需求比较相似。红色楼房外墙好比千佛崖的崖壁,墙外五根靠在一起并排的立柱撑起楼外一侧车站大厅的顶(见图8-3-2),大棚下大厅内狭长形地面上人来人往,好比千佛崖前面长长的通道。大棚的顶部盖过红色老楼的顶部,很好地解决了雨水问题,

图8-3-1 英国伦敦国王火车站大棚内的老楼与楼前晚期修建的大棚(2018年,雷玉华拍摄)

图8-3-2 英国伦敦国王火车站老楼前支撑大棚的立柱(2018年,雷玉华拍摄)

又增加了大棚的稳定性。支撑大棚的架子完全不影响大楼的使用及外观，也不会在墙面上留下任何痕迹。英国伦敦国王火车站外部大厅的设计与广元千佛崖的情形与要求有相似之处，其设计思路可供参考。若广元千佛崖保护大棚参考此设计思路，可以在崖前南北段交会处造像比较少的崖前地面，以多根小型轻质材料并排立柱，立柱向上节节分叉，形成网格树杆状，树干互相牵制，向上呈冠状张开，以树冠的方式将重量层层分散向外垂下，避免对崖壁造成破坏；同时，顶端高过山顶，既可以有效防水，又可以增加大棚的稳定性。靠江边一侧，树冠以网状支架的方式向下延伸到地面，以增加大棚的稳固性。树冠延伸的过程中有很多孔洞，既可以通风，也可以采光，以保证建成后棚内温湿环境与原来环境相似，使石刻不致因温湿环境改变而受影响。树冠底部可以开多个缺口，以古道南北两端的缺口满足游客进出，中间地面稍宽的位置靠近江边一侧可以设计小的观景平台或其他服务设施，甚至临江一侧还可以设计从江上乘船登临的入口。

二、安岳圆觉洞东北崖保护设施设计的建议

近十多年来，圆觉洞保护窟（龛）檐设计是川渝中小型石窟保护项目中争论最多的，工作人员设计了无数形态的龛檐，但都没有达到理想效果。笔者通过这次考古调查认为，东北崖现存大龛都曾经有过两次以上独立的龛檐，但即便在没有龛檐保护的情况下，其龛口、龛内结构的设计使雨水与地表水都进不了龛内。我们通过对比第10号龛与其1957年的照片，可以看到龛内造像较昔日情况已经发生了很大变化，即龛内造像本体及壁面上大面积装彩风化脱落，但整个东北崖龛像生物病害并不严重，说明这些龛像的病害主要是岩石失稳、阳光和风，而非水。所以除了防水，对今天川渝中小型石窟和摩崖造像龛中类似圆觉洞东北崖龛像的保护性龛檐设计，其更应该考虑防阳光直接照射及风蚀病害因素。

我们从目前有争论的圆觉洞东北崖保护设施的设计稿中选了三个方案来进行说明。第一个方案（见图8-3-3）采用了传统建筑方式，与崖壁上历史保护龛檐遗迹反映出的外观和结构相似，不同者系采用玻璃代替瓦顶，既起到了防风防水的作用，又不影响观赏，且采用轻质材料，可以达到对崖壁几乎无损的效果。该方案的缺点是，解决圆觉洞存在的光照病害问题效果不理想，但可以通过调整局部材质颜色来处理。第二个方案（见图8-3-4）可以全部解决圆觉洞现存的病害，也不会损坏崖壁，但外观不被专家接受，原因是没有依据、与环境不协调等。至于其他方案，专家提出的意见更多，此不一一列举，但大多数方

图8-3-3　2014年安岳圆觉洞东北崖龛檐设计稿之一（韦荃提供）

图8-3-4　2014年安岳圆觉洞东北崖龛檐设计稿之二（韦荃提供）

第八章 结论与建议 465

案被反对的理由中都有"设计无考古调查研究依据"。

基于这次考古调查结论，我们认为上述两个方案均是可行的。首先，圆觉洞东北崖所有窟（龛）开凿之初并非统一规划，因此并无统一龛檐；其次，后期形成的龛檐也经过多次重建，并没有规定的样式；最后，现代窟（龛）檐建设首先要考虑解决保护的问题，同时兼顾对崖面产生最小影响、营造更佳的参观环境等问题，这两个设计均达到了这些目的。至于与环境的协调、光照等问题，可以从色彩调整、材料选用上加以解决。但这两个方案并没有得到大多数专家的认可。

2022年四川省文物局又重新组织圆觉洞东北崖龛檐设计，并于2023年通过了各个龛单独建人字形龛檐的设计方案（见图8-3-5），这个方案外形是在上述第一个方案设计稿基础上修改而来，并在对光、风等影响造像的最大因素进行了模拟测验后，提出以出檐6米达到最佳保护效果，在空间、光线等方面不仅能

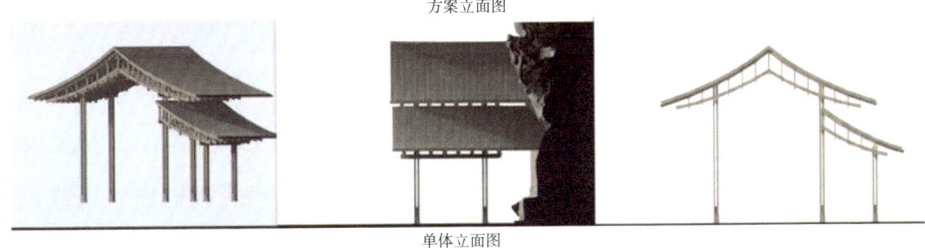

方案立面图

单体立面图

图8-3-5 2023年安岳圆觉洞东北崖龛檐设计稿（采自2023年《安岳圆觉洞窟檐设计方案》送审稿，陈晓宁提供）

满足现在圆觉洞文物保护及旅游参观的要求，也符合最小破坏崖面、与环境及当地传统建筑元素融合等条件。目前这个方案是最佳选择。

以上三个方案均可满足安岳圆觉洞东北崖的保护龛檐设计需求，但我们更倾向优化后的第三个方案。

三、巴中南龛及其他小型造像点保护设施设计的建议

笔者调查后认为，巴中南龛与广元千佛崖一样，大量龛像在开凿之初并不需要修建木构龛檐，事实上也没有修建。崖壁上龛像两侧的孔洞，一种是三层龛开凿时的栈道，也许开凿后仍然可用；另一种是各个龛两侧中部、靠下部的孔，系施工搭架遗迹。巴中南龛与广元千佛崖不同的是，后代修建了大面积的龛檐，将绝大多数的龛像纳入统一的龛檐保护下，20世纪90年代末拆除的龛檐就是这种做法的延续，但巴中南龛龛檐起于何时已不可考。

巴中南龛因崖面造像分三层，且崖壁高，不适合挑檐，后代修建的历史龛檐崖前应该有立柱，只是崖前地面经过历代、历次改造后，遗迹今已无考。又因崖壁高，参考崖壁上三层造像龛及孔洞分布情况，可能曾经的楼阁或廊道为三层，保护功能与参观礼拜道路功能合一。

在巴中文物保护档案中有2018年7月四川省文物局组织专家赴巴中南龛摩崖造像点对修建临时性防雨棚的可行性、必要性进行现场调研的记录。经现场勘察后，就南龛修建临时性防雨棚，专家提出了如下意见：

一是南龛摩崖造像无保护性窟檐，文物本体受自然因素影响较大，保存环境堪忧，建议尽快修建临时性防雨棚。二是防雨棚属临时性保护设施，施工前应组织专业单位编制技术方案，包括方案文本、设计图和预算。三是建议临时性防雨棚分段设计、施工，以保证其稳定性；采用轻型彩钢搭建，悬臂式结构，顶部向外延伸形成临时性窟檐，具体延伸宽度及角度需根据当地风向和最大风速确定。临时性防雨棚应具有安全性、可逆性，施工与拆除时不能对文物

本体产生破坏。四是方案设计中应明确该项工程对文物本体的影响，制定相应的文物保护应急预案，施工时应对文物本体采取保护措施。

针对以上意见，结合这次考古调查结论，笔者建议：

目前巴中南龛有大量游客流动，考虑到南龛现在的实际需求，现代相似环境中的建筑设施设计可作为南龛整体性保护龛檐设计的参考，比如一些高铁站出口的"檐"与南龛所需龛檐情形很吻合。这种檐采用轻质材料，可以建高高的挑檐，且抗风、防腐蚀、耐用，也能满足大量游客参观环境的需求，其形状与调查中发现的广元观音岩、邛崃磐陀寺和石笋山、眉山中岩寺等许多摩崖造像点将巨大山崖或崖顶修整为石檐的外形非常相似。从与环境协调的角度出发，颜色可根据需要调整。巴中南龛、广元观音岩、大邑药师岩等山崖顶部有平地，且顶部出檐能遮护龛像的川渝小型摩崖造像点均适合采用这种类型的龛檐。大量具有类似崖面条件的摩崖造像保护檐都可以参考某些现代建筑的檐形设计（图8-3-6）。

余 论

笔者认为，中国南方石窟和摩崖造像保护工程中，对有历史依据且有条件修复的窟（龛）檐依样修复无可厚非。对无历史依据，或者明确曾经有过窟（龛）檐却并非开凿之初设计者，新建窟（龛）檐应根据石窟的地理环境、大气环境、石窟体量和病害因素等综合考虑开展设计建造。对大量开凿之初没有统一窟（龛）檐的点位，建议以新型材料，按现代保护利用的环境要求设计建造。

四川广元皇泽寺写心经洞和重庆大足石篆山、石门山、宝顶山大佛湾的各类新建或修补龛檐，既方便实用、造价便宜，又符合传统，与环境协调，且后期使用、维护方便，可以推广。

同时，在中小型石窟的保护利用中，应因地制宜对石窟所在环境加以保护，因为环境也是文化遗产的组成部分。

图8-3-6 现代高铁站出口的"檐"（2021年，雷玉华拍摄）

主要参考文献

一、著作

陈明光：《大足石刻档案（资料）》，重庆出版社，2012。

重庆大足石刻艺术博物馆、重庆市社会科学院大足石刻艺术研究所编：《大足石刻铭文录》，重庆出版社，1999。

大足石刻研究院、中国文化遗产研究院编：《大足石刻千手观音造像抢救性保护工程前期研究》（全2册），文物出版社，2015。

李先逵、郭璇、陈蔚等：《大足石刻与古建筑群》，重庆大学出版社，2015。

梁思成：《佛像的历史》，中国青年出版社，2010。

梁思成：《梁思成全集》第三卷，中国建筑工业出版社，2001。

刘敦桢：《刘敦桢全集》第三卷，中国建筑工业出版社，2007。

童登金：《大足石刻保护与研究文集》，文物出版社，2003。

王金华主编：《大足石刻保护》，文物出版社，2009。

燕学锋、王金华、任伟中：《大足石刻保护工程举要》，中国地质大学出版社，2019。

浙江省文物考古研究所、浙江大学文化遗产研究院编，崔彪、陈晶鑫编著：《浙江石窟造像调查报告》下册，浙江古籍出版社，2024。

浙江省文物考古研究所、浙江大学文化遗产研究院编，魏祝挺、郑嘉励编著：《浙江石窟造像调查报告》上册，浙江古籍出版社，2024。

二、期刊论文

陈筱、孙华：《中国石窟寺保护性建筑的设计与实践》，《四川文物》2015年第2期，第73—86页。

邓之金：《大足石刻维修工程四十年回顾》，《四川文物》1994年第2期，第41—48页。

冯棣：《巴蜀摩崖建筑文化环境研究》，重庆大学博士学位论文，2010年。

黄克忠：《中国石窟保护方法述评》，《文物保护与考古科学》1997年第1期，第48—51页。

裴强强、陈嘉睿、郭青林：《石窟寺窟檐保存现状与保护对策思考》，《西北大学学报（哲学社会科学版）》2022年第52卷第2期，第142—156页。

彭一：《安岳石窟寺遗产的保护性建筑研究》，西南交通大学硕士学位论文，2017年。

王金华、陈嘉琦：《我国石窟寺保护现状及发展探析》，《东南文化》2018年第1期，第6—14页。

杨刚亮：《龙门石窟历史保护痕迹的初步考察》，《华夏考古》2019年第5期，第93—101页。

后 记

本项目得到了广元石窟研究所、巴中石窟研究中心、巴州区文物局、大足石刻研究院、乐山大佛石窟研究院、安岳石窟研究院的大力支持。

在调查过程中，四川博物院原院长韦荃、复旦大学王金华教授、大足石刻研究院原院长黎方银、广元石窟研究所所长王剑平、乐山大佛石窟研究院院长范元元、巴州区文物局研究员何汇、麦积山石窟艺术研究所研究员董广强、荣县文化遗产研究保护中心主任曾德、资阳市雁江区文物管理所所长王屹、泸州市文化遗产研究保护中心杜勇先生，给予了无私的帮助与支持，并提供了所需资料，在此一并致谢。

参加研究的人员除项目负责人外，主要有重庆市文化遗产研究院的牛英彬、周大庆，西南民族大学的何达、侯文嫣、布吉，大足石刻研究院的黄能迁、未小妹，复旦大学的王金华，广元石窟研究所的王剑平，乐山大佛石窟研究院的范元元、张宏楠等学者。西南民族大学在读硕士研究生李艾珊、谢乐林、赵红、白聪林、向鹏锦，本科生郭力源等同学参与了后期整理工作。其中范元元、张宏楠撰写了第四章第四节部分内容，未小妹撰写了第四章第五节部分内容，黄能迁撰写了第六章第一、第二、第三节内容，牛英彬撰写了第六章第四节内容；雷玉华撰写了绪论，第一、第二、第三章，第四章第一、第二、第三节，第七、八章。

雷玉华
2025年2月8日于温江